Dieter Schnack · Rainer Neutzling

Die Prinzenrolle

Über die männliche Sexualität

Rowohlt

1. Auflage August 1993

Lektorat Jürgen Volbeding
Umschlaggestaltung Susanne Heeder
Gesetzt aus der Bembo (Linotronic 500)
Gesamtherstellung Clausen & Bosse, Leck
Printed in Germany
ISBN 3 498 06272 7

Wir widmen dieses Buch der Arbeitsgemeinschaft
«Für uns soll's rote Rosen regnen» aus F.

Inhalt

Vorwort

Es ist nicht leicht, über Sexualität zu schreiben. In kaum einem anderen Bereich des Lebens sind Menschen leichter zu irritieren und zu kränken. Bei der Arbeit an diesem Buch haben wir gelernt, daß es kaum möglich ist, etwas Objektives und Allgemeingültiges über Sexualität zu sagen. Vor allen Dingen dann nicht, wenn man beschreiben möchte, was Menschen fühlen.

Das Buch «Die Prinzenrolle» ist ein Versuch, der Subjektivität männlichen sexuellen Erlebens gerecht zu werden. Wir haben mit vielen Männern Interviews und Gespräche geführt. Wir haben unsere eigene Lebensgeschichte befragt und mit Fachleuten geredet. Dennoch sind wir uns sicher, daß sich nicht jeder in der «Prinzenrolle» wiederfinden wird. Das ist auch gut so. Gerade in der Sexualität spricht alles dafür, die Individualität und die Intimität des einzelnen gegen Deutungen auf bedrucktem Papier in Schutz zu nehmen. Wir möchten beschreiben, was Männer fühlen, was sie wünschen und was ihnen Sorgen machen kann. Wir haben uns darum bemüht, die Vorstellungen ernst zu nehmen, die Männer und Frauen mit männlicher Sexualität verbinden – im guten wie im schlechten. Uns ist nicht daran gelegen, neue Normen aufzustellen, mit deren Hilfe angeblich alles zum Glücklicheren zu wenden wäre.

Wer versucht, sich Klarheit über den Ursprung der menschlichen Sexualität zu verschaffen, gerät schnell in ein undurchdringliches Dickicht aus psychologischen und medizinischen Forschungsdisziplinen. Man weiß heute recht genau, warum und wie aus der Vereinigung von Eizelle und Samenfaden entweder ein Mädchen oder ein Junge entsteht. Das ist aber auch schon so ziemlich alles, worüber Einigkeit herrscht. Aus welchen Gründen zum Beispiel ein Mensch im Laufe seiner Entwicklung hetero- oder homosexuell wird, darüber gibt es unzählige Vermutungen und Spekulationen. Unter dem Strich ist nur eines klar: man weiß es nicht. (Vgl. z. B.: Norbert Bischof und Holger Preuschoft 1980; Walter Bräutigam und Ulrich Clement 1989.)

Die Fachleute haben sich bis heute nicht einmal darauf einigen können, ob es überhaupt einen Sexualtrieb gibt, ob der Impuls, sich fortzupflanzen oder sich und anderen Lust zu verschaffen, genauso unabdingbar zum Leben gehört wie das Essen und Trinken. Selbst Sexologengrößen wie Gunter Schmidt (1984) und Volkmar Sigusch (1984) sind sich in dieser Frage nicht grün. Der erste begräbt das Triebmodell und spricht statt dessen von gesellschaftlich bestimmten «Motivationen» sexuellen Verhaltens. Der zweite lobt die naturgegebene Widerspenstigkeit des Sexualtriebes gegen gesellschaftliche Vereinnahmung und will ihn deshalb als menschheitsgeschichtliche Konstante retten.

Wir haben nicht den Ehrgeiz, solche Fragen grundsätzlicher Art zu klären. Die meisten Männer und Frauen leben heterosexuell. Punkt. Andere empfinden gleichgeschlechtliche Lust und Liebe. Auch gut. Die meisten Menschen wollen Kinder haben oder kriegen halt welche, ob sie wollen oder nicht. Andere dagegen bleiben gewollt oder ungewollt kinderlos.

Niemand kann sich seine Sexualität aussuchen wie im Supermarkt. Dazu ist sie zu eng mit dem Leben eines Menschen verbunden. Im ersten Teil unseres Buches schildern wir Erfahrungen von Kindern und Jugendlichen. Wir glauben, daß dieser Blick zurück sehr hilfreich ist, um die Sexualität Erwachsener besser zu verstehen. Und wir halten es für notwendig, auch die Erfahrungen und Probleme von Kindern und Jugendlichen ernst zu nehmen. Gegen Ende des Buches beschäftigen wir uns mit männlicher Fruchtbarkeit und mit Problemen von Paaren nach der Geburt eines Kindes. Der Bereich der Fruchtbarkeit wird unserer Ansicht nach zu wenig als Teil männlicher Sexualität beachtet.

Manchmal geht es zwischen diesen Buchdeckeln lustig her. Wir wollten nicht jedes Thema mit verkniffenem Ernst angehen. In anderen Bereichen geht es eher sentimental zu, dann wieder nachdenklich oder bekümmert.

Besonders im Teil über Kindheit und Jugend haben wir Interviewausschnitte literarisiert, Subjektives aus Gründen der Anschaulichkeit noch subjektiver gemacht. Weil wir Männer sind, beschreiben wir die Sicht von Jungen und Männern. Wir haben uns Mühe gegeben, nicht auf Kosten von Mädchen und Frauen zu schreiben. Die Situationen, die wir schildern, ergäben aus Mädchen- und Frauensicht andere Wahrheiten.

Viele wichtige Themen haben wir ausgelassen. Wir schreiben zum Beispiel fast nichts über Homosexualität. Da kennen wir uns nicht so gut aus. Wir haben uns auch erlaubt, uns in diesem Buch nicht mit Vergewaltigern, sexuellen Mißbrauchern oder Sextouristen zu befassen. Es verstellt den Blick, männliche Sexualität immer nur und ausschließlich in Verbindung mit Gewalt zu betrachten. Jenseits der üblichen Themen gibt es noch eine Menge anderes zu bereden. Unter Männern und zwischen den Geschlechtern.

Köln, im April 1993

Pipi, Kacka, Pillermann

Vom Umgang mit kindlicher Sexualität

> «Alle sind mir über. Alle sind größer und stärker als ich. Wer will, darf mir in die Hacken treten. Wer Lust hat, darf mich verdreschen. Wer den Spaß an mir verliert, darf mich in die Ecke stellen. Wer zu Edith ins Bett steigt, darf sich den Schniepel an meinem Handtuch abwischen. Eine abgrundtiefe Wut schäumt in mir hoch. Der Tag kommt, an dem ich euch den Hals umdrehe! brülle ich, ohne daß es jemand hört.»
>
> (Der Dreijährige in Manfred Bieler: «Memoiren eines Kindes»)

Kinder ernten oder baden aus, was die Erwachsenen (mit) ihnen anrichten. Was im Hinblick auf ihre sexuelle Entwicklung für richtig oder falsch gehalten wird, hängt stets von den zeitgenössischen Auffassungen der Gesellschaft über die Sexualität ab. Doch nicht nur dieser anonyme Moloch bestimmt, was an Kinderlust statthaft ist. Auch die Eltern der Eltern und all die anderen alten Erziehungsgewaltigen schmusen, küssen und strafen die nachkommenden Generationen mit. Ein Kind, das dabei ist, zu lernen, was es mit der Liebe und der Lust auf sich hat, hört auch die Flüsterstimmen seiner Großeltern. Und damit nicht genug: Erwachsene haben natürlich auch ihren eigenen sexuellen Alltag, der, mehr oder weniger lust- und liebevoll, den Umgang mit den Kindern beeinflußt. Was die Großen an Wärme, Geborgenheit und Erotik oder an Kälte, Ekel und Angst erfahren, fließt in die Kinder hinein, die ihr Geschlecht mit der Welt erst noch verbinden müssen.

Manche Erwachsenen reagieren auf sexuelle Äußerungen ihrer Kinder nach bestem Wissen und Gewissen mit Verboten und Strafen. Andere versuchen, die Kinder zu fördern – oder wenigstens nicht dabei zu behindern –, ihre Körper mit allen Möglichkeiten des Lustempfindens zu erforschen. Die einen sehen sich im Kampf gegen den bösen Sexualtrieb, vor dem sie ihre Kinder (und sich) schützen wollen, andere bemühen sich, dem Trieb zu seinem Recht zu verhelfen. Die einen sagen: Die Kleinen sind rein und unschuldig und werden noch früh genug verdorben, die anderen haben Angst, die sexuellen Wünsche ihrer Kinder zu unterdrücken und womöglich nachhaltigen Schaden anzurichten. Manche von ihnen fördern und fördern, daß einem als Kind die Lust schon wieder vergehen kann. Die einen küssen sich noch nicht mal vor den Kindern. Die anderen lassen ihre Kinder beim Geschlechtsverkehr zugucken. Natürlich wollen alle nur das Beste.

Jeder Mensch hat eine eigene psycho-sexuelle Biographie. Das Kind wurde gezeugt, von der Mutter ausgetragen, geboren, mit der Brust oder der Flasche gestillt. Es hatte Hunger und Durst, es schlief, beäugte die Welt, saugte an ihr, überließ ihr seinen Kot und zeigte ihr lustvoll sein Geschlecht. Mit Schrecken erlebte das Kind im Alter von etwa fünfzehn Monaten die «Ankunft des Selbst» (Louise J. Kaplan 1983). Es mußte begreifen, daß die Zeit des Eins-Seins mit der Mutter und der Allmacht über die Mutter zu Ende gegangen war. Plötzlich sollte es ein eigenes Ich werden. Die Trennungsschmerzen und Ängste, die jene Zeit unweigerlich begleiteten, waren ihm bestenfalls zu mildern, jedoch nicht zu nehmen. Später mußte es eifersüchtig und gekränkt feststellen, von der genitalen Sexualität der Erwachsenen ausgeschlossen zu sein.

Jedes Kind muß im Zuge seiner Persönlichkeitsentwicklung irgendwie da durch. Im guten wie im schlechten, je nachdem, ob in dem Land, durch das dieser Zug fährt, vor allem «Milch und Honig» fließen (Erich Fromm 1983), oder ob es mehr Saures als Süßes gibt. Welche Erlebnisse und Erfahrungen hält das Leben für den kleinen Passagier bereit? Wie allein oder wie verbunden fühlt sich das Kind mit der Welt? Welches Vertrauen in seine Nächsten und sich selbst kann es fassen?

Und vor allem: Wie ist die Liebe beschaffen, die es bekommt? Warm, lau oder kalt? Tragend, gleichgültig oder klebrig? Erhebend, treibend oder erstickend? Stärkend, unzuverlässig oder ausbeutend? Seine Erlebnisse und Erfahrungen mit der Liebe werden bestimmen, wie es sich zu seinem Körper, seinem Geschlecht und seiner Lust verhält.

Von Anfang an und das ganze Leben lang werden alle körperlichen und seelischen Genüsse durch das Prisma der vorhandenen Beziehungen erlebt und gedeutet. Sexualität in einer *urwüchsigen* Reinform gibt es nicht – auch nicht bei kleinen Kindern. Sicherlich sind Kinder *unbefangen* und *unschuldig*, aber nicht, weil sie keine «Sauereien» im Sinn hätten. Im Gegenteil! Kleinkinder sind «polymorph-pervers», wie Sigmund Freud es genannt hat. Ihre Sexualität ist ungeordnet, vielgestaltig und chaotisch und hat noch nicht die genitale Vereinigung zum Ziel. Der Mund, der Anus und das Genital sind als Zonen des Wohlbefindens noch gleichberechtigt und spielen auch in der Lust an Kot und Urin noch einträchtig zusammen. Mit Ekelschranken beispielsweise nehmen sie es in den ersten Lebensjahren noch nicht so genau wie später. *Unschuldig* sind Kinder, weil sie nicht die Verantwortung dafür tragen, was ihnen geschieht und was sie lernen. Diese Verantwortung liegt bei den Erwachsenen. *Urwüchsig* ist die Energie, mit der ein Kind leben und lieben, forschen und entdecken will.

Kinder erfahren und verschaffen sich körperliche Lust, weil sie ihnen guttut und weil sie lernen müssen, im Laufe der Zeit eine Brücke zwischen den Geheimnissen ihres sich entwickelnden Körpers und ihrem Bewußtsein zu schlagen. Ihr sexuelles Verhalten ist dabei Körpersprache und «Verleiblichung von Beziehung» zugleich (vgl. Loewitt, nach Maria Schmidt-Sibeth 1991, S. 598). Dabei geht es ihnen vor allem um ihr eigenes Erleben und nicht darum, anderen Lust zu bereiten. Ihre sexuellen Aktivitäten sind in erster Linie autoerotisch, aber sie entwickeln sich im Rahmen von Bindungen und Beziehungen, die ihr grundsätzliches Lebensgefühl bestimmen.

Wir haben Männer und Frauen gebeten, sich an lustvolle Erlebnisse im Alter von etwa fünf Jahren zu erinnern. Herausgekommen ist eine lange Liste sexueller Erfahrungen von Wonne und Neugierde. Die Erinnerung fiel nicht leicht, denn sie spülte auch Gefühle der Scham und der Angst nach oben, bei dem heimlichen Treiben von den Erwachsenen erwischt zu werden:

Es ist so schön warm zwischen meinen Beinen, wenn ich ins Bett pinkele, mein Urin heiß aus mir herausfließt. Wie entspannt fühle ich mich nach dem Pinkeln! Wie herrlich brennt es zwischen meinen Beinen, wenn ich das Pipi einhalte und hin- und herjuckele. Wer kann am weitesten pinkeln, wer trifft genauer? Ich pinkele ins Klo und meine Schwester schaut zu. Wie weich und formbar meine Kacke ist. Meine kolossale Wurst, die im Winter warm in der Schüssel dampft! Wie kräftig sie riecht, und auch mein Finger, wenn ich ihn in meinen Po gesteckt habe und den anderen unter die Nase halte, um mich dann – wenn sie das Gesicht verziehen – kaputtzulachen. Wie herrlich derb meine Fürze durften, und wie toll es ist, andere anzufurzen! Wie es kitzelt, wenn ich draußen im Gebüsch das geklaute Klopapier in meine Arschritze stecke. Oh, da kommt ja der Nachbar! Ich tue so, als hätte ich etwas im Busch verloren. Wie toll, das heiße Wasser aus einem Eimerchen über Penis, Muschi und Po laufen zu lassen. Mein steifer Penis, so spannend, wenn ich in der Badewanne liege und er wie die rote Spitze eines Leuchtturms aus der Gischt des Badewassers lugt. Oder wenn ich ihn zwischen den warmen Heizkörper presse, ihn reibe, bis alles heiß ist. Und wenn ich ihn vorm Einschlafen in die Hand nehme in meiner engen Unterhose. Ich ziehe die Beine an und mache mich ganz klein. Dann klemme ich mir die Bettdecke zwischen die Beine und dann kann ich bald schlafen. Wir ziehen uns die Hosen runter und spreizen mit den Fingern die Arschbacken auseinander. Wie lustig das Loch da hinten ist, wie das verknotete Mundstück meines Luftballons! O guck mal, wenn du drückst, da kommt schon die Kacke! Ob da der Stiel von Mutters Kochlöffel reinpaßt? Mein Bruder, meine Schwester, die Nachbarskinder –: wie aufregend es ist, wenn sie mich streicheln, wenn wir uns aneinander reiben, wenn wir raufen und uns kneifen! Sie sollen es bei mir machen. Umgekehrt ist nicht so schön. Ich will alles sehen! Wenn ich mich hierher stelle, kann ich vielleicht die Möse der Schwester meines Freundes sehen. Sie hockt auf der Erde und hat unter ihrem Kleid eine viel zu große Unterhose an. Ich sage meiner Freundin, daß sie ihrem kleinen Bruder die Schlafanzughose runterziehen soll. Ha, da schreit er, aber es macht einen solchen Spaß, und endlich kriege ich sein Ding zu sehen. Das Bettzeug von Mutter und Vater riecht kuschelig. Ich gucke durchs Schlüsselloch. Ich will die Mutter sehen, will sehen, wie das aussieht, der große, weiche, warme Busen, und wo die Haare herkommen, die ihr im Schwimmbad zwischen den Beinen aus dem Badeanzug herausschauen. Ich will den Busen anfassen, o ja, nur noch mal kurz. Was hat der Vater da zwischen den Beinen? Wie fühlt sich das an? Was macht der damit? Und all die Haare, so viele Haare! Ich gucke allen Frauen unter den Rock, den Erzieherinnen, wenn sie den ganz Kleinen helfen, die Jacken zuzuknöpfen. Ich lasse absichtlich Bauklötzchen vom Tisch fallen, so daß ich unter den Tisch krabbeln muß, um sie aufzuheben. Ah ja, endlich, das ist es, und ich schaue in eine tiefe, heiße Schlucht, die Beine, die dunklen Strümpfe, und am Ende, wo es ganz schwarz wird, da schimmert es weiß. Ich geh jetzt einfach ins Badezimmer, wo der Mann in der Wanne sitzt, und da schiele ich ins Wasser. Vielleicht kriege ich was zu sehen, wie bei der Frau letztes Mal. Der Mann, die Frau, ich zeige meine Möse, ich zeige meinen Pimmel –: Schaut her, toll, was! Ich bin toll! Das Blut meiner älteren Schwester, ich hab's gesehen zwischen ihren Beinen, ein heiliger, faszinierender Schock. Wie dick die Oma ist! Wie mächtig ihr Busen sein muß! Den würde ich gerne mal sehen! Das Mädchen, doppelt so alt wie ich, will, daß ich meinen Pimmel in sie hineinstecke, dann bekomme ich was zu essen. Ich bin so hungrig, aber mein Pimmel ist noch zu klein. Da nimmt sie sich einen anderen, größeren, läßt mich zugucken und gibt mir trotzdem eine dicke Scheibe Brot. Das darf man nicht, aber es hat mir geschmeckt, und ich wurde endlich satt. Ein Traum: Ich habe das Nachbarmädchen, das dicke, das schmuddelige, das komische, an den Marterpfahl gebunden und ganz mit Kacke beschmiert, und das war aufregend. Oder stand ich selbst am Pfahl und wurde mit der Kacke beschmiert? Ein Traum: Ich schwebe über dieser doofen Frau. Sie fliegt nackt durch die schwarze Luft. Wie kann sie nackt sein? Ich weiß doch gar nicht, wie eine nackte Frau aussieht! Trotzdem. Ich schwebe über ihr und pinkele auf sie herunter. Rache!! Dafür, daß sie mich bei der Nonne verpetzt hat...

Erotische Gefühle und Erlebnisse machen einen lebenswichtigen Teil der kindlichen Entwicklung aus. Mit ihnen haben Kinder die Chance, zu wachsen und in Kontakt mit ihrer Welt zu treten. Doch kein sexuelles Gefühl steht isoliert für sich allein. Die *Verarbeitung* von lustvollen Erlebnissen in das Lebensgefühl eines Kindes hängt davon ab, wie unbedroht es sein Geschlecht empfinden kann, ob es sich geliebt und geborgen fühlt und ob die Einheit von körperlicher Lust und seelischem Wohlbefinden nicht nur eine seltene Ausnahme vom sonstigen Alltag bildet. Je mehr sich ein Kind von Grund auf als selbst-bewußt und doch beschützt, als eigenständig und doch verbunden erleben kann, desto eher kann es seine Lust genießen.

Kindern schadet es nicht, wenn ihre sexuellen Spiele heimlich stattfinden. Im Gegenteil. In der Regel schirmen sie sich selbst von den Erwachsenen ab und wollen nicht gesehen und nicht gestört werden. Dabei lernen sie, was eigene Intimität bedeutet. Umgekehrt finden es Kinder vielleicht mal ganz entspannend zu sehen, was die Erwachsenen alles so treiben, wenn die sich zurückziehen und dann so seltsame Geräusche zu hören sind. Aber kein Kind möchte ständiger Zeuge sein und schon gar nicht daran teilnehmen, denn sein Geschlecht ist einfach noch zu klein, und die Erwachsenen sind einfach zu groß. In dem Gewahrwerden erwachsener Sexualität liegt für ein Kind immer die Gefahr einer tiefen Kränkung. Wird es gar in die erwachsene Sexualität verwickelt, tut sich ein Abgrund vor ihm auf, der eine unwiderstehliche Sogwirkung ausübt und das Kind verschlucken wird.

Die Erwachsenen sollten den Kindern den Rücken stärken und sich möglichst wenig einmischen, wenn jene ihre eigene erotische Welt erobern. Den Rücken stärken bedeutet, die Seele, das Herz, das Körperganze, die Haut warmzuhalten. Ohne einen hautkontaktreichen und zärtlichen Dialog zwischen Eltern(figuren) und Kind fehlt eine wichtige Basis für die zukünftige Lust- und Liebesfähigkeit. Maria Schmidt-Sibeth (1991) weist der Qualität dieses Dialogs eine Schlüsselstellung zu: «Hier werden die Grundlagen gelegt für Wahrnehmungs- und Empfindungsfähigkeit, für Selbstwert, Intimität, Beziehungsfähigkeit und Gegenseitigkeit, für Toleranz, Respekt, Verantwortungsgefühl und die Fähigkeit, zu genießen» (S. 594). Den liebevollen und genußvoll-erotischen Umgang mit Körpern muß ein Kind ebenso lernen wie die Sprache. Mit Bezug auf den Sexualpädagogen Helmut Kentler schreibt sie: «Es bedarf des Vorbildes, des Echos, des Wechselspiels, diese bestimmen weitgehend den Klang der Sprache, deren Armut oder Reichtum» (S. 590).

Wer sein Kind von morgens bis abends mit zärtlicher Zuwendung zuschüttet und erdrückt oder gar unter dem Vorwand der «Frühförderung» an seinem Genital spielt, hat gründlich mißverstanden, was mit zärtlichem Dialog gemeint ist. Es geht auch um Grenzen, auf die das Kind für sich, für seinen eigenen Körper pochen kann, und um die Grenzen zwischen seinen Wünschen und denen der Erwachsenen. Ein Kind braucht Liebe und Bindungen, die verläßlich sind, aber keine Anleitung zur genitalen Stimulation. Auf diesen Trichter kommt es von allein. Erwachsene sollten dem Kind da nicht im Wege stehen – weder mit Verboten noch mit aufdringlicher Neugierde.

Der Psychiater René Spitz stellte vor einigen Jahrzehnten in einer Vergleichsstudie fest, daß einjährige Kinder, die sich in ihrer Beziehung zur Mutter aufgehoben fühlten, mit Vorliebe an ihrem Genital *spielten* – ganz im Gegensatz zu emotional vernachlässigten Kindern (vgl. Manfred Berger 1988, S. 35 f).

Das Spielen mit Penis und Klitoris kommt im ersten Lebensjahr eher zufällig zustande und wird nach allgemeiner Auffassung nicht als gezielte Selbstbefriedigung bezeichnet. Dennoch versteht man es als ein Zeichen für das allgemeine Wohlbefinden der Kinder. Erst später, wenn sie lernen, ihre Ausscheidungen zu kontrollieren, spricht man davon, daß sich Kinder gezielt selbst befriedigen – bis hin zum Orgasmus. Es ist die Zeit, in der das Kind die inneren Vorgänge seines Körpers mit seinen äußeren Körpergrenzen in Einklang zu bringen versteht, sein Geschlecht als sein eigenes erkennt und bewahren lernt. Die Lust, die durch das Streicheln des Penis, der Klitoris oder des Anus erzeugt werden kann, verschafft ihm wichtige sinnliche Ich-Erfahrungen. Die Psychoanalytikerin Ruth Cohn (1975) hält frühe autoerotische Erfahrungen der Kinder für einen wichtigen Schritt von der Selbstliebe zur Fähigkeit, andere zu lieben. Kinder, die neugierig ihren Körper inspizieren, entdecken bald, daß es besonders angenehm ist, die Genitalien anzufassen. Wenn man sie nicht stört, dauert es nicht lange, und sie lernen, sich nach Lust und Laune zu stimulieren. Das Empfinden «Es fühlt sich schön an» wird zur Basis für die Erkenntnis «Ich bin schön, und ich mag mich». Von dieser Grundlage aus, so Ruth Cohn, kann das Kind schließlich die Brücke schlagen zu «Ich mag dich» (zitiert nach Wolfgang Bartholomäus 1989).

«Selbstbefriedigung ist absolut unschädlich», schreibt Helmut Kentler (1981). «Ihr Vorkommen ist sogar ein gutes Zeichen» (S. 67).

Eine Einschränkung ist allerdings notwendig: Wenn ein Kind von morgens bis abends exzessiv masturbiert, wenn es sich in aller Öffentlichkeit ganz entrückt an allem wetzt – ob an Teddybär, Stuhl, Tischkante oder anderen Kindern –, dann fehlen ihm unter Umständen andere Möglichkeiten, sich in seiner Haut wohl zu fühlen. Wie Reinhart Lempp und seine Kollegen (1980) betonen, kann die «extreme genitale Manipulation» eine Reaktion auf mangelnde Liebe und Geborgenheit und ein Hinweis auf seelische Vereinsamung sein. Die Ursachen sehen die Autoren in Hospitalismussituationen, aber auch in emotional bedrückenden familiären Verhältnissen (S. 216).

Es kann sein, daß ein Kind häufig masturbiert, weil es einfach gut drauf ist und das alles großen Spaß macht. Möglich ist aber auch, daß es sich unglücklich und verlassen fühlt und sich deshalb wenigstens für die kurzen Augenblicke empfundener Lust in eine freundlichere und wärmere Welt zu retten versucht.

Die Frage nach der Grenze zwischen «normaler» und «exzessiver» Masturbation läßt sich nicht pauschal beantworten. Was viel und wenig oder adäquat und übertrieben ist, hängt allein von dem grundsätzlichen Lebensgefühl des einzelnen Kindes und seiner aktuellen Lebenslage ab. Sicherlich hat Helmut Kentler (1981) recht, wenn er schreibt: «Die Eltern brauchen auch nicht besorgt zu sein, wenn sich ein Kind zunächst sehr häufig befriedigt, nachdem es die Technik der Selbstbefriedigung entdeckt hat: Jede Funktion, die neu entsteht, wird spielerisch in immer neuer Wiederholung eingeübt» (S. 67). Andererseits kann *exzessiv* tatsächlich ein «Zuviel» bedeuten, dann nämlich, wenn ein Kind über einen längeren Zeitraum hinweg Kontakt- und Spielhemmungen gegenüber anderen Kindern entwickelt und sich durch die häufige Masturbation in einen quasi autistischen, der Welt entrückten Dauerzustand versetzt.

Beim Anblick eines masturbierenden Kindes geraten die meisten Erwachsenen in heftigen inneren Aufruhr. Das Entsetzen und die Verwirrung haben in der Regel nur wenig mit dem Kind und viel mit den Erwachsenen selbst zu tun. Nicht nur die persönliche Einstellung zur Masturbation wird angerührt, sondern auch das Gewirr oft widersprüchlicher Gefühle, die die eigene Selbstbefriedigung begleiten. Dunkel und unbewußt können Erinnerungen an die eigene alte kindliche Lust aufsteigen, aber auch an strafende Blicke, an Verbote und Schläge, an eine quälende und unverarbeitete Verquickung zweier Gefühle: Lust und Schuld. Stimmen dröhnen im Kopf: Finger da weg! Pfui! Und die Angst des Kindes damals, schlecht zu sein, kommt hoch. Fragen drängen sich auf: Was ist los mit dem Kind?

Geht es ihm gut? Geht es ihm schlecht? Ist es schon verdorben? Wo hat es das gelernt? Habe ich etwas falsch gemacht? Was soll ich tun? Dazwischengehen und sagen: Stop? Wegschauen und so tun, als wäre nichts? Hingehen und sagen: Na, macht es Spaß? – O Gott, hätte ich doch bloß nichts mitbekommen!

In einem solchen Augenblick wird ein verzückt-erregtes oder verschämt-erwischtes Kind schnell zur Projektionsfläche für Gefühle wie Scham, Ekel, verbotene orgastische Leidenschaft usw.

Wie man als Mutter, Vater oder Erzieherin angesichts eines sexuell aktiven Kindes handelt, ergibt sich im Grunde aus der Auseinandersetzung mit der eigenen Sexualität: Wo verlaufen meine Grenzen? Wie gehe ich mit Lust, Erregung, Intimität und Scham um? Und: Was ist an meiner erwachsenen Sexualität anders im Vergleich zu der des Kindes? Man könnte sich auch fragen: Was ist der Unterschied zwischen meiner Sexualität heute und damals, als ich ein Kind war?

Manchmal hat man den Eindruck, daß gerade jene Eltern gegenüber der kindlichen Sexualentwicklung verunsichert sind, die sich besonders aufgeklärt geben und ihre Kinder frei von Unterdrückung zu lustfähigen Menschen erziehen wollen. Die 68er-Bewegung hat ein naiv-optimistisches Bild einer «befreiten Sexualität» gezeichnet. Allgemeine Orgasmusfähigkeit sollte alle (kriegerischen) Panzer sprengen, und so manche Kinderladenkinder wurden dazu auserkoren, den Eltern ihrer Eltern endlich mal zu zeigen, wie sich eine Harke fühlt: lustvoll, frei und ungehemmt. Und wenn es einem bloß gelänge, diese doofe sexuelle Unterdrückung abzuschaffen, dann wäre das ganze Leben ein einziges Doktorspiel!

Die Liberalisierungsideale von damals haben die Kindererziehung in vielfacher Hinsicht verändert. Eltern sprechen heute viel darüber, daß man die Kinder körper- und sexualfreundlich erziehen müsse und ihre Sexualität keinesfalls unterdrücken dürfe. Das ist sicherlich nicht falsch. Aber mitunter scheint die Auseinandersetzung mit der Sexualität der Kinder wichtiger zu sein, als über die eigene Sexualität nachzudenken. Die Kindheit der eigenen Kinder wird so auf seltsame Weise zu einer Zeit, in die sich Sexualität und Unschuld leichthin zusammenphantasieren lassen. Für die Kinder soll alles besser und lustvoller werden, als man es selbst – leidvoll – erlebt hat. Gleichzeitig besteht nach wie vor ein ausgesprochener Widerwille, sich mit der eigenen sexuellen Biographie zu beschäftigen. Viele Eltern kennen sich bestens mit der Sexualität ihrer Kinder aus, aber ihre eigene Geschichte ist ein großes schwarzes Loch. Sie fördern und begleiten die Kinder auf Schritt und Tritt, halten für jedes Pipi-Kacka-Spiel ein wissendes Lächeln bereit, schälen die Sexualität aus ihren Kindern regelrecht heraus, aber sie meiden den Blick ins eigene Innere. So bleibt nicht nur unberührt, was sich an eigenen alten Ängsten und Enttäuschungen abgelagert hat, sondern es bleibt auch unbesehen, wie wichtig die Respektsgrenzen zwischen Kind und Erwachsenen waren und wie schmerzhaft elterliche Neugierde oder Kontrolle in die kindliche Intimsphäre einbrechen konnten.

Die meisten Menschen können sich nur schwer an Details ihrer Kindheit erinnern. Erwachsen geworden zu sein, heißt auch, glücklich und unabdingbar vieles vergessen zu haben, um Platz für neue und selbständigere Erfahrungen zu machen. «Abschied von der Kindheit» (Louise J. Kaplan 1988) – und damit von den Eltern – muß jede/r nehmen. Dennoch bleibt man stets das «Kind seiner Eltern», und es ist gut, sich eine halbwegs offene Haltung gegenüber den eigenen (alten) Gefühlen und Erfahrungen zu bewahren, denn es hilft einem, sich in das Erleben von Kindern einzufühlen.

Bis zur Pubertät bleiben Kinder psycho-sexuell an ihre Eltern gebunden. Die ersten zentralen Bindungserfahrungen bilden das Fundament für die Entwicklung von Vertrauen und Liebesfähigkeit. Die Erwachsenen tragen dabei die Verantwortung für die Einhaltung des Inzesttabus. Dazu gehört nicht nur, daß Erwachsene mit Kindern keinen Geschlechtsverkehr haben. Ganz grundsätzlich sind kindliche Sinnlichkeit und Lust mit der Befriedigung erwachsener sexueller Bedürfnisse unvereinbar. Heben Erwachsene die Schranke auf – gleich ob Eltern oder Elternfiguren –, verschweißen sie das Kind mit genitalen Bedürfnissen, deren Befriedigung es seelisch völlig überfordert. In der Folge wird es ihm fast unmöglich sein, ohne fremde Hilfe psycho-sexuelle Autonomie zu erlangen. Während der Adoleszenz müssen die Kinder ihre Liebe von den Eltern (und der Familie) abwenden, um sie, angetrieben durch gereifte genitale Wünsche, auf Außenstehende zu richten.

Gerhard Amendt (1992) warnt davor, daß die Verleugnung der eigenen kindlichen Sexualerfahrungen in der Kindererziehung dazu führen kann, «daß nicht die Erotik siegt, ... sondern die Sexualisierung familiärer Beziehungen». Am falschen Ort, zur falschen Zeit und an der falschen Person müsse die sexuell aufgeladene Eltern-Kind-Beziehung Trauerarbeit für die Erwachsenen leisten, um eigene Erlebnisse von Haß, Enttäuschung und Unzufriedenheit für sich selbst erträglich zu machen. So werde der Unterschied zwischen den Generationen geschleift, wie es einst die mittelalterlichen Besetzer mit den Gemäuern einer eroberten Burg getan haben.

Im schlimmsten Fall führt die Verwischung der Generationsgrenzen zum sexuellen Mißbrauch eines Kindes – zu realer Vergewaltigung oder zu symbiotischer Verschlingung. Das Niemandsland, in dem oft kaum zwischen elterlicher Fürsorge und mehr oder minder subtilen Übergriffen unterschieden werden kann, ist riesengroß und unübersichtlich.

Die sexuelle Identität eines Kindes gehört zu seinem «Eingemachten». Sie ist unmittelbar mit dem Kern seiner Persönlichkeit verbunden. Wenn man einem Kind Wachheit und Interesse an Sexuellem und lustvoll erlebter Körperlichkeit abspricht und es in ein Korsett der Unschuld zwängt, trifft der Schlag auf die Finger auch das Innerste des Kindes. Die Botschaft lautet: «Im Kern gehörst du mir. Du selbst hast keinen Intimbereich.» Die gleiche Botschaft erhält ein Kind, dessen Eltern sich frank und frei und in vermeintlich bester Absicht zur ständigen Öffentlichkeit der sexuellen Entwicklung ihres Kindes machen: Da wird das Kind am Straßenrand zum Pinkeln abgehalten, und alle Welt kann sein ungeschütztes Geschlecht begaffen. Mütter tauschen sich mit dem Jungen an der Hand angeregt über die Beschaffenheit seines «Pillermanns» aus. Im Wohnzimmer wird die Hose eines Jungen heruntergezogen, um zu zeigen, daß sich die Hoden schon gesenkt haben. Eine Mutter badet *ihren* Fünfzehnjährigen noch und vergewissert sich besorgt beim Arzt, daß mit der Entwicklung des Jungen auch alles in Ordnung ist. Gleich, ob das Kind zum kuscheligen Partnerersatz gemacht wird, ob man versteckt oder ungeschminkt sexuelle Wünsche in es hineinprojiziert oder ihm bei Bedarf ein falsches Lächeln abverlangt: Es gibt viele Wege, ein Kind auf respektlose und schlüpfrige Weise seines Eigenseins zu berauben.

Nicht wenige Eltern sind (mit) sich völlig im unklaren: «Wie soll ich reagieren, wenn mein Sohn mir an den Busen faßt?» – «Wie soll ich reagieren, wenn meine Tochter in der Wanne nach meinem Penis greift?» Darauf gibt es eine im Grunde einfache Antwort: Wenn das einmal geschieht, ist nichts dabei. Kinder sind halt neugierig. Kommt das öfter vor, dann sagt man eben: «Hey, das ist mein Busen, mein Penis. Der gehört mir, und ich will nicht, daß du den ständig anfaßt.» Die Situation ist erst dann problematisch, wenn Eltern kein eigenes sicheres Gefühl für die Grenzen zwischen sich und dem Kind haben. Sie verstehen weder ihre eigene Sexualität noch die des Kindes. Gerhard Amendt betont, daß Eltern, die das selbstbewußte Nein gegenüber den Kindern nicht zustande bringen, Gefahr laufen, die Schleusen für die Sexualisierung dieser Beziehung zu öffnen.

Die breit geführte Debatte über den sexuellen Kindesmißbrauch hat in den letzten Jahren nicht nur die Besorgtheit um die Kinder steigen lassen, sondern auch erhebliche Verwirrungen gestiftet. In dem Maße, in dem die Grenzen zwischen Kindern und Erwachsenen thematisiert wurden, zeigte sich, wie wenig das Gespür für diese Grenzen entwickelt ist: «Darf ich denn jetzt noch mit meiner Tochter / mit meinem Sohn zusammen baden? Und wenn ja, bis zu welchem Alter ist das noch in Ordnung ...?» Die Angst, daß jede körperbetonte, erotische Nähe zum Kind im Bett, in der Badewanne oder am Strand als sexueller Übergriff *mißverstanden* werden könnte, macht deutlich, wie hilflos und nahe sich viele Erwachsene an der Schwelle zur Sexualisierung ihrer Beziehung zu Kindern bewegen. Schon aus Selbstschutzgründen spricht man daher heute wieder von der «Unschuld» der Kinder und will damit glauben machen, daß sie noch keine Sexualität haben, die einem gefährlich werden könnte bzw. mit der man sich auseinandersetzen müßte.

Unsere Gesellschaft veröffentlicht zwanghaft und oberflächlich das Bild einer Sexualität, die grenzenlose Lust verspricht, wenn man nur jede *falsche* Scham fallenließe. Wir leben in einer Erziehungskultur, die Kinder entweder vollkommen entsexualisiert oder ganz modern den Mythos nährt, Eltern könnten die Sexualität ihrer Kinder in filigraner Kleinarbeit zusammenwerkeln. In Boulevardblättern, Hochglanzmagazinen und im Fernsehen kann man Tag für Tag millionenfach erfahren, wie man durch kleine Änderungen hier und da seine Sexualängste loswerden könnte, doch kaum jemand versucht einem zu erklären, wo sie ihren Ursprung haben. Die grenzverwischende Sexualisierung kindlicher Bindungsbedürfnisse dürfte auch der emotionalen Ausdünnung erwachsener Alltagswelten zu verdanken sein. Wenn der eigene Alltag lust- und trostlos ist, läuft man Gefahr, sich bei den Kindern zu holen, was man an intensiven, begeisternden und lustvollen Erlebnissen entbehrt.

«Wo komm ich eigentlich her?»

Der Sohn, die Mutter und der Vater

«Mein Vater war, bei Gott, ein vollendeter Tänzer, er beherrschte alle Schritte bis zurück zu Foxtrott und Charleston. Walzer, Rumba, Conga, Tango – wenn er für eine Frau die Arme ausbreitete, konnte sie das Gefühl haben, heimgekehrt zu sein. Er präsentierte sich mit einer Gelassenheit, die einem weiblichen Körper, der jahrelang in der erotischen Wüste nach einem Zeichen gesucht hatte, endlose Seufzer entrang und schließlich den Atem raubte... Ich kam nicht einmal annähernd an ihn heran. Konnte mich nicht nach seinem Beispiel formen. War einfach nicht zum Casanova geschaffen. Es war mir nicht gelungen, die Mädchen davon zu überzeugen, meine sexuellen Halbtonschritte (so nannte mein Vater das) zu akzeptieren... Meine Mutter war entsetzlich unglücklich darüber, aber sie verstand, daß Ehe und Familienleben mit einem Mann wie Papa nicht geregelt und ordentlich sein konnten.»

(Saul Bellow:
«Mehr noch sterben an gebrochenem Herzen»)

Mutter und Vater sind die ersten Liebespartner eines Kindes. Mit ihnen und an ihrem Beispiel lernt es die Höhen und Tiefen der Liebe kennen. Die Eltern können dem Kind Geborgenheit geben oder es ablehnen, sie mögen hingebungsvoll präsent sein oder unerreichbar – immer wird das emotionale Verhältnis zu Mutter und Vater die Ursubstanz bilden, aus der heraus seine Liebes- und Beziehungsfähigkeit gedeiht oder sich mühsam zum Licht strecken muß. Die Erfahrungen mit jener Frau und jenem Mann, die das Kind als erste Menschen begehrt, die elterlichen Botschaften über die Eigenheiten der Geschlechter und nicht zuletzt das Vorbild, das die Eltern als Liebespaar abgeben, werden das Kind bis an sein Lebensende begleiten. Ein Mensch mag später in dem Gefühl leben, die Liebe neu erfinden zu müssen. Er wird viele ernüchternde oder heilende Beziehungserfahrungen mit anderen Menschen machen. Trotzdem haben seine Eltern die Rahmenhandlung seiner psychosexuellen Biographie geschrieben.

Die meisten Menschen bekommen bei dieser Vorstellung einen Riesenschreck. Man ist auf so viele Tabus und Verbote in seiner Kindheit und Jugend gestoßen, hat so viele Verletzungen davongetragen, daß man rückblickend froh und erleichtert ist, das alles hinter sich gelassen zu haben, um alles ganz, ganz anders zu machen. Und jetzt soll es so sein, daß einem die Eltern immer noch und selbst im geheimsten Innern ins Handwerk pfuschen?

Natürlich löst man sich von den Eltern und schlägt eigene Wege ein. Man macht neue und andere Erfahrungen als die Alten, und irgendwann verantwortet man sein Leben selbst. Und dennoch bleiben die Eindrücke der ersten Liebesobjekte immer in uns. Der Blick zurück ruft häufig nur die negativen Erlebnisse von damals wach. Alte Wunden werden berührt, von denen so manche einfach nicht richtig heilen will – und an die man auch möglichst nicht erinnert werden möchte.

Die Beziehung zwischen Eltern und Kind ist eine zwischen Ungleichen, zwischen Großen und Kleinen, Mächtigen und Ohnmächtigen, Beschützern und Beschützten. Ein Kind ist emotional abhängig von seinen Eltern. Erst im

Jugendalter, wenn die allmähliche Ablösung ansteht, wird es vielleicht in der Lage sein, auf die Gunst seiner Eltern auch mal zu pfeifen. Bis dahin jedoch erlebt ein Kind auch die Liebe in einem Beziehungsgefälle. Wenn sich ein erwachsenes Paar zum Beispiel darum streitet, ob der oder die andere genug Liebe und Aufmerksamkeit aufbringt, haben sie zumindest theoretisch die Möglichkeit, sich Lebewohl zu sagen. Ein Kind kann das gegenüber seinen Eltern nicht.

Und dann gibt es natürlich das Inzesttabu.

Die Beschäftigung mit den Verbindungslinien von eigener Sexualität und Elternhaus kann den Gefühlshaushalt außerordentlich durcheinanderbringen.

Phantasien über den Mutter-Sohn-Inzest beispielsweise üben eine eigentümliche Faszination aus – besonders auf Männer. Während Vladimir Nabokovs Roman «Lolita» aufgrund der Mißbrauchsdebatte für viele inzwischen als Schandwerk gilt, geraten die meisten Leute bei Louis Malles Film «Herzflimmern» immer noch in heimliches Schwärmen: In dem Roman macht ein Mann ein minderjähriges Mädchen zu seiner Geliebten, in dem Film läßt sich eine schöne Mama endlich auf das Werben ihres pubertären und ebenfalls schönen Sohnes ein.

Der Film bietet den Schutz der bloßen *Phantasie*, die man (drei Kreuze) nicht real erleben muß. Es erleichtert einen, wenn andere sich die Blöße geben, wie einst Jim Morrison von den Doors. Spricht man in einer Männerrunde das Thema «Sexualität und Eltern» an, findet sich garantiert jemand, aus dem früher oder später mit einem verruchten Grinsen Jim Morrisons berühmte Zeile herausplatzt: *«Father, I want to kill you. Mother, I want to ffffuck you!»* Wow!!! Später geißelt sich derselbe Mann im Gespräch vielleicht dafür, daß er im Bett stets nur den Orgasmus seiner Frau im Auge habe und so völlig leistungsorientiert sei. Wirft man dann ein, daß schon kleine Jungen für ein Lächeln ihrer Mutter alles tun, geht sofort der Ofen aus: «So ein Quatsch! Was hat das denn mit meiner Mutter zu tun?»

In dieser Hinsicht liegen Beklemmung und Herzflimmern offenbar nahe beieinander. Die kleine Episode zeigt, wie unmittelbar der klammheimlichen Faszination dieses Tabubruchs der Schrecken folgt. Nicht nur, daß die Mutter einem noch wie früher alles an der Nasenspitze ansehen kann, womöglich spukt sie auch im eigenen Bett herum!

Man kann nicht vorhersagen, wie es später einem Kind ergehen wird, das im Laufe seiner sexuellen Entwicklung diese oder jene bedrückende Erfahrung machen muß. Im Leben läuft man nicht nur Gefahr, jederzeit verletzt zu werden, sondern es erschließen sich auch immer wieder Quellen von Trost und Stärkung. Dennoch spiegeln viele Beziehungskonflikte, die Erwachsene haben, auch die frühen Erfahrungen mit Mutter und Vater wider. In dem lesenswerten Buch von Asta Scheib «Der Höhepunkt der Lust» (1992) berichtet zum Beispiel ein vierzigjähriger Mann über eine solche ihn bedrückende Parallele:

«Meine Mutter hat mir nie einen Kuß gegeben, mich nie gestreichelt. Sie war oft schlechter Laune. Vielleicht kam das auch daher, daß mein Vater ständig arbeitslos war und viel trank. Mit dem hab ich mich nie verstanden, ich glaub, den hab ich verachtet. Als ich vierzehn war, ist er gestorben, die Leber hat nicht mehr mitgemacht. Aber ich wollte ja von mir erzählen...

Einmal, da fuhr ich mit meinen Eltern zu einer Beerdigung, und wir mußten bei Verwandten übernachten. Da hab ich bei meinen Eltern im Zimmer geschlafen. Da rief mein Vater: ‹Schorsch, schläfst du?›, und ich habe keine Antwort gegeben. Und da ging das los, und meine Mutter wollte nicht, aber sie konnte ja nichts machen. Es war ekelhaft, ich lag da und konnte mich nicht rühren, und mir war schlecht zum Erbrechen. Irgendwann bin ich auch draufgekommen, daß es was bringt, wenn man es sich selber macht. Ich durfte das nicht, meine Mutter suchte immer das Bett ab nach Spuren und auch meine Wäsche. Widerlich war das für mich. Erniedrigend. Ich hab's trotzdem getan, hab Papiertaschentücher benutzt. Aber ich hatte immer Angst, daß meine Mutter es rauskriegt. ‹Du kriegst Gehirnerweichung›, sagte meine Mutter öfters...

Später, mit den Mädchen, wurde das kritisch. Ich hab, glaube ich, den Fehler gemacht, den viele Männer machen. Ich hab immer Frauen gehabt, die wie meine Mutter waren, eher kühl, launisch, wenig zärtlich... Ich kann meiner Frau nichts mehr recht machen im Bett. Es stimmt, ja, ich ‹komme› immer zu früh. Daher möchte ich lieber lange mit meiner Frau schmusen, sie überall streicheln, damit sie es schön hat. Früher, als wir uns kennenlernten, wollte sie das auch. Aber jetzt sagt sie dauernd, sie wolle einen richtigen Mann und nicht einen, der nur an ihr rummache. Sie hat gar keine Geduld, sagt, daß ich ein Versager sei, zu blöd, richtig einen hochzukriegen. Das hat mich so verletzt und gedemütigt, daß ich jetzt auch keine Lust mehr habe auf sie. Aber das paßt ihr dann auch nicht. Je nach ihrer Laune überfällt sie mich dann richtig. Und wenn es nicht klappt bei mir, dann beschimpft sie mich als impotent oder schwul.» (S. 102 ff)

Beim Lesen solcher Berichte entsteht sicherlich Betroffenheit, Mitgefühl für den Mann und vielleicht auch Wut auf die anderen Beteiligten. Diese blöde Frau! Doch wie bedrückend ließe sich möglicherweise ihre Geschichte lesen? Und was hätten nicht alles die Mutter und der Vater aus ihrer eigenen Kindheit zu berichten?

Max Frisch hat einmal gesagt, daß jeder Mensch eine Geschichte erfindet, die er für sein Leben hält. Wir können diesem Gedanken viel Wahrheit abgewinnen. *Jeder* subjektiven Empfindung kommt eine unabweisbare Berechtigung zu. Es ist gar nicht so sehr von Belang, was «objektiv» einmal geschehen ist, sondern wie es jemand erlebt und empfunden hat: Wo fühle ich mich gefangen und behindert? Wo hat mein Kummer seinen Anfang genommen? Welche Menschen haben damit zu tun? Man darf nicht vergessen, daß es für ein Kind sehr schwer ist, die Verstrickungen von Liebe und Schmerz zu begreifen.

In Gesprächen mit uns erinnerten sich Frauen daran, vor allem zur Anpassung und zur Artigkeit erzogen worden zu sein. Sie durften sich nicht schmutzig machen, wurden von lustvollen, körperbetonten Spielen eher abgehalten und früh in häusliche Pflichten eingebunden. Die meisten lebten in dem Gefühl, daß ihre Bedürfnisse als Mädchen hinter denen der Jungen zurückzustehen hatten. Sexualität war tabu. Keine Frau konnte uns ihre Mutter als begehrende Frau schildern, und auch nur selten erschien die Mutter als plastisches Vorbild für ein begehrenswertes Vollweib. Die mütterlichen Botschaften für die sexuelle Beziehung der Geschlechter waren in der Regel weder dazu angetan, sich des eigenen Körpers zu erfreuen, noch sich mit lustvoller Erwartung Jungen und Männern zuzuwenden. Viele Mädchen erlebten ihre Mutter als abhängig und emotional frustriert, aber auch gleichzeitig als mächtig. Wenn Sexualität überhaupt eine Bedeutung zu haben schien, dann nur für die Männer. Die Väter waren häufig nur wenig greifbar. Viele Mädchen vermißten schmerzlich deren anerkennende Aufmerksamkeit. Väter, die sich ihren Töchtern auch zärtlich widmeten, zogen sich mit zunehmendem Alter der Mädchen häufig völlig zurück. Erlebnisse mit *Vaterfiguren* waren entweder ähnlich enttäuschend und / oder von diffuser Sexualisierung und handgreiflicher Zudringlichkeit geprägt (vgl. auch Asta Scheib 1992, und Irmgard Hülsemann 1984). Auch heute noch werden Mädchen weniger zu selbstbewußter (sexueller) Individualität angehalten als zu Abhängigkeit und Mißtrauen gegenüber (männlicher) Sexualität erzogen.

Den Jungen geht es derweil weder besser noch schlechter. Im folgenden möchten wir uns mit der Beziehung von Jungen zu ihrer Mutter, zu ihrem Vater und zu beiden als ihren Eltern befassen. Wir beginnen mit der *Mutter*, denn sie ist die erste Frau in seinem Leben, fahren fort mit dem *Vater*, an dem er sich orientiert, wenn es heißt, männlich zu werden, und gelangen zu den *Eltern*, von denen er erfährt, wie Mann und Frau miteinander umgehen. Dabei werden uns vor allem die schwierigen und problematischen Aspekte dieser Beziehungen beschäftigen.

Sohn und Mutter

Die Erfahrungen mit der ersten und für viele Jahre wichtigsten Frau im Leben eines Jungen tragen wesentlich dazu bei, wie er als Junge und später als Mann die Nähe und Distanz zu Frauen erleben wird. Mit ihr ist er etwa bis zum Alter von eineinhalb Jahren identifiziert, und ihr gegenüber muß er in der Folgezeit eine andere, nämlich männliche Identität entwickeln. Die «Ankunft des Selbst» wird ihn nach der Zeit der noch grenzenlosen Symbiose mit der Mutter in eine schwierige Krise stürzen lassen. Er muß eine «innere Mutter» in sich spüren, wie die Psychoanalytikerin Louise J. Kaplan (1981) in ihrem Buch «Die zweite Geburt» schreibt, die ihm das (Ur-)Vertrauen schenkt, mit der übermächtig erscheinenden Einsamkeit fertigzuwerden: «All sein Trachten ist darauf gerichtet, die alles verschlingende blauschwarz gestimmte Traurigkeit zu vermeiden» (S. 167). Er setzt sich in Bewegung und entdeckt die Welt. Und doch folgt er seiner Mutter immer wieder wie ein Schatten, um seiner Angst vor dem Getrenntsein nicht zu erliegen. Gleichzeitig werden heftige Regressionswünsche in ihm entfacht, die sein frisch gewonnenes Eigensein bedrohen: «Mit der Mutter zu verschmelzen, ist die größte Angst des Jungen. Für den Fall, daß er sich den Armen der Mutter überläßt, fürchtet er nicht nur den Verlust seiner Identität als eigenständiges Selbst, sondern auch den Verlust seiner Männlichkeit – seiner gerade erwachenden Geschlechtsidentität» (S. 194).

Ein Junge ringt mit seiner Mutter um ein *für ihn* ausgewogenes Verhältnis von Nähe und Autonomie. Sie soll seine vitalsten Bedürfnisse befriedigen, und kaum jemand anders kann ihn tiefer enttäuschen.

Als kleines Kind ist ein Junge oft maßlos in seinen Forderungen an die Mutter. Liest sie ihm jeden Wunsch von den Augen ab, tut sie ihm jedoch keinen Gefallen: «Indem die Mutter seine Wünsche so vollkommen begriffen hat, hat sie ihm gerade die Hilflosigkeit bestätigt, der zu entkommen das Kind sich vorgenommen hat» (S. 171). Für jedes Kind sei es gleichermaßen verhängnisvoll, all die kleinen Kämpfe um Nähe und Autonomie zu gewinnen oder sie alle zu verlieren: «Ein solches Kind wächst in der Annahme auf, Identität und Individualität in dem Augenblick zu verlieren, da es nicht mehr in der Lage ist, alles und jeden zu kontrollieren.»

Schon diese kurzen Ausführungen deuten an, wie komplex das Mutter-Sohn-Verhältnis ist und wie viele Fußangeln im Dickicht dieser engen Beziehung ausliegen. Auch und – so wie die Verhältnisse liegen – *vor allem* von einer Frau erfährt ein Junge, was von Zärtlichkeit, Körperlichkeit, Sauberkeit, Intimität, Genuß und Lust zu halten ist.

Mit der Mutter macht ein Junge seine ersten Erfahrungen von sinnlicher und erotischer Nähe, von Wärme, Geborgenheit, Beruhigung und Gestilltwerden – und/oder mit dem Gegenteil. Kleine Jungen sind äußerst erpicht darauf, die Mutter nackt zu sehen, ihren Busen anzufassen und herauszufinden, wie das alles aussieht und wie es sich anfühlt –

wovon auch Mutter*figuren* wie Erzieherinnen im Kindergarten ein Lied singen können (vgl. Irene Kerber 1991).

Überhaupt spielt der mütterliche Busen sowohl in der kindlichen als auch in der späteren Phantasie eine große Rolle. Busen läßt immer an «Mama» denken, wie schon der lateinische Name der Brüste *(mammae)* bezeugt – und das geht nicht nur Jungen und Männern so, wie der Psychoanalytiker Wolfgang Mertens (1992) schreibt: «Der Säugling, der mit der Brustspitze der Mutter verschmilzt, ist ein aktiver Teilnehmer an einer gegenseitigen, hoch sinnlichen Beziehung. Die Rolle des Mundes beim sexuellen Vorspiel Erwachsener, das sinnliche Saugen, Küssen und Beißen ist so gesehen eine Wiederinszenierung der allerersten Urszene. ... Die oralen Erfahrungen haben aufgrund der Erotisierung des ganzen Körpers eine enge Verbindung zu genitalen Empfindungen, was auch darin deutlich wird, daß kleine Jungen während des Gestilltwerdens Erektionen haben und bei Mädchen Kontraktionen des unteren Drittels der Scheide festgestellt worden sind» (S. 60).

Doch gerade weil «Mama» Segen bedeutet, kann «Mama» auch zum Fluch werden. Ein Junge macht von klein auf intensive Erfahrungen mit dem weiblichen Geschlecht, die in seinem späteren Liebes- und Sexualleben immer wieder auftauchen können: Er kann sich davor fürchten, auf eine Frau angewiesen zu sein, während er gleichzeitig die Verlockung einer Rundumversorgung kennt. Die Angst, von der Frau getrennt zu sein, wird seiner Furcht vor Verschlingung gegenüberstehen. Auf der Suche nach Trost erliegt er der Neigung, die Befriedigung seiner körperlichen und seelischen Bedürfnisse ausschließlich in die Hand einer Frau zu legen. Mißmutig pendelt er im Alltag wie im Bett zwischen ängstlicher Selbstkontrolle und dem Drang, sein Gegenüber in Schach zu halten.

Keine Mutter ist perfekt und fehlerfrei, und das ist auch gut so. Gerade die vermeintlich perfekten und fehlerfreien Mütter verfolgen einen ein Leben lang. Es gibt keine ausschließlich glückliche Kindheit. Keinem Kind können Angst, Traurigkeit und Enttäuschung erspart werden, denn es muß lernen, dem Alleinsein, der Unzulänglichkeit – und damit seinen eigenen Gefühlen – einen Sinn zu geben.

Die Mutter-Sohn-Beziehung erscheint als ein Verhältnis, in der das Männliche und das Weibliche (unter der Vorherrschaft der Frau) so erfüllt und friedvoll wie nie miteinander vereint sein können. Ein kleiner Junge, der einer Frau seine bedingungslose Liebe schenkt, gilt als Mutterglück schlechthin. Auch von feministischen Frauen wird die Mutter-Sohn-Beziehung in einem Maße idealisiert, daß sie sich darüber wundern, wie aus einst liebenswerten kleinen Jungen später einmal gräßliche und rohe Männer werden können. Es scheint, als habe sie irgendwer einmal (außer Reichweite ihrer Mütter) umgepolt. Ulrike Schmauch (1988) schreibt dazu, daß jeder Junge selbstverständlich «auch Angst, Angriff und Zurückweisung als Teil weiblicher Liebe» erfährt (S. 90). Es liegt auf der Hand, daß Söhne auch die Konflikte ihrer Mütter mit sich und dem anderen Geschlecht verinnerlichen, gerade in der Zeit, da sie seelisch besonders empfänglich und abhängig sind. Die symbiotisch sich hingebende Liebe, die ein Junge als Baby braucht, kann bei einer Frau ähnlich ambivalente Gefühle hervorrufen, wie sie sie gegenüber ihrem Mann empfindet. Möglicherweise grenzt sie den Jungen gelegentlich unangemessen schroff von sich ab und mutet ihm phasenweise zuviel Distanz zu. Rachsucht kann in ihr geweckt werden oder die Sehnsucht nach Harmonie mit dem gegnerischen mächtigen Geschlecht (vgl. S. 82).

Ulrike Schmauch betont, daß kaum etwas so sehr auseinanderdriftet wie die weiblichen Wünsche an und die Urteile über das männliche Geschlecht. Ein Sohn bekommt auch mütterliche Aufträge, wie er als männliches Wesen werden soll. Zudem ist er Projektionsfläche für Persönlichkeitszüge, die der Mutter selbst abgehen. Was sie an sich selbst als befremdend, unerfüllbar oder verachtenswert empfindet, kann sie am Jungen besonders bekämpfen, lieben oder erziehen. Warum auch sollte ausgerechnet die Mutterliebe *selbstlos* sein? «Die ‹Transformation› vom bejahten Jungen zum ablehnenswerten Mann erscheint nur rätselhaft, wenn man die Mutter-Sohn-Beziehung umfälscht in ein Idyll» (S. 90).

Wir haben einmal zusammengetragen, welche mütterlichen Botschaften und Aufträge Jungen erhalten können, unabhängig davon, ob sie von der Mutter ausgesprochen oder vom Jungen intuitiv erfaßt werden. Gleichzeitig kann es sich bei der folgenden Liste auch um Phantasien handeln, die Jungen ihrer Mutter zuschreiben:

Er soll einmal ein zärtlicher Liebhaber (zärtlicher als der Vater) werden. Er soll sich später einmal nicht an eine unwürdige Frau verlieren (verschleudern). Er soll weibliche Nähewünsche zulassen und befriedigen können (wollen). Er soll nicht so begierig sein und warten können, bis ich (die Frau) ihm etwas gebe. Er soll traurig sein, wenn ich gehe oder wenn er geht. Er darf sich später einmal nicht von einer anderen beherrschen lassen. Er soll meine Liebe mit großen Taten belohnen. Er soll nicht homosexuell werden. Er soll groß und kräftig werden, damit ich stolz auf ihn sein kann und damit er mich beschützen kann. Er soll nicht glauben, daß eine andere Frau es besser machen kann als ich. Er soll mich an seinen Geheimnissen teilhaben lassen (vor mir kann er ohnehin nichts von Belang verheimlichen). Er soll so werden wie sein Vater (so roh, so zärtlich, so beherrscht, so liebevoll...), damit es der anderen Frau nicht besser/nicht schlechter geht als mir. Er soll nicht sehen, wie mein Körper langsam verwelkt. Er soll mir für die Aufopferung und den Verzicht dankbar sein. Er soll mich mit dem Alten nicht sitzenlassen. Er soll seine Begierde zügeln und kein Mädchen vor der Zeit schwängern. Er soll sich vor Mädchen und Frauen in acht nehmen, die älter und reifer sind als er, die ihm etwas zeigen können, was ich ihm nicht zeigen darf...

Der Hamburger Paartherapeut Michael Mary (1991) hat im Laufe seiner langjährigen Arbeit einen Grundkonflikt zwischen Männern und Frauen ausgemacht, dessen Ursprung er in den unterschiedlichen frühen Erfahrungen von Nähe und Distanz sieht. Seine These scheint das klassische Geschlechterverhältnis zunächst auf den Kopf zu stellen: «Fast alle Männer erleben die Frau als bedrängend. Fast alle Frauen erleben den Mann als abweisend.» Führt man sich vor Augen, daß im alltäglichen Erleben von Kindern die Mutter eher nahe und der Vater eher fern ist, leuchtet ein, wie Männer und Frauen in einer Paartherapie zu folgenden Kernaussagen kommen: «Frauen wollen ständig Aufmerksamkeit. Sie zerren an uns. Frauen sind Nervensägen! Männer sind zurückgezogen, sie scheuen Auseinandersetzung und verstecken sich. Männer sind Feiglinge!» (S. 21)

Michael Mary geht davon aus, daß in einem Paarkonflikt auch alte, geschlechtsspezifische Ängste und Enttäuschungen gegenüber der begehrten, aber potentiell einengenden Mutter und dem ebenfalls begehrten, aber häufig nicht greifbaren Vater aufleben können: Im klassischen Fall fühlt sich der Mann unter Druck gesetzt und flieht die Enge, während die Frau sich vernachlässigt fühlt und sich um die Nähe zum Mann bemüht.

Es verblüfft, wie wenig Phantasie man für die Vorstellung aufbringen muß, daß die folgenden Aussagen von Männern gegenüber ihren Partnerinnen auch die Klage eines Jungen gegenüber seiner Mutter sein könnten: «Ständig soll ich etwas beweisen. Daß ich sie schön finde, daß sie die einzige in meinem Leben ist, daß ich sie noch liebe, daß ich sie nicht verlassen werde.» «Ich fühle mich unter Druck gesetzt. Sie verlangt etwas Unmögliches von mir.» «Sie liebt mich nicht. Sie will mich anders, als ich bin.» «Sie will mich binden, ich bekomme Beklemmungen, mir stockt der Atem.» «Komm mir nicht zu nahe. Hör auf, an mir zu zerren.» «Komm mir nicht zu nahe, aber verlaß mich nicht. Fordere nichts, aber bleib bei mir» (S. 23 bis 38).

Es sind in der Regel weniger isolierte traumatisierende Ereignisse der Kindheit, die das spätere Erleben in der Nähe von Frauen beeinflussen, sondern vielmehr die ungezählten Eindrücke der Alltagsatmosphäre, in der ein Junge in seiner Familie und in anderen Lebensbereichen aufwächst. Vielleicht erinnert ein Mann, als Vierjähriger von seiner Mutter oder einer Erzieherin beim Masturbieren erwischt worden zu sein, und spürt später immer wieder die Scham und Demütigung von damals. Ein Mann erzählte uns, daß seine Mutter sein Masturbieren in der Kindheit stets wohlwollend kommentiert hatte. Eines Tages hörte er, wie sie mit einer anderen Frau, die wegen der Selbstbefriedigung ihres Jungen besorgt war, darüber sprach, daß er das auch mache, und daß das völlig in Ordnung sei. Erst in diesem Augenblick, berichtete der Mann, sei ihm erschrocken zu Bewußtsein gekommen, daß seine Mutter es *wußte.* «Wenn ich mir heute einen runterhole», sagte er, «habe ich manchmal Mühe, die Hand meiner Mutter von meinem Schwanz zu verjagen.» Es handelt sich in der Regel um komplexe Erinnerungen an die grundsätzliche Haltung der Eltern und der anderen Großen gegenüber Körperlichkeit und Lustfähigkeit – und an die Erfahrung, inwieweit ein eigener intimer Raum zugestanden wurde. Das schmerzliche Empfinden kann schließlich an ein einzelnes Ereignis gebunden werden, so als richte man im großen Dunkel einen hellen Spot auf eine ganz bestimmte Stelle. Oder es bleibt nur ein diffuses Gefühl des Unbehagens, wie uns ein anderer Mann erzählte:

«Ich hatte neulich einen Traum. Ich beuge mich schützend über das, was ich bin und habe: meinen Kern – der nur gut sein soll, ein Bienenschwarm vielleicht, oder ein Ball aus Federn, der auseinanderdrängt. Ich muß alle meine Kräfte und meine Aufmerksamkeit sammeln, um mich zusammenzuhalten. Da kommt von hinten meine Mutter, tippt mir auf die Schulter, ich bin ganz aufgeregt, freue mich, achte nicht auf meine Deckung, ich richte mich auf, drehe mich um, breite die Arme aus, und hinter mir stiebt der Ball aus Federn auseinander, die Bienen hauen ab. Das ist komisch. Ich glaube, früher wollte ich immer mehr von meiner Mutter als ich kriegte, heute soll sie mir nicht mehr zu nahe kommen.»

Dieser Mann erinnert seine Mutter vor allem als überlastet, unglücklich und kühl. Er vermutet, daß seine Schwierigkeiten bei Auseinandersetzungen mit seiner Partnerin etwas damit zu tun haben:

«Meine Mutter war eher kühl, und ich meine immer, zu früh von ihr weggeschickt worden zu sein. Ich habe einen Schritt gemacht – und rums! hat sie die Tür zugeschlagen: Es ist Winter, draußen ist es bitterkalt, ich ziehe mich an, die Unterhose, das Unterhemd, die Socken, gehe kurz vor die Tür, um zu sehen, wie es draußen ist, und meine Mutter macht die Tür zu. Ich rufe: ‹He, Mama, laß mich wieder rein, es ist zu kalt, ich bin nicht warm genug angezogen›, aber es nützt nichts, meine Mutter hat mich ausgesperrt, und ich friere draußen. Es gibt Situationen, da fühle ich mich heute noch so. Bei einem Konflikt mit meiner Freundin werde ich entweder ganz kalt oder ich zergehe vor Selbstmitleid – und das noch mal besonders stark, wenn sie zum Beispiel nicht mit mir schlafen will. Eigentlich ist das in Ordnung, wenn sie nicht will. Ich habe ja auch nicht immer Lust. Und dennoch fühle ich mich durch einen Korb manchmal in meiner ganzen Person abgelehnt.»

Eine geglückte Loslösung von der Mutter setzt voraus, daß ein Junge die Trennung von ihr auch *selbst* vollziehen kann.

Hat er diese Möglichkeit nicht, läuft er Gefahr, lange Zeit innerlich mit der Mutter verquickt zu bleiben. Es kann passieren, daß er später die Nähe zu Frauen fürchtet; nicht weil er sich nicht danach sehnte, sondern weil ihn die Angst beherrscht, wieder verlassen zu werden.

Weit geläufiger als die kühle Mutter ist in der Diskussion um Mütter und Söhne die «Glucke», die ihren Sohn eng an sich bindet und darin behindert, ein ausreichend sicheres Gefühl für sein Eigen-Sein zu entwickeln. Das kann (später) dazu führen, daß er die Nähe zu Frauen fürchtet, weil er Nähe stets mit Artigsein, Liebesdienst und Selbstaufgabe in Verbindung bringt. Die einen neigen dann vielleicht dazu, jede intime Nähe augenblicklich zu sexualisieren, andere dagegen empfinden sie als unvereinbar mit sexueller Lust.

Mütter, denen aus welchen Gründen auch immer alles Körperliche und Sexuelle zuwider ist, können einem Jungen nicht nur das Gefühl vermitteln, daß der eigene Körper schmutzig ist, sondern auch, daß er den weiblichen Körper keinesfalls beschmutzen darf. Oder: Daß er sich vor ihm ekeln muß. In vielen alltäglichen Situationen werden die kindlichen Grenzen verletzt. Wer erinnert sich zum Beispiel nicht mit Schrecken an das «Spucketaschentuch» der Mutter, mit dem sie einem beim sonntäglichen Spaziergang das Gesicht saubermachte!

Auch andere nahe Bezugspersonen reden mit, wenn es um die gebotene Nähe und Distanz zwischen dem Kind und seiner Mutter geht – und das nicht selten ausgesprochen gefühllos. Ein Beispiel:

«Auf einem Familienfest hatte meine Mutter ein Kleid mit tiefem Dekolleté an. Ich saß bei ihr auf dem Schoß, spielte mit einem leeren Medikamentenröhrchen und steckte es ihr oben in den Ausschnitt. Ich hatte überlegt: Wenn ich es oben reinstecke, kommt es unten bestimmt aus einem Loch wieder raus. Ich sah die Falte zwischen den Brüsten und stellte mir vor, daß da ein Loch ist, das bis unten hin geht. Die Verwandtschaft reagierte nach dem Motto: ‹Fängt ja früh an, der Kleine!› Ich wurde rot, meine Mutter wurde rot, und ich setzte mich, glaube ich, nie mehr auf ihren Schoß.»

Noch ein Wort zu der schwarzen Einfärbung fast jeder Rückschau: Es entsteht leicht der Eindruck, daß alle Mütter «Rabenmütter» seien, die ihre Söhne entweder bedrängen oder wegstoßen. Dem ist nicht so. Die Erinnerung gleicht oft einem Tagebuch: Ist man glücklich und zufrieden, schreibt man monatelang nichts auf. Man hat – wie selbstverständlich –, was man braucht. Erst beim nächsten Kummer greift man wieder zur Feder, und so geht das in einem fort. Liest man sich das Ganze nach Jahren noch einmal durch, erscheint die Vergangenheit dann als eine einzige Aneinanderreihung von kleineren und größeren Katastrophen. Es ist gewissermaßen das Schicksal von Eltern, in der Erinnerung ihrer Kinder in aller Regel eine ziemlich schlechte Figur zu machen.

Irgendwann einmal besteht aber vielleicht doch die Aussicht auf Versöhnung: Am Ende von Nikita Michalkovs Film «Schwarze Augen» unterhalten sich zwei alte Männer über die Liebe. Romano (Marcello Mastroianni) hat sein Leben in vollen Zügen ausgekostet, hat kein sexuelles Abenteuer ausgelassen und predigt Pavel (Vsevolod Larionov), daß es die wahre Liebe doch gar nicht geben könne. Pavel hat eine andere Einstellung. Er erzählt Romano voll stiller Inbrunst seine Leidensgeschichte mit einer Frau, die ihm nach neun vergeblichen Heiratsanträgen doch noch ihr Jawort gegeben hatte, und schließt mit den Worten:

«Aber nichts geht verloren, nicht ein Tag, nicht die kleinste Geste. Alles bleibt uns bis an das Grab und wahrscheinlich noch darüber hinaus.»

Romano, von Pavels Bericht sichtlich berührt und betroffen, sagt mit einem Male traurig:

«Ich habe jeden Tag gelebt, als wäre er ein erster Entwurf, ein Versuch. Ich habe alles gehabt – und nichts. Kein wirkliches Zuhause, noch eine wirkliche Familie, nicht einmal eine Tochter, die mir ähnlich sieht wie ein Wassertropfen dem anderen. Ich erinnere mich an nichts. Wenn ich in diesem Augenblick sterben und der ewige Vater zu mir sagen würde: Romano, an was in deinem Leben erinnerst du dich? – An das Wiegenlied, das mir meine Mama sang, als ich klein war. An das Gesicht von Elisa in unserer ersten Nacht. An den Nebel Rußlands.»

Dann beginnt er zu weinen, bald singt er, und schließlich fängt er an zu tanzen.

Sohn und Vater

Der Vater ist nicht nur dazu da, den Sohn vor der Mutter zu retten. Allerdings ist es sehr schwer, etwas über seine tiefere Bedeutung für die psycho-sexuelle Entwicklung eines Jungen herauszufinden. In der Erinnerung erscheint der Vater oft nur als «Mann der Mutter».

Der Vater als *Liebesobjekt* seiner Kinder taucht auch in der entwicklungspsychologischen Literatur kaum auf. Und wenn doch, dann fast ausschließlich in bezug auf die Vater-Tochter-Beziehung. Man erfährt nur wenig darüber, welche Rolle der Vater für die Liebes- und Lustempfindungsfähigkeit eines Jungen spielt.

Für gewöhnlich wird ein Junge auf der Suche nach seinem Geschlecht bei seinem Vater fündig. Aus der Sicht des Jungen besteht die frühe Vater-Sohn-Beziehung zunächst in einem unentwegten Abgleich zwischen der symbiotisch nahen Mutter und dem Vater als vergleichsweise vagem

Modell von Männlichkeit. Die klassische Psychoanalyse beschreibt das Verhältnis zwischen Sohn und Vater vor allem anderen unter dem Aspekt der Rivalität um die Mutter. Die Identifikation mit dem Vater erscheint fast wie ein schlapper Trost für den mißlichen Umstand, daß der Junge aus dem ödipalen Drama (hoffentlich) als Verlierer hervorgeht. Er hat keine Chance, den Platz des Vaters bei der Mutter einzunehmen. Da er auf sie verzichten muß, läßt er auch von seinem Begehren ab, den Vater am liebsten abzumurksen, und richtet in der Hoffnung auf bessere (reifere) Zeiten seine Entwicklung auch weiterhin nach ihm aus. In dem Maße, in dem einem Jungen dann die Identifizierung mit dem Vater als lohnend erscheint und er auf die Reißfestigkeit seiner Bindung zur Mutter vertrauen kann, gelingt es ihm Schritt für Schritt, sich von der Mutter zu lösen, um seinen eigenen, männlichen Weg zu erkunden.

Auch das originär männliche Bewußtsein der Fähigkeit, Kinder *zeugen* zu können, scheint sich aus psychoanalytischer Sicht eher in der Auseinandersetzung mit der Mutter als mit dem Vater zu entwickeln. Der Psychologe Thomas Kühler fragt in seinem Buch «Die Psychologie des männlichen Kinderwunsches» (1989) nach den Gründen, weshalb die Aussagen von Frauen zum Kinderwunsch in der Regel «ich-näher» und konkreter seien, während die ssagen der Männer eher entsprechenden gesellschaftlichen Wertorientierungen folgten. Nach Auswertung der psychoanalytischen Literatur zum Thema kommt der Autor zu der Vermutung, daß Jungen in der Kindheitsphase diesen Wunsch gleich zweimal verdrängen müssen: Zum ersten Mal, wenn sich der Junge in Identifikation mit der Mutter wünscht, selbst Kinder gebären zu können, und zum zweiten Mal, wenn er in ödipaler Rivalität zum Vater der Mutter ein Kind machen möchte (vgl. S. 69f). Von beiden Sehnsüchten muß ein Junge Abschied nehmen, um sich endlich mit dem Vater identifizieren zu können. Der Preis: Durch die notwendige Verdrängungsleistung kann der Kinderwunsch nicht sonderlich tief in der Psyche des Jungen verankert werden und taucht erst später durch eher äußerliche Zuschreibungen wieder auf.

Mit Liebe zwischen Sohn und Vater hat das alles nur wenig zu tun. Folgt man dem Gros der entwicklungspsychologischen Theorien, insbesondere den psychoanalytischen, scheint der Vater im Grunde nur als Hilfs-Ich gegenüber der Mutter wichtig zu sein, damit der Junge sich leichteren Herzens von ihr lösen kann. Geht man aber davon aus, daß die Selbstliebe eine unabdingbare Voraussetzung für die allgemeine Liebesfähigkeit ist, zeigt sich, daß ein Junge in der Beziehung zum Vater doch mehr zu finden hofft als einen Selbst-Sicherungskatalog gegenüber Frauen.

Für einen Jungen hält die Beziehung zum Vater grundsätzlich die Chance bereit, Erfahrungen mit dem *anderen* Körper als dem mütterlichen zu machen, um einen offenen Zugang zu seinem eigenen Körper zu bekommen – und damit zu seinem Geschlecht. Der Geruch des Vaters, die kratzigen Bartstoppeln, sein Rasierwasser, die tiefe Stimme und die vielen Haare, überhaupt seine Masse, neben der ein Junge wie neben einem atmenden Berg zur Ruhe kommen kann – all das vermittelt andere und nicht minder tiefgreifende Empfindungen als die körperliche Nähe zur Mutter. Den Vater im Rücken spüren, ist *das* Bild schlechthin für ein (Ur-)Vertrauen darauf, auch als Junge nicht allein auf dieser Welt zu sein. Das gleiche gilt für die Hand des Vaters, an der ein Junge sich in Sicherheit wiegen kann.

Zärtlichkeiten zwischen Sohn und Vater können für einen Jungen zwei exklusive Komponenten aufweisen: Zum einen kann ein Junge körperliche Erfahrungen mit dem gleichen Geschlecht machen, die seine Selbstliebe stärken. Zum anderen muß ein Junge nicht ohne weiteres befürchten, daß ihn die Nähe zum Mann in seiner Geschlechtsidentität bedroht. Ein Mann berichtete uns von Kindheitserlebnissen mit seinem Vater:

«Ich habe lange in mich gehen müssen, um darauf zu kommen: Aber im Grunde habe ich mehr von meinem Vater als von meiner Mutter gelernt, daß es verschiedene Formen von Zärtlichkeit gibt. Einmal die raufboldige, wenn wir kämpften oder er mich in die Luft wirbelte, dann die tröstende, wenn er mich auf dem Jahrmarkt an seine große und rauhe Hand nahm, damit ich nicht verschüttging, und auch die stille und zarte, wenn ich mich auf dem Sofa an ihn kuschelte oder seine Füße kraulte und er lächelnd dabei döste. Im Gegensatz zu meiner Mutter habe ich ihm auch bis zur Pubertät jeden Abend einen Gutenachtkuß gegeben. Irgendwann wollte ich das nicht mehr, was er, glaube ich, schade fand. Mit meiner Mutter zu schmusen hatte dagegen immer eher etwas Ambivalentes: schön und warm, aber auch irgendwie gefährlich.»

Die Nähe und Identifikation mit dem Vater führt auch zu dem Gewahrwerden, daß der Junge genauso wie sein Vater einen Penis besitzt. Wolfgang Mertens (1992) hebt wie eine Reihe anderer Autorinnen und Autoren hervor, daß dieser Umstand schon im zweiten und dritten Lebensjahr eines Jungen eine große Rolle für sein männliches Selbstbild spielt. Wenn ein Junge allmählich lernt, seine Schließmuskeln zu kontrollieren und auch Lustgefühle beim Pinkeln empfindet («urethrale Erotik»), entwickelt er bald auch ein großes Interesse am Penis seines Vaters und insbesondere eine Faszination am väterlichen Urinstrahl: «Väter helfen ihren Söhnen, indem sie ihnen beibringen, wie man aufrecht stehend uriniert, und ihren Stolz äußern, wenn ihr kleiner Sohn ebenfalls einen Strahl produzieren kann» (S. 101).

Vermutlich stöhnen jetzt die Leserinnen auf: Wie viele heftige Kämpfe um das Pinkeln im Stehen oder im Sitzen mußten schon ausgefochten werden! Sie sollten jedoch den symbolischen Gehalt des Aufrechtpinkelns für den Körperstolz kleiner Jungen nicht unterschätzen. Ein Mann erzählte uns: «Früher ging mein Vater sonntags mit mir zum Fußballplatz. In der Halbzeit gingen alle Männer an eine freistehende Pißrinne pinkeln. Da fand ich es immer toll, daß ich mit den Großen mitgehen durfte.» Es handelt sich um eine ureigene männliche Fähigkeit, die für Jungen einen hohen identifikatorischen Wert besitzt. Der Stolz darauf, wie der Vater über einen Penis *verfügen* zu können, bannt zudem die Angst von Jungen, ihren Penis wieder zu verlieren – gerade wenn sie sehen, daß die Mutter, mit der sie lange identifiziert waren, keinen Penis hat. Das Pinkeln im Stehen ist eine feine Sache, die jedem Jungen zu gönnen ist – gleich ob im Freien oder zu Hause. Und wenn nicht schon aus anderen Gründen, so doch wenigstens aus diesem sollten sich Väter dazu aufraffen, die Toilette zu putzen.

Nicht nur zur Mutter, sondern auch zum Vater hat ein Junge eine begehrliche Beziehung, die ihm Sicherheit in seinem Lebensgefühl als männliches Wesen gibt. Peter Blos (1990) betont, daß ein Junge von *Anfang* an – also auch schon *vor* der ödipalen Phase – auf Erfahrungen mit einem starken und liebevollen Vater angewiesen ist und auch darum kämpft:

«Der kleine Junge wirbt aktiv und ausdauernd um Beifall, Anerkennung und Bestätigung des Vaters; dadurch knüpft er tiefreichende, beständige libidinöse Bande. Wir haben guten Grund zu behaupten, daß diese Zeichen der Anerkennung und Bestätigung vom Sohn in den ersten Lebensjahren empfangen werden, allein durch das allgemeine, nicht unbedingt verbalisierte Verhalten und die teilnahmsvolle Gegenwart des Vaters. Sie flößen dem Jungen ein bestimmtes Maß an Selbstbeherrschung und Selbstbehauptung ein, gleichermaßen aus Gleichheit oder gemeinsamer Männlichkeit gewonnen» (S. 23).

Der körperliche und seelische Kontakt mit dem Vater trägt entscheidend zu dem Grundgefühl eines Jungen bei, was es heißt und was es wert ist, männlichen Geschlechts zu sein. Daraus erschließt sich für den Jungen auch, welche Chancen auf Genuß und Lust sich in Verbindung mit seinem Geschlecht gegenüber einer Frau, aber auch mit einem Mann realisieren lassen. Jungen möchten nicht nur ihrer Mutter (wieder) ganz nahe sein, sondern sie haben auch einen regelrechten Vaterhunger.

So schön und verheißungsvoll sich die Möglichkeiten der Liebe zwischen Sohn und Vater auch anhören, so ernüchternd erleben viele Jungen diese Beziehung. Häufig sind Väter nicht nur durch ihre außerhäusliche Erwerbsarbeit faktisch *körperlich* fern, sondern sie zeigen sich oft auch im emotional-einfühlsamen Kontakt mit ihren Söhnen als nur wenig präsent. Wolfgang Mertens beklagt: «Es ist oftmals tragisch mitzuerleben, was Söhne alles unternehmen, um sich der väterlichen Kraft und Liebe zu vergewissern. Selbst der Wunsch, sich dem Vater zu unterwerfen, um auf diese Weise passiv von der männlichen Kraft des Vaters ‹befruchtet› zu werden, zeugt noch von diesem Verlangen» (S. 149).

Emotional unbeteiligte, unsensible, autoritäre und unbeständige Väter verweisen Jungen entweder zurück zur Mutter, oder sie drängen darauf, sich mit einer seelenlosen Supermännlichkeit zu identifizieren. Ein Junge wird sich auch mit der Angst eines Vaters vor weiblicher Nähe identifizieren, die jenen dazu verleiten mag, entweder die vertrauliche Nähe zur Frau (und zur Familie) zu fliehen oder sich nur aggressiv und abwertend zu behaupten. Der Junge – seiner Entwicklung entsprechend noch auf der Suche nach der Verbindung von Liebe und phallischem Stolz – läuft in späteren Jahren Gefahr, seinen Penis nur noch als wackeligen Dreh- und Angelpunkt seines Selbstwertgefühls zu empfinden: «Für diese Männer besteht Sexualität dann weitgehend nur in der phallisch-narzißtischen Eroberung einer Frau, aber nicht im genitalen, liebevollen und fürsorglichen Interesse an ihr. ... Und so wie männliche Jugendliche mit ihrer noch prekären Geschlechtsorientierung und der Angst vor dem noch unvertrauten weiblichen Körper den Geschlechtsverkehr überwiegend nur als narzißtischen Triumph erleben können, bei dem ihr Körper bzw. ihr Penis funktioniert und nicht versagt hat, so erleben auch die phallisch fixierten Männer die Liebe mit einer Frau potentiell als Gefährdung ihres eigenen Selbst, vor allem, wenn es nach der phallischen Eroberung um ein Verweilen in der libidinösen Erregung geht» (S. 150).

Den Vater im Rücken zu spüren ist etwas anderes, als mit dem Gefühl zu leben, daß er einem groß und schwer im Nacken sitzt. Wie in dem Abschnitt *«Sohn und Mutter»* möchten wir auch eine Liste von Botschaften und Aufträgen zusammenstellen, die Jungen von ihren Vätern erhalten können:

Er soll einen schönen, kräftigen und intakten Penis haben, ihn mir aber nicht ständig zeigen wollen. Er soll sich nicht zu sehr von der Mutter verwöhnen und verzärteln lassen, nicht mehr Zärtlichkeit abbekommen als ich. Er soll lernen, seine Begierde zu beherrschen, um mehr leisten zu können. Er soll der Mutter gehorchen. Er soll sich nicht von ihr einwickeln lassen. Er soll die Mutter nicht besser und liebevoller behandeln, als ich das kann. Er soll die Zärtlichkeitsbedürfnisse der Mutter befriedigen. Er soll sich in der harten Jungenwelt zurechtfinden, sich durchsetzen können und nicht allzuviel mit Mädchen spielen, mit ihnen nahe, zarte und weiche Erfahrungen machen. Er soll eine tolle Schwiegertochter anbringen. Er soll seine jugendlichen Chancen bei den Mädchen nutzen (es besser machen als ich), aber er soll damit mir gegenüber nicht prahlen, es sei denn, ich kann noch mithalten. Er soll sich vor den Mädchen in acht nehmen, die ihn nur an sich binden und geschwängert werden wollen. Erst die Arbeit, dann das Vergnügen. Er soll mich nicht zu früh abmelden. Er soll gegen mich nicht in einem Maße auftrumpfen, daß ich mein Älterwerden realisieren muß. Er soll groß und kräftig werden, mich möglichst lange bewundern, wenigstens nicht abwerten oder verachten, weil er die Mutter mehr liebt als mich. Er soll mich nicht an meine eigenen Ängste erinnern (er soll mich möglichst mit seinen Konflikten in Ruhe lassen). Er soll nicht allzuviel oder besser nichts von dem tun, was ich früher nicht durfte, was verboten war (und ich dennoch tat). Es wäre komisch, wenn er sich weniger schämen müßte als ich. Er soll nicht homosexuell werden...

Viele dieser zum Teil sehr widersprüchlichen Botschaften muß ein Junge *mit sich* in Einklang bringen. Er kann sich den Wünschen und Anforderungen seines Vaters ebensowenig entziehen wie denen seiner Mutter. Je älter ein Junge wird, desto eindrücklicher prägt sich in ihm ein Bild von der Frau, das die Mutter abgibt, und ein Bild vom Mann, für das der Vater als Vorbild dient. Und: Je unvereinbarer er die Liebe zur Mutter mit der Liebe zum Vater erlebt, desto mehr wird er gezwungen sein, seine Liebesfähigkeit aus Angst vor Liebesverlust auf einer Seite einzuschnüren.

Die Berufsarbeit eines Vaters oder seine geringe innere Präsenz in der Familie lassen ihn aus der Sicht des Jungen oft unerreichbar erscheinen. Die Angst des Vaters vor Homosexualität trägt zudem zu einem ungelenken Umgang mit den emotionalen Bedürfnissen seines Sohnes bei. Die folgenden Beispiele aus der Erinnerung zweier Männer halten wir für *gewöhnlich*:

«Geschmust hab ich viel, aber ich glaube, nur mit meiner Mutter. An Schmusen mit meinem Vater kann ich mich nicht erinnern. Dabei ist er eigentlich ein sehr schmusiger Mensch. Keine Erinnerung habe ich daran, daß ich mal von ihm getröstet worden bin. Da hieß es immer: Du mußt zusehen, wie du damit klarkommst. Ich wurde eher geschlagen, auch wenn ich mal Trost gebraucht hätte.»

«Körperliche Wärme erinnere ich nur mit meiner Mutter, mit meinem Vater hab ich nie geschmust. Ich war etwa sechs Jahre alt. Ich sollte ins Bett gehen, und mein Vater saß mit meinen Großeltern im Wohnzimmer und schaute Fernsehen. Ich ging zu ihm hin und gab ihm einen Kuß auf den Mund. Und alle sagten plötzlich wie im Chor: ‹Nee, das macht man nicht, doch nicht auf den Mund!! Was machst du denn, Junge?!› Danach hab ich meinen Vater nicht mehr geküßt.»

Es ist toll, wenn Väter sich mit ihren Söhnen balgen, vor allem, wenn sie nicht damit aufhören, nur weil der Junge in die Schule kommt. Viele Männer haben uns berichtet, daß körperliche Berührungen mit ihrem Vater ausgerechnet ab diesem Alter plötzlich verpönt waren. Wenn Knuffen und Rangeln noch möglich war, so gab es doch nicht mehr die stilleren, schmusigen Momente mit dem Vater. Nicht wenige Männer konnten sich überhaupt nicht an Zärtlichkeiten mit ihrem Vater erinnern.

Spätestens im Grundschulalter scheint der Körper des Vaters regelrecht versiegelt zu sein: «Komm mir nicht zu nahe» oder «Du bist jetzt zu alt dafür, noch mit mir zu schmusen». Vielleicht hat ein Vater Angst, seinen Sohn durch *zuviel* Zärtlichkeit zu «verweichlichen», möglicherweise ist ihm in stillen Momenten die körperliche Zartheit seines Sohnes auch nicht geheuer, so daß er dessen Nähewünsche abwehrt. So schließt sich unweigerlich das Korsett der Homophobie um den Jungen. Die peinlichen Gefühle, die der Junge bei seinem Vater spürt, wenn er ihn umarmt und küßt, werden ihm eingeimpft. Der Junge versteht es nicht und ist über diese Zurückweisung nur erschrocken und enttäuscht. Aber bald bekommt er das offizielle Regelwerk nachgereicht: Was ein richtiger Junge sein und werden will, der ist doch nicht schwul!

Unterhält man sich mit Männern über ihren Vater, äußern die meisten von ihnen Desinteresse oder Wut: «Ich kann mit dem nichts mehr anfangen» oder «Der geht mir total auf den Geist. Spätestens nach einer halben Stunde streiten wir uns. Nein danke, kein Bedarf mehr...» Gibt man ihnen jedoch in einem geschützten Rahmen – zum Beispiel während eines Fortbildungsseminars – die Möglichkeit, sich einmal in Ruhe mit ihrem Verhältnis zum Vater zu beschäftigen, können plötzlich Erinnerungen an sehr alte Enttäuschungen wachwerden: «Der hat mich im Stich gelassen», «Ich dachte immer, der interessiert sich gar nicht für mich», «Wenn's mir mal schlecht ging, war von ihm kein Trost zu erwarten» oder «Der kam immer nur mit hohlen Sprüchen von Leistung und Verzicht». Geht man noch einen Schritt weiter, gelangen nicht wenige Männer an eine alte Trauer über die Ferne ihres Vaters und an eine oft ungestillte Sehnsucht nach ihm: «Ich hätte viel mehr mit ihm schmusen wollen» und «Ich hab ihn viel zu selten mal für mich allein gehabt». Und plötzlich ist Platz da für längst vergessene Erinnerungen: «Als ich klein war, lag ich samstags am Nachmittag immer mit ihm auf dem Sofa und spielte an seinen Ohrläppchen», «Einmal, da bin ich mit ihm in den Wald spazierengegangen, und wir haben uns verlaufen», «In seiner Werkstatt hat es immer so toll nach Leim gerochen», «Einmal haben wir auf einer Reise zusammen ins Waschbecken gepinkelt», «Der roch immer so toll nach Farbe und Tabak...»

Kein von uns befragter Mann konnte mit sicherem Gefühl behaupten, daß der Vater die Mutter begehrt hat und sie ihn. Wir haben den Eindruck, daß die grundsätzlich festzustellende schwache Erinnerung an den Vater der Kindheit nicht unwesentlich daher rührt, daß er als erotischer Mann und sexuelles Vorbild verdrängt werden mußte, weil anderenfalls die oft enttäuschte Liebe zu ihm zu sehr geschmerzt hätte. So entziehen sich Väter ihren Söhnen nicht nur als Modell für einen erotischen Mann, sondern sie geben auch in der Beziehung zur Mutter zuwenig stimmige Orientierung. Mag sein, daß es einen Jungen eifersüchtig aufwühlt, wenn er erlebt, daß der Vater scharf auf die Mutter ist – und umgekehrt –, und wie ruhig sich Mann und Frau in den Armen liegen können. Aber es eröffnet vielleicht auch schöne Aussichten auf spätere Zeiten.

Der Junge und die Eltern

Es ist schon ein Jammer, daß die Eltern eines der bedeutendsten Söhne aller Zeiten möglicherweise nie miteinander geschlafen haben. Der Überlieferung nach war Jesus kein Kind der Liebe, sondern das Ergebnis einer unbefleckten Empfängnis. Joseph, der Gehörnte, war ein bescheidener Mann, der eigentliche Vater weit oben im Himmel, und Maria, die Mutter, heilig und unberührbar. Kein Wunder also, daß Maria Magdalena – die einzige Frau, mit der Jesus eine sexuelle Beziehung nachgesagt wird – eine Hure war. Ob Jesus sich gerade deshalb so sehr für die Liebe zwischen den Menschen stark gemacht hat, weil es sie zwischen seinen Eltern nicht geben durfte?

Für ein Kind sind die Eltern das erste und eindrucksvollste Modell einer Liebesbeziehung zwischen Mann und Frau. Von ihnen erfährt es, welche Einstellungen die Geschlechter zueinander haben und unter welchen Bedingungen Liebe, Lust und Zärtlichkeit möglich sind und unter welchen Bedingungen nicht.

Wolfgang Mertens (1992) weist auf die Bedeutung der *positiven* Identifikation des Kindes mit seinen Eltern hin, denn erst die elterliche Beziehung zeige einem Kind, daß es neben seiner Verbindung mit der Mutter überhaupt noch andere Beziehungsformen geben kann (vgl. S. 8). Kinder identifizieren sich allerdings auch dann mit ihren Eltern, wenn ständig dicke Luft zwischen denen herrscht. Der Kampf der Eltern, Sticheleien oder herabwürdigende Kommentare über angeblich geschlechtstypische Eigenschaften des jeweils anderen führen zu einer mehr oder weniger ambivalenten Haltung der Kinder gegenüber sich selbst und dem anderen Geschlecht. So kann es kommen, daß ein Junge zum Beispiel die Verachtung in sich aufnimmt, die sein Vater gegenüber der Mutter zum Ausdruck bringt. Wenn der Junge seine Mutter heiß und innig liebt, wird ihm das große Probleme bereiten, denn in diesem Fall liebt und begehrt er etwas, das nichts wert zu sein scheint. Ein brutaler und frauenverachtender Vater nötigt den Jungen zu einer «Affektumkehrung» (vgl. Barbara Vogt-Heyder 1983, S. 370ff): Für den Schulterschluß mit seinem Vater muß der Junge seine Mutter – und damit alles Weibliche – nach außen hin glaubhaft abwerten. Wenn für ihn später dann Mädchen und Frauen nur noch als «blöde Fotzen» durchgehen, kann seine Spaltung in Liebe und Haß in einem Maße ausgeprägt sein, daß er einen Geschlechtsakt nur noch aggressiv ausführen kann, weil er keinen anderen sicheren Stand gegenüber Frauen kennengelernt hat.

Umgekehrt: Einem Jungen wird die Identifizierung mit seinem Vater enorm schwerfallen, wenn die Mutter ihren Mann (sexuell) ablehnt und abwertet. Er möchte so werden wie sein Vater, aber unter solchen Umständen erscheint der Vater als nicht oder nur wenig *liebenswert*. Dennoch kann der Junge nicht einfach mit seinem Vater brechen. Folglich bleibt ihm nichts anderes, als sich mit einem wenig begehrenswerten Mann zu identifizieren. Möglicherweise wird er zu späteren sexuellen Begegnungen stets im Büßergewand erscheinen. Am Vorbild seiner Eltern erfährt ein Junge, welche Wertschätzung das eine Geschlecht in den Augen des anderen besitzt. Ein Beispiel:

«Für meine ersten sechs, sieben Lebensjahre habe ich noch nicht einmal eine Erinnerung daran, wo in unserer Wohnung das Schlafzimmer meiner Eltern war. Zärtlichkeiten zwischen ihnen vor den Augen von uns Kindern waren eine absolute Seltenheit. Ihr Schlafzimmer wurde nie beheizt, da wurden Speisen zum Kühlen aufbewahrt. Im Winter war es eiskalt da drin, und ich fürchte, so war es meistens auch zwischen meinen Eltern. Später erzählte mir meine Mutter mal, daß sie sich vor unserem Vater ekelte. Ich war geschockt und schämte mich für ihn, brachte es aber nicht mit mir selbst in Verbindung. Was dabei lediglich gut zusammenpaßte, war, daß meinem Vater in unserer Familie ohnehin der Geruch eines Versagers anhaftete. Ich wollte dann auch nichts mehr mit ihm zu tun haben und meinte, ich sei viel besser und sauberer als er. Jahre später habe ich dann versucht herauszufinden, woher meine ständige Angst rührte, von einer Frau abgelehnt zu werden, wenn ich meine Lust auf sie deutlich zeigte, und warum ich innerlich so wenig Substanz aufwies, wenn ich einen Korb kriegte. Da stürzte ich immer in Abgründe.»

Da ein Junge sich zu beiden Eltern eine liebevolle Beziehung wünscht, identifiziert er sich in einem komplizierten und sich ständig überlagernden Wechselspiel sowohl mit dem Vater als auch mit der Position der Mutter. Die Botschaften sind tausendfältig: Reagiert die Mutter freudig oder abweisend, wenn der Vater ihr einen Kuß geben will? Wenn er sie umarmt, ihr lächelnd etwas ins Ohr flüstert oder aufgedreht lustig am Tisch sitzt? Reagiert der Vater erfreut oder mürrisch, wenn die Mutter sich an ihn kuschelt? Wenn sie ihm die Wange streichelt und einen Kuß gibt oder während des Besuchs der Schwiegereltern ihren Arm um ihn legt? Wie wirken sie dann als Paar in den Augen des Jungen? Erfüllt es ihn mit Wärme, sie so zu sehen, oder ist es eher zum Weglaufen? Bekommt ein Junge überhaupt einmal zärtlich einander zugewandte Eltern zu Gesicht? Muß er erleben, daß der Vater sich von der Mutter einfach nimmt, was er haben will, sie bedrängt, vergewaltigt? Oder sieht er, daß der Vater sich noch so liebevoll um seine Frau bemüht, doch bei ihr nicht (mehr) landen kann?

Jungen entwickeln auch eine unbewußte Vorstellung davon, wie sich die Mutter fühlt und wie es dem Vater ergeht, wenn die Eltern miteinander schlafen: Haben sie Spaß miteinander (worauf man eifersüchtig sein könnte)? Begehrt die Mutter den Vater, oder erfüllt sie eine lästige Pflicht? Begehrt der Vater die Mutter, oder rammelt er aus Wut oder Langeweile?

Alles, was die Eltern über sich als Mann und Frau signalisieren, geht ein in die Vorstellung eines Jungen, wie verheißend oder wie bedrohlich eine körperliche Beziehung zum anderen Geschlecht sein kann. Die *Angst*, in seiner Geschlechtssicherheit bedroht zu sein, oder die *Befürchtung*, in vitalen Bedürfnissen unbefriedigt zu bleiben, findet auf verschlungenen Wegen einen *sexuellen* Ausdruck. Aus der Sicht eines Jungen bemißt sich die Frage nach der Statthaftigkeit männlicher Lust auch daran, wie der Vater grundsätzlich als Mann geschätzt wird, und die Mutter es als wert gilt, umworben zu werden. Ein Junge fragt sich natürlich auch, ob die Mutter den Vater begehrt und ob sie sich von ihm umwerben *läßt*. Die häufig beklagte Neigung vieler Männer, Nähe nur in exklusiven Momenten zuzulassen, um sie dann augenblicklich zu sexualisieren, wird nicht unwesentlich davon bestimmt sein, wie nah oder fern sich Vater und Mutter zueinander im alltäglichen Leben gezeigt haben.

Es geht nicht um Launen und momentane Befindlichkeiten der Eltern oder um Phasen, die sie als Paar durchmachen. Es geht um die durchschnittliche Temperatur ihrer Beziehung. Es macht nichts, wenn der Vater oder die Mutter mal keine Lust aufeinander haben, wenn sie sich gelegentlich aus dem Weg gehen oder sich streiten. Und die Welt geht auch nicht unter, wenn bei einer hitzigen Auseinandersetzung einmal Gemeinheiten ausgetauscht werden. Solange ein Junge nicht erleben muß, daß eines der Geschlechter ständig und grundlegend abgewertet und gedemütigt wird, lernt er dabei auch, wo Respektsgrenzen zwischen Mann und Frau verlaufen, und daß Bemühungen um Nähe und Distanz zu jeder intimen Verbindung gehören.

Der kalte Krieg am heißen Buffet

Jungen zwischen sechs und zehn

> «Himpelchen und Pimpelchen, die stiegen auf einen hohen Berg. Himpelchen war ein Heinzelmann, und Pimpelchen war ein Zwerg. Sie blieben lange dort oben sitzen und wakkelten mit ihren Zipfelmützen...»
>
> (Kindergartengedicht)

Da steht er nun, der Junge, an der Haustür, winkt seiner Mama und stapft los. Im Tornister ein Butterbrot und einen Apfel, vielleicht noch etwas Kinderschokoladiges und etwas zu trinken, aber nicht viel mehr zur Stärkung, denn seine Ausflüge sind noch von kurzer Dauer, und das werden sie im großen und ganzen auch noch für einige Zeit bleiben. Was hat er sonst noch dabei? Ein Paar Hefte und Bücher, Lineal, Tintenkiller und ein Computerspiel im Pocketformat für die Pausen oder langweilige Stunden. In den nächsten Jahren gilt es nicht nur, die Regeln außerhäuslicher Gemeinschaften zu lernen, Martinslaternen zu basteln oder Zahlen und Buchstaben auf die Reihe zu kriegen. Mit besonderem Engagement wird der Junge vor allem seine Männlichkeit konsolidieren wollen – allerdings ohne die Mädchen dabei aus den Augen zu lassen.

Die Zeit zwischen dem sechsten und zehnten Lebensjahr wird nach psychoanalytischer Lehre als «Latenzphase» bezeichnet, in der die psycho-sexuelle Entwicklung der Kinder sozusagen eine Pause einlegt und sexuelle Wünsche und Aktivitäten in den Hintergrund treten. Der Grundgedanke dieses Entwicklungsmodells hat sich seit etlichen Jahren als Alltagstheorie verselbständigt. Schließlich paßt auf den ersten Blick alles ganz gut zusammen: Nach den unschuldig-lustvollen Stürmen der frühen Kindheit haben die Kleinen mit etwa sechs Jahren das Gröbste hinter sich gebracht und sollen jetzt erst einmal verschnaufen dürfen, bis der ganze Zirkus in der Pubertät unter verschärften Bedingungen wieder Vorstellungen geben wird. In der Zwischenzeit beginnt der Ernst des Lebens, und da ist eine auf Eis gelegte Sexualität ja nicht ganz unpraktisch. Im hormonellen Haushalt tut sich bei den Kindern zwischen sechs und zehn ebenfalls nichts Großartiges, und auch der nächste Wachstumsschub stellt sich erst am Ende der Grundschulzeit ein. Es scheint, als habe es die Natur für Grundschulkinder so eingerichtet, geschlechtlich weder Fisch noch Fleisch zu sein. Hartnäckig hält sich allgemein die Ansicht, daß jene Zeit wohl die unerotischste Phase im Leben eines Menschen sei.

Was soll da auch schon groß los sein?! Aus der Ferne betrachtet haben die Jungen mit den Mädchen ab der Grundschulzeit immer weniger am Hut, wobei es so aussieht, daß sie sich heftiger von den Mädchen abgrenzen als umgekehrt. Schon in der Bauecke des Kindergartens durften, wenn überhaupt, nur ausgesuchte Mädchen seltene Gäste sein. In der Grundschulzeit ist die «Brüderhorde» häufig noch unerbittlicher: «Mädchen, pah, doof, zickig, olle Petzen, zum Weglaufen!» Aber auch die «Schwesternhorde» klimpert nicht nur sehnsuchtsvoll mit den Augenlidern, wenn sie in Abgrenzung zu den Jungen konventionelle weibliche Werte hochhält: «Jungen, pah, doof, brutal, großmaulig, zum Weglaufen!» Zusehends trennen sich vor allem die Spielwelten, so daß sich Jungen und Mädchen –

besonders wenn sie keine andersgeschlechtlichen Geschwister haben – allmählich immer fremder werden. Gelegentlich scheint es einem schon rätselhaft, wie ein Junge und ein Mädchen aus den sich so spinnefeind gesinnten Lagern je wieder zusammenfinden können.

Mädchen spielen weiterhin mit Puppen und entwickeln dabei umsorgende und einfühlende Qualitäten. Viele entdecken ihre Liebe zu Meerschweinchen, Zierhasen und vor allem zu Pferden. Gerade mit den letztgenannten Vierbeinern gehen sie nicht selten hingebungsvolle Beziehungen ein, sei es in der Traumwelt ihrer Mädchenbücher oder real auf der Koppel. Pferde verlangen echte Beziehung und Einfühlung. Sie sind groß, stark und muskulös, lassen sich aber nicht mit Gewalt, sondern nur mit leichtem Zügelzug und sanftem Schenkeldruck beherrschen. Vielleicht liegt darin ein wesentlicher Aspekt der großen Faszination, die Pferde auf Mädchen ausüben: Die ungezählten Geschichten von blonden Mädchen und schwarzen Hengsten lassen sich auch als eine Parabel lesen, in der das kleine Mädchen das große männliche Tier endlich friedlich und nahe im Zaum hält.

Im Vergleich dazu dreschen die reitenden Vorbilder der Jungen ihre Gäule zu Höchstleistungen auf der Flucht vor den Indianern, dem Sheriff oder einer stampfenden Büffelherde. Zwar gibt es auch die lakonische Mär vom Cowboy und seinem getreuen Pferd, das mit ihm durch dick und dünn reitet und auf das er nichts und niemand anderen kommen läßt. Aber so richtig spannend und männlich sind doch eher die Rodeos, bei denen der Wille des stolzen Pferdes gebrochen werden soll, oder die stundenlangen schweißtreibenden Sprints durch die Weiten der Prärie, die in Wirklichkeit kein Pferd länger als drei Minuten aushalten würde. Das wissen die Jungen natürlich nicht. Vielleicht wollen sie es auch gar nicht wissen, weil es die Illusion wilder Männlichkeit zerstören würde. Jungen schonen bei der Erfüllung ihrer Rollen weder sich noch das *Material*. Davon, daß sich ein Reiter mit seinem Becken sanft und entspannt den Bewegungen des Pferdes anpassen muß, hat eben auch ein «Dinorider» einfach keine Ahnung.

Beobachtet man eine Gruppe von zehnjährigen Jungen eine Weile, gewinnt man schnell den Eindruck, daß viele von ihnen zur Festigung ihrer Rollenidentität auf Captain Flints Totenschiff gelandet sind. Männlichkeit erscheint oft als eine einzige schwerfällige Inszenierung. Die Jungen begrüßen sich nicht mehr mit einem einfachen «Hallo» oder per Handschlag, sondern mit angedeuteten Kampftritten haarscharf am Hals vorbei. Coolsein heißt die oberste Maxime, was nichts anderes bedeutet als unterkühlt sein, nichts mehr spüren, so daß einen nichts mehr anficht. Es reicht auch nicht, etwas gut zu können, sondern es gilt unerbittlich, der Beste, der Größte, der Dreisteste und der Lauteste zu sein. Stille und eher verträumte Jungen oder solche, die einfühlsame Fähigkeiten entwickelt haben und vielleicht auch gut mit Mädchen auskommen, haben es in der Gruppe oft schwer, als vollwertige Jungen akzeptiert zu werden. In einer Zeit, in der die «richtigen» Jungen hungrig nach jedem Fitzelchen schnappen, das ihnen souveräne Männlichkeit verheißt, müssen die Stillen einiges an Niederlagen und Demütigungen einstecken. Daß ihre Zeit vielleicht erst noch kommt, dann nämlich, wenn ab der Pubertät ein sanfterer Umgang mit Mädchen angesagt ist, kann sie kaum trösten, denn so wie die Dinge zwischen sechs und zehn Jahren liegen, deutet darauf im Grunde nichts hin.

Männliche Identität zu entwickeln und zu festigen, heißt für viele Jungen, mit immer weniger Zärtlichkeit auskommen zu müssen. Die Jungen stehen unter einem oft ungeheuren Druck, den Kontakt zu inneren Befindlichkeiten wie Angst, Traurigkeit, Kummer, Rührung und Schmerzempfinden aufzugeben. Sie müssen sich veräußern und verausgaben, um sich hinter stumm-coolen oder laut-aggressiven Masken zu verbergen. Jungen dürfen sich untereinander oder gegenüber Mädchen nicht als das zeigen, was sie sind, weil das, was sie sind, immer zu wenig, zu klein und zu mickerig zu sein scheint. Die Kluft zwischen innerem Erleben und Außendarstellung wird im Laufe der Jahre immer größer.

Kein Kind gibt aus freien Stücken ohne weiteres zärtliche Zuwendung und Schmusemöglichkeiten auf. Auch Jungen nicht. Und dennoch: Mit der Mutter zu schmusen, bringt einen Schuljungen schnell in die gefährliche Nähe zum «Mamasöhnchen», auch wenn Kuscheln einfach schön oder tröstlich ist. Mag sein, daß die Mutter ihn auch mal krallt, wo sie sich mit *ihrem* Zärtlichkeitsbedürfnis besser an ihren Mann halten sollte, und der Junge gut daran tut, sich aus ihrer Umarmung herauszuwinden. Gut möglich ist auch, daß die Mutter keinen «Angsthasen» leiden mag, weil er in seiner Zartheit so überhaupt nicht *ihrem* Bild von einem rechten Jungen entspricht. Es gibt viele Gründe dafür, daß ein Junge, je älter er wird, sich immer häufiger verkneift, die Wärme der Mutter spüren zu wollen, selbst wenn er sie gut gebrauchen könnte. Nicht viel anders ergeht es einem Jungen – was das Ergebnis anbetrifft – mit seinem Vater, wie wir schon im vorherigen Kapitel beschrieben haben. Zarte und stille körperliche Zuwendungen werden ab der Grundschulzeit seltener und leider oft auch verdächtig und peinlich – völlig diametral zu dem enormen Vaterhunger und den starken Identifikationswünschen der Jungen.

Wenn man Jungen aber *läßt*, wenn man sich ihnen als jemand anbietet, den sie bei der Hand nehmen können, auf dessen Schoß sie sitzen können und der sie annimmt, wenn sie etwas bedrückt, dann zeigt sich, wieviel Zärtlichkeit

Jungen neben all den kameradschaftlichen Knüffen und den Heftpflastern brauchen. Ein «verschmuster» Junge vermittelt unversehens das Gefühl, daß er sich in diesen stillen Momenten eine Auszeit vom harten Gerangel um Männlichkeit nimmt. Es ist, als verwandle er sich plötzlich in ein *Kind*. Doch selbst bei wohlwollenden Eltern kann sich angesichts eines anschmiegsamen Jungen Unbehagen regen, das sich aber leicht mit der Aussicht zerstreuen läßt, daß er ja nur «noch» verschmust ist, es also bald nicht mehr nötig haben wird.

Wie sehr Jungen Zärtlichkeit brauchen, und wie verstellt ihnen häufig der Zugang zum mütterlichen und väterlichen Schoß ist, zeigt eine kleine Geschichte: In einem Kinderheim nahe Köln wurden die Mädchen einer gemischten Wohngruppe in eine andere Gruppe verlegt. Anstatt andere Mädchen aufzunehmen, entschieden sich die Erzieherinnen und Erzieher, es einmal mit einer reinen Jungenwohngruppe zu versuchen. Für das Team handelte es sich um ein spannendes Experiment, bei dem man aber auch befürchtete, daß die Jungen sich ohne die Mädchen in einer ruppigeren und kühleren Atmosphäre noch mehr als bisher verschließen könnten. Eine Mitarbeiterin erzählte uns, daß die Mädchen in der allabendlichen gemütlichen Runde stets die Schöße der Erzieher und Erzieherinnen besetzt hatten, während sich die Jungen irgendwo auf der Couch herumlümmelten. So sei man es all die Jahre gewohnt gewesen. Wie würden die Abende jetzt werden? Nachdem die Mädchen die Gruppe verlassen hatten, erlebten die Erzieherinnen und Erzieher eine große Überraschung: Es dauerte keine zwei Wochen, da nahmen die Jungen die Plätze der Mädchen ein – erst vorsichtig die Reaktionen der anderen abwartend, dann aber bald ganz selbstverständlich.

Die «Latenzphase» ist für viele Jungen weniger dadurch bestimmt, daß sie Zeit haben, männliches Selbstbewußtsein zu tanken, als vielmehr dadurch, daß ihre Liebesobjekte mehr und mehr außer Reichweite rücken. Auf fatale Weise wird Zärtlichkeit mit Unmännlichkeit in Verbindung gebracht. Überhaupt wird alles Weiche, Anrührbare und Kuschelige am Jungen vereist. War ein rechter Junge früher «soldatisch», so hat er heute «obercool» zu sein.

Die Zeit zwischen sechs und zehn Jahren ist natürlich auch spannend und abenteuerlich. Weniger beschützt und behütet als in der frühen Kindheit, werden die Jungen langsam selbständiger. Sie werden größer, stärker und geschickter. Sie lernen Radfahren, Hochsprung, Weitsprung, Rolle vorwärts und Rolle rückwärts in den Handstand, vielleicht auch gut rechnen und Aufsätze schreiben oder Musikmachen und Fahrrad reparieren (oder mit dem bloßen Schraubenzieher knacken), Fußballspielen, Judo, Karate und Tennis. Sie entdecken Sammelleidenschaften für Fußballerbilder, Bierdeckel, Steine, im Dunkeln leuchtende Sticker und und und. Es wird getauscht und gehandelt, und der ein oder andere träumt vielleicht davon, diese chaotische Welt in einem Mikrokosmos unter eigener Regie doch noch zusammenzukriegen. Das alles stiftet den Jungen einen wichtigen Teil ihrer männlichen Identität, weil es einen großen Teil ihres Alltags ausmacht. Doch ohne Liebe, ohne das Gefühl, sich anlehnen zu können, umarmen und zärtlich zugeneigt sein zu dürfen, fehlt den männlichen Attributen die emotionale Basis und damit das sichere Gefühl, sich nicht ständig und großartig veräußern zu müssen.

Was ist mit den sexuellen Wünschen und Aktivitäten der Jungen? Treten sie tatsächlich in dieser Zeit völlig in den Hintergrund? Wir glauben, daß das sexuelle Interesse keineswegs schläft, weder in der Phantasie der Kinder noch praktisch. Die psycho-sexuelle Entwicklung differenziert sich vielmehr vor dem Hintergrund der zahlreicher werdenden Beziehungen. Aber sie wird auch einem forcierten Anpassungsprozeß an öffentliche Normen unterzogen.

Jungen haben gerade in der sogenannten Latenzphase viele homoerotische Erlebnisse mit (in etwa) Gleichaltrigen. Trotz der häufig strikten Trennung der Spielwelten gibt es auch zwischen Jungen und Mädchen erotische Erfahrungen, wenn auch selten. Dafür beschäftigt Jungen das andere Geschlecht um so mehr in der Phantasie.

Nicht zuletzt sind die Jungen weiterhin autoerotisch aktiv. Der Penis wird immer handhabbarer. Das Bewußtsein wird klarer, daß man ihn bei Bedarf stimulieren kann, zum Beispiel als Einschlafmittel. Gleichzeitig festigt sich im Jungen das Gebot, daß eine Erektion möglichst kein öffentliches Ereignis sein sollte. Er macht die leidige männliche Erfahrung, daß man ihm eine sexuelle Erregtheit unter Umständen ansehen kann, auch wenn er das nicht will. Bald lernt er erste Techniken und Ablenkungsmanöver, eine plötzliche und unerwartete Erektion zu verbergen oder wieder wegzumachen.

Vielleicht ist die Scham und das frühe Erschrecken über die allgemeine Unstatthaftigkeit einer Erektion neben den üblichen und notwendigen Verdrängungsleistungen der Kindheit *ein* Grund dafür, daß so viele Männer sich erst ab dem Pubertätsalter an Erektionen erinnern können, obwohl sie nach längerem Überlegen durchaus von sexuellen Erlebnissen berichten: «Ich habe manchmal an meinem Pimmel gespielt, aber komischerweise weiß ich nicht, ob ich dabei eine Erektion hatte.» Gleiches gilt auch für homoerotische Erfahrungen: «Ich war sechs, der andere Junge war neun, und er nahm mich mit ins Gestrüpp und meinte, wir sollten uns die Pillermänner zeigen. Ich bin gerne mitgegangen, aber ich erinnere mich nicht an Lust, sondern nur an eine Spannung, weil das ja was Verbotenes war. Mir ist, als hätten wir bloß ein sachliches Interesse dabei gehabt.»

In dieser Zeit gewinnen Freundschaften enorm an Bedeutung. Sie gehören zu den ersten festen Bindungen außerhalb der Familie, woraus sich auch ihr Zauber erschließt. Die Sehnsucht, das Treueverlangen, die Verlassensangst und alle großen und kleinen Wünsche nach Nähe und Intimität, mit denen Jungen aneinander hängen und sich umwerben, lassen an eine sich spiegelnde *Liebe* denken. Sie kann erfüllend, aber auch verzweifelt sein, und – sie lebt nicht selten von einer *erotischen* Spannung. Was in einer Jungenfreundschaft passiert, ist im Grunde die Suche nach der verläßlichen Nähe eines gleichwertigen Partners, die Suche nach der Sicherheit des eigenen Geschlechts im Schutze des gleichen Geschlechts (vgl. Dieter Schnack / Rainer Neutzling 1990, S. 164f).

Die intime seelische Nähe zum anderen Jungen kann unter der Bedingung von Gleichheit und Gleich*rangigkeit* den Weg freimachen zu sexuellen Handlungen. Die Jungen haben das Bedürfnis, sich gemeinsam mit einem *unbedrohlichen* Partner der Vollständigkeit und der entwicklungsgemäßen Funktionstüchtigkeit ihrer Genitalien zu vergewissern.

Außerdem kann das alles großen Spaß machen, und die Aura des Verbotenen und Heimlichen erhöht den Reiz sexueller Spiele noch zusätzlich.

Wir möchten aus der Erinnerung von Männern drei Beispiele wiedergeben:

«Ich war so acht oder neun. Mein bester Freund und ich waren oft mit den anderen Siedlungskindern zusammen, aber bestimmte Sachen haben wir nur zu zweit gemacht. Regelmäßig streiften wir durch den Wald auf der Suche nach alten Zeitschriften. Komischerweise fanden wir auch immer mal eine ‹St. Pauli Nachrichten›, eine

‹Eltern› oder die ‹Praline›, die wir dann ganz aufgeregt nach nackten Frauen absuchten. Zwischendurch verkrümelten wir uns in eine uneinsehbare Ecke, zogen uns die Hosen runter und inspizierten ganz genau unsere Polöcher und unsere Pimmel. Das haben wir oft gemacht, und es brauchte nur einer die Geste zu machen, als zöge er sich die Hose runter, da sagte der andere: ‹Au ja›, und wir verzogen uns wieder in ein stilles Eckchen. Wenn aber einer von uns dabei eine Erektion kriegte, hörten wir sofort auf.»

«Mein Bruder ist drei Jahre älter als ich. Ich habe ihm oft, da war ich etwa sechs, beim Masturbieren zugeguckt. Wir haben in dieser Zeit auch zusammen masturbiert. Auf unserem Balkon stand eine Liege, die man an beiden Enden hochklappen konnte. Wir setzten uns einander gegenüber in die Mitte und zogen eine rote Decke über uns drüber, so daß der ganze Innenraum rot leuchtete. Das war unser Häuschen, in dem wir aneinander rumspielten. Oder er rieb sich sein Ding, und ich machte es ihm nach. Das war aber immer nur im Sommer, wenn wir nicht so dick eingepackt waren.»

«Ich schätze, ich war etwa zehn, jedenfalls hatte ich noch nicht die Spur von Schamhaaren. Mein drei Jahre älterer Bruder hatte schon welche. Wenn wir allein im Haus waren, zogen wir uns manchmal nackt aus und spielten, daß einer ans Bett gefesselt wäre. Der andere kitzelte ihn dann mit einer Feder und allen möglichen anderen Sachen. Wir hatten beide einen Ständer dabei und drehten völlig auf. Ich vermute mal, daß mein Bruder schon einen Samenerguß haben konnte, denn er verschwand jedesmal anschließend auf dem Klo.»

Viele Männer (hetero- wie homosexuelle) haben uns von ähnlichen Erlebnissen berichtet. Sexuelle Spiele unter Jungen finden fast ausschließlich in vertrauten Beziehungen statt, mit Freunden und Brüdern, oder beispielsweise mit Kameraden im Internat, wo die Jungen eng aneinander gebunden sind. Und wer sich nicht so weit vorwagen will, hat zumindest die Möglichkeit, beim Raufen (mehr oder weniger) lustvolle Erfahrungen zu machen.

Was die erotische Annäherung unter Jungen erschwert, ist neben der Angst, beim Vergleich sexuell gedemütigt zu werden, vor allem das Tabu, dem die homoerotische Anziehungskraft unterliegt. Anders als bei Mädchen kommt es hierzulande äußerst selten vor, daß zwei Jungen Hand in Hand über den Schulhof schlendern. Dennoch verstoßen selbst die «harten Kerle» unter den Jungen häufig gegen das Tabu, sich nicht «anfassen» zu dürfen, wobei sie allerdings ihr Begehren kaschieren. Erektionen bei spielerischen Raufereien sind zum Beispiel keine Seltenheit. Doch obwohl jeder Junge um diesen durchaus zentralen Bestandteil der Kabbeleien weiß, darf er nicht offenbart werden. Gelegentlich ist die sexuelle Erregung das einzige Motiv, sich auf dem Boden zu wälzen, um in sicherer Deckung etwas Nähe genießen zu können.

Gezieltes «Eierditschen» oder «Eiergrabschen» kommt in der zurückgezogenen Vertrautheit einer Zweierfreundschaft relativ selten vor. Es ist eher ein Gruppensport: Jeder ist auf der Hut und schützt sein Geschlecht vor einem Schlag ins Gemächte aus heiterem Himmel, und alle sind erpicht darauf, auch einmal hinlangen zu können. Jungen können phasenweise ganze Schulpausen oder Nachmittage mit nichts anderem verbringen, als den Schritt der anderen treffen zu wollen. In der Regel tun sie sich dabei nicht wirklich weh und schreien und lachen viel. Im Grunde demonstrieren sie sich gegenseitig, daß sie alle miteinander einen Penis haben.

Dennoch haben diese Spiele fast immer auch eine aggressive Note. Für viele Jungen bleiben sie lange Zeit die einzige Möglichkeit, erotische Nähe herzustellen. Fast immer bedarf die Intimität unter Jungen der rüden Abgrenzung. Über sexuelle Demütigungen lassen sich zudem Gruppenhierarchien herstellen. Nicht jeder darf beim anderen ungestraft hinlangen: «Streber», «Memmen» oder andere an den Gruppenrand gedrängte Jungen werden gewöhnlich entweder von den lustvollen Pausenschlachten ausgeschlossen oder zum Gruppenopfer gemacht. In einer solchen Situation sind die Absichten klar und eindeutig: «Das hier ist kein Spaß, sondern ein Angriff auf deinen Schwanz!» Von einem in der Gruppe hoch angesehenen Jungen kann die gespielte Attacke eines anderen, der in der Hierarchie niedriger angesiedelt ist, ohne große Umschweife zu einem vernichtenden Urteil umgedeutet werden: «Ey, der Kerl ist ja schwul! Der geht einem immer an die Eier!»

Das Gebot, daß sich Jungen nicht zärtlich begegnen dürfen, trägt wesentlich dazu bei, daß ihre gemeinsamen erotischen Erfahrungen oft aggressiv eingefärbt sind. Durch den ständigen Bruch des homosexuellen Tabus bei gleichzeitiger offizieller Einhaltung lernen sie, daß Intimität, Lust und Erregung nur in Überwindung eines Verbots zu erleben sind. Möglicherweise liegt darin eine Ursache für die später im Vergleich zu den Mädchen höhere Bereitschaft von Jungen, sich zum Beispiel trotz heftiger Masturbationsskrupel dennoch Entspannung zu verschaffen, und nicht zuletzt, die ängstlich ablehnende Haltung vieler Mädchen durchbrechen zu wollen. Was wunder auch, daß sie sich ihnen gegenüber nicht gerade zärtlicher und einfühlsamer verhalten können als untereinander und gegenüber sich selbst.

Die Kontakte der Jungen zu den Mädchen verändern sich im Laufe des Älterwerdens: Sie werden zunehmend problematischer. Im Kindergartenalter gehen Mädchen und Jungen noch verhältnismäßig unbefangen miteinander um. Freundschaften zwischen ihnen sind in dieser Zeit nichts Ungewöhnliches. Zwar haben sich schon im Hort die Jungen in der Bauecke und die Mädchen in der Puppenecke auch für die ersten Geschlechterkämpfe präpariert, aber ihr Erleben als kleine Kinder in einer neuen großen Welt hat doch alle noch sehr miteinander verbunden. Die Trennung von der Mutter und der vertrauten familiären Umgebung ist für beide Geschlechter gleichermaßen beängstigend, neu und aufregend. Auch bei der Lust oder Unlust, freundschaftliche Beziehungen zu anderen Kindern aufzunehmen, unterscheiden sich die Mädchen und Jungen nicht wesentlich. Aus demselben Bedürfnis heraus suchen sie Schutz und Trost bei der Erzieherin, die auch für beide Geschlechter in den nächsten Jahren zu einer wichtigen Mutterfigur avanciert. Letzteres jedoch hat für die Jungen eine besondere Bedeutung. Denn: Wie mit der eigenen Mutter müssen sie auch mit der Erzieherin um ihre Männlichkeit ringen.

Aus der Sicht der Jungen ist ihre Lebenswelt nicht nur in der Familie und im Kindergarten, sondern auch in der Grundschule weiblich beherrscht. Sogar der Hausmeister, der Gärtner und der Rektor auf dem großen Stuhl, im für die Kinder unzugänglichen Machtzentrum der Schule, haben sich in die männliche Welt verdrückt. Die Jungen stekken ihrerseits einen Teil des Schulhofs zu einem Claim ab, den sie ausschließlich für sich beanspruchen und oft rüde gegen jeden vermeintlichen Übertritt verteidigen. Außerhalb davon liegt nur Feindesland. Im Unterricht wird gebastelt, gesungen und mehr oder weniger aufmerksam zugehört, was die neue große Frau zu erzählen hat. Die einzigen männlichen Wesen, die ein Junge in seinen ersten zehn Lebensjahren ständig und verläßlich um sich hat, sind seine Kameraden. Mit ihnen hofft er herauszufinden, welches die männlichen Eigenschaften gegenüber den weiblichen sein könnten. Wie läßt sich diese weibliche Welt überdauern, ohne sich ihr ausgeliefert zu fühlen?

Vielleicht verliebt sich ein Junge in seine Klassenlehrerin, in eine *Frau* mit Macht und Brüsten, die seine Mutter sein könnte, es aber nicht ist. Ein Mann erzählte uns, daß die Großen aus der vierten Klasse damals damit geprahlt hätten, daß ihrer Lehrerin im Unterricht eine Brust aus dem Büstenhalter gerutscht sei, was die Kleinen vorbehaltlos geglaubt hatten: «Boh, stark! Warum ist das nur bei uns noch nie passiert?!» Als Mutterfigur fällt die Lehrerin gewissermaßen unter das Tabu des Mutter-Sohn-Inzests, und doch ergeben sich ihr gegenüber größere Freiräume für erotische Phantasien. Der Junge buhlt um ihre Aufmerksamkeit und ihre Zuneigung und träumt vielleicht davon, einmal einen Nachmittag mit ihr bei einer Cola auf ihrem Wohnzimmersofa zu verbringen. Mit ihr allein wäre er der charmanteste «Mann» der Welt. Doch in der Brüderhorde bringt sich der Junge wieder in Sicherheit, schimpft über sie und bemüht sich, ihr im Unterricht klarzumachen, wie wenig er von ihrer weiblichen Form der Macht hält. So sucht er in den mitunter sexistischen Normen der Gruppe auch Schutz vor seinem unrealistischen Begehren.

Dennoch bleibt das Interesse ungebrochen. Zum Beispiel spannen die Jungen gerne und viel: Im Schwimmbad, von Kabinenwand zu Kabinenwand, in der Schule, aus Kellerlöchern mit Blick zum Bürgersteig, zu Hause durch Schlüssellöcher von Türen, hinter denen es möglicherweise von der Mutter oder der Schwester etwas zu sehen gibt. Eine Frau aus Fleisch und Blut ist eben etwas anderes als eine auf Papier.

Jungen testen die Reaktionen von Frauen aus, wenn sie ihnen «schlimme Wörter» hinterherrufen. Sie verstecken sich zum Beispiel hinter einer großen Plakatwand und versuchen, einer vorbeigehenden Frau unter den Rock zu gukken. Dann stürmen sie hervor und rufen: «Titten, Titten» oder «ficken, ficken» und lachen sich scheckig. Vielleicht wissen sie noch gar nicht, was «ficken» genau bedeutet. Jedenfalls hat es irgend etwas mit «untenrum» und «nakkig» zu tun. Empört sich die Frau, oder wird sie gar rot, haben die Jungen einen Triumph errungen. So klein und unmächtig können sie als Jungen also gar nicht sein. Schließlich sind sie in der Lage, diese große Frau sexuell zu verunsichern. Gleichzeitig zeigen sie ihr und der restlichen Welt, daß sie Bescheid wissen über «untenrum» und «nakkig», und daß sie das entgegen der allgemeinen Auffassung der Erwachsenen durchaus beschäftigt.

Ähnlich verhält es sich mit dem Rockhochheben bei den Mädchen (und später dem «BH-Flitschen»). Die Jungen bekunden damit zunächst einmal ihr prinzipielles Interesse an den spannenden Geschlechtsunterschieden. Je älter ein Junge wird und je mehr sich Jungen und Mädchen in ihre Gruppen zurückziehen, desto klarer erscheint es ihm, daß Mädchen anders sind als er. Mädchen haben zudem das gleiche Geschlecht wie all die Frauen, die ihn erziehen. Und genauso, wie er sich gegenüber seiner Lehrerin häufig zwischen Liebe und Rebellion bewegt, polarisieren sich bald auch seine Gefühle für die Mädchen. Natürlich handelt es sich besonders beim Rockhochheben oft um demütigende Attacken, die zeigen, daß vielen Jungen ein angemessenes Gefühl für Grenzen fehlt. Jeder Junge würde vor Scham im Boden versinken, wenn ihm gleiches geschähe. Schon kleine Jungen neigen dazu, Unstimmigkeiten mit Mädchen und Frauen zu sexualisieren, da ihnen häufig andere, geeignetere Mittel fehlen, sich mit ihnen selbstbewußt auseinanderzusetzen. Die Erwachsenen erwarten von ihnen gegenüber Mädchen andere, körperlosere Umgangsformen als jene handfesten, die sie unter Jungen eher dulden. Folglich grenzen sich die Jungen entweder von den Mädchen ab und halten sich fern von ihnen, oder sie versuchen die Mädchen an den Symbolen ihres Mädchenseins zu treffen. Rock und später der Büstenhalter sind exklusiv weibliche Kleidungsstücke, die sich deshalb als Angriffspunkte anbieten.

Solche Aktionen werden ausschließlich aus der Jungengruppe heraus gestartet. Ein einzelner Junge würde sich das kaum trauen. Wahrscheinlich käme er noch nicht einmal auf die Idee. Solche oft lustig gemeinten, aber dennoch grenzverletzenden Attacken dienen in erster Linie der Verbrüderung innerhalb der Jungengruppe. Vielleicht kann man sogar sagen: Je geringer das männliche Selbstbewußtsein in einer Jungengruppe ausgebildet ist, desto stärker wird sie Mädchen herabsetzen, und desto häufiger wird sie Mädchen aggressiv angehen. Für diese Überlegung spricht, daß sich die Jungen einer Klasse stets in mehrere Gruppen aufteilen, die sich unterschiedlich friedlich und kommunikativ gegenüber den Mädchen verhalten. Es fällt auf, daß die Meinungsführer jener Gruppe, die nicht lustvoll nekkende Kontakte mit Mädchen sucht, sondern aggressive Attacken reitet, oftmals auch in anderen Bereichen auffällig aggressive Jungen sind, die große Probleme mit ihrem Selbstwertgefühl haben. Sie retten sich in eine «Supermännlichkeit», für die ihnen die Gesellschaft entsprechende Vorbilder liefert. Es erweist sich als fatal, daß ausgerechnet jene Jungen als ausgesprochen männlich gelten, die ihre Ängste schadenfroh auf andere projizieren und ohne den Versuch eines Kompromisses gleich losprügeln und besonders abfällig und cool über die «Weiber» reden. Die «Supermännlichkeit» verspricht schnelle und paßgenaue Abhilfe für das große Loch, das sich in vielen Jungen dort auftut, wo eigentlich eine selbstbewußte Männlichkeit ankern sollte.

Die betroffenen Jungen machen mit ihrem Verhalten widersprüchliche Erfahrungen. Zum einen merken sie, daß sie andere Jungen aufgrund ihrer kompromißlosen Bestimmtheit leicht mitreißen und die Meinungsführerschaft erringen können. Zum anderen ecken sie überall an, bei der Lehrerin und vor allem bei den Mädchen. Die Opposition zu den «Weibern» stillt zwar in einem gewissen Maße ihren Überlegenheitsbedarf, doch verfestigt sich auch schnell das Gefühl, im Grunde eine Zumutung für die Umwelt zu sein. Gar nicht so selten werden besonders aggressive und störende Jungen auch von ihren Geschlechtsgenossen mit der Zeit isoliert, so daß ihnen oft nichts anderes übrigbleibt, als in ihrer einsamen und bedrängten Ecke nach noch großartigeren, sich und andere gefährdenden Ausbrüchen zu sinnen (vgl. Ulf Preuss-Lausitz 1992).

Dennoch möchten wir behaupten, daß jeder Junge im Grundschulalter bei den Mädchen beliebt sein möchte – egal wie er sich verhält. Aber aufgrund welcher Eigenschaften? Viele Jungen, und besonders jene, die sich häufig abfällig über Mädchen äußern und sexualisierte Übergriffe starten, haben nicht den leisesten Schimmer, wie sie sich ihnen anders als in grober Weise nähern könnten. Dabei werden sie nicht nur von der allgemeinen gesellschaftlichen Geringschätzung von Frauen und Mädchen geleitet. Bei den Mädchen beliebt zu sein, kann auch bedeuten, ihnen zu *ähnlich* zu sein: Still, einfühlsam, sozial, lernbereit, angepaßt, sauber und ängstlich. Es sind all jene weiblich identifizierten Werte, die aus der Sicht der Jungen in ihrer von Frauen bestimmten Welt hochgehalten werden. Hans Oswald, Lothar Krappmann und Maria von Salisch (1986) haben bei einer über mehrere Jahre laufenden Untersuchung von Berliner Grundschulklassen u. a. beobachten können, daß besonders die als ordentlich geltenden Mädchen Jungen gerne tadeln, wenn jene sich nicht manierlich benehmen und etwa ihre Arbeitsmaterialien nicht vollständig beisammen haben und die Mädchen dann um Hilfe angehen. Bieten dagegen Jungen ihren Klassenkameradinnen Hilfe an, was sie häufig ungefragt tun, nehmen die Mädchen die Angebote oftmals nicht an, was manche Jungen als Zurückweisung erleben.

In seiner Gruppe ist der Junge unter seinesgleichen. Dort muß er sich durchkämpfen, er kann Männlichkeit ausprobieren und seine Tauglichkeit prüfen. Er wächst sozusagen am eigenen Geschlecht, oder er wird niedergehalten. Niemand wird je vergessen können, wie erbärmlich und gedemütigt er sich gefühlt hat, beim Mannschaftenbilden in der Schule bei den Letzten oder gar als Letzter auf der Bank sitzengeblieben zu sein. Doch in der Gegenwart eines Mädchens gibt es keine Experimente mehr. Auch die größte «Lusche» unter den Jungen muß sich einem Mädchen gegenüber als richtiger und per se überlegener Junge erweisen. Er muß bezeugen, daß er weiß, ein anderes (überlegenes) Geschlecht als sie zu haben. Er muß als Junge funktionieren. Unter Jungen kann er etwas werden, wenn er laut, durchsetzungsfähig, egoistisch, faul, frech, schmutzig und mutig ist. Es zählen all jene männlich identifizierten Werte, die aus der Sicht der Jungen die weibliche Welt ins Wanken bringen können. Doch sie katapultieren ihn auch weg von den Mädchen, und das schmerzt ihn oft mehr, als es nach außen hin den Anschein hat.

Zwar werden die Mädchen dazu erzogen, angstvoll-aggressives Verhalten von Jungen einerseits abzulehnen, andererseits jedoch auch als besonders männlich zu begehren. Auch erwachsene Frauen schwanken angesichts eines großmauligen Minimachos nur allzu oft zwischen heimlicher Faszination («Nie ist ein Mann männlicher als mit acht Jahren...») und Empörung («Daß dieser unverschämte Rotzlöffel mich als Frau derart angeht...»). Doch diese Doppelbotschaften verstärken lediglich das Gefühl der Jungen, Zuneigung und Selbstsicherheit gegenüber den Mädchen und Frauen nur schwer miteinander vereinbaren zu können.

Männer hinterlassen den Jungen derweil bunte Visitenkarten mit väterlichen Grüßen aus fernen männlichen Gefilden: Die Helden der Jungen aus der Welt des Fernsehens und ihrer Spiele sind in der Regel das Gegenteil von einem Vorbild für einen kleinen Liebhaber und Geliebten. Wie sie auch immer heißen mögen, ob Sigurd, Superman, Batman, HeMan, Rambo oder Terminator, sie alle haben keine Zeit, sich mit Frauen abzugeben. Zwar besteht die Hälfte ihres Jobs darin, Mädchen oder Frauen in brachialer Art und mit schwerem Gerät aus irgendeiner Gefahr zu retten. Aber kaum naht die Sekunde des verdienten Kusses, kommt garantiert irgend jemand angerannt und entführt den Helden zu neuen Abenteuern. Absolut frustrierend! Möglicherweise bekriegt sich der reale Held zu Hause, der Vater, nur noch mit der Mutter, oder er ist verschwunden. An den Kiosken drohen Legionen nackter Frauen mit beängstigenden Riesenbrüsten, und wenn ein Junge sich fragend an seine bereits pubertierenden Geschlechtsgenossen wendet, sieht er häufig nichts anderes als bodenlos verunsicherte Halbstarke, die aus unerfindlichen Gründen plötzlich hinter den Mädchen her sind und dabei eine ziemlich schlechte Figur machen.

Wie sehr ein Junge in der Nähe zu einem Mädchen aus lauter Unsicherheit und innerer Zerrissenheit zwischen alle Stühle geraten kann, um dann zu versuchen, seine Haut auf ihre Kosten zu retten, zeigt die folgende Geschichte, die sich bis in die Zeit der beginnenden Pubertät spannt:

«Ich kam in die dritte Klasse. Erster Schultag und ich kam gleich zu spät. Die Tische und Bänke standen anders, und ich mußte mir einen Platz suchen. Ich war total verunsichert, weil meine Kumpels schon alle irgendwo saßen. Plötzlich kam noch ein neues Mädchen in die Klasse rein. Ich setzte mich schnell irgendwo hin, und sie setzte sich einfach neben mich. Aus irgendeinem Grund sollte ich da aber nicht sitzen bleiben. Also stand ich wieder auf, und dieses

Mädchen lief immer hinter mir her. Alle guckten natürlich, und ich fand das Mädchen augenblicklich absolut blöd. Da sagte sie zur Lehrerin: ‹Wir beide haben noch keine Bank›, und ich meinte erbost: ‹Wieso wir beide!?› Die war neu, ich kannte sie nicht und wollte sie nicht. Schließlich bin ich irgendwo in der Nähe meiner Kumpels untergekommen – ohne sie.

Das Verrückte ist: Später bin ich mal wegen dieses Mädchens verprügelt worden. Ich war mittlerweile in der fünften Klasse und spielte an einem Nachmittag draußen mit meinen Freunden Fußball. Da kam dieses Mädchen an, lehnte sich von ihrem Fahrrad so ganz kokett zu mir rüber, so daß ich in ihren Ausschnitt gucken konnte, und fragte mich: ‹Willst du mit mir gehen?› Ich hatte noch nie eine Freundin, und ich wußte, daß sie schon viele Freunde gehabt hatte und daß gerade viele aus den höheren Klassen hinter ihr her waren. Ich weiß auch nicht, was mich da geritten hat, jedenfalls sagte ich ihr nur: ‹Ich geh nicht mit 'ner Nutte.› Meine Kumpels riefen: ‹Ey, stark, Mann!› Die hatte einen schlechten Ruf bei uns, weil wir eigentlich alle mal mit ihr gehen wollten. Aber die war von den Großen besetzt, und jetzt hatte ich so ganz cool gesagt: ‹Ich geh nicht mit 'ner Nutte.› Worauf sie loszog, um einen ihrer größeren Kumpels zu holen, und dann kriegte ich eins in die Fresse für diesen Satz. Daraufhin holte ich meinen Vater, der zu einem der Großen sagte: ‹Hör mal zu, der ist kleiner als du. Wenn du den noch mal haust, kriegste Ärger mit mir!›

Mein Gott! Zum ersten Mal hatte ich einen richtigen Busen gesehen. Dieser Anblick allein brachte mich schon aus der Fassung. Und dann fragte sie auch noch, ob ich mit ihr gehen wolle. Ich wußte überhaupt nicht, was das genau bedeutete: Mit ihr gehen. Ich wußte nur, daß man das mit Mädchen macht, und daß das toll sein soll und wohl irgend etwas mit diesem Busen zu tun hatte. Ich wußte auch noch nicht mal, was eine Nutte ist. Wenn ich ja gesagt hätte, hätte ich gar nicht gewußt, was ich hätte machen sollen.»

Im Grunde fehlen Kindern weniger die gegenseitigen Anziehungskräfte als vielmehr geeignete Mittel, ein ausgewogenes Verhältnis von Nähe und Distanz zueinander herzustellen – was den Jungen besonders schwerzufallen scheint.

Die Nähe eines Jungen zu einem Mädchen ist irgendwie *schwül*, aufregend und vor allem irritierend. Sobald der Junge das *andere Geschlecht* des Mädchens realisiert, ist sie keine bloße Spielkameradin mehr. Außer der exquisiten Erwachsenenbeschäftigung des Geschlechtsverkehrs eröffnen sich dem Jungen sämtliche realen und phantasierten Handlungsmöglichkeiten innerhalb eines erotischen Spannungsverhältnisses – inklusive des *Verdachts*, auf das Geschlecht des Mädchens aus zu sein. Doch weder die Jungengruppe noch die Erwachsenen sehen die vertraute (erotische) Nähe eines Jungen zu einem Mädchen gerne: Wer mit Mädchen zu tun hat, muß mädchenhaft sein. Folglich wird er darauf achten, sich möglichst rasch und deutlich wieder von ihr abzusetzen. Je stärker ein Junge unter den Druck gerät, sich in der Nähe eines Mädchens als deutlich erkennbarer Junge erweisen zu *müssen*, um so rüder werden seine Mittel sein, sich seines Geschlechts zu versichern. Darüber hinaus wird er geneigt sein, das Mädchen für ihre Attraktivität zu bestrafen. Erst wenn er sich seiner Männlichkeit sicherer fühlt, wird er sich erlauben können zuzugeben, daß Mädchen auch einen gewissen Reiz auf ihn ausüben.

Ein Junge kann sich hinsichtlich seiner Männlichkeit nur wenig auf seinen zarten Körper, seine feinen Gesichtszüge und seine Lebenslust berufen. Männliche Identität zu entwickeln bedeutet nach wie vor, Zartheit zu verneinen und Unbändigkeit einen ausschließlich aggressiven Ausdruck zu verleihen. Hinzu kommt, daß sich die Spielwelten der Jungen verändert haben. Gerade Spiele, die Jungen Abenteuer, Unabhängigkeit und männliche Kraft erleben lassen, werden immer seltener. Jungenspiele riechen heute nicht mehr nach Erde, sondern nach Plastik und Beton. Selbst an sonnigen Nachmittagen werden sie computermäßig in einem permanenten Sperrfeuer kleiner Sensationen stumm vor die Bildschirme verbannt.

Das Bedürfnis der Jungen nach Liebe und Zärtlichkeit findet gerade zwischen ihrem sechsten und zehnten Lebensjahr zu wenige Möglichkeiten, sich unverstellt zu äußern – und das, wo doch ihre Sehnsucht im stillen riesengroß ist, wie wir noch zeigen möchten.

«Herzklopfen hatte ich schon, wenn ich hingeguckt habe»

Liebesgeschichten

> «Das Mädchen im Latenzalter hat seine Verurteilung zu dem eintönigen, farblosen Leben, das es jetzt führt, nicht wirklich akzeptiert. Wie Aschenputtel wartet es auf den Tag, an dem es sich das silberne Gewand der Prinzessin anlegen wird, die es in Wahrheit ist. Der kleine Junge stellt sich vor, daß er den bösen König schlagen, den Klauen der Hexe entkommen und den Drachen besiegen wird, er hofft, den Weg aus dem Labyrinth und aus dem Kerker seiner leidenschaftslosen Existenz zu finden.»
>
> (Louise J. Kaplan: «Abschied von der Kindheit»)

Unter Erwachsenen – und, wie wir bei unseren Recherchen erfahren mußten, auch unter vielen Kinderforscherinnen und Kinderforschern – gilt es als ausgemachte Sache, daß die Mädchen und vor allem die Jungen im Grundschulalter kaum in der Lage sind, sich liebevoll und einfühlsam oder gar in erotischer Weise zu begegnen. Und auch wir selbst haben im vorangegangenen Kapitel Gründe genannt, weshalb gerade den Jungen oftmals die dazu nötigen Fähigkeiten abgehen. So erscheint es durchaus plausibel, daß – wie es Louise J. Kaplan im Einleitungszitat beschreibt –, die Mädchen in dieser Zeit der Tristesse noch auf die Erlösung durch die Prinzen warten müssen, weil jene erst ihre heroischen Kämpfe hinter sich zu bringen haben.

Kommunionfeiern in der Kirche, zum Beispiel, offenbaren das ganze Dilemma: Die Mädchen, ganz in Weiß herausgeputzt, schreiten voller Anmut und Grazie wie Prinzessinnen einher, während die Jungen in ziemlich schlecht sitzenden Anzügen über ihre knirschend neu beschuhten Füße stolpern. Vielleicht rutscht dem ein oder anderen Mädchen ständig die Strumpfhose, und so manche kratzt sich beim Warten auf den Empfang der ersten heiligen Hostie ganz ungeniert am Hintern. Doch die Jungen wirken auf seltsame Weise verkleideter als die Mädchen. So wie sie da einhertrotten, fehlt ihnen jede Spur von Galan und Prinzgemahl. Irgendwie passen die Mädchen und die Jungen hinten und vorne nicht zusammen.

Die Mädchen warten, die Jungen kämpfen –: Im Grunde ist diese ganze Anordnung ärgerlich. Sie legt schon im frühen Alter der Kinder fest, daß die Mädchen später einmal empfangende Geliebte werden sollen, während die Jungen ihr Glück immer wieder als erobernde Liebhaber werden versuchen müssen.

Das siebenjährige Schneewittchen verschluckt ein vergiftetes Apfelstückchen, das ihr im Hals stecken bleibt, und fällt ins Koma. Einige Jahre vergehen, da kommt der Prinz, verfällt angesichts der schönen Jungfer im gläsernen Sarg in eine verzweifelte Liebe und luchst sie den wachestehenden Zwergen mit all seiner Überredungskunst ab. Beim Abtransport kommt die Dienerschaft ins Stolpern, das Apfelstückchen löst sich, Schneewittchen öffnet die Augen und stammelt: «Ach Gott, wo bin ich?» Darauf weiß der Prinz zu sagen: «Du bist bei mir.» Schneewittchen wird ihm zugetan, und bald ist Hochzeit.

Immer wieder so weit, so schlecht. Da kommt keine Müllerstochter daher, sieht einen erstickenden Prinzen, haut ihm mal kräftig auf den Rücken und sagt: «Dich find ich klasse! Komm, ich geb dir 'ne Limo aus...»

Und doch: Da ist noch etwas anderes, etwas Sehnsuchtsvolles, das im verborgenen blüht und zu den kostbaren Schätzen der Kindheit zählt. In dem von Bertram Wallrath (1988) herausgegebenen Sammelband «Mein Liederbuch» findet sich eine alte bekannte Volksweise, die fängt so an:

«Es waren zwei Königskinder / Die hatten einander so lieb / Sie konnten zusammen nicht kommen / Das Wasser war viel zu tief.

Ach Liebster, kannst du nicht schwimmen / So schwimm doch herüber zu mir! / Drei Kerzen will ich dir anzünden / Und die sollen leuchten dir.»

Das Lied von den beiden Königskindern nimmt wie gewohnt einen traurigen Verlauf. Eine «falsche Nonne» löscht nämlich die Kerzen aus. Der Jüngling muß beim Versuch, zu seiner Geliebten zu schwimmen, jämmerlich ertrinken. Die Jungfrau, voller Kummer, stürzt sich daraufhin in den See. Ihre letzten Worte sind:

«Ade, mein Vater und Mutter, ihr seht mich nimmermeh!»

Vielleicht hat sich der Kinderbuchautor Peter Härtling (1979) von diesem Lied inspirieren lassen, als er die Erzählung «Ben liebt Anna» schrieb. Ben und Anna, beide neun Jahre alt, müssen erst einige Hürden nehmen, bis sie eines schönen Nachmittages an einem See zusammenkommen. Sie kennen sich erst wenige Wochen, aber sie haben sich schon beobachtet. Es gibt eine Reihe von Mißverständnissen. Keiner der beiden will sich die Blöße geben, vor all den anderen Kindern zuviel eindeutiges Interesse zu zeigen. Aber dann, in den Ferien, treffen sie sich am See. Sie tollen herum, spritzen sich naß, bis sie schließlich nackt im See baden:

«Aua, ist das eisig! Sie klammerte sich an ihn wie ein Äffchen. Er riß sie mit sich unters Wasser. Los ließ er sie nicht. Als sie zusammen auftauchten, spuckten sie, japsten und gurgelten, und er fand es herrlich, sie zu spüren wie einen Fisch. Im Wasser bin ich leicht. Da kannst du mich tragen, sagte sie. Ben hielt sie auf den Armen und spürte kaum ihr Gewicht. Er wiegte sie hin und her. Sie sagte: Du darfst mich nicht so angucken. Ich guck dich gar nicht an, behauptete er. Und guckte sie um so genauer an. Laß mich los, bat sie. Ich möchte raus.»

Die Ferien sind noch lang, aber nach diesem Erlebnis trauen sie sich nicht mehr, sich zu treffen. Eines Nachts träumt Ben, daß Anna zu weit hinausgeschwommen ist. Er versucht sie zu erreichen, aber seine Beine werden schwer. Kurz bevor er zu ertrinken droht, wacht er auf. Wenige Zeit später zieht Anna mit ihren Eltern in eine andere Stadt. Die Liebe hat gerade erst begonnen, da muß sie schon zu Ende sein.

Auch der französische Autor René Goscinny hat sich in dem Band «Der kleine Nick und die Mädchen» (1974) des Themas «Junge Liebe» angenommen, allerdings auf lustige Weise. In der Geschichte «Luise» bekommt Nicks Mama Besuch von einer Frau, die ihre kleine Tochter mitbringt. Während die Mütter sich im Salon unterhalten, soll Nick mit Luise auf seinem Zimmer spielen. Nick findet Mädchen blöd, weil sie – so glaubt er – nichts anderes als «Kaufladen mit Puppen» spielen können – wie langweilig! Aber der kleine Nick erlebt dann doch einige Überraschungen:

«Luischen und ich, wir sind auf mein Zimmer gegangen, und ich hab nicht gewußt, was ich mit ihr sprechen soll. Aber Luischen hat zuerst was gesagt, sie hat gesagt: ‹Du siehst aus wie ein Affe.› Das hat mir gar nicht gefallen, und ich habe gesagt: ‹Und du, du bist nur ein Mädchen›, und da hat sie mir eine Ohrfeige gegeben. Ich hätte beinahe angefangen zu weinen, aber ich hab mich zusammengenommen, weil Mama doch gern will, daß ich gut erzogen bin. Und da hab ich Luischen am Zopf gezogen, und sie hat mich gegen das Schienbein getreten.»

Luise findet Nicks Spielsachen total langweilig – bis auf ein Flugzeug mit Gummimotor. Sie nimmt es und läßt es zu Nicks Entsetzen aus dem Fenster fliegen. Unten im Garten entdeckt Luise Nicks Fußball. Nick soll sich zwischen zwei Bäume stellen und ihren Schuß halten. Lachhaft! denkt Nick noch. Luise nimmt Anlauf, Nick kann den Ball nicht fangen, und das Garagenfenster geht zu Bruch. Natürlich gibt das Ärger: *«Am Abend habe ich keinen Nachtisch gekriegt zur Strafe. Aber macht nichts – Luischen ist Klasse. Und wenn ich groß bin, wird geheiratet! Die hat einen tollen Schuß!»*

Liebesgeschichten über Kinder im Grundschulalter sind selten. Und wenn sie denn doch geschrieben werden, haben sie entweder kein Happy-End, oder es wird – wie beim kleinen Nick – auf spätere Zeiten verschoben. Und dennoch rühren einen solche Geschichten auf seltsame Weise an.

Fragt man Männer und Frauen, ob es da eine Liebelei im Grundschulalter gegeben habe, verklärt sich bald der Blick. Ein Schmunzeln erhellt das Gesicht, denn die Antwort lautet in der Regel: Ja. Und manchmal schleicht sich überraschend ein Gefühl von Wehmut ein. Man erinnert plötzlich eine große Enttäuschung, als hätte es unter anderen Umständen vielleicht doch eine Chance gegeben, sich näher zu kommen, als es der Fall war.

Tagtäglich kann man beobachten, daß die Jungen die Mädchen vor allem *ärgern*, wenn sie ihren eigenen Schulhofclaim verlassen und in die Mädchenecke einfallen. Aber, darauf verweist die Sozialisationsforscherin Janet W. Schofield (1981), die Jungen versuchen damit auch, Kontakt zu den Mädchen herzustellen. Zwar unbeholfen und mitunter plump, so daß zärtliches Berühren und Wehtun oft kaum voneinander zu unterscheiden sind. Aber immerhin! Außerdem haben die Jungen schon in diesem Alter mehr als die Mädchen das Risiko eines Korbes zu tragen, so daß sie ihre Annäherungsversuche auf jungentypische Weise zu tarnen versuchen.

Die zehnjährige Katharina erzählte uns, daß zum Ausgleich auch die Mädchen mal einen Jungen hochnehmen, wenn sie ihn ohne seine Kumpane erwischen. Etwa ab der vierten Klasse, auch das erzählte unsere kleine Freundin, hat das Schreiben von Liebesbriefen Hochkonjunktur. Katharina glaubt, daß viele Mädchen und sogar die Jungen davon träumen, sich einmal zu küssen. Der Alltag allerdings ist eher ernüchternd. Da würden zum Beispiel Liebesbriefe verteilt, die gar nicht echt seien. Und selbst wenn die Jungen verliebt wären, würden sie das niemals zugeben. Auf die Frage, warum die Jungen das nicht zugeben würden, meinte Katharina, daß das den Jungen peinlich wäre vor den anderen Jungen. Sie selbst habe auch schon einmal für einen Jungen geschwärmt, es ihm aber nicht gesagt, weil sie genau gewußt hätte, daß sie nur ausgelacht worden wäre.

Das Eingeständnis von Zuneigung für das andere Geschlecht kommt einem Offenbarungseid gleich. Wie in dem Kinorenner des Jahres 1991 «My Girl» fehlt in keiner Geschichte über Kinderlieben die Szene, in der sich das junge Paar der Häme der Gleichaltrigengruppe erwehren muß.

Von Grundschulkindern wird vor allem erwartet, daß sie den Wissens- und Lernanforderungen der Schule entsprechen, daß sie sich unterordnen und anpassen. Unter diesen Umständen kann es von Vorteil sein, wenn die Jungen und Mädchen im Schutze ihrer jeweiligen Gruppen nicht allzusehr dem Druck ausgesetzt sind, tiefe Gefühlsbeziehungen zu Kindern des anderen Geschlechts aufzubauen. Bei Kinderforscherinnen und -forschern, mit denen wir gesprochen haben, heißt es jedoch oft pauschal, daß die Kinder noch nicht über angemessene seelische Fähigkeiten verfügten, die möglichen Konflikte solcher Bindungen zu bewältigen. Die Jungen und Mädchen hätten zwar Wünsche aneinander, aber es gelänge ihnen kaum, sie zu verwirklichen. Kinder, die Liebesbriefe schrieben, füreinander schwärmten und Händchen hielten, spielten Verliebtsein mehr, als daß sie es tatsächlich empfänden. Sie übten sozusagen nur ein kulturelles Muster ein, das «Liebe» heißt, das ihnen aber noch gar nicht gemäß sei. Maria von Salisch vom Berliner «Institut für Soziologie der Erziehung» vermutete im Gespräch mit uns, daß die Kinder deshalb auch solche Angst hätten, ausgelacht oder gehänselt zu werden. Wenn ein Kind sage: «Ich bin verliebt in dich», dann meine es damit nicht nur: «Du bist ein netter Spielkamerad, mit dir kann man prima zurechtkommen», sondern es befände sich dann augenblicklich in einer Situation, die sonst nur Erwachsenen vorbehalten sei. Mit diesem Satz werde auch das Thema Sexualität angerührt, die die Kinder entweder als verboten oder auch als bedrohlich erlebten, als etwas, das noch nicht für sie vorgesehen sei.

Im Rahmen einer Langzeitstudie an Berliner Grundschulen konnten Maria von Salisch und ihre Kollegen (1986, 1988) beobachten, daß die Kontakte zwischen Mädchen und Jungen im Laufe der Grundschulzeit deutlich zurückgehen. Begegnen sich die Geschlechter in der Öffentlichkeit, so sind es nicht mehr einzelne, die sich gegenüberstehen, sondern geschlossene Gruppen. Allerdings: Mehr als ein Drittel der Kinder geht dem anderen Geschlecht von Anfang an fast völlig aus dem Weg. Etwa ein Fünftel hat dagegen auch noch im Alter von zehn Jahren relativ häufige und unproblematische Kontakte über die Geschlechtergrenze hinweg. In der Mehrheit sind es solche Kinder, die auch schon im ersten Schuljahr weniger unter dem Druck standen, sich vom anderen Geschlecht ängstlich abgrenzen zu müssen.

Bei mehr als der Hälfte der Sechs- bis Zehnjährigen konnten keine oder nur sehr wenige Körperkontakte mit Kindern des anderen Geschlechts beobachtet werden. Wenn es bei den anderen zu körperlichen Berührungen kam, wurde das in der Regel durch Quatschmachen, Nekken und Ärgern aus der Gruppe heraus eingeleitet. Dabei zeigte sich, daß die Jungen zwar stärker als die Mädchen ihre Reviere abgrenzten, von ihnen aber auch eher die Einladung zum Quatschmachen und damit die Initiative zu Berührungen ausging, die die Mädchen dann allerdings häufig ablehnten. Gelegentlich war sogar zu beobachten, daß sich die Mädchen nach Berührungen von Jungen in ihrer *Reinheit* beschmutzt fühlten. Ein Zitat aus der Studie: «So rückt etwa Angelika auf der Klassenreise für alle erkennbar von ihrem Sitznachbarn Roger ab, der den Affront bemerkt und sich seinerseits demonstrativ abwendet. In einer anderen Szene wischt sich ein Mädchen die unsichtbaren Spuren der Berührung eines ihr unsympathischen Jungen vom Arm ab. Körperkontakt wird hier als Verunreinigung empfunden, die symbolisch getilgt werden muß. Das erinnert an die von Barrie Thorne beschriebenen Rituale amerikanischer Mädchen, die sich gegen angedichtete ‹Läuse› schützen» (S. 572).

Bedenkt man die Angst füreinander schwärmender Jungen und Mädchen vor dem Spott der anderen, so verwundert es nicht, daß sie in der Öffentlichkeit der Schule kaum als Paare zu finden sind. Was aber geht in einem Jungen und einem Mädchen vor, wenn sie zum Beispiel Händchen haltend in den Dünen spazieren gehen – eine kleine Geschichte, die uns berichtet wurde? Spielen sie wirklich nur Verliebtsein? Ahmen sie tatsächlich nur Verhaltensweisen nach, die sie bei den Erwachsenen beobachtet haben? Kinder mögen

Schwierigkeiten haben, ihren verliebten Gefühlen einen angemessenen Ausdruck zu geben, aber heißt das, daß eine Neunjährige nicht voller Sehnsucht nach einem Jungen sein kann, oder daß ein Neunjähriger nicht fähig ist zur Einfühlung in ein Mädchen?

Man sollte die ‹Liebesfähigkeit› von Kindern nicht danach bemessen, inwieweit sie in der Lage sind, sich wie Erwachsene zu verhalten. Sieht man einmal von dem Wunsch nach genitaler Vereinigung ab, sind, so glauben wir, auch bei Achtjährigen bereits alle anderen tiefen Empfindungen, die zur Liebe gehören, entfaltet: Sie sehnen sich nach angstfreier Nähe und Zärtlichkeit, sie erwarten Treue und Verläßlichkeit, sie leiden unter Trennung und Enttäuschung und bemühen sich mit all ihren emotionalen und sozialen Fähigkeiten, Beziehungen zu pflegen und zu gestalten. Daß Kinder große emotionale Fähigkeiten besitzen, zeigen schließlich die Jungenfreundschaften und die Mädchenfreundschaften, die wahrhaftige Liebesbeziehungen sein können, mit vielen Glücksmomenten und Tragödien von Treuebruch und Eifersucht. Jungen und Mädchen haben aber nicht nur den Wunsch nach einem Busenfreund und einer Busenfreundin, sondern sie wollen auch vom anderen Geschlecht gesehen, gemocht und – begehrt werden.

Leider ist bei der Berliner Langzeitstudie nicht untersucht worden, weshalb die einen Kinder häufige und unproblematische Begegnungen mit dem anderen Geschlecht haben können, während für andere Kinder solche Kontakte hochproblematisch sind und deshalb gemieden werden. Die Vermutung liegt nahe, daß Jungen und Mädchen, die vergleichsweise unbefangen miteinander umgehen können, sich in ihrer Geschlechtsrolle sicherer fühlen als die anderen. Die Begegnung mit dem anderen Geschlecht bedroht sie weniger.

Beschäftigt man sich mit Liebesgeschichten aus der Kinderzeit, erfährt man, daß Kinder voll gegenseitiger Sehnsucht stecken. Aber es wird auch deutlich, was es ihnen so schwer macht, zusammenzufinden. In den letzten Jahren haben wir zusammen mit Kolleginnen und Kollegen etliche Fortbildungsseminare mit Männern und Frauen gemacht, in denen es unter anderem darum ging, sowohl das Befremdliche gegenüber dem anderen Geschlecht als auch das Verbindende und Sehnsüchtige zueinander zu erinnern. Erinnern sich Frauen an die Jungen ihrer Kindheit, kommt in etwa folgendes heraus:

«Jungen sind dreckig, laut, mutig, bockig, mufflig, Angeber und Schläger. Im Gegensatz zu uns dürfen sie alles, und sie haben viel Freiheit. Jungs dürfen Hosen tragen – wir müssen Röcke anziehen. Jungs haben kurze Haare – wir müssen uns von der Mutter kämmen lassen, bekommen Zöpfe und Haarnester verpaßt. Es gibt Muttersöhnchen, Loser und Anführer. Auch Nette, Beschützer und schöne Jungs fürs Herz, der Mädchenschwarm. Die Jungs wollen uns küssen, aber nicht, weil sie uns mögen, sondern als Mutprobe. Sie ärgern uns, ziehen uns an den Zöpfen, heben unsere Röcke hoch und rufen: Mädchen sind blöd!»

Erinnern sich Männer an die Mädchen ihrer Kindheit, heißt es:

«Die Mädchen sind fern, unerreichbar, geheimnisvoll, bewundernswert und faszinierend. Sie sind verantwortungsvoll und fürsorglich, aber auch trickreich. Wir waren eifersüchtig. Mädchen sind brav, und sie petzen aus Rache. Sie sind zickig und i-bäh!»

Man sieht: die beiden Positionen passen perfekt und doch überhaupt nicht zusammen. Es scheint sich zu bestätigen, was ohnehin stets behauptet wird: Die Kinder sind noch gar nicht reif für ein pflegliches und liebevolles Miteinander.

Diese Ansicht hatte uns schon lange gewurmt. Wir wollten uns nicht einfach damit abfinden. Deshalb dachten wir uns für einige Seminare eine Übung aus, die die Erinnerung an den ersten Schwarm der Kinderzeit wachrufen sollte:

Auf dem Fußboden werden Fotopostkarten mit Mädchen- und Jungenmotiven im Grundschulalter ausgelegt. Die Männer und Frauen können sich eine Karte aussuchen, die sie an ihre erste Liebelei erinnert. Anschließend werden Kleingruppen gebildet, in denen sich die Teilnehmerinnen und Teilnehmer gegenseitig von ihren «Liebesgeschichten» berichten. Im Plenum wieder zusammengekommen, wartet dort eine kleine zarte Pflanze auf sie, die auf einem Stuhl steht. Die Männer und Frauen sollen sich vorstellen, daß dieses zarte Pflänzchen ihr Schwarm von früher sei und sie damals die Sprache von heute gehabt hätten. In Ansprache an die Pflanze sollen sie drei Sätze vervollständigen: 1. In deiner Nähe fühle ich mich... 2. Toll und faszinierend ist... und 3. Komisch ist... Die einzelnen Gruppen rücken nacheinander vor die Pflanze und sitzen mit dem Rücken zum Plenum. Nachdem alle dreimal geschluckt und tief durchgeatmet haben, fangen sie einzeln an zu sprechen. Hier einige Beispiele:

m: «Ich bin in deiner Nähe so aufgeregt. Ich weiß gar nicht, was ich dann machen soll. Ich fühle mich wichtig in deiner Nähe. Manchmal trau ich mich nicht zu dir, aber ich versuche immer, zu dir zu kommen. Du siehst einfach toll aus. Vor allem dein Gesicht, der lange Pferdeschwanz. Du bist nicht so blöde wie die anderen Mädchen. Du bist besonders. Einmal im Gebüsch – das war toll. Da war ich gar nicht aufgeregt. Da hätten wir ewig sitzen können. Aber leider war das ganz schnell vorbei, daß wir alleine sein konnten. Komisch ist, daß du mich auch gerne hast. Wenn wir wirklich nah zusammen sind, dann bin ich nicht aufgeregt. Komisch!»

w: «Ich fühle mich hin- und hergerissen. Ich würde gerne sagen, daß ich dich mag, aber ich schaffe es nicht. Toll, wie ruhig du bist, und deine Augen, dein Körper. Komisch ist, daß ich mich nicht traue, dir das zu sagen, wo ich doch sonst immer so eine große Klappe hab.»

m: «In deiner Nähe fällt mir viel mehr ein als sonst. Dann bin ich ganz anders. Mal ist da ein komisches Kribbeln, aber das geht dann schnell weg. Bei dir fühl ich mich gar nicht allein. Es ist toll, wie du lachst. Die Grübchen, deine Augen, deine Haare. Wir gehen zusammen in die Schule und du gibst mir einfach deine Hand. Du nimmst dir Zeit, um mit mir zu spielen. Komisch, es macht mir gar nix aus, daß du einen Sprachfehler hast. Du rennst den ganzen Nachmittag mit mir rum. Es ist wirklich komisch, daß du das machst.»

w: «Ich fühle mich ganz hippelig. Ich habe Schweißhände und Schweißfüße. Toll ist, daß du mich nach Hause begleitest. Komisch, ich weiß nicht, was ich reden soll.»

m: «Bei dir fühl ich mich klein und unsicher, ich kenn mich noch gar nicht aus. Bin ich weg, will ich zu dir, bin ich da, dann will ich manchmal weg. Mädchen sind doch doof – und jetzt ist alles anders! Ich find's so toll, das haut mich so um. Du bestimmst meinen Urlaub, ich will nur in deiner Nähe sein, du machst mich total durcheinander. Ich spring aus dem alten Leben raus. Du gehst mir nicht aus dem Kopf.»

w: «Ich bin ganz ruhig. Toll ist, du nimmst mich überall mit hin. Komisch ist, daß du mich so grob anfaßt.»

m: «In deiner Nähe fühle ich mich aufgehoben und gelöst. Ich liebe deine dunklen Haare und deine Zartheit, deine Bewegung. Ich will nicht, daß was komisch ist.»

w: «In deiner Nähe fühle ich mich unsicher, nervös und zappelig. Du bist nicht so angeberisch. Komisch ist, daß du mich überhaupt nicht wahrnimmst.»

m: «Ich finde es toll, daß du mit mir am Bach spielst. Du bist so erwachsen. Du bist so ein Mädchen, das geht mit mir spazieren. Komisch find ich gar nix.»

w: «Komisch, daß es dich nicht gegeben hat. Toll wär's, wenn es dich gegeben hätte. Ich hätte mich bestimmt wohlgefühlt.»

m: «In deiner Nähe fühle ich mich viel bedeutsamer und wichtiger. Toll sind deine Haare, dein schönes, blasses Gesicht. Komisch ist: Ich bin leider erst fünf und du schon sechzehn.»

Für die Beteiligten unerwartet erfüllte sich jedesmal der Seminarraum mit nachdenklicher Stille. Die Intensität der Erinnerung an die Liebesgeschichten der Kindheit überraschte alle. Es waren zum Teil wehmütige Erinnerungen an Nähewünsche, an Geborgenheit und Angenommensein, aber auch an Enttäuschungen, an Nichtbeachtet-Werden und an Verlust. Sicher: Kinder können nicht immer handeln, wie sie es sich im Innern wünschen. Manche der geschilderten Begegnungen waren vielleicht nur seltene Glücksmomente, Ausnahmen im sonst herrschenden Geschlechterkrieg. Aber das ist bei Erwachsenen auch nicht anders.

Wir möchten noch ein ausführliches Beispiel geben, das zeigt, wie tief ein Junge für ein Mädchen empfinden kann – aber auch wer und was sich ihm dabei in den Weg stellt.

Der Aufwand, den der Erzähler als Zehnjähriger betreiben mußte, um sich als Junge zu fühlen, war enorm aufreibend:

«Wir mußten uns in der Grundschule immer bei dem ersten Gong in Reihe und Glied aufstellen. Jede Klasse hatte ihren Platz, beim zweiten Gong kam die Lehrerin raus, und wir mußten geschlossen in die Klasse marschieren. Im ersten Drittel waren die braven Mädchen, die sich an der Hand hielten. Im zweiten Drittel mischte sich das mit Mädchen und Jungen, aber das waren auch die braven Jungen. Und im letzten Drittel waren die richtigen Jungen, die sich geprügelt haben, die sich auch nicht an den Händen packten: Ich bin doch kein Mädchen! Das war so ein Pulk wie bei den Peanuts, wo immer alles drunter und drüber geht, wo geschubst, gerempelt, rumgebrüllt und geschlagen wird. Und da fühlte ich mich eigentlich wohl. Ich stand immer im letzten Drittel.»

In der Klasse saß er natürlich immer hinten. Dort fühlte er sich wohl und sicher. Aber in einer der mittleren Bankreihen, da saß Ulrike, sein «absoluter Schwarm». Die Frage war nur, wie er sich ihr nähern konnte:

«Die gluckte immer mit so einer ganz bestimmten Mädchenclique zusammen. Ich kam aus einer Arbeiterfamilie, auch aus einem Arbeiterviertel, und die kam aus besseren Kreisen. Und von daher hab ich immer schon gedacht: Das kann nicht richtig hinhauen, das ist nicht meine Welt. Aber ich bin dann in der Pause auf dem Schulhof oft an ihr vorbeigegangen und habe versucht, ihren Blick einzufangen, kam aber mit der Reaktion der Mädchen überhaupt nicht klar. Die kicherten dann oder machten irgendwas Albernes.»

Im Unterricht versuchte er mit Faxen und Poltern, Ulrikes Aufmerksamkeit zu erlangen. Aber das brachte ihm außer Strafarbeiten nichts weiter ein. Doch dann, eines Tages:

«Das absolute Highlight war, daß ich irgendwann wieder in diesem letzten, Staub aufwirbelnden Drittel stand und einen Brief kriegte. Ich dachte sofort: Irgendwer will mich jetzt verarschen oder so was, die Mädchen wollen mich jetzt irgendwie lächerlich machen, und hatte gleich innerlich die Fäuste geballt. Dann kamen auch schon die ersten Sprüche von den anderen Jungen, und ich wurde rot. Ich habe den Brief dann erst mal weggesteckt und erst zu Hause gelesen. Meine Mutter mußte dann noch einmal nachlesen, ob ich das auch richtig verstanden hatte. Da war ich von zwei Schwestern zu einer Geburtstagsfeier eingeladen, und die Ulrike sollte auch da sein.»

Er konnte sein Glück kaum fassen. Die Erlaubnis seiner Mutter, sich einem Mädchen zuzuwenden, hatte er sich über seine vermeintliche Leseschwäche auch geholt, und er freute sich wie ein Schneekönig. Unglücklicherweise gab es da aber noch eine andere Mutter:

«Ich glaube, ich habe auf dem Fest nur Scheiße gebaut. Ich fiel wieder in diese Randalinskirolle, weil ich mit dieser Situation überhaupt nicht umgehen konnte: Also meine Liebste war da, die anderen beiden Mädchen aus der Klasse, die ich toll fand, waren auch da, wir waren drei Mädchen und drei Jungen, und irgendwann habe ich gedacht: Ach, die haben dich nur eingeladen, damit die Pärchenbildung hinhaut. Und dann, am Ende, schrieb die Mutter der beiden Schwestern unsere Namen auf Zettel, die sie in eine Vase steckte. Dann zog sie zwei Namen, und der Junge und das Mädchen sollten miteinander tanzen. Dann fiel natürlich auch mein Name, und ich lachte mich schon schlapp, weil ich dachte, daß es meinen Namensvetter, der auch eingeladen war, erwischt hätte, bis die Mutter sagte: ‹Nein, du mußt tanzen.› Ich gleich: ‹Nä, mach ich nich, bin doch nich bekloppt!› Es war mir unmöglich, unter Anleitung dieser Mutter mit einem der Mädchen zu tanzen. Ich habe mich geweigert mit Händen und Füßen, und die anderen Jungs wollten auch alle nicht tanzen. Ob die Mädchen tanzen wollten, weiß ich gar nicht. Und dann sagte die Mutter: Gut, dann ist die Party jetzt zu Ende, und dann hat sie uns nach Hause gebracht.»

Der Verlauf dieser Schwärmerei ist sehr typisch für Kinder im Grundschulalter. Nach diesem Fiasko gab es für die beiden keine zweite Chance mehr. Der Junge hatte den sehnlichen Wunsch, diesem Mädchen nahe zu sein: *«Herzklopfen hatte ich schon, wenn ich hingeguckt habe. Oder ich hätte auch gerne mal neben der Ulrike gesessen in der Schule. Einfach nur neben ihr sitzen, mehr gar nicht.»* Aber auch das war nicht möglich. Zu sehr bedrohte die Nähe des Mädchens sein verwackeltes Bild von Männlichkeit.

Männer, die wir nach Liebesgeschichten aus ihrer Kindheit befragten, erzählten viele traurige und wenige schöne Geschichten. Ein Mann berichtete, daß für ihn Mädchen, obwohl er Schwestern hatte, immer in unerreichbarer Ferne geblieben waren. Ihnen gegenüber war er vollkommen sprachlos und gehemmt. Nur einmal beim Nachlaufspielen, da war er etwa neun Jahre alt, fing er ein Mädchen ein und hielt sie an beiden Handgelenken fest, damit sie nicht wieder entkommen konnte: «*Als ich sie an ihren Handgelenken hielt, durchfuhr es mich wie Elektrizität. Sie wand sich kichernd, wollte aber, glaube ich, gar nicht wirklich weglaufen. Ich hätte sie noch stundenlang festhalten wollen, aber irgendwann mußte ich sie ja loslassen, sonst hätte das verdächtig ausgesehen. Dieses Erlebnis ging mir noch tagelang nach.*» Andere Männer erzählten, daß sie ihrer Angebetenen immer auf dem Nachhauseweg gefolgt waren, den Blick gebannt auf den Rükken des Mädchens und flehend, daß sie sich doch umdrehen möge und ein Lächeln zeigen würde, ohne daß sie sich selbst offenbaren müßten. Manche fanden den Mut, das Mädchen anzusprechen, und nicht wenige erlebten eine schlimme Abfuhr. (Frauen erzählten uns nicht selten die komplementäre Geschichte, wie sehr sie sich nämlich selbst verflucht hatten, so blöd reagiert zu haben, obwohl sie sich doch so sehr gewünscht hatten, daß der Junge auf sie zukommen würde.) Ein Mann berichtete davon, daß er im vierten Schuljahr der Klassenbeste in Kopfrechnen war. Eines Tages veranstaltete die Lehrerin ein Wettrechnen um eine Eintrittskarte ins Kindertheater. Der Junge hatte schon von zu Hause eine Karte, und als er sah, daß am Ende nur noch er und sein Schwarm übrigblieben, ließ er das Mädchen absichtlich gewinnen, damit er mit ihr zusammen ins Theater gehen konnte. Im Bus auf dem Hinweg und während der Vorstellung selbst kriegte er keinen Ton heraus. Danach gab er seine Versuche auf, dem Mädchen näher zu kommen. Manche Männer schilderten schöne, aber heimliche Erlebnisse mit Mädchen in den Ferien oder in ihrem Dorf, weitab von der Schule. Sie hatten sich in Unkosten gestürzt, um ihrer Liebsten ein Eis zu kaufen, oder sie verbrachten miteinander ganz einfach tolle Nachmittage in leerstehenden Häusern oder im Wald, sich gegenseitig versichernd, später einmal zu heiraten.

Wenn Jungen und Mädchen ungestört von feixenden Gleichaltrigen und Erwachsenen die Gelegenheit haben, Vertrauen zueinander zu fassen, können sehr schlichte und zart-erotische Begegnungen möglich sein, wie uns eine Frau erzählte. Sie, ihre Freundin und zwei Nachbarsjungen gingen in die dritte Klasse. Sie spielten immer dasselbe:

Sie treffen sich zu viert und sind Winnetou, Old Shatterhand, Tschoutschi und Apanatschi. Erst spielen sie Verstecken, Sich-Jagen. Sie toben herum, schlagen sich die Knie auf, klettern auf die Marktgerüste, werden von dem Marktaufseher verscheucht, gebärden sich eine Zeitlang ganz wild, und dann plötzlich sitzen sie irgendwo im Abseits zusammen, machen ein Feuerchen, und es wird ruhiger. Sie rücken näher aneinander und berühren sich heimlich, und irgendwann kommt von den Jungen der Vorschlag: *«Macht doch mal für uns eure Zöpfe auf.»* Die Mädchen zieren sich erst noch ein bißchen, aber irgendwie finden sie es auch schön, daß die beiden Jungen ihre offenen Haare sehen wollen. Die Mädchen öffnen ihre Zöpfe und lassen die Haare befühlen. Irgendwann machen sie die Zöpfe wieder zu.

Auf die Frage, was es für sie bedeutet habe, ihre Zöpfe für einen Jungen aufzumachen, sagte sie: *«Ich konnte zeigen, daß ich schön bin, oder daß zumindest mein Haar schön ist, und daß jemand mir sagt, daß er das gerne sehen möchte.»*

Neben aller Wildheit war es den Kindern möglich, sich auf sehr behutsame Weise zu berühren. Anders, als es die Rollenklischees vorschreiben, waren die Mädchen keineswegs zimperlich und die Jungen glaubten nicht, sich von den Mädchen rüde abgrenzen zu müssen. Ihre Begegnung war zärtlich *und* unbeschwert. Zum Ende ihres Berichts sagte die Frau noch: *«Ich kann mich jetzt daran erinnern, daß es kein sehr ruppiger Junge war, sondern so ein sehr lieber Junge. Ich hatte nie das Gefühl, daß er mich als Mädchen nicht achtet. Es war auch mehr, als daß wir nur Kumpels gewesen wären, wie die Jungen untereinander Kumpels waren. Ich mochte den einfach. Der war ganz real da mit seinen Lederhosen, mit seinen nackten Beinen und seinen braunen, blonden, ja hellbraunen Haaren. Der war richtig zum Anfassen.»*

Das Wasser ist tief zwischen den Königskindern. Es fragt sich allerdings, ob nicht die Erwachsenen in häufig notorischer Respektlosigkeit gegenüber den Gefühlen von Kindern den Graben noch tiefer ausheben, als er aufgrund ihrer Geschlechtsrollenentwicklung ohnehin ist. Erwachsene verhalten sich gegenüber verliebten Kindern oft sehr widersprüchlich. Auf der einen Seite gelten Kinderherzen als rein und unschuldig. Was die Kinder füreinander empfinden, wird häufig als unbedeutende, weil nicht-genitale Spielerei abgetan. Auf der anderen Seite müssen Kinder immer wieder erleben, daß ihnen Erwachsene mit sexuellen Projektionen und Ängsten begegnen.

Da wird eine Siebenjährige, die sich vielleicht nur freut, ein Mädchen zu sein, und anderen das auch zeigt, als kokett bezeichnet. Eine Zehnjährige, die viel mit Jungen zusammen ist, läuft Gefahr, als frühreifes Flittchen beschimpft zu werden. Der Neunjährige, der auch mit Mädchen liebevoll umgehen kann, wird zum Schwerenöter stilisiert, der es ja schon faustdick hinter den Ohren habe. Durch solche Bewertungen können Kinder tief verletzt werden. Gleichzeitig werden damit die wenigen Brücken zwischen Jungen und Mädchen eingerissen.

Wenn Kinder in Sachen Liebe Erwachsene beobachten und ihren Mustern nacheifern, dann spielen sie gewiß nicht nur einen romantischen Liebesfilm nach, sondern sie erleben auch Egoismus, Funktionalisierung, Uneinfühlsamkeit, Verachtung und vor allen Dingen die Trennung der weiblichen und männlichen Lebenswelten. Daher sollte man die Kleinen auch nicht – wie in dem einen Fall geschehen – per Zettelchen in eine Vase stecken, einmal kräftig durchschütteln und dann beleidigt sein, wenn sie völlig durcheinander dort wieder herauskrabbeln. Die Gefühle der Kinder ernstzunehmen heißt, sowohl ihre Angst *voreinander* als auch ihren Wunsch nach Nähe *zueinander* zu respektieren. Das müßten Erwachsene eigentlich von sich selbst kennen: Diese widersprüchlichen Gefühle gehören oft zusammen.

Vielleicht können sich viele Erwachsene einfach nicht vorstellen, daß Kinder viel eher als sie selbst im Alltag in der Lage sind, Liebe und Genitalität voneinander zu trennen. So aber müssen im Volksliedmythos die verliebten Königskinder sterben. Und das nicht nur, weil ihnen niemand hilft, sondern auch, weil ihnen jemand übel mitspielt. Im Kino wird bei jedem Happy-End, so hat Erich Kästner einmal gedichtet, für gewöhnlich «ausgeblendt». Wahrscheinlich will niemand so genau wissen, ob die begonnene Liebe zwischen Mann und Frau auch im Alltag Bestand haben wird. Warum aber dürfen bei Peter Härtling Ben und Anna nicht einfach zusammenbleiben? Warum *muß* Anna in dieser Geschichte fortziehen? Klarer Fall: Sie kann eben schlecht rufen: «Ade, mein Vater und Mutter, ihr seht mich nimmermeh! Ich bleibe bei Ben!» Da amüsieren wir uns doch lieber über den kleinen Nick und das Luischen, die sich mit List und Tücke bekämpfen.

Vom Kämpfer zum Liebhaber

Jungen zu Beginn der Pubertät

«‹Danke›, flüstert sie, und dann, wobei sie sich so weit vorbeugt, daß er ihr Parfüm riechen kann – einen traumhaften Wildblumenduft – sagt sie: ‹Danke – Bri. Und da wir, zumindest heute abend, Mädchen und Junge sein werden anstatt Lehrerin und Schüler, darfst du mich – Sally nennen.›
Er ergreift ihre Hände. Schaut ihr in die Augen. ‹Ich bin nicht einfach irgendein Junge›, sagt er. ‹Ich kann Ihnen helfen, ihn zu vergessen – Sally.› Sie scheint fast hypnotisiert zu sein von seinem unerwarteten Verständnis, seiner unerwarteten Männlichkeit; er mag zwar erst elf sein, denkt sie, aber in ihm steckt mehr von einem Mann, als in Lester je gesteckt hat!
Ihre Hände umfassen die seinen fester. Ihre Gesichter kommen sich näher – näher... ‹Nein›, murmelt sie, und jetzt sind ihre Augen so groß und nahe, daß er beinahe das Gefühl hat, in ihnen zu ertrinken, ‹nein, das darfst du nicht, Bri – es ist nicht recht...›
‹Es ist recht, Baby›, sagt er, und er drückt seine Lippen auf die ihren.»

(Ein Tagtraum des elfjährigen Brian
in Stephen Kings Roman
«In einer kleinen Stadt»)

Peter Alexander hat es immer wieder gesungen und viele andere ältere Herren auch: «Man müßte noch mal zwanzig sein, und so verliebt wie damals...!» Mit tiefen Seufzern und schmachtenden Blicken. Je nachdem, wie es einem mit zwanzig ergangen ist, wird man in den alten Schlager mehr oder weniger beschwingt einstimmen können. Getrost kann man aber davon ausgehen, daß die meisten Männer mit zwanzig wenigstens aus dem Gröbsten heraus sind. Vor Jahren schon haben sie ihren ersten Samenerguß erlebt und den persönlichen Tagesrekord beim Masturbieren aufgestellt. Die ersten Katastrophen beim Küssen, Petting und Miteinanderschlafen haben sie überlebt, die ersten Körbe eingesteckt oder verteilt und bestimmt auch schon die erste richtig große Liebe erlebt. Vielleicht haben sie sogar einen Eindruck davon bekommen, wie schön, lustvoll und erfüllend partnerschaftliche Sexualität sein kann oder könnte. Ja, mit zwanzig – vielleicht. Aber welcher Mann käme schon auf die Idee, voller Inbrunst zu singen: «Man müßte noch mal dreizehn sein, und so verliebt wie damals...!» – oder fünfzehn, als er da hing wie ein Schluck Wasser in der Kurve? Alles noch einmal erleben: Vielleicht die frühe Kindheit, vielleicht die Baumhäuschenzeit und vielleicht auch die Zeit der letzten echten Kameradschaft bei der Bundeswehr – warum nicht? Alles noch einmal. Bloß nicht die Pubertät, und vor allem nicht diese gräßlichen ersten Jahre!

Die meisten Menschen können sich recht gut an ihre Pubertät erinnern. Aber sie tun es nicht gerne, trotz aller Aufbruchstimmung und der neuen Spiel- und Freiräume, die sich damals auftaten. Obwohl man die tollen Aufregungen der ersten Verliebtheiten und zumindest einige der neuen, irritierend lustvollen Erlebnisse nicht missen möchte, ist die Pubertät für viele eher eine Zeit des schmerzhaften Umbruchs, geprägt von vielen Abschieden, Erschütterungen, Niederlagen und Kümmernissen.

Am Ende der Pubertät steht laut Plan ein ausgewachsener Mensch, ein Erwachsener, der – mit wenigen Ausnahmen – lieben darf, wen er will, der sein eigenes Geld verdient, in einer eigenen Wohnung lebt, die er – wenn er will – nach Belieben verqualmen darf und aus der er für alle Zeiten die gehaßten Rosenkohlgerichte seiner Mutter verbannen kann. Vorher aber ist alles noch unfertig und vorläufig, obwohl und weil das ganze Trachten darauf ausgerichtet ist, endlich erwachsen zu sein.

Die Pubertät erscheint fast wie das Endstadium einer Metamorphose: Aus dem Ei war einst eine kleine Raupe geschlüpft, die sich langsam, bunt und hungrig durch die Welt knabberte und wuchs. Verpuppt im schützenden Kokon schlief sie dann einen langen Schlaf und träumte von fernen und befreiten Zeiten. Doch dann, eines Tages, beginnt sie sich aus der alten Hülle herauszukämpfen, und fertig ist der prächtige und stolze Schmetterling, der sich in die Lüfte erhebt, sich vermählt, vermehrt und...

Bevor wir in den Verdacht geraten, allzu schwülstige Naturromantiker zu sein, wechseln wir lieber von den Schmetterlingen zu den Lurchen. Von letzteren aus läßt sich triftiger der Bogen zu den Jungen schlagen: Aus dem Laich schlüpft eine Kaulquappe, die einem männlichen Samenfaden auffallend ähnlich sieht. Im Laufe der Zeit entwickelt sich das Kerlchen zu einer nimmersatten Larve, aus der dann bald ein Frosch hervorgeht. Eines Tages kommt eine Prinzessin daher, und nachdem er ihr einige Kunststückchen vorgemacht hat, nimmt sie ihn mit zu sich nach Haus. Aber so kalt und glibberig, wie er nun mal als Frosch ist, beginnt sie sich bald zu wünschen, daß er doch ein anderer wäre. Schließlich packt sie ihn in einem Anfall von Ekel und Bedrängnis – und: der Frosch fängt an, heftig zu zappeln und fürchterlich zu quaken. Was sollte er auch anderes tun? Wer garantiert denn, daß aus dem absehbar folgenden

Gematsche an der Wand überhaupt ein strahlender Prinz hervorgeht? Dann doch lieber noch eine Weile brüllen und Gift spucken – das tun nämlich manche Frösche.

Natürlich gehen in der Wirklichkeit nicht böse Mädchen armen Jungen an den Kragen: Eher setzen die Jungen den Mädchen mit verbalen und körperlichen Attacken zu. Dennoch fasziniert uns die Geschichte des «Froschkönigs», und besonders dieser seltsame Augenblick *vor* der (Rück-)Verwandlung in einen Prinzen. Stellt man sich die Szene plastisch vor, kann man sich leicht denken, daß der Frosch – so verheißungsvoll die Aussichten auf später auch sein mögen – eine wirklich schlimme Schrecksekunde erleben muß. Möglicherweise zieht sein bisheriges Leben noch einmal an ihm vorbei, und er weiß nicht, was im neuen Abschnitt kommen wird und ob er bestehen kann. Wilde Panik springt ihn an.

Man kann die Pubertät als eine Art zweite Geburt betrachten, in deren Verlauf der Junge Abschied von seiner kindlichen Weltsicht nehmen muß. Nicht nur der Körper beginnt sich rasant zu verändern. Auch die kindlichen Bindungen an die Eltern wandeln sich entscheidend. Mehr und mehr wird es möglich, die Eltern aus der Distanz ansehen zu können. Ihre Allmacht bekommt Risse und beginnt zu bröckeln. Die Aussicht, bald seinen Weg allein und selbständig zu gehen, wirkt oft ebenso beängstigend wie beflügelnd. Selten nur noch – wenn überhaupt – wird der Junge körperliche Geborgenheit bei seinen Eltern finden können. Gleichzeitig wird er froh sein, nicht mehr ausschließlich auf ihre Zuwendung angewiesen zu sein, sondern sich selbst Liebespartner suchen zu können.

Die beginnende Ablösung von den Eltern, die in der Regel auch mit dem Ende der Pubertät noch nicht abgeschlossen ist, erfordert vom Jungen viel Mut und von seinen Eltern wohlwollende Begleitung. Dieser Prozeß wird nicht ohne Schmerz und Verlust vonstatten gehen. Wie in seiner frühen Kindheit befindet sich der Junge besonders zu Beginn der Pubertät noch einmal in einem überwältigenden Umbruch, der ihm äußerst ambivalente Gefühle beschert: Als Dreijähriger sehnte er sich danach, nahe bei seiner Mutter zu sein, und fürchtete sich gleichzeitig vor Ich-Verlust und Abhängigkeit. Trotzig versuchte er, sich als eigenständiger Mensch zu behaupten, und bemerkte dennoch, daß ihm nun Ungeborgenheit und Einsamkeit drohten. Jeden Tag mußte er aufs neue Regeln der Gemeinschaft lernen, und er war stolz darauf, wenn ihm diese Anpassung gelang. Gleichzeitig spürte er, daß er dadurch auch in seiner Freiheit eingeschränkt wurde. Ständig erlebte er spannende Abenteuer, die ihm auch Gefühle tiefer Unsicherheit einbrachten. Natürlich wiederholen sich die frühen Prozesse der Kindheit nicht einfach in der Pubertät. Schließlich hat ein Dreizehnjähriger schon eine dreizehnjährige Geschichte hinter sich. Er trägt schon für viele seiner Handlungen eigene Verantwortung und befindet sich auf dem Weg zum selbstbestimmten Erwachsenen und nicht zur nächsten Phase seiner Kindheit. Dennoch fühlt sich ein pubertierender Junge oft ähnlich ungeschützt wie damals, als es schon einmal um einen Kernbestandteil seiner Persönlichkeit ging: um seine psycho-sexuelle Identität.

Die Unternehmungen, eigene sexuelle Beziehungen zu knüpfen, finden auf dem Nestrand statt: Der junge Spatz sieht vor sich die Freiheit, aber er hat Angst zu springen. Er wird sich noch oft umdrehen, um vor allem seiner Mutter, aber auch seinem Vater tief in die Augen und ins Gefieder zu blicken. Je nachdem, was er da spürt, ist er irgendwann bereit, den Jungfernflug anzutreten – mit Zuversicht und Vertrauen auf eine halbwegs sichere Landung oder mit Enttäuschung und Wut im Bauch.

Wenn er Glück hat, entläßt ihn die Mutter ohne großes

Federlesen aus ihren Fittichen. Wenn er Pech hat, bindet sie ihn (weiterhin) eifersüchtig und/oder schickt ihn jetzt, da er endlich zum jungen Mann heranreift, endgültig in die Konkurrenz zum Vater, der sich derweil in seinem Sohn wiedererkennt: Die gleiche Art, die gleiche Körperhaltung, die gleiche Sprache, die gleiche Chuzpe oder die roten Ohren, das Stammeln und die Scham – oder jeweils das genaue Gegenteil, weil der Junge darum kämpft, völlig anders zu werden als der Vater.

Wie auch immer: Später einmal, wenn ein Sohn als Erwachsener seinem Vater auf die Spur kommt, wird er möglicherweise voller Verwunderung feststellen können, daß die eigene Pubertät jenem oft auf eigentümliche Weise ähnelt, was vom Vater zu erfahren war: Auch der Vater war schon früh ein Draufgänger, mit einer Riesenklappe und großen Chancen bei den Mädchen, bei denen er nichts anbrennen ließ. Oder er war ebenso schüchtern und gehemmt, und traute sich seinerzeit nie so recht in die Nähe der Mädchen. Daß der Junge später einmal eine Frau wählen wird, die seiner Mutter in so manchen charakterlichen Zügen merkwürdig ähnlich ist, wird ihn vielleicht bestürzen. Verwunderlich ist es nicht.

In der neuen Welt der Pubertät findet eine revolutionäre Umwertung statt. Einem Mädchen nahe zu sein, wird von heute auf morgen zum Männlichkeitsbeweis und Reifezeugnis. Zur Konkurrenz im Weitsprung kommt das Gerangel um die ersten Plätze bei den Mädchen. Freunde gehen bald nicht mehr nur an andere Jungen, sondern auch an Mädchen verloren.

Doch im Grunde geht der alte Kampf um Sein und Schein bloß weiter, ausgedehnt um eine letzte, entscheidende Disziplin. Aus Kämpfern sollen plötzlich Liebhaber werden. Mit einem Mal öffnet sich die Schleuse für eine lange zurückgehaltene Sehnsucht. Endlich scheinen der

Penis, der Mund, der ganze Körper und die Seele der Vereinigung mit dem anderen Geschlecht gewachsen zu sein. Doch wie um Himmels willen soll der Junge nach all den Jahren der Trennung und den panischen Abgrenzungsgefechten nun auf die Mädchen zugehen? Viele Jungen treibt es jetzt mit der gleichen Gehetztheit zu den Mädchen hin, mit der sie bisher vor ihnen geflohen sind. Sie meiden weiterhin die Tuchfühlung zu inneren Befindlichkeiten und wandeln auch weiterhin ihre Angst vor Niederlagen und Kummer in die sexistische Abwertung der Mädchen um – oder in das neu hinzugekommene Gegenstück: in eine hilflose Glorifizierung der weiblichen Liebesobjekte. Das Hyperphallische von früher behält seine Richtung. Bei gelegentlichen Ausflügen zu den Mädchen werden oft lediglich selbstvergewissernde Trophäen eingesammelt.

Besonders zu Beginn der Pubertät erleben Jungen heftige Zerreißproben, für die sie nicht dehnbar genug sind. In der Starre ihrer Rolle plagt sie die Angst, nicht zu halten, was ihnen als Versprechen fortan abverlangt wird. Sie sind entsetzt darüber, daß sie trotz aller bisherigen Kämpfe um ihre Männlichkeit doch wieder auf das Weibliche angewiesen sind.

Alle Welt erwartet jetzt von ihnen die Prinzenrolle. Doch überall liegen weggeworfene Schwerter herum. Weiße Rösser werfen ihre Reiter ab, und die im Staub lassen die Köpfe hängen – oder spucken brüllend ätzendes Gift.

Nichts hat sich bis heute daran geändert, daß die Mädchen neben aller Neugierde und Tatendrang vor allem mit einem Gefühl der sexuellen Bedrohtheit durch die Jungen in die Pubertät eintreten. Die Rollen von Aktiv und Passiv sind nach wie vor nahezu unverändert verteilt. Und so, wie viele Jungen sich präsentieren, haben Mädchen oft auch allen Grund dazu, sich vor der blinden Gehetztheit der Jungen zu fürchten. Dieser Umstand bestimmt auch heute noch weitgehend die Pädagogik für die Jugendphase: Die passiv-gefährdeten Mädchen müssen geschützt, die aktiv-triebhaften Jungen in Schach gehalten werden. Allerdings geraten bei dieser Sichtweise die Ängste und Sorgen der Jungen oft völlig aus dem Blickfeld.

Wir möchten versuchen, die Pubertät aus der Perspektive der Jungen zu schildern, um einen plastischen Eindruck ihrer Lust und ihres Leidens in dieser Zeit zu erhalten. Was heißt es für Jungen, in der Pubertät zu sein?

Wir haben die Helden der nun folgenden Geschichten aus vielen Beobachtungen, Interviews mit erwachsenen Männern und Gesprächen mit Sexualpädagogen gestaltet und werden sie in diesem und in den beiden nächsten Texten etliche Höhen und Tiefen der Pubertät durchleben lassen. Die jeweilige Rahmenhandlung ist erfunden, die einzelnen Episoden sind authentisch.

Die eine Leserin oder der andere Leser wird sich vielleicht daran stoßen, daß die Jungen die Ereignisse mitunter auf einem ihrem Alter nicht gemäßen Niveau reflektieren. Wir haben uns dieses «Tricks» bedient, um tiefer in das Erleben der Jungen vordringen zu können. Viele Ängste dieser Zeit können – wenn überhaupt – erst Jahre später ausgesprochen werden.

Manche werden vielleicht auch Zweifel anmelden, ob man von den Erinnerungen erwachsener Männer überhaupt auf die Gefühlswelt von heutigen Jungen schließen kann. Sicherlich hat die Jugendkultur sich inzwischen andere zeitgenössische Bilder und Klischees zugelegt. Die Rolleninhalte und die daraus resultierenden Anforderungen an die Jungen und die Klippen, zwischen denen sie während der Pubertät ihren Weg finden müssen, haben sich im Vergleich zu den sechziger oder siebziger Jahren in ihren Grundzügen jedoch kaum verändert. Wir sind davon überzeugt, daß jeder, der sich mit den seelischen Wirren seiner eigenen Pubertät auseinandersetzt, spüren kann, wie es Jungen von heute ergeht.

Paul und seine Kameraden sind keine «Problemjungen». Soweit man etwas über ihr soziales Umfeld und ihre Familien erfährt, sind die Verhältnisse weder zerrüttet noch idyllisch. Die Jungen sind nicht übermäßig aggressiv und auch nicht übermäßig angepaßt. In modellhaften Betrachtungen läßt sich nicht die gesamte Komplexität der Lebenswirklichkeit von Jungen erfassen. So manche Situation, in der die Jungen sich vertrauensvoll aneinander wenden, ist ein schönes pädagogisches Märchen. Von den Mädchen wird nur aus der subjektiven Sicht der Jungen berichtet, denn aus der weiblichen Perspektive würden sich völlig andere Geschichten ergeben.

Fragt man Paul nach seinem Alter, sagt er ohne lange zu überlegen: «Zwölfdreiviertel. In zweieinhalb Monaten werde ich dreizehn!» Paul wartet darauf, endlich ein «Teen» zu werden. Er ist in der Pubertät. Wann er da hineingekommen ist, kann er nicht genau sagen. Auch Jahre später wird er keinen bestimmten Zeitpunkt nennen können, da es in ihm schallte: Jetzt bist du in der Pubertät! Wahrscheinlich wird er sagen: «Irgendwann in der fünften, sechsten Klasse fing das plötzlich mit den Mädchen an. Ich glaube, ich hatte noch nicht einmal Schamhaare. Oder vielleicht doch?»

Daß Paul früh dran ist, hat er zunächst gar nicht richtig mitgekriegt. Seine Hoden sind viel dicker und die Haut vom Hodensack ist etwas faltig und schlaff geworden. Paul hat auch schon Schamhaare. Sie haben bereits angefangen, sich zu kräuseln. Seit einiger Zeit wird auch sein Penis immer größer. Am After hat er noch keine Haare – da hat er nachgeguckt –, und unter den Achseln auch noch nicht. Auf beides wird er noch etwa ein Jahr warten müssen. Etwas breitere Schultern als früher hat er schon, aber für den Stimmbruch braucht er sicher noch zwei Jahre.

Erst vor ein paar Wochen ist ihm beim Duschen nach dem Sportunterricht aufgefallen, daß die meisten anderen Jungen in seiner Klasse noch richtige Kleinjungenpimmel haben, im Stehen höchstens fünf, sechs Zentimeter lang, schätzt Paul, und so gut wie keine Schambehaarung. Dafür haben einige andere schon mehr als er. Manche Jungs drükken sich immer vorm Duschen und wechseln beim Umziehen auch nicht die durchgeschwitzte Unterhose. Für die Topleute der Klasse, zu denen Paul mit seinen neun Zentimetern (steif mit dem Metermaß aus dem Nähschrank seiner Mutter gemessen) seit einiger Zeit zu gehören hofft, ist der Fall klar: Das sind die Zurückgebliebenen. Allerdings kann sich Paul noch gut daran erinnern, daß er sich bis vor einem halben Jahr auch noch so angestellt hat. Blöd, daß man sich Schamhaare und einen langen Pimmel nicht antrainieren kann.

Vor kurzem kam einer von den Zauderern plötzlich mit in den Duschraum und hat prompt einen Steifen gekriegt. Eigentlich hält ihn niemand für schwul, und trotzdem sind alle mit Gelächter über ihn hergefallen. Seitdem hofft Paul inständig, daß ihm so etwas nicht auch mal passiert.

Neulich hat er einen höllischen Schreck gekriegt. Nach dem Duschen stellte er beim Abtrocknen fest, daß das Gewebe unter seinen Brustwarzen irgendwie geschwollen war. Er dachte sofort an Brustkrebs. Großer Gott, ich bin doch noch so jung! Wochenlang schleppte er sich nur noch so durchs Leben, bis er endlich den Mut fand, seiner Mutter die dicken Stellen zu zeigen. Die schickte ihn zum Arzt, und der sagte nur, daß das normal sei in seinem Alter und bald wieder verschwinden würde. Paul kam sich völlig blöd vor, aber ihm fiel auch eine Riesenlast von der Seele.

Marco ist ein guter Freund von Paul. Er gilt als der Mädchenaufreißer in der Klasse und ist wirklich cool. Paul bewundert ihn oft. Er ist schon ein bißchen weiter als Paul, weil er schon über vierzehn ist, fast vierzehneinhalb. Er ist mal hängengeblieben. Am ersten Tag des neuen Schuljahres kam er mit Getöse in Pauls Klasse gepoltert, und es dauerte nicht lange, da waren sie dicke Freunde. Es wurde auch Zeit, denn nach dem Wechsel von der Grundschule hatte Paul fast alle seine alten Freunde aus den Augen verloren. Paul erzählte ihm sogar das von seinen Brustdrüsen. Marco lachte nur.

Aber die Sache mit Pauls Arztbesuch beschäftigte Marco. Er entschloß sich, selbst einmal zum Arzt zu gehen. Seiner Mutter sagte er, es sei wegen seiner Warze am Fuß. Als er wieder aus der Arztpraxis herauskam, lief ihm Paul über den Weg. «Mensch», sagte Marco, «gut, daß ich dich treffe. Ich bin zwei Jahre lang davon überzeugt gewesen, Hodenkrebs zu haben. Hab da im linken Ei immer so was Dickes gefühlt, konnt aber nicht drüber reden. Jetzt sagt mir der Arzt, das wär nur so eine Art Krampfader, Variko-Dingsbums, oder wie der das genannt hat. Irgendwann soll ich mir das wegmachen lassen, wegen Kinderkriegen und so, aber das wär harmlos. Mann, ich hab mich total verrückt gemacht! Komm, ich laß 'n Eis springen – zur Feier des Tages!»

Bertholt ist ein Stiller. Paul kennt ihn schon vom ersten Schuljahr an. Er hat strenge Eltern und verhält sich Mädchen gegenüber meistens total verschlossen. Er mag Paul sehr. Bertholt hat zwar auch schon Schamhaare, aber weil er sich Paul ein bißchen unterlegen fühlt, glaubt er, etwas weniger weit entwickelt zu sein als sein Freund. Schließlich ist Paul dreieinhalb Monate älter als er.

Bis vor kurzem machte Bertholt sich Sorgen wegen des weißen Zeugs, das er auf seiner Eichel entdeckt hatte. Erst war die Vorhaut ja nicht richtig zurückgegangen, aber bald klappte es immer besser. Und dann plötzlich dieses weiße, käsige Zeug. Vielleicht hatte er irgendwas an der Vorhaut kaputt gemacht, sie ausgeleiert, und die Eichel löste sich auf oder so etwas. Er hatte nicht gewußt, daß man das Smegma nennt oder auch Pimmelkäse.

Letztes Jahr im Sommer waren Paul und Bertholt beide in ihre Klassenlehrerin verknallt. Das heißt, *verknallt* waren sie eigentlich in Bettina und Sabine, zwei Mädchen aus der Nachbarsiedlung, die auf eine andere Schule gingen. Was die Klassenlehrerin anbetrifft: Auf die waren sie regelrecht *scharf*.

An einem heißen Nachmittag lagen sie auf der sonnenverbrannten Wiese hinter Bertholts Haus. Bertholts drei Jahre älterer Bruder, der noch stillere und aknegeplagte Heinz, war auch dabei, und sie schwärmten ihm von ihrer Lehrerin vor: Von ihren Beinen und ihrer Bluse, unter der ihr BH durchschimmerte. Sie kamen richtig in Fahrt: «Boh! Stell dir vor, wir kommen hier die Wiese hoch, und da liegt sie, nackt, einfach so. Alles ist still und sie grinst uns an. Und wir legen uns dazu. Wahnsinn! Ziehn uns aber nicht auch aus, nä, nä! Und wir balgen mit ihr, hin und her und den Hang runter...» Paul und Bertholt wälzten sich im Gras, alle Glieder unter Spannung. Sie stöhnten und kreischten und waren glücklich verrückt. Bis Heinz, der die ganze Zeit nur kopfschüttelnd dagesessen hatte, sagte: «Was wollt ihr denn zu zweit mit der?» Bertholt stutzte.

«Nichts!» rief er und bekam einen Lachkrampf. Paul lachte auch, drehte sich auf den Bauch und dachte für sich: Alleine hätt ich Schiß. Paul hatte immer Schwierigkeiten, sich zu konzentrieren, wenn die Lehrerin berockt und mit übereinandergeschlagenen Beinen auf dem Pult saß und den Unterricht abhielt.

Jetzt, da Paul bald dreizehn wird, und nachdem Marco

ihm erzählt hat, wie man sich einen runterholt, weiß er, daß er *geil* auf die Lehrerin war, richtig wollüstig. Seine Geilheit auf diese Frau war irgendwie erdverbunden und derb, ganz anders als seine verliebten Gefühle für Sabine. Die waren sauber, körperlos, sehnsüchtig, irgendwie – Seufzer – leise.

Mit Sabine ging er drei Monate lang. Ganz offiziell, mit Liebesbriefen, Paßfototausch und einem unglaublichen Getratsche drumherum. Bertholt ging mit Bettina, aber Paul nahm das nicht sonderlich ernst. Irgendwie hatte er das Gefühl, daß Bertholt einfach nur so mitmachte. Die Mädchen hatten viel für ihn übrig. Sie konnten sich gut mit ihm unterhalten. Kein Streß.

Mit Sabine redete Paul während der gesamten drei Monate höchstens zehn Sätze. Naja, vielleicht auch ein paar mehr. Aber wenn er sie sah, guckte er schnell weg oder machte einen blöden Witz und brachte kein vernünftiges Wort heraus. Sie gingen zusammen, das war wohl das Wichtigste, aber es folgte nichts daraus. Was auch!? Sabine zu küssen, das konnte er sich nur vorstellen. Sie so zu küssen, wie er gefühlt hatte, als er einmal abends im Bett Radio hörte und plötzlich so ein steinalter Schlager kam? Eigentlich völlig blöd, was für alte Leute, und doch schmolz Paul nur so dahin: *«Aber dich gibt's nur einmal für mich. Schon der Gedanke, daß ich dich einmal verlieren könnt, daß dich ein andrer Mann, einmal sein eigen nennt, der macht mich traurig, weil du für mich die Erfüllung bist, was wär die Welt für mich ohne dich, dich, dich ...»* Völliger Wahnsinn! Er hatte das Licht ausgemacht und sich im Bett aufrecht hingesetzt. Er dachte an Sabine. Nur an sie und an sich. Sabines Gesicht, sie lächelte. «Du bist mein», flüsterte es in ihm. Fast wären ihm Tränen gekommen.

Sie zu küssen mit diesem Gefühl? Oder so geil auf sie zu sein wie in manchen seiner Träume auf die Lehrerin? Da riß der Film! Was hatten die Mädchen eigentlich mit den

Frauen aus der «Praline» oder der «Neuen Revue» zu tun? Nichts. Absolut nichts.

Einer aus der Klasse hatte mal einen Porno mitgebracht. Plötzlich lag das Ding auf dem Tisch. Das Gegröle und Gejohle war wie immer: «Ey, gib ma her!» «Pfoten weg!» «Ey, du machst es ja kaputt!» Und dann zu den Mädchen: «Hey, guck mal, das sind Möpse, was!», und so weiter. Die Mädchen drückten sich in einer anderen Ecke herum, machten wahrscheinlich wieder Palaver, daß die Jungen sich einen Sport daraus machten, die Mädchen zu küssen und sich Ohrfeigen abzuholen. Ein paar Jungen hatten sogar ihren Liebesbrief an ein Mädchen ans schwarze Brett gehängt und sich über das rote Gesicht des Mädchens kaputtgelacht. «Total notgeil die kiddies», sagte Marco mal. Paul nahm sich vor, so etwas nie zu machen.

Der Porno lag auf dem Tisch und alle standen drumherum. Die Bilder gingen Paul nicht mehr aus dem Kopf. Er hatte sich total erschrocken. Noch nie hatte er gesehen, wie das bei der Frau da unten genau aussieht. Diese Nahaufnahmen, diese vielen feucht glänzenden Falten zwischen den Beinen der Frauen, und diese Riesenschwänze der Männer! Einem hing ein meterlanger weißer Faden am Pimmel. Das hatte Paul am meisten geschockt. Die anderen taten ganz cool, Bertholt komischerweise auch, überhaupt: Alle außer ihm schienen Spaß an diesen Bildern zu haben. Aber Paul ließ sich nichts anmerken. Abends im Bett erregten ihn die Bilder, aber irgendwie schämte er sich auch ganz erbärmlich. Nein, damit hatte Sabine nichts zu tun. Er dagegen vielleicht. O Gott!

In dieser Zeit fand auch die erste Fete im Jugendtreff statt. Alle waren da, natürlich auch Sabine. Paul schaffte es sogar, sich neben sie und die anderen zu setzen, aber ihm fiel nichts zu reden ein. Also quatschte er mit Bertholt, obwohl er nur Sabine im Kopf hatte. Sie sagte auch nichts zu ihm und schien auf etwas zu warten. Paul wurde von hinten angerempelt und tat so, als habe er sich den Fuß verstaucht. Sabine wurde ganz aufgeregt, schimpfte über diesen anderen Blödmann, und so hatten sie für fünf Minuten ein Gesprächsthema. Dann wieder Sendepause. Aber sie waren zusammen. Das wußte jeder.

Bevor es mit ihnen angefangen hatte, war ein Mädchen angekommen und hatte gesagt: «Ich soll dich fragen, ob du mit Sabine gehen willst.» Paul hatte sofort eingewilligt, denn er hatte Sabine schon seit einiger Zeit im Auge.

Irgendwann war plötzlich Schluß. Ganz öffentlich und dramatisch, mit Paßfotozerreißen und gemeinen Sprüchen von beiden Seiten. Paul kapierte gar nicht, was eigentlich los war. Plötzlich war Schluß. Einfach so. Aus heiterem Himmel hatte es das Gerücht gegeben, daß Sabine Paul blöd fände. Warum, wußte keiner. Ein paar Mädchen, die später bei der Paßfotozerreißszene grinsend dabeistanden, hatten Paul das Gerücht gesteckt. Daraufhin erklärte er öffentlich, daß Sabine nichts für ihn wäre und außerdem einen viel zu dicken Hintern hätte – was gar nicht stimmte. Paul ließ die Paßfotoschnipsel fallen, drehte sich um und ging.

Auf dem Nachhauseweg begegnete er ein paar Jungs aus der nächsthöheren Klasse. Einer rief: «Hey Paul! Schon mal bei deiner Mutter in der Fotze gewesen?» Paul war zu perplex, um sich eine andere Antwort als «Nein» auszudenken. «Klar warste da», blökten die anderen, «oder meinste, die Kinder kommen aus dem Arsch!» – und lachten sich halb weg. Paul ging einfach weiter. Eigentlich hätte er Liebeskummer haben müssen. Aber nichts. Komisch. Den Witz muß ich mir merken, dachte er noch. Eine Woche später machte Bertholt mit Bettina Schluß.

Seitdem haben etliche Feten stattgefunden. Zum Beispiel die erste Klassenfete. Paul tanzte sogar. Auch Bertholt, aber Paul fand, daß sich Bertholt dabei ziemlich doof anstellte.

Paul tanzte ganz wild. Nicht mit Anfassen, nein, das machte keiner. Ein paar schafften es immerhin, längere Zeit mit ein und demselben Mädchen zu tanzen. Paul und Bertholt trauten sich nicht, zuviel eindeutiges Interesse an einem Mädchen zu zeigen. Es gab auch welche, die hockten nur blöd in den Ecken herum. Die kriegten zu Hause von ihren Eltern wahrscheinlich alles verboten. Torsten schien es besonders schwer zu haben, und bis heute hat sich daran auch nichts geändert. Er war damals schon einen Kopf größer als alle anderen und mindestens doppelt so schwer. Bevor das mit den Mädchen anfing, hatte er als «Wrestler-Tiger-Torsten» gute Karten bei den Jungs. Daß die Mädchen ihn und seine Attacken, zu denen er von den anderen Jungs angestachelt worden war, nicht mochten, spielte damals keine Rolle. Aber auf der Klassenfete war er völlig abgemeldet. Bei den Mädchen sowieso – aber auch bei den Jungs. Er tanzte wie besoffen, ließ sich in Grüppchen hineinfallen und machte sich allseits unbeliebt. Klar, daß keine mit ihm tanzen wollte.

Paul hat sich eine Meinung über Torsten gebildet: Irgendwie kapiert der wohl nicht, daß die Mädchen eine neue Disziplin bei der Jungenolympiade bedeuten. Torsten macht auf Riesenbaby, während er sich schon mindestens einmal unter der Vorhaut gewaschen hat. Aber obwohl es toll ist, etwas mit Mädchen zusammen zu machen, hat auch Paul noch nicht herausgefunden, was genau die Mädchen wollen. Vor allen Dingen weiß er nicht, wie er das plötzlich alles können soll.

Irgendwann lud Beate Paul und sechs andere zu ihrer Geburtstagsparty ein. Bertholt war nicht dabei. Die Verteilung von Mädchen und Jungen mußte ja aufgehen. Auf dieser Fete wurde auch mit Anfassen getanzt. Und zwar so: Der Junge legte die Hände auf die Hüften des Mädchens, die ihre Hände auf den Schultern des Jungen plazierte, und dann drehten sich beide langsam im Kreis. Beate hatte extra eine Cassette mit langsamen Stücken zusammengestellt. Paul fühlte eigentlich nicht viel beim Tanzen. Er hatte Mühe, sich auf seine Schritte zu konzentrieren und nichts falsch zu machen. Aber es war schön, einem Mädchen so nahe zu kommen, und das ganz offiziell.

Komischerweise mußten die Tanzpartnerinnen und -partner ständig reihum gewechselt werden. Beate bestimmte das so. Kerstin paßte von der Größe her ganz gut zu Paul, und Paul hätte viel lieber die ganze Zeit mit ihr getanzt, zumal ihm Kerstin ganz gut gefiel, auch wenn sie zu den Streberinnen und den ganz Ordentlichen in der Klasse zählte. Und einmal verspürte Paul auch ein kurzes, aber heftiges Verlangen, Kerstin ganz fest an sich zu drücken. Gott bewahre! Paul hatte keine Vorstellung davon, was anschließend hätte Schönes passieren können. Außerdem war er sich sicher, daß Kerstin ihn weggestoßen hätte. Beate, die damals schon einen halben Kopf größer war als Paul, rief alle paar Minuten: «So, und jetzt fliegender Wechsel!»

Mit Beate zu tanzen war grauenhaft. Beate hatte schon mehr Busen als die anderen Mädchen. Eigentlich klasse, aber sie war eben riesig groß. Ein Glück, daß es unausgesprochen verboten war, sich außer mit den Händen zu berühren. Pärchen durfte es auf diesem Fest nicht geben. Vielleicht, weil Beates Mutter ständig reinschaute, vielleicht auch, weil Beate sich keine Chancen ausgerechnet hatte.

Als Paul am Abend dieses Tages im Bett lag, schlief er mit seinem steifen Penis in der Hand ein. In der Schule am nächsten Morgen begrüßte ihn Beate seltsam herzlich, und da fiel ihm plötzlich das letzte Bild ein, das er kurz vor dem Einschlafen vor Augen gehabt hatte: Er tanzte engumschlungen mit Beate und rieb seine Wange an ihrem Busen.

Irgendwas Seltsames ist passiert in den letzten Monaten. Früher war alles irgendwie geradliniger, einfacher zu überschauen. Die Fronten waren klarer: Hier die Jungen, da die Mädchen. Mit den Mädchen hatte man nicht viel am Hut, und im großen und ganzen war man an ihnen auch nicht besonders interessiert. Alles, was zählte, machte man mit den Jungen aus, im guten wie im schlechten. Oder mit den Eltern. Auch wenn's oft Zoff gab mit der Mutter und dem Vater, wenn's einem mal schlechtging, wurde man getröstet. Überhaupt, so was wie schmusen, in den Armen liegen, still sein und verschnaufen, das war nur mit denen vorstellbar. Und jetzt? Mit der Mutter will er nicht mehr schmusen, und den Vater sieht er komischerweise noch weniger als früher.

Auch Bertholt fühlt sich seltsam in letzter Zeit. Seine Mutter reißt ständig alle Fenster auf, weil es angeblich stinkt, besonders wenn er verschwitzt von draußen kommt: «Hach, du riechst wie ein Bock! Geh dich mal waschen!» Wenn es nach ihr ginge, müßte er sich alle fünf Minuten wenigstens die Hände waschen. Gleichzeitig fragt sie ihn dauernd, was er denn immer so lange im Badezimmer mache.

Sie haben mal übers Wichsen geredet. Paul erzählte ihm, daß Marco ihn eingeweiht hätte, und spielte sich ganz großmeisterlich auf. Zu Hause verzog Bertholt sich sofort auf die Toilette und fing an, seinen Pimmel so zu reiben, wie es Paul geschildert hatte. Am nächsten Tag war er in Hochstimmung. Er ging zu Paul und sagte stolz: «Ich hab's gemacht!» Paul fragte ihn, ob dabei denn auch etwas rausgekommen sei. «Klar», meinte Bertholt, «da war so ein weißes Zeug unter der Vorhaut. Ich hab gerieben, und als ich nach zehn Minuten nachguckte, war da dieses Zeug vorne dran.» «Alles klar», meinte Paul und lachte. Er klopfte ihm auf den Rücken und sagte: «Mein Lieber, das war nur ein bißchen Schleim mit Pimmelkäse – auch Smegma genannt. Wenn es dir gekommen wäre, würdest du anders davon erzählen.»

Ski- u. Sportartikelverleih - Ski hire
Location de Ski
Skiservice

Niederau - Oberau - Auffach

STEFAN **margreiter** GMBH.

Dipl. Skilehrer – Autoreisen – Reisebüro – Taxi

A-6311 Wildschönau-Oberau Tel. 05339/83 83
Fax 05339/84 84

Ausgabe-Datum 28.12. Uhrzeit 10³⁰

Name Mackenbrock

Hoteladresse Lärchenhof Rückgabe

Paß-Nr. Depot	Tage Preis	Preis
Ski-Nr. 2650		
Schuh-Nr. 41		
Rodel-Nr. Snow Board Big Foot		
Sonstiges		Summe
Skischuhe wurden an die Skibindung angepaßt, jedoch gem. ÖNORM S 4055 keine sicherheitstechnische Einstellung und Überprüfung vorgenommen.		– Anzahlung
Unterschrift des Kunden:	Endsumme	

Preise inkl. 20% MwSt. HRB 4118 Bitte wenden P. T. O.

Bitte beachten!

Nur bei Rückgabe vor 10 Uhr wird der laufen berechnet.
Die Skier sind nicht versichert.
Für Unfälle aller Art wird keine Haftung übernommen.
Verlorene oder vertauschte Gegenstände müssen ersetzt werden.
Für Ski, die an der Lauffläche beschädigt werden (z. B. Fahren auf der Straße oder über Steine) kann bei Rückgabe zusätzlich zum Mietpreis ein Betrag bis zu öS 300,– verrechnet werden. Bitte schonen Sie die Leihgeräte und fahren Sie auf Schnee!
Bei Verlust des Skifix (Gummiband) werden zusätzlich öS 10,– verrechnet.
Bitte diese Karte bei Rückgabe der Gegenstände vorweisen.

Conditions of hire

Please note, if skis are not returned by 10.00 a. m. another days hire must be paid for.
The skis are not insured.
There is no responsibility for accidents of all kind.
Articles lost or exchanged, during hire, must be paid for.
For skies which are damaged at the running surface (for example skiing on the road or across stones) can be charged an amount of A.S. 300,– additional to the hiring charge. Please take care of the hire-utensils and ski on snow.
Please return this card with hired goods.

Autoreisen - Taxi
Tel. 05339/83 83
Fax 05339/84 84

Skiverleih - Auffach Tel. 23 23
Niederau Tel. 23 24

Bertholt war ziemlich sauer auf Paul. Blödmann! Manchmal ist er ein arroganter Blödmann! Aber wenigstens wußte er jetzt, was es mit diesem weißen Zeug unter seiner Vorhaut auf sich hatte.

Paul hatte ein schlechtes Gewissen, weil er wußte, daß er Bertholt beleidigt hatte. Aber er sah keine Möglichkeit, sich bei ihm zu entschuldigen. Es war ja erst ein paar Wochen her, daß er seinen ersten Samenerguß gehabt hatte. Er hatte sich abends im Bett sein Ding schon ganz wund gerieben, ohne daß etwas passiert war. Und dann hatte Marco ihm gesagt, daß er dabei mal an ein Mädchen denken sollte. Ein Mädchen hatte er sich nicht dafür ausgesucht. Ihm war keines eingefallen, das er dafür benutzen wollte. Er hatte ein paarmal Marcos Mutter im Schwimmbad getroffen, und als es ihm zum ersten Mal kam (in seiner Phantasie war er unter Wasser an die Mutter seines Freundes herangetaucht und hatte sich an sie geklammert), dachte er nur: O Gott, wenn das Marco wüßte!

Kurze Zeit später erzählte ihm Marco, daß er sich einmal auf Pauls Mutter einen runtergeholt habe. Ansonsten aber würde er an Mädchen denken, besonders an Kiki in ihren scharfen Röcken und mit den riesigen Möpsen unterm Pulli. Kiki war in Marcos alter Klasse. An die kam keiner ran, es sei denn, er war mindestens sechzehn und hatte ein Moped. Marco erzählte von einem Traum. «Ich hocke unter ihr und Kiki pinkelt mir in den Mund. Boh!» Dann sah er sich um und sagte: «Aber erzähl das bloß keinem weiter!» Paul fand diese Vorstellung eklig, aber auch irgendwie lustig, und beichtete Marco dann auch seine Schwimmbadphantasie. Beide waren von den Socken, daß der andere die eigene Mutter geil finden konnte, die einen selbst völlig abtörnte.

Paul hat inzwischen viele Tagträume mit Mädchen, aber aus seinen Wichsphantasien hält er sie fern, besonders, wenn er die Mädchen gerne mag. Er kann Marco nicht verstehen. Marco hat doch eine Freundin, die Babette. Wie kann er es da im Traum mit anderen treiben? Au Mann, Babette!

Marco erzählte ihm auch, daß er ihr schon mal untern Pulli und sogar in die Hose gefaßt hätte. Sie sei zwar noch ziemlich flach, aber es sei ein total geiles Gefühl gewesen. «Junge», meinte Marco noch, «laß dich bloß nicht auf die Weiber ein. Das ist wie ein Virus, glaub mir, die wollen immer nur Händchen halten und dich festnageln auf Beziehung und so!»

Paul glaubt Marco viel und gerne, aber in diesem Moment wußte er nicht, ob er sich in Marcos brüderliche Arme werfen oder ihm einen Kinnhaken verpassen sollte. Irgendwie war er wütend auf Marco, wahrscheinlich weil ... Nicht, daß er Marco nicht zutraute, bei Babette so scharf ranzugehen. Die ganze Sache paßte vielmehr überhaupt nicht zu Babette. Paul empfindet Babette eher als still und schüchtern. Sie ist unglaublich hübsch und zart, viel zu zart für... Paul fürchtet, daß er sich in Babette verknallt hat.

Bertholt ist zur Zeit unglücklich in Jasmin verliebt. Immer wieder muß er mit Paul darüber reden. Paul macht ihm Mut. Sogar Marco hat sich eingeschaltet. Aber da ist wohl nichts mehr zu machen.

Neulich standen sie in der Pause zu dritt auf dem Schulflur. Jasmin kam mit ein paar anderen Mädchen um die Ecke geschlendert und blieb vor dem Getränkeautomat stehen. «Los jetzt!» sagte Marco leise und schubste Bertholt an. Bertholt stockte der Atem, aber er bewegte sich vorwärts. «Hallo!» rief er und schaute Jasmin an, die kichernd ihren Kopf mit dem eines anderen Mädchens zusammensteckte. Er war sich unschlüssig, ob er stehenbleiben oder lieber weitergehen sollte. Plötzlich kam Ingo, der Obercoolarsch aus der achten Klasse, mit ein paar anderen

Pickelgesichtern und ließ ein paar saublöde Sprüche los. Leider lachte Jasmin am lautesten darüber. Klarer Fall von einem Korb für Bertholt. Er drehte sich um, ging zu den anderen zurück. «Blöde Fotzen!» schimpfte er und trat gegen seine Schultasche.

Nach der Schule redete er mit Paul über die Mädchen. «Blöde Fotzen», sagte er wieder. «Die müßte mal einer so richtig durchficken!» Paul lachte und meinte: «Genau!» Bertholt erschrak ein bißchen über seine eigenen Worte. Nach einer Weile sagte er: «Ich kann mir überhaupt nicht vorstellen, daß Mädchen mich mal toll finden. Guck dir bloß mal meinen Bruder an. Da nützt es auch nichts, fünfzehn zu sein.»

Im Grunde geht es Paul ähnlich. Irgendwie fühlt er sich von den Mädchen abgehängt. Die sind in letzter Zeit unglaublich geschossen. Bei den meisten kann man schon Busen sehen.

Im Biounterricht ist vor allem davon die Rede, wie ein Kind entsteht, also von Schwangerschaft, Eizelle und Samenzelle, daß der Mann Samen produziert und die Frau eine Eizelle, und daß, wenn die Eizelle nicht befruchtet wird, die Frauen dann ihre Tage kriegen, was bei einigen der Mädchen ja wohl auch schon der Fall sei.

Paul spürt, daß den Mädchen die ganze Sache ziemlich peinlich ist, zumal ein paar von den Jungs die Mädchen mit aufgedröselten Tampons und roter Kreide ärgern. Aber im Grunde, da ist sich Paul sicher, ist es denen genauso mulmig zumute wie ihm. Die Mädchen haben plötzlich ein Geheimnis, mit dem sie als Jungen nichts zu tun haben. Mädchen können schwanger werden und Kinder kriegen, später mal, und deshalb stecken sie jetzt schon zusammen wie Frauen. Paul ist froh, daß er mit diesem ganzen Blut da jeden Monat nichts zu tun hat. Er stellt sich das ziemlich eklig vor, und hin und wieder denkt er an diesen Porno von damals und an seine Phantasien mit Marcos Mutter. Frauen untenrum sind ihm total unheimlich.

Beim Durchblättern der «Bravo» kommt Paul in letzter Zeit ziemlich durcheinander. Als er noch zehn war, war es schon komisch genug zu lesen, was da irgendwann einmal auf ihn zukommen würde: Ständig war von Küssen, Petting, Streicheln und dem ersten Mal die Rede, oder von braunen Blutklumpen in der Unterhose eines Mädchens, vom Onanieren, zu großen oder zu kleinen Pimmeln, Schmerzen, Busen, Smegma und feuchten Träumen. Und was für Fragen die Älteren immer hatten! Und dann die Antworten: Was alles normal sei, was nicht normal sei, und daß Mädchen auch selbstbewußt auf Jungen zugehen dürfen und die Jungen auch mal spülen sollten, weil es wirklich nicht mehr aktuell sei, sich vor der Hausarbeit zu drücken und so weiter. Aber wenn er sich dann die Berichte von den Stars anguckte, dann war alles anders.

Heute fühlt sich Paul mitten im Schlamassel. Die Serie «Mein erstes Mal», bei der komischerweise fast nur Mädchen ihre Erlebnisse erzählen, beschäftigt ihn am meisten. Meistens finden es die Mädchen nicht so toll. Sie haben Angst. Die Jungen bedrängen die Mädchen und haben ihre Hände überall. Wenn es klasse Jungs sind, machen sie nichts, was die Mädchen nicht wollen, aber sie sind immer in action – vor allen Dingen machen sie fast immer den Anfang. Die Mädchen lassen es dann zu oder nicht, je nachdem, ob die Jungs ganz zärtlich sind oder nicht. Irgendwie, denkt Paul, tun die alle so, als wären Jungen gefährlich für Mädchen. Entweder haben die Jungs Wichsgriffel oder Zauberhände. Die wollen auch immer. Es sei denn, sie kriegen keinen hoch. Dann meint die Doktorin für die Antworten, daß der Junge wohl zu sehr an Leistung denke und so weiter. So richtig versteht Paul nicht, was da immer mit Leistungsdenken gemeint ist.

Vor kurzem – das fand Paul komisch, und Marco meinte nur, daß das ja schöne Aussichten seien – klagte ein Fünfzehnjähriger in der «Bravo» darüber, daß beim Geschlechtsverkehr mit seiner Freundin das Kondom nicht richtig gesessen und er vielleicht einen zu kleinen Penis hätte. Er hätte Angst, daß seine Freundin unter dieser Pleite leide, und fragte, ob es Kondome von unterschiedlicher Größe gebe. Die Antwort lautete: Ja. Aber da stand noch mehr. Paul las Marco und Bertholt den Schluß der Antwort vor: «*Vielleicht tröstet Dich der Hinweis, daß die Größe des Penis eines Mannes nichts direkt mit seinen sexuellen Fähigkeiten zu tun hat.*» «Pah!» rief Marco dazwischen, aber Paul las weiter: «*Es ist viel wichtiger, daß der Mann auf die Bedürfnisse seiner Partnerin achtet, daß er zärtlich und einfühlsam ist. Du wirst das auch noch lernen; also laß den Mut nicht sinken!*» (16/92, S. 17) Paul hätte nicht sagen können, was genau er an dieser Antwort komisch fand. Plötzlich warf Bertholt trocken ein: «Kein Wunder, daß der keinen hochkriegt!» Er schien die Sache mit dem Leistungsdenken verstanden zu haben.

Wenn Paul sich die Mädchen aus seiner Klasse ansieht, fühlt er sich manchmal wie ein kleiner Junge. Daß sie seit einiger Zeit nur noch nach den älteren Jungs Ausschau halten, ist ihm auch schon aufgefallen. Und dann noch ausgerechnet nach den größten Mackern!

Marco hat einen eigenen Fernseher auf seinem Zimmer. Kabelanschluß. Unten im Wohnzimmer stehen noch zwei Videorecorder und jede Menge Videocassetten. «Ich guck mir jeden Abend die scharfen Sachen bei RTL und SAT 1 an und hol mir einen runter dabei», erzählte Marco vor ein paar Wochen. Paul staunte nicht schlecht: «Echt, jeden Abend!?» «Klar, zack, zack, 'ne schnelle Nummer. Muß sein, sonst kann ich nicht einschlafen.» Paul nahm sich vor, in Zukunft zu Hause öfter zu trainieren. «Wenn du willst», sagte Marco, «können wir donnerstags mal einen Video von meinem Vater einschieben. Da ist meine Mutter immer weg. Echt cool. Hab welche bei meinem Alten im Nachttischschränkchen entdeckt. Kannst auch Bertholt mitbringen.» Paul überlegte kurz und sagte dann zu. Sein Vater hatte bestimmt keine solchen Sachen im Schrank. Bei ihm zu Hause gab es ja noch nicht mal die «Neue Revue» oder so was.

Bertholt hatte angeblich etwas anderes vor. Paul mußte ihn überreden. Der hatte früher schon vor allem möglichen Schiß.

Sie waren zu fünft. Marco hatte noch zwei andere Jungen aus der Klasse eingeladen. Kai und Sascha. Paul mag sie nicht besonders. Große Klappe, nix dahinter! Marco schob die Cassette ein, drückte auf Start und warf sich in den Ledersessel. «Ganz neu. Hab ich selber noch nicht gesehen.»

Gleich bei der ersten Einstellung ging es zur Sache: *Ein Mann schiebt seinen Riesenständer in eine Frau mit Strumpfhaltern. Die Frau ist viel älter als der Mann, und sie ist total begeistert von dem, was der Mann macht: «Ja, ja, o ja, Mann, du bist gut. O ja, das ist gut. Oh, du bist ein Ficker, Mann . . . !» Der Mann sagt die ganze Zeit nichts. Er arbeitet.* Kai starrte wie gebannt auf die Mattscheibe und kaute wie verrückt auf seinem Kaugummi. Sascha brüllte: «Boh, geil, guckma!», sprang auf und setzte sich wieder, sprang wieder auf und setzte sich wieder. So ging das die ganze Zeit. Marco fläzte sich von einem zum anderen grinsend in seinen Sessel. «Guckt mal, jetzt, da!» *Gerade zieht der Mann seinen Schwanz aus der Frau und spritzt ihr auf den Bauch.* Pauls Magen verkrampfte sich. Er schaute zu Bertholt. Der saß da und glotzte regungslos vor sich hin. Paul mußte an das Pornoheft vom letzten Jahr denken, an den meterlangen weißen Faden am Penis des einen Mannes.

Die machen ja immer weiter, dachte Paul erstaunt. *Mindestens noch eine Viertelstunde lang, und der Mann kommt noch zweimal. Die Frau redet dabei immer dasselbe...* Erst beim dritten Mal fiel Paul auf, daß die Szene sich einfach dreimal hintereinander wiederholte. «Quatsch!», meinte Marco. «Das ist in echt!»

Kai und Sascha johlten immer lauter und zappelten unentwegt auf ihren Sitzen. Marco grinste wieder, und Bertholt gab immer noch keinen Mucks von sich. Paul fühlte sich plötzlich beschissen. Er durfte nicht hier sein. Seine Eltern würden so etwas nie machen! *War es das?* Machen sie es *so?* Seine Eltern? Der Vater mit der Mutter? Und –

Szenenwechsel. *Der Mann führt seinen Penis in den Hintern der Frau. Die Kamera fährt ganz nahe an den After der Frau und zeigt, wie der Penis des Mannes eindringt. Die Frau ruft laut und mit dunkler Stimme: «O ja, rühr in der Scheiße! Das ist lustig! Ja, ja!»* Bertholt sprang auf und rannte aus dem Zimmer. Paul rannte hinterher. Bertholt stand an der Haustür und zog sich seine Jacke an. «Ich muß nach Hause», sagte er. «Mir ist schlecht.» Paul griff sich seine eigene Jacke. «Warte, ich geh mit. Ich sag Marco Bescheid.»

Er ging zurück. Im Wohnzimmer sprangen Kai und Sascha mit feuerroten Gesichtern auf dem Ledersofa herum. «Hey, hört auf!» brüllte Marco. Er stand am Videorecorder und schaltete ihn aus. Auch er hatte einen roten Kopf und grinste Paul verlegen an. Dann sagte er: «Tja, das sind die Sachen. So sieht's aus. So wird's gemacht.» «Wir müssen los», sagte Paul und verschwand.

Auf dem Nachhauseweg redeten Paul und Bertholt kein Wort. Erst am Ende sagte Bertholt: «Das ist pervers, was die da gemacht haben, oder?» «Weiß nicht, keine Ahnung», gab Paul zur Antwort.

Babette ist schon fast vierzehn. Aber das ist nicht das einzige Problem. Babette ist Marcos Freundin. Und: Paul hat vor drei Tagen auf der Fete im Jugendzentrum zwei Engtänze mit ihr getanzt.

Sie standen zu dritt nebeneinander am Rand der Tanzfläche und schauten den anderen beim Tanzen zu. Marco hatte lässig seinen Arm um Babette gelegt. Paul beneidete ihn. Babette wollte unbedingt mit Marco tanzen, aber der hatte keine Lust. Paul stand da und kam schlecht drauf. Er fühlte sich wie so oft in den letzten Monaten. Im Grunde waren die Mädchen ferner als je zuvor. Plötzlich fragte Babette, ob er nicht Lust hätte, mit ihr zu tanzen. Ein Blick zu Marco: keine Einwände. Paul machte sich mit Babette auf die Tanzfläche.

Genau in diesem Moment kam eine alte Scheibe, auf die seine Eltern früher schon getanzt hatten: «Samba Pa Ti», und dann auch noch «The Wind of Change» von den Scorpions. Paul faßte Babette vorsichtig an den Hüften, und Babette legte ihre Hände auf seine Schultern. Zuerst dachte Paul: Das ist wie auf Beates Party, und dann war es ganz anders. Ihre Unterleiber berührten sich. Paul fühlte mit seiner Wange die Wange von Babette. In diesem Augenblick war es Paul egal, ob Marco sie beide so sehen konnte. Er hatte sich die ganze Zeit gefragt, wann es Marco zu bunt sein würde. Aber der unterhielt sich mit irgendeinem aus seiner alten Klasse. Babette bewegte sich bei «The Wind of Change» ganz anders als beim ersten Lied. Sie grinste nicht mehr. Sie schaute ganz ernst. Still, schüchtern, so zerbrechlich und zart, wie Paul sie sich schon einmal in seinen Armen vorgestellt hatte. Marco wußte natürlich nichts davon. Noch nie in seinem Leben hatte Paul eine solche Nähe und Zärtlichkeit empfunden. Alles daran war anders, als er es kannte. Anders als Schmusen mit der Mutter, anders als Balgen mit Bertholt, anders als Tanzen mit Kerstin und anders als seine Träume, in denen er geil war. Jetzt, in diesem Augenblick, war Paul erregt und berührt. Zum ersten Mal schien sich eine Brücke zu spannen zwischen seiner Lust und seiner Sehnsucht nach Zärtlichkeit. Zum ersten Mal glaubte er, sich vorstellen zu können, ein Mädchen zärtlich zu küssen, mit ihr engumschlungen noch Stunden weitertanzen zu können. Babette war wie für ihn geschaffen, und einen kurzen Augenblick lang triumphierte er über Marco, weil er spürte, daß Babette genauso fühlte.

Das dritte Stück schaffte Paul nicht mehr. Wieder so was Langsames. Paul und Babette schauten sich kurz an und lächelten verkniffen. Plötzlich machte sie sich steif. Paul tat, als bekäme er einen Hustenanfall. Beide stellten sich wieder an den Rand der Tanzfläche. Ein paar Minuten später verabschiedeten sich Marco und Babette und gingen Arm in Arm hinaus.

Paul ist völlig von der Rolle. Nicht nur, weil er zum ersten Mal in seinem Leben Liebeskummer hat, sondern weil er sich schämt, wegen Julia. Ausgerechnet Julia! Paul hat zum ersten Mal in seinem Leben mit einem Mädchen geknutscht, seine Zunge benutzt, ihr unter den Pullover gefaßt – und nichts gefühlt als Wut und Widerwillen. Als Marco und Babette verschwunden waren, war Julia auf ihn zugekommen und hatte ihn gefragt, ob er mit ihr nach draußen ginge. Hinterher fühlte sich Paul zum Kotzen.

Gestern war er mit Marco zusammen wie immer. Paul hatte ihm gesagt, daß er Babette nett findet. Marco hatte nur gegrinst und gemeint, daß er das wohl schon bemerkt habe, und ihm einen etwas zu kräftigen Schlag auf die Schulter versetzt. Damit war das Thema erledigt. Gegen Marco ist nicht anzustinken. Paul will es auch gar nicht.

Heute nachmittag hat er Babette gesehen und ein paar Worte mit ihr gewechselt. Belanglos. Sie sah längst nicht mehr so toll aus wie auf der Fete. Und überhaupt, hat Paul gedacht, ich muß mal wieder mehr mit Bertholt zusammen machen.

Wir möchten im folgenden nicht auf einzelne Details der bislang erzählten Geschichten eingehen. Vieles spricht sicherlich für sich selbst und verweist auf die einfache Tatsache, daß auch Jungen sehr verletzlich sind. Wir möchten einige grundsätzliche Gedanken zusammenfassen.

Die Pubertät formt auf dem Weg vom Jungen zum Mann keinen neuen Menschen. Die Erfahrungen, das Erlernte, die Überlebensstrategien und die Sehnsüchte des gesamten ersten Lebensjahrzehnts fließen in die Pubertät ein. Angesichts der emotionalen Engführung in der Erziehung vieler Jungen erscheint uns als eines ihrer größten Probleme an der Schwelle zur sexuellen Beziehungsfähigkeit die Spaltung von Innen und Außen zu sein. Jungen haben mitunter enorme Schwierigkeiten, tragfähige Brücken zwischen ihren Empfindungen und den an sie gerichteten Rollenanforderungen zu schlagen. Was sie vor allem nicht haben dürfen, ist Angst. Nun kann man sagen: Darin ist ein Junge ja bestens trainiert. Angst ist also keine neue Herausforderung der Pubertät. Aber es geht jetzt nicht mehr allein um die Angst vor einer Niederlage beim Armdrücken, sondern es geht zum Beispiel um die Frage, ob unter den gegebenen Umständen auch eine andere Frau als die Mutter ihn lieben kann, ob sein Geschlecht einmal von einem Mädchen begehrt werden wird.

Als Hemmschuh erweist sich für Jungen das unerbittliche Gebot, stets aktiv zu sein, werben zu müssen, zu erobern, zu bestimmen und zu kontrollieren. Das alles nach Möglichkeit aus dem Stand heraus, dazu noch einfühlsam und zärtlich, rücksichtsvoll und selbstsicher. Trotz aller modernen Geschlechterpädagogik trägt der Druck auf die Jungen, nach wie vor für alles und jederzeit die Initiative übernehmen zu müssen, wesentlich zu ihrer vermeintlichen «Triebhaftigkeit» bei. Nicht zuletzt führt dieser Druck zur Spaltung zwischen ihrer neuen genitalen Lust und der neuen Liebe für die

Mädchen. Das Aktiv-Gebot forciert auf unangemessene Weise den normalen Anpassungsprozeß erwachter sexueller Wünsche an reale Erlebnismöglichkeiten. Mit anderen Worten: Die Jungen haben im Grunde zu wenig Zeit, eine realistische und ihrer inneren Befindlichkeit angemessene Beziehung zu Mädchen zu entwickeln. Derart konfus auf die Piste geschickt, treten nicht wenige die Flucht nach vorne an: Entweder präsentieren sie sich den Mädchen als regelrechte Lustmonster und verschrecken jene praktischerweise, so daß sie erst gar nicht Gefahr laufen, sich tatsächlich als «echte Ficker» beweisen zu müssen, oder sie schützen die Mädchen und die reale Praxis vor den eigenen «schmutzigen», weil geilen Phantasien. Dabei werden sie des nagenden Gefühls versichert, eigentlich eine Zumutung zu sein. Wer kann so einen schon liebhaben?

Der heute mitunter völlig unverstellte Zugang auch von vorpubertären Jungen zu pornographischen Medien trägt ein übriges dazu bei, daß sie lange, bevor sie eigene und echte sexuelle Erfahrungen machen können, in hohem Maße mit unrealistischen Anforderungen konfrontiert werden. Es gibt einige Hinweise darauf, daß besonders jene Jungen, die sehr frühzeitig Pornographie konsumieren, aber erst viel später eigene, reale Erfahrungen machen, die «Instant-Verführungsfiktionen» und «Veni-Vidi-Vici-Mythen» der üblichen Pornos für bare Münze nehmen (Henner Ertel 1990, S. 111). Daß sich heute immer mehr Jungen viel zu früh und viel zu mächtig mit pornographischem Material zuknallen können, ohne dieser Wucht innerlich standhalten zu können, ist eine für Mädchen und Frauen, aber auch für Jungen und Männer fatale Entwicklung der letzten Jahre.

Auch Jungen sind zu Beginn der Pubertät zarte Geschöpfe. Selbst wenn es sie drängt, uns immer wieder vom Gegenteil zu überzeugen – sie bleiben es.

«Ich wär fast von der Pergola geflogen»

Masturbation

«Dort stand im Klartext, daß Masturbation auch Selbstbefleckung genannt werde, daß es ein Jugendlaster sei, das mit allen Mitteln bekämpft werden müsse, daß es zu Blässe führe, zu Schweißausbrüchen, zu Zittern, schwarzen Ringen unter den Augen, Konzentrationsschwierigkeiten und Gleichgewichtsstörungen. In schweren Fällen führe die Krankheit zu Gehirnerweichung. Sie greife das Rückenmark an. Es könne auch zu epileptischen Anfällen, Bewußtlosigkeit und einem vorzeitigen Tod kommen. Mit diesen Zukunftsaussichten vor Augen setzte ich mein Handwerk mit Entsetzen und Genuß fort.... Jesus strafte mich mit einem riesigen, entzündeten Pickel mitten auf meiner bleichen Stirn.»

(Ingmar Bergman: «Mein Leben»)

Es fängt schon an mit einer Sauerei: Freundlich, ja fast poetisch formuliert mit einem «feuchten Traum». Vornehm, aber schon verräterisch in die Schmutzecke weisend, kann man auch «nächtliche Emission» sagen. Fehlt dann nur noch die Grenzwertverordnung nebst Bußgeldkatalog für erwischte Umweltsünder. Geläufiger ist das Wort «Pollution». Allerdings schreckt hier die Übersetzung aus dem Lateinischen: Polluere heißt soviel wie beflecken, besudeln.

Da haben wir den Mist! Die Schlafanzughose ist voll. Oder das Bettlaken. Wie peinlich! Wenn die Jungen dann aber erst einmal den Bogen raushaben, bleibt kein Tempo, keine Schweißsocke mehr trocken.

Wie entwickeln und erleben pubertierende Jungen ihre Autoerotik? Als Einstimmung in die Beschäftigung mit dieser Frage scheint uns ein garstiger Rap angemessener als ein seichter Schlager zu sein. Im Rahmen eines Seminars über männliche Sexualität baten wir die Männer, die Ergebnisse einer Kleingruppenarbeit zum Thema «Masturbation und eigene Pubertät» in Form eines Liedes darzustellen und der Gruppe vorzutragen. Eines der dabei entstandenen Lieder war ein Rap:

Refrain im Chor. Man steht im Kreis und klatscht im Takt. Nacheinander springen einzelne Männer in die Mitte und geben ihren Solopart.

Refrain: Hey Man, tu Dir was Gutes. Am besten man tut es, man tut es. Pimmel in der Hand geht's ab. Bap!

Als ich es entdeckte, war die Erleichterung groß. Von da an ging die Post ab, meistens auf Klos. Viermal am Tag war mein Rekord. Fluch und Segen, alles an einem Ort. Gegen Langeweile, Kummer und Schlaflosigkeit: Abtauchen in einen Traum, raus aus der Wirklichkeit. *(Zustimmung im Chor)*

Hey Man, tu Dir was Gutes...

Wir sind vier, wir liegen im Bett, uns geht's gut, wir wichsen um die Wett. *(Abwarten im Chor)*

Hey Man, tu Dir was Gutes...

Ich bin der XY, die Mutter kam rein. Aus war die Lust, aus war der Spaß. *(Mißfallen im Chor)*

Hey Man, tu dir was Gutes...

Mein Name ist XZ, ich leide große Qual. Ich frag mich: Bin ich pervers oder bin ich normal. Drei Tage ohne Wichsen ist mein großes Ziel. Aber ich schaff das nicht, das ist mir viel zuviel. *(Jubel im Chor)*

Hey Man, tu Dir was Gutes...

Der Lehrer sagte: Das Wichsen ist schlecht. Ich finde, das Wichsen ist mein gutes Recht. Der Lehrer ist ein dummer Hund. Dem Lehrer stinkt es immer aus dem Mund. *(Zustimmung im Chor)*

Hey Man, tu Dir was Gutes...

Ich bin der XY, das Badewasser ist warm. Da ging es ab. Das war 'ne Wohltat, um die ich dann öfters bat. *(Steigende Begeisterung im Chor)*

Hey Man, tu Dir was Gutes...

Ich wichse morgens, abends und am Tage. Ich stelle das Wichsen nie in Frage. *(Riesenjubel im Chor)*

Hey Man, tu Dir was Gutes...

Party, Tanzen, Mädchen, Riechen, Wäsche, Wärme, Zärtlichkeit. Lust auf mich. Samen, wohin? Lust kaputt, Arbeit zerstört. Allein, allein, allein! *(Bedauern im Chor)*

Hey Man, tu Dir was Gutes...

Ich bin so geil, das merkt kein Schwein, yeah!! *(Verblüffung im Chor)*

Hey Man, tu Dir was Gutes...

Ich trainiere gerne meine Wichsmuskulatur. Es lebe unsere Wichskultur! *(Überschwengliche Begeisterung im Chor)*

Hey Man, tu Dir was Gutes...

Ich stell fest, mein Pimmel tut weh. Ich weiß nicht warum und wohin ich jetzt geh. *(Bedauern im Chor)*

Hey Man, tu Dir was Gutes...

Das hat wirklich Spaß gemacht. Es befreite etwas aus der Enge der Schmutz- und Fleckecke, von der in den Kleingruppen immer wieder die Rede gewesen war.

Das Nachdenken über Masturbation in der Pubertät bewegt sich in aller Regel auf ausgetrampelten Pfaden: Es sind vor allem die Jungen, die es tun – nicht so sehr die Mädchen.

Und sie haben dabei nicht mehr so sehr mit Skrupeln zu kämpfen wie seinerzeit noch Ingmar Bergman. Unsere Zeiten sind da viel aufgeklärter. Allzu plumpe Verbote sind heute nur noch selten zu hören, und wahrscheinlich fürchten sich nur noch wenige Jungen vor Rückenmarksschwund. Tatsächlich aber hat daran auch vor zwanzig Jahren kaum noch einer geglaubt, und die «Bravo» gab es ebenfalls schon. Man wußte, daß auch die anderen reichlich masturbierten, man redete sogar gelegentlich darüber. Aber abgesehen davon konnten einem bloße Informationen nur wenig von den Sorgen nehmen. Betrachtet man die Pubertierenden von heute, scheint sich daran nichts Entscheidendes geändert zu haben.

Die allgemeine Haltung zur Masturbation in der Pubertät ist nach wie vor von der Vorstellung geprägt, daß *Männer* einen besonders starken Sexualtrieb haben. In der Pubertät findet er lediglich seinen ersten Ausdruck: Jungen masturbieren wie die Weltmeister. Mit hastigen Bewegungen und glasigen Augen spritzen die pickligen Bleichgesichter alles voll, wie Hunde, die an jeder Ecke ihr Bein heben. Man möchte ihnen ja nicht mal mehr die Hand geben! Ihr Drang ist so stark, daß man früher meinte, ihn mit Stock und Wortkeule ausprügeln zu müssen. Vielleicht entstand bei einer solchen Gelegenheit auch die Höflichkeitsregel, daß ein Junge einem Erwachsenen nicht mit Händen in den Hosentaschen begegnen durfte. Wie man weiß, nützte das alles nichts. So triebhaft waren und sind sie halt, die Jungen.

Das Problem ist, daß viele Jungen sich selbst so erleben. Offene und subtile Zuschreibungen über die lechzende Sexualität der Männer verbinden sich oft auf unglückselige Weise mit den Wirren der Pubertät.

Alle Untersuchungen über Masturbationsverhalten zeigen, daß mehr Jungen als Mädchen masturbieren. Sie fangen im Durchschnitt früher damit an und sie tun es häufiger. Mit zunehmendem Alter gleicht sich das Masturbationsverhalten von Männern und Frauen zwar etwas an, die Unterschiede bleiben jedoch weiterhin deutlich groß.

Eine Untersuchung von Schmidt-Tannwald/Urdze (1983) kam zu dem Ergebnis, daß 61 Prozent der vierzehnjährigen Jungen und 21 Prozent der vierzehnjährigen Mädchen masturbierten. Bei den siebzehnjährigen Jungen waren es 82, bei den gleichaltrigen Mädchen 42 Prozent.

Nach einer Untersuchung von Ulrich Clement (1986) hatten zwanzigjährige Studenten zu 92 Prozent Masturbationserfahrungen gegenüber 73 Prozent der zwanzigjährigen Studentinnen.

Beim Vergleich seiner Ergebnisse, die 1981 erhoben wurden, mit der Studie von Hans Giese und Günter Schmidt aus dem Jahr 1966, stellte Ulrich Clement fest: Im statistischen Mittel der Untersuchung von 1966 hatten die befragten Männer als Jungen mit zwölf Jahren rund fünfmal im Monat masturbiert, während 1981 6,8mal herauskam. Im Alter von achtzehn Jahren stellten sie mit 8,2- (1966) und 11,1- (1981) mal im Monat ihre Rekorde auf. Im Gegensatz dazu bleiben die Zahlen bei den Mädchen bis zum Erwachsenenalter nahezu konstant. Die 1966 befragten Frauen hatten als zwölfjährige Mädchen 2,1mal im Monat masturbiert. 1981 wurde 3,5mal ermittelt. Mit 3,8mal im Monat hatten in dieser Untersuchuhung die vierundzwanzig- bis fünfundzwanzigjährigen Frauen ihr höchstes Ergebnis erzielt.

Andere Untersuchungen wie die von Georg Neubauer (1990) oder Gunter Schmidt (1992) haben die größere Masturbationsbereitschaft von Jungen immer wieder bestätigt.

Der Trend dieses Zahlenwusts ist eindeutig. Es macht keine Mühe, aus den statistischen Ergebnissen eine größere Triebhaftigkeit der Jungen herauszulesen. Allerdings: Es ist ja nicht so, daß Mädchen überhaupt nicht masturbieren.

Immerhin kann man davon ausgehen, daß es rund ein Viertel der Vierzehnjährigen, rund die Hälfte der Siebzehnjährigen tun, und mit zwanzig Jahren sind schon mehr als zwei Drittel dabei – wenn auch seltener als Jungen. Man muß auch bedenken, daß es sich bei solchen Zahlen um statistische Mittelwerte handelt. Wenn es zum Beispiel bei Ulrich Clement heißt, daß 84 Prozent der fünfzehnjährigen Jungen masturbieren, und zwar durchschnittlich 9,9mal im Monat, dann fällt darunter ebenso der eine, der es nur einmal tut, wie der andere, der zwanzigmal nicht an sich halten kann. Außerdem masturbieren 16 Prozent überhaupt nicht in diesem Alter. Dasselbe gilt für fünfzehnjährige Mädchen, von denen sich nach der Untersuchung von Ulrich Clement 54 Prozent selbst befriedigen. Auch in deren statistischem Mittel von 3,2mal im Monat verbergen sich jene, die nur einmal im Vierteljahr auf die Idee kommen, Hand an sich zu legen, und auch solche, die sich – warum nicht – zwanzigmal im Monat eine Freude machen.

Daß besonders bei der Pubertätsmasturbation, wenn überhaupt, nur selten von den Mädchen gesprochen wird, hingegen selbstredend von den Jungen, hat unserem Eindruck nach vor allem damit zu tun, daß sie stets mit der leidigen männlichen Triebhaftigkeit und nicht zuletzt mit dem Schmutzigen an der Sexualität assoziiert wird.

Vielleicht sollte man lieber von einer größeren *Getriebenheit* der Jungen sprechen. Doch bevor wir uns mit der Frage beschäftigen, weshalb Jungen allem Anschein nach früher und häufiger masturbieren als Mädchen, möchten wir weitere Geschichten von Paul und seinen Freunden erzählen. Sie sind inzwischen älter geworden.

Nächste Woche wird Paul fünfzehn. Er fragt sich, ob er das feiern soll. Natürlich freut er sich auf seinen Geburtstag. Er wird viele Geschenke bekommen, und fünfzehn zu werden ist auch nicht schlecht. Außerdem gibt es von da an wieder mehr Taschengeld. Aber er weiß nicht so recht. Soll er eine Fete machen? Wen würde er einladen? Ganz sicher Marco und Bertholt. Und Tim und Jonas, vielleicht noch Sven. Doch, ganz sicher, den auch. Und dann müßte er noch Thomas einladen, weil der ihn vor drei Monaten auch eingeladen hat. Mädchen? – Also: Chris, Marcos Freundin. Und dann – vielleicht Babette. Dann müßte er auch Carlo, ihren Freund, einladen. Dazu hat Paul aber keine Lust. Vielleicht Katrin und Michaela, die sind in Ordnung. Marion könnte er noch einladen. Paul kann sich nicht entschließen. Daniela kommt garantiert nicht – nach dem, was letztes Wochenende war.

Paul hat sich in sein Zimmer zurückgezogen. Seine Eltern sitzen im Wohnzimmer und schauen fern. Paul muß noch Schulaufgaben machen. Er ist lustlos bei der Sache. Das mit dem Geburtstag hat noch Zeit, denkt er.

Auf der Fete letzten Samstag im Partykeller von Marcos Eltern knutschten am Schluß alle wild miteinander herum. Marion ist verliebt in Paul, aber mit der war Tim später zugange. Sie ist nett und sogar total hübsch, aber Paul ging ihr wie immer aus dem Weg. «Die ist gerade erst dreizehn geworden», hatte er ein paar Tage zuvor noch zu Marco gesagt. «Viel zu jung für mich!» «So ein Quatsch», hatte Marco geantwortet. «Die ist total scharf auf dich. Mensch, geh mal ran! Mit der kannste bestimmt alles machen!» Das ist es ja gerade, hatte Paul sich gedacht.

Irgendwie geriet Paul an diesem Abend an Daniela. Eigentlich wollte Tim, der wegen seiner vielen Pickel eine Aknecreme benutzen muß, sich an sie ranmachen. Er versuchte wohl, Daniela beim Tanzen zu küssen. Plötzlich hörte Paul, wie Daniela laut und vernehmlich rief: «Nein, so einen Herrn Schmutzhals küß ich nicht!» Tim wich erschrocken einen Schritt zurück, grinste verlegen und verschwand für eine Weile nach draußen.

Die Fete ging weiter. Irgendwann saß Paul am Ende der langen Bank, und Daniela saß seitlich auf seinem Schoß. Sie küßten sich. Ihre Zungen drehten sich wie zwei Propeller. Pauls Hand rutschte unter Danielas T-Shirt und gelangte an ihr Bustier. Die flache Hand schob sich darunter und massierte Danielas weiche Brust. Das zweite Mal, dachte Paul. Fühlt sich witzig an. Ob sie das jetzt gut findet? Daniela rührte sich kaum.

Am anderen Ende der Bank lagen Tim und Marion mehr oder weniger aufeinander. Als Paul darüber nachdachte, ob er auch die andere Brust anfassen sollte, blickte er kurz auf. Zu seinem Erstaunen sah er, daß Tim seinen Kopf zwischen Marions Beine gesteckt hatte, als wollte er am Schritt ihrer Jeans schnüffeln. Er war mächtig in Aktion. Marion hatte die Augen geöffnet, und als sich ihre Blicke trafen, sagte sie leise: «Sollen wir nicht tauschen!?» Keiner schien das gehört zu haben. Paul griff Daniela zwischen die Beine und überlegte sich, ob sie wohl durch den dicken Wollstoff ihrer Leggings etwas spüren würde. Er rieb kräftig und küßte wieder ihren Mund. Daß sie sich das alles gefallen läßt, dachte er. Plötzlich kam Marcos Vater herein und schmiß alle raus.

Am nächsten Tag trafen sie sich vor dem Jugendzentrum. Tim und Marion standen neben dem Eingang. Tim machte irgendwelche Faxen. Marion stand mit verschränkten Armen vor ihm und sah Paul lächelnd entgegen. Armer Tim, dachte Paul. Marion ist wohl immer noch in mich verknallt. Für einen Augenblick fühlte er sich großartig. Nicht weit vom Eingang entfernt unterhielt sich Daniela mit ein paar Mädchen. Paul grüßte Tim und Marion und ging auf Daniela zu. «Hallo», sagte er laut. Daniela drehte sich zu ihm um, verzog das Gesicht und brachte ein angewidertes «Uargh» hervor. Dann drehte sie sich wieder weg und unterhielt sich weiter mit den Mädchen. Sie kicherten. Eine schaute Paul triumphierend von der Seite an. Paul verstand sofort.

«Was ist denn?» fragte Marco. «Nichts», sagte Paul.

Sind das beschissene Aufgaben! Paul entscheidet, am nächsten Morgen vor der Schule von Bertholt abzuschreiben. Keine Lust auf Schule. Keine Lust auf morgen. Keine Lust auf gar nichts. Zum Schlafengehen ist es noch zu früh. Er ist niedergeschlagen.

Die ganze Zeit schon geht ihm ein Gedanke durch den Kopf: Ich kann mir doch nicht schon wieder einen runterholen! Hab ich doch erst heute nachmittag gemacht. Paul überlegt hin und her. Egal! Er steht auf, geht ins Badezimmer und schließt ab:

Seine Hand massiert Danielas Brüste. Sein Kopf steckt zwischen Marions Beinen. Nein, nicht Marion. Seine Hand massiert Danielas Brüste. Nein, Daniela lieber nicht. Heute nachmittag hatte er Kiki. Die ist scharf drauf. Paul faßt Kiki untern Rock, und dabei rutscht ihr der BH runter. Ihre Brüste baumeln vor seinem Gesicht. Seine Hand unter ihrem Rock, eine Brust berührt seinen Mund, seine Hand an der Innenseite ihres Schenkels – Paul stöhnt kurz auf.

Das ging ja wieder schnell. Paul kommt aus dem Bad zurück und geht in sein Zimmer. Zum Schlafengehen ist es immer noch zu früh. Schließlich setzt er sich zu seinen Eltern vor den Fernseher. «Hast du deine Aufgaben gemacht?» fragt sein Vater. «Klar», sagt Paul und nimmt sich vor: Ab morgen läuft mal 'ne Zeitlang nichts.

Ob Bertholt durchgehalten hat? Die Wette auf Ehrenwort hat Paul schon heute nachmittag verloren. Gestern haben er, Marco, Bertholt und Tim lange zusammengesessen und übers Wichsen geredet. Das erste Mal in dieser Runde.

Verrückt! Aber es hat gut getan. Paul war sich sicher gewesen, daß er es schaffen würde, eine Woche nicht zu wichsen, einfach weil er sich so erleichtert gefühlt hatte.

Sie saßen zu dritt im Park auf der riesigen Wiese und redeten über die Mädchen und wann man denn endlich zum ersten Mal mit einer schlafen würde. Immer nur dieses ewige Wichsen! Selbst Marco gab zu, noch nicht zum Zuge gekommen zu sein, was Bertholt überraschte, ohne daß er es aussprach. Die Sonne schien, die alte Ulme gab reichlich Schatten, und alles war friedlich. Tim wollte später noch kommen.

Tim ist ein alter Freund von Marco. Groß und schwer und fünfzehn Jahre alt. Trotz seiner vielen Pickel sieht er ganz gut aus. Er macht viel mit Mädchen rum, aber eine richtige Freundin hat er noch nicht. Die hat nur Marco. Bei Paul und Bertholt ist es wie bei Tim, der seit einiger Zeit zu ihrer Clique gehört. Jonas, Tims ein Jahr älterer Bruder, ist auch ab und zu dabei, und dessen bester Freund Sven. Aber beide gehören nicht zum festen Kern.

Tim kam angeradelt, stieg am Rand der Wiese ab und schob sein Fahrrad das letzte Stück. Als er sich setzte, grinste er und murmelte etwas Unverständliches. «Was ist?» fragte Bertholt. «Ich hab gesagt: Vom Wichsen wird man schwerhörig!» prustete Tim los, und alle, auch Bertholt, lachten laut auf.

«Stellt euch vor», Tims Ohren glühten feuerrot, «der Jonas hat mir von einem erzählt, der es sich mit dem Staubsauger von seiner Mutter gemacht hat.» Nach einer Überraschungssekunde wälzten sich die anderen vor Lachen auf dem Rücken. «Der wußte nie, wohin mit der Wichse, wenn er fertig war. Seine Mutter muß sich wohl mal bei ihm beschwert haben, wegen der vielen Tempos unterm Bett.» «Was läßt der Blödmann die auch rumliegen», warf Marco ein. «Jedenfalls ist er auf eine geniale Idee gekommen. Er hat die Bürste vorne abgemacht, seinen Steifen ins Rohr gesteckt und die Kiste angestellt. Das muß ein total geiles Gefühl gewesen sein. Die Vorhaut hätte nur so geflattert, und dann sei er gekommen.» «Wahnsinn!» sagte Paul. «Das ist gefährlich! Nachher wird einem noch die Nille weggefetzt.» «Bäh, hör auf!» beschwerte sich Bertholt. «Keine Ahnung», meinte Tim. «Jedenfalls hat er mehrere Fliegen mit einer Klappe geschlagen. Erstens hat er kein Entsorgungsproblem, denn die Suppe ist ja im Staubbeutel. Und zweitens hat sich seine Mutter darüber gefreut, daß er mal wieder sein Zimmer saugt.» «Klasse», sagte Marco.

«Hey», rief Tim. «Wo habt ihr euch überall schon mal einen runtergeholt?» Die anderen hielten erschrocken inne. Marco sagte als erster etwas. «Erzähl du doch mal.» Tim zuckte die Achseln. «Ich meine ja nur.» Paul war sich ziemlich sicher, daß es den anderen im Moment ähnlich ging wie ihm. Die ganze Sache könnte ziemlich peinlich werden.

«O.k., ich mach den Anfang», sagte er. «Aber nur, wenn ihr auch was erzählt!» Die anderen nickten und machten es sich bequem. «Also: In der Badewanne.» Paul schaute fragend in die Runde. Bertholt grinste: «Ich auch», sagte er, und alle außer Marco taten es ihm nach. Marco meinte: «Wir haben ja nur 'ne Dusche. Aber da ist es auch klasse.»

Bertholt stierte vor sich hin. Dann sagte er: «Kennt ihr das auch, daß ihr Angst habt, eure Mutter wird davon schwanger? Ich meine, es kann doch sein, daß was von dem Samen in der Wanne bleibt und die Mutter dann später badet?» Die anderen schauten verdutzt drein. «Ja», sagte Paul, «kenn ich. Hab ich mir auch schon überlegt. Wenn ich mir nachher den Pimmel wasche und den anschließend mit dem Handtuch abtrockne. Ich meine, wenn meine Mutter jetzt dasselbe Handtuch benutzt, um sich untenrum abzutrocknen.» «Meinste, das geht?» fragte Tim. Marco dachte nach. «Glaub ich nicht», sagte er schließlich, dachte aber daran, daß auch er jedes Mal wie der Teufel die Duschtasse schrubbte – sehr zur Freude seiner Mutter.

«Seid ihr schon mal von eurer Mutter dabei erwischt worden?» fragte Paul. «Fast», meinte Marco und lachte. «Da hab ich mir nachts bei uns im Garten einen runtergeholt.» «Echt?!» platzte es aus Bertholt heraus. «Klar», sagte Marco und wurde etwas verlegen. Die anderen kannten das gar nicht von ihm. «Ich weiß auch nicht, aber ich hab das schon öfter gemacht. Ich steig auf die Pergola, stell mich oben hin, hol mir einen runter und fühl mich wie ein Adler, der gleich abhebt. Ist total cool. Aber letztes Mal rief meine Mutter plötzlich von drinnen meinen Namen. Die hatte wohl gesehen, daß ich nicht in meinem Zimmer war. Mann, ich kann euch sagen! Ich wär fast von der Pergola geflogen. Mein Steifer war sofort weg. Ich packte schnell ein und sprang runter. Ich hab dann gesagt, mir wäre schlecht gewesen. Ich glaub, die hat nix gecheckt.»

«Glaubt ihr, eure Alten wissen Bescheid?» fragte Tim. «O Scheiße!» sagte Bertholt verdrossen, «bloß nicht.» «Klar wissen die Bescheid», meinte Marco, wieder ganz der alte, «wenigstens eure Mamas.» «Ich glaub auch», sagte Paul. «Meine Mutter kam mal an und wollte mit mir darüber reden. Der Sven hat mir sogar erzählt, daß seine Mutter ihm immer ein Stofftaschentuch unters Kopfkissen legt. Gräßlich!»

«Mein Gott!» flüsterte Bertholt. Paul warf einen Stein nach der Ulme. «Die muß einen Ratgeber gelesen haben. Meine Mutter sagt, sie weiß ja, daß das alle Jungs machen und daß das o.k. ist und so. Echt! Ist ja in Ordnung, wenn sie's weiß, aber sie soll mich nicht darauf ansprechen. Wenn die wüßte, an was ich dabei manchmal denke!» «An was denn?» fragte Tim sofort. «An was denkst du denn?» fragte Paul zurück.

Tim überlegte. Dann fragte er: «Meinst du, sie hat auch

mit deinem Vater darüber geredet?» Plötzlich kam Bewegung in die Runde. Jeder verlagerte sein Gewicht auf die andere Hinterbacke. Paul stieß Luft aus. «Keine Ahnung», sagte er. «Vielleicht. Jedenfalls nicht einfach so mal eben beim Fernsehgucken oder so, höchstens, wenn sie abends zusammen im Bett liegen.» «Wieso denn ausgerechnet da?» fragte Marco. Paul schüttelte den Kopf. Dann sagte er: «Ich hab mich vor kurzem zum ersten Mal gefragt, ob mein Vater auch wichst. Ich kann's mir gar nicht vorstellen.» Tim meinte: «Der braucht das doch gar nicht mehr. Der hat doch deine Mutter.» Langsam wurde es ungemütlich. «Mach mal halblang!» sagte Paul.

Bertholt dachte nach: O Mann! Ich ein Wichser, und mein Vater kann zur Sache gehen. Und dann noch mit Mama! Seit einiger Zeit beschäftigte ihn immer wieder eine Phantasie: *Im Zirkus steht eine Frau im prächtigen Fummel vor einer roten Plüschwand, aus der durch zehn Löcher zehn Pimmel herausgucken. Die Pimmel gehören alle ihm. Die Frau muß allen zehn Pimmeln gleichzeitig einen runterholen. Eine schwierige Aufgabe, denn wenn einer gerade kommen könnte, droht ein anderer schlaff zu werden.* Er machte sich wegen dieser Phantasie Sorgen. Vielleicht war er pervers? Einmal hatte er sogar daran gedacht, wie es wäre, wenn sein Collie ihm den Schwanz lecken würde. Diesen Gedanken hatte er aber schnell beiseite geschoben. Das war dann doch zuviel.

«Ob Mädchen auch wichsen?» fragte er in die Runde. «Quatsch», meinte Marco. «Wie denn?!» Stimmt auch wieder, dachte Bertholt. Außerdem machen die solche Schweinereien bestimmt nicht. Wenn ich jeden Monat literweise Blut verlieren würde, würde ich auch nicht noch an mir rummachen! «Doch», sagte Tim. «Klar machen die das!» Alle schauten ihn an. «Hat zumindest mal in der ‹Bravo› gestanden, mit Kopfkissen und Schenkelpressen, oder wie die das nennen.» «Boh!» rief Marco, «da wär ich gern mal dabei! An was die wohl denken?» «An nichts wahrscheinlich», rief Tim. «So versaut wie wir können die gar nicht sein!» Alle lachten, und allmählich löste sich etwas die Spannung. So eine Schande, dachte Marco, die sollten es lieber mit mir machen. Aber meine Chris macht das bestimmt nicht. Boh, wenn Chris das machen würde, dann... Marco bekam ein heißes Gesicht. O Scheiße, besser nicht darüber nachdenken.

Paul blinzelte in die Sonne, schloß die Augen und sagte: «Dieser eine Sexheini vom Jugendzentrum hat mal seinen Ordner im Clubraum liegen lassen.» Er schaute die anderen an. «Da war so ein Artikel drin, was Wissenschaftliches. Da erzählte 'ne Frau, daß sie es unheimlich ungerecht findet, daß immer nur die Männer an 'ner Brust lutschen können.» Tim und Bertholt lachten los, Marco grinste cool. Auch Paul lachte und erzählte weiter: «Und deswegen würde sie sich beim Onanieren manchmal vorstellen, daß sie sich auch bei 'ner Frau an die Brust ankuscheln würde, dran lutschen und sie küssen und so. Die streicheln sich und gucken sich viel an, geben sich Zungenküsse und alles ist unheimlich zärtlich.» «Boh, das war 'ne Lesbe!» rief Tim. Die anderen lachten. «Nein, normal ist die mit Männern zusammen. Aber sie sagt, daß das dann mit 'ner Frau viel weicher und so zärtlich ist, nicht so grob und mit so vielen Haaren. Und als Frau wüßte sie eben genau, was 'ne Frau anmacht» (vgl. Michael Trukenmüller, 1982).

Tim fuhr sich mit der flachen Hand über einen seiner stark behaarten Arme. Bertholt dachte: Vielleicht ist es ganz gut, daß ich nicht so viele Brusthaare kriege.

Marco fiel ein, wie es war, bevor er in der «Bravo» gelesen hatte, daß Masturbation ganz natürlich und unschädlich sei. Als es ihm das erste Mal nachts im Schlaf gekommen war, war er entsetzt und davon überzeugt, krank zu sein. Irgend etwas mußte in ihm kaputtgegangen sein. Er warf sich vor: Das ist die Strafe dafür, daß ich soviel an meinem Pimmel rumspiele. Der Flecken in der Hose machte ihm große Sorgen. Aber er erinnerte sich, einen irren Traum gehabt zu haben. Das Gefühl war toll, und als er sich das nächste Mal wieder seinen Pimmel rieb und diese heiße Welle wieder anrollte, kam auch wieder dieses klebrige Zeug vorne raus. Er war bestürzt. Aber irgendwann war es ihm egal. Und als er dann die «Bravo» gelesen hatte, war alles in Butter. Wenn dann nur nicht irgendein Arsch erzählt hätte, daß man nach dem Wichsen kein Wasser trinken dürfe. Andernfalls würden einem dichte Haare auf der Hand wachsen. Da hatte er wieder Panik. Trotzdem konnte er es nicht lassen. Er wechselte sicherheitshalber bei jedem Mal die Hand, damit sich das mit dem Haarwuchs besser verteilen konnte. Diese Zeiten waren inzwischen Gott sei Dank vorbei. Heute wußte er, daß er früher schon Orgasmen gehabt hatte, aber es war nichts dabei rausgekommen. Er war bestimmt der Weltmeister im Wichsen, was ihm großen Kummer machte, aber auf seinen Händen waren immer noch keine Haare gewachsen.

«Wenn ich ehrlich bin», meinte Paul, «fühl ich mich nach dem Wichsen meistens total komisch.» Die anderen stimmten murmelnd zu. «Ich denk dann oft: Verdammte Scheiße, jetzt hab ich schon wieder gewichst. Ich will's oft gar nicht, und dann ist es auch total öde und flutscht nur so weg. Ich hab heiße Ohren und nix ist gewesen. Und dann so oft!» Paul stockte kurz. Jetzt wollte er es wissen: «Bald jeden Tag, manchmal auch dreimal am Tag.» «Mann, ich hab's schon fünfmal geschafft», sagte Marco stolz. Aber plötzlich spürte er, daß dieser Rekord hier nichts zählte. Paul atmete hörbar auf. «Das war aber nur ein einziges Mal vor ein paar Jahren», sagte Marco schnell und dachte daran, daß zweimal am Tag immer noch keine Seltenheit für ihn war. Dann fügte er hinzu: «Vorm Spiel am Samstag läuft nichts, logisch. Hat der Trainer auch gesagt.» «Meinste, das macht was aus?» fragte Bertholt. «Klar», meinte Marco. «Ich hab dann am nächsten Tag einfach mehr Biß.» Bertholt schien nicht überzeugt: «Ach, hab ich auch mal gedacht. Hab's mal 'ne Zeitlang vor Mathearbeiten extra bleibenlassen und trotzdem immer nur Vieren geschrieben.» Tim hörte zu und schaute Paul an. «Das geht mir auch oft so», sagte er. Plötzlich schien alles um sie herum viel zu still zu sein. Leise redete er weiter: «Ich phantasier manchmal Sachen, die könnt ich keinem erzählen, auch euch nicht.» Die anderen nickten.

Paul überfiel eine Gänsehaut. Er hatte sich gerade an etwas erinnert: *Bertholts Oma, dick, richtig fett, mit einem gigantischen Busen in geblümten Kleidern. Er knöpft sie oben auf, ihr fleischfarbener Büstenhalter, er faßt danach, er wühlt sich hinein, alles ist still. Dann sieht er die Frau aus dem* «Penthouse», *ihre ihm hingestreckte Möse, dieses glänzende Brötchen. Er geht ganz nahe heran. Da kommt es ihm, und er schämt sich zu Tode.* Wenn er später Bertholts Oma sah und an seine Phantasie dachte, wurde ihm regelrecht schlecht. Ach du Kacke! Wie konnte ich mir nur so was vorstellen!? Wirklich pervers!

Marco dachte derweil an Kiki und daran, daß er Paul einmal erzählt hatte, wie sie ihm im Traum in den Mund pinkelte. Verrückt, daß ich ihm das mal erzählt habe! Dann fiel ihm das Mädchen aus dem Zugabteil ein. Sie hatte einfach nur dagesessen, im Rock, und hatte in einem Buch gelesen. Er saß ihr total verkrampft gegenüber, fühlte sich müde und dachte an Chris, die auch so oft unnahbar vor ihm saß und völlig zufrieden mit sich und der Welt zu sein schien. Er wollte unbedingt bald mit ihr schlafen. Aber jedes Mal, wenn sie rumknutschten und er sie überall, wo sie es erlaubte, anfaßte, hatte er das Gefühl, daß irgend etwas nicht stimmte. Sie wollte einfach nicht. Der Zug befand sich auf freier Strecke. Er kämpfte sich zur Toilette vor, in dieses stinkende Loch des Nahverkehrszuges: *Er schaut das*

Mädchen im Zugabteil an, sie steht auf und geht in die Toilette, läßt die Tür auf. Worte sind nicht nötig. Völlig klar, daß sie ihn will. Er faßt ihr mit beiden Händen unter den Rock und packt ihren Hintern. Sofort fängt sie an zu stöhnen. Nicht so laut, denkt er. Zurück im Abteil setzte er sich wieder ihr gegenüber. Wenn die gewußt hätte...

Alle waren still, zupften Grashalme oder hatten sich mit geschlossenen Augen auf den Rücken gelegt. Tim hatte Sonja im Kopf, sein einziges schönes Erlebnis, im Urlaub, weit, weit weg. Später noch ein paar Briefe. Dann nichts mehr. Sie hatten sich abends, eingepackt in warme Pullover, im Sand liegend geküßt und gestreichelt und gelacht. Nachher hatte er sich gefühlt wie ein Mann: groß, ruhig und sicher. Wenn er daran dachte und sich einen runterholte, ging es immer weiter als damals in Wirklichkeit. Nicht bis zum Vögeln. Er wußte ja noch nicht, wie das geht. In seinen Filmen wollte sie immer mehr. Sie riß sich den Pullover vom Leib, zog an seinem Pullover, keuchte: Komm, komm... und drückte ihren Unterkörper gegen seinen. Sobald er dann kam, platzte die Seifenblase, und alles war trist. Bis zum nächsten Mal. Oder wenn die Frauen aus den Pornoheften es ihm mit dem Mund machten, oder wenn die schwarzen Frauen aus der Serie «Sexualbräuche der Naturvölker» über ihn herfielen, dann war alles prima. Aber nur für wenige Minuten. Dann war er wieder der kleine Wichser Tim und dachte: Irgendwie gehört das, was ich phantasiere, und das, was die Mädchen wollen, einfach nicht zusammen.

«Manchmal ist es toll», sagte Bertholt plötzlich. Die anderen schauten ihn benommen an. «Besonders wenn ich mal ein paar Tage nicht wichsen konnte, wie letztens bei meiner Blinddarmoperation. Als ich mir zu Hause dann zum ersten Mal wieder einen runterholte, kam das ganz stark. Ich hob richtig ab. Ich glaube, ich bin in Phantasie wirklich geflogen.» Endlich lachten wieder mal alle. «Stimmt», meinte Paul und räusperte sich. «Wenn ich mich langweile, sauer bin, wenn mir alles auf den Geist geht oder –» er stockte – «oder wenn ich mich beschissen allein fühl und mir dann einen runterhole, dann fühl ich mich manchmal richtig dreckig. Und beim nächsten Mal denke ich dann: Ist ja egal, du bist halt dreckig, und mach mir wieder dreckige Gedanken. Aber manchmal ist es einfach klasse. Da könnte ich die ganze Welt umarmen, und hinterher ist es auch in Ordnung.»

Bertholt dachte daran, daß Paul und Marco ihm bis vor einem Jahr nicht glauben wollten, daß er schon kommen konnte. Eine Zeitlang holten sich Paul und Marco beim Duschen nach dem Sport einen runter. Sie waren immer die letzten im Duschraum. Aber Bertholt konnte nicht, wenn die anderen dabei waren. Klar, daß die beiden ihm nicht glaubten. Einmal schloß sich Bertholt in der Duschtoilette ein, und da klappte es – wie immer. Zu Hause war die Toilette auch der einzige Ort, an dem er ungestört sein konnte. Er hielt seinen Samen in der Hand, ging aus der Toilette in den Duschraum und hielt den beiden seinen Saft zum Beweis unter die Nase: «Hier seht!» Paul und Marco wandten sich angewidert aufschreiend ab: «Ja, ja, ja, ist ja gut, wir glauben dir ja!» Das war schon ziemlich peinlich, aber sie endlich davon überzeugt zu haben, daß er auch soweit war, bescherte ihm ein richtiges Glücksgefühl.

«Hepp!!» Die vier Jungs schreckten zusammen. Jonas und Sven lachten. «So ernst? Bei was haben wir euch denn gestört?» fragte Jonas. Paul rieb sich mit beiden Händen das Gesicht und grinste die anderen an. «Beim Wichsen», sagte er. Jonas und Sven stellten ihre Fahrräder ab und setzten sich. «Ach», meinte Sven, «wie ist das denn zu verstehen?» Keiner hatte Lust, den beiden von dem ganzen Kram zu erzählen. Tim räusperte sich und rief theatralisch aus:

«Wann und wo habt ihr euch das letzte Mal einen runtergeholt, und an was habt ihr dabei gedacht!?» «Schon gut», sagte Sven. «Heißt das, ihr habt euch das alles erzählt?» fragte Jonas und schaute seinen Bruder Tim an. «Klar», meinte Marco. «Und jetzt erzählt mal, was ihr denn heute Schönes erlebt habt.»

Sie unterhielten sich noch eine ganze Weile über alles mögliche, nur nicht mehr übers Wichsen. Jonas fand es schade, daß er die Sache verpaßt hatte. Das hätte er schon spannend gefunden, von den anderen zu erfahren, was sie alles so trieben. Sven dagegen machte innerlich drei Kreuze. Was hätte er denen erzählen sollen? Etwa, daß er sich schon auf jeden von ihnen einen runtergeholt hatte? Daß er sich in der «Bravo» immer die männlichen Stars anguckte, die ihn total antörnten mit ihren im Schritt ausgebeulten Jeans? Er hätte auch von ein paar Phantasien mit Mädchen erzählen können, oder vom Wichsen ohne Bilder, aber er hätte nicht wirklich ehrlich sein können. Das hätten die Jungs nie verstanden.

Paul und Bertholt fuhren mit ihren Rädern nach Hause. Als sich ihr Weg gabelte, hielten sie an. Paul sagte: «Mensch, ich hätte nie gedacht, daß ihr auch so *viel* wichst wie ich. Vielleicht bin ich ja doch nicht bekloppt. Das hab ich nämlich schon gedacht.» «Ich auch», sagte Bertholt. «Wenn ich es bloß mal zwei Wochen lang ohne aushalten würde! Es ist wie verhext, es kommt einfach über mich. Ich hab den Heinz mal gefragt, ob er es auch tut. Du kennst ja mein Bruderherz. Der guckte mich nur groß an und sagte: Nein. Ich glaub dem das sogar. Aber ich!» «Mich macht das noch richtig krank, dieses elende Wichsen», sagte Paul. «Dann laß uns 'ne Wette abschließen», meinte Bertholt. «Jeder läßt's auf Ehrenwort eine Woche lang bleiben.» «Abgemacht», sagte Paul. «Ciao!»

«Zehn Uhr durch. Wird Zeit für dich!» Pauls Mutter

schaut ihn mahnend an. «O.k., gute Nacht», sagt Paul, steht auf, geht sich die Zähne putzen und legt sich ins Bett. Einschlafen kann er nicht.

Nichts paßt zusammen. Daniela findet mich jetzt zum Kotzen. Warum hat sie sich denn auch auf meinen Schoß gesetzt? Marion hat es mit Tim wohl auch keinen Spaß gemacht. Ob Tim gehört hat, daß sie eigentlich lieber mit Daniela tauschen wollte? Meine Fresse! Warum geh ich nicht mit Marion? Ich glaub nicht, daß man mit der alles machen kann. Aber jetzt ist es zu spät, nach dem, was mit Daniela war. Marion. Sie ist wirklich süß. Michaela ist in Ordnung. Katrin auch. Michaela werd ich beim Wichsen nicht mehr nehmen. Das ist gemein, die so zu benutzen. Wenn die wüßte! Ist doch alles Scheiße. Nichts paßt zusammen. Nichts ist. Und wenn ich wirklich mal was mache, dann passiert sowas wie mit Daniela. Dabei hat's noch nicht mal richtig Spaß gemacht. – O nein, ich kann doch nicht schon wieder!

Paul wälzt sich hin und her. Und dann nimmt er doch seinen Penis in die Hand. Er zieht an ihm und zerrt, reibt und reibt, bald eine halbe Stunde lang. Orte, Gesichter, wie in einer Dia-Show, Brüste, Beine, Brüste, Beine... Paul gibt auf. Erschöpft schläft er ein. Am nächsten Morgen ist sein Penis dick und taub.

Ein Nachmittag, wie ihn Paul und seine Freunde erlebt haben, dürfte leider nur selten vorkommen. Die meisten Jungen bleiben mit ihren Sorgen alleine.

Man hat den Eindruck, daß sie mit ihren fünfzehn Jahren schon wahre Maniacs sind, nichts anderes im Sinn als Sex, Sex und nochmals Sex – auch wenn die Wirklichkeit fast nur Enttäuschungen bereitzuhalten scheint. Gerade weil sich aber nicht nur die Helden unserer komprimierten Zusammenschau, sondern viele Jungen so gebeutelt vorkommen, als schüttele sie die Sexualität am ausgestreckten Arm – und ließe sie dort verhungern –, möchten wir nach soviel düsterer Tristesse noch einige aufhellende Überlegungen anfügen.

Die Masturbation erfüllte eine ganze Reihe wichtiger und positiver Funktionen für das seelische Gleichgewicht der Jungen. Die erste Pollution wird in Analogie zu der ersten Menstruation der Mädchen gewöhnlich als Startschuß der Pubertät angesehen. Die exklusiv männliche Fähigkeit, ejakulieren zu können, gewährt Jungen fortan die Gewißheit, endlich eindeutig dem männlichen Geschlecht anzugehören (vgl. Alfred Springer 1984). Anders jedoch als Mädchen, deren Menses sich nach einem festen hormonellen Zeitplan jeden Monat einstellen wird, können Jungen diesen *Geschlechtsnachweis* willentlich herbeiführen. Wenn Jungen nicht masturbieren, wird ihr Samen, dessen Produktion ebenfalls hormonell gesteuert wird, durch eine unbewußte Pollution – meistens im Schlaf – ausgeschieden, wofür übrigens weder Gliedversteifung noch Orgasmus unbedingt notwendig sind (vgl. Hans Giese 1952; Helmut Kentler 1982).

In der Regel geht der Pollution ein erotischer Traum voraus. Und genau das markiert einen wichtigen Unterschied zu den Menses der Mädchen: Während die Menstruation ab der Pubertät unabhängig von sexueller Erregung eintritt, können Jungen die Ejakulation durch Masturbation immer wieder mit Orgasmus und Entspannung verbinden. Zugespitzt könnte man formulieren: Die sexuelle Initiation hat für die Mädchen mit Blut zu tun, für die Jungen mit Lust.

Viele Jungen haben jedoch mit starken Masturbationsskrupeln zu kämpfen – auch was ihre körperliche Intaktheit anbetrifft. So entspricht etwa der Angst mancher Mädchen, sich beim Masturbieren versehentlich zu entjungfern, die Vorstellung mancher Jungen, nur «1000

Schuß» im Leben zu haben, also irgendwann nicht mehr ejakulieren und somit keine Kinder mehr zeugen zu können. In beiden Fällen werden sowohl die Mädchen als auch die Jungen Angst haben, zu sehr ihrer (verbotenen) Lust zu frönen. Wie die Erfahrung jedoch zeigt, neigen Jungen stärker als Mädchen dazu, solche Befürchtungen zu verdrängen. Den Grund dafür sehen wir in der großen initiatorischen Bedeutung einer lustvollen Ejakulation und in dem obligatorischen Gebot zum steten Aktivsein.

Im geschützten Raum ihrer Masturbationsphantasien erproben Jungen dieses Aktivsein. Sie können ihren Wünschen nach Größe, Reife und Attraktivität Gestalt geben – wonach sie offensichtlich einen großen Bedarf haben, denn der Alltag beschert ihnen gewöhnlich eher gegenteilige Erfahrungen. Wenn Jungen anfangen zu masturbieren, sind sie in der Regel körperlich um einiges unreifer als Mädchen, leben aber bereits mit der Anforderung, bei Nähewünschen die aktive Rolle übernehmen zu müssen. In den Phantasien versuchen Jungen daher auch, die sie stets begleitende Angst vor einem Korb zu bannen.

Beim Masturbieren sind sexuelle Begegnungen ohne den Nachweis der Beziehungsfähigkeit möglich. Drohende Frustration wie bei realen sexuellen Erlebnissen können ausgespart werden. Die Jungen brauchen die Lust der Mädchen nicht zu entfachen oder auf sie zu warten, sondern sie ist einfach und zweifelsfrei da. Sie haben keinerlei Schwierigkeiten, das Begehren der Mädchen zu befriedigen. Kommen die Jungen zum Orgasmus, verschwindet das Mädchen augenblicklich mit der Phantasie.

Durch den abgeschlossenen Episodencharakter vieler Phantasien bleiben den Jungen auch Trennungskonflikte erspart. In der Phantasie sind die Jungen bedingungslos begehrt und brauchen nicht zu werben. Sie erleben nicht nur, daß sie in der Nähe des Mädchens bestehen können, sondern auch, daß das Mädchen sie ohne Trennungsschmerz wieder gehen läßt. Auch der eigenen Angst, verlassen zu werden, brauchen sich die Jungen in der Phantasie nicht zu stellen. An jenem Punkt, an dem ein reales sexuelles Abenteuer wegen fehlender Übereinstimmung oder seelischer Überforderung nicht weitergehen konnte, kann das Geschehen nach eigenem Wunsch und ohne Angst fortgesetzt werden.

Es fällt auf, daß Pornofilme nach dem gleichen Grundmuster erstellt werden. Der einzige Unterschied besteht oft lediglich darin, daß die Darstellerinnen und Darsteller in den Pornos tatsächlich miteinander schlafen, was in den Masturbationsphantasien der Jungen mangels realer Erfahrung entweder gar nicht oder erst in späteren Jahren vorkommt. Da sich in den Pornofilmen jeder Mann als grandioser Marathonrammler erweist, können die männlichen Konsumenten zumindest für kurze Zeit neben allen bereits genannten Ängsten zusätzlich ihre Angst vor einem vorzeitigen Samenerguß bannen.

Der Psychoanalytiker Bernd Nitzschke (1991) schreibt dazu: «Der Porno appelliert an die unterschiedlichsten Desintegrationsängste, die von der Kastrationsangst über die Näheangst bis hin zur Trennungsangst reichen, und beschwichtigt sie, indem er behauptet, sie seien gegenstandslos» (S. 159).

Besonders zu Beginn der Pubertät werden ödipale Themen wieder angerührt. In den Masturbationsphantasien tauchen deshalb in dieser Zeit häufig erwachsene Frauen auf. Die Psychoanalytikerin Louise J. Kaplan (1988, S. 246) betont, daß mittels Masturbation auch «Kindheitswünsche am Besitz reifer Genitalien» geprüft werden. In der Phantasie mit einer Mutter*figur* können Jungen erleben, daß sie *doch* und *endlich* in der Lage sind, es mit einer reifen Frau aufzunehmen. In Anbetracht der erwachsenen Frau sind sie idealerweise auch nicht selbst verantwortlich für die phantasierte Begegnung und nehmen auch keinen Schaden. Aber es geht nicht nur um lustvollen Stolz, eine große Frau befriedigen zu können. Besonders in den ersten Jahren stehen im Zentrum der Phantasien vor allem Brüste von Frauen, in die sich die Jungen hineinwühlen oder an die sie sich kuscheln. Da sie in der Realität ihres bisherigen Lebens solche Erfahrungen nur mit der Mutter machen konnten, liegt auf der Hand, daß in solchen Phantasien auch regressive Wünsche bearbeitet werden, ohne das Inzesttabu tatsächlich zu verletzen. Auf dem Umweg über eine Mutterfigur – und dazu möchten wir auch die Frauen aus Pornoheften und dem Film- und Musikgeschäft zählen, die in den Phantasien erscheinen – können die Jungen kindliche Lustformen wie Saugen, Lecken und Lutschen mit ihrer neuen genitalen Lust verbinden und in die noch auszuformende *eigene* Erwachsenensexualität integrieren. Sie wissen, daß sie eine solche Begegnung weder heil überstehen noch genießen könnten, doch sind Phantasien schließlich dazu da, die vielfältigen Konflikte der Wirklichkeit für eine Weile auszuschalten.

Phantasien mit Mutterfiguren gewähren zudem die Illusion, in der phallischen Konkurrenz mit dem Vater bestehen zu können. Aber auch hier sind die Jungen im Innern davon überzeugt, daß sie im Realfall wohl nur zweiter Sieger sein würden. Das könnte auch ein Grund dafür sein, weshalb viele Jungen spätestens ab der Pubertät beginnen, sowohl ihre Mutter als auch ihren Vater regelrecht zu entsexualisieren. Manche Jungen sind vollkommen überrascht, mitunter sogar bestürzt, wenn sie erfahren, daß ihre Eltern *immer noch* miteinander schlafen. Nicht die Eltern, sondern sie selbst sollen doch kräftig, potent und stark die Lust entdecken, nach Möglichkeit sogar die Liebe neu erfinden. So mancher Junge wünscht sich im übertragenen Sinn seiner Phantasien, den Vater seiner Sexualität zu berauben und es der Mutter(-figur) einmal richtig lustvoll zu zeigen. Und dann so etwas!

Die Vorstellung, daß die Eltern miteinander schlafen, kann noch aus einem anderen Grund erschrecken: Ist die Sexualität mit Schuldgefühlen belastet, ist es für den Jungen kaum zu verkraften, daß ausgerechnet jene Erwachsenen, die ihm am nächsten stehen, solche «Sauereien» machen. In einem solchen Fall kann die Entsexualisierung der Eltern dazu dienen, jene vor einer inneren Demontage zu bewahren.

Vielen Jungen ist es ausgesprochen peinlich, wenn die Mutter liegengelassene Tempotaschentücher oder befleckte Bettlaken vorfindet, und erst recht, wenn sie ihren Sohn darauf anspricht oder ihn sogar beschimpft. Er bekommt Angst: Sie weiß jetzt Bescheid über sein lästerliches Treiben, und in Anbetracht ihrer *Allwissenheit* ist sogar zu befürchten, daß sie auch über seine Phantasien informiert ist. Vielleicht ekelt sie sich sogar vor ihm und womöglich erzählt sie auch noch davon ihrem Mann, seinem Vater, vor dessen Augen er dann als «junger Spritzer» dastehen wird. Dennoch kann man davon ausgehen, daß nicht wenige Jungen die Spuren ihrer Masturbation unbewußt absichtlich hinterlassen. Schließlich wird die Mutter auf diesem Weg darüber in Kenntnis gesetzt, *daß* ihr Sohn sexuell aktiv ist, daß er ejakulieren kann und damit praktisch so gut wie ein Mann ist. Die Angst vieler Jungen, die Mutter könnte durch ihren Samen schwanger werden, verstehen wir als einen Ausdruck sowohl inzestuöser Wünsche als auch der peinlichen Einhaltung des Inzesttabus.

Verhält sich eine Mutter mißbilligend oder strafend gegenüber der Masturbation ihres Sohnes, wird sie ihn mit Sicherheit verletzen. Es kann aber auch sein, daß die Mutter nur in der Vorstellung des Jungen als böse und kontrollierend erlebt wird. Zum einen werfen solche Zuschreibungen an die Mutter ein Licht auf die eigenen Skrupel des Jungen. Sie zu verlassen muß die Mutter böse machen. Zum anderen ergibt sich der Effekt, daß der Abschied von einer bösen Mutter zunächst leichter zu fallen scheint. Als kontrollierender Drachen ist sie zudem wenigstens nicht ganz aus der Welt. – Ein Drahtseilakt, denn aller Erfahrung nach fühlen sich Jungen später «bösen» und «kontrollierenden» Frauen auf ungute Weise besonders verbunden.

Die Sexualität führt die Geschlechter zusammen, aber sie trennt die Generationen. Ab der Pubertät erlebt ein Junge körperliche Sensationen, die mit denen seiner Kinderzeit nicht vergleichbar sind. Die Erregung, die der Junge nun erfährt, kann er mit seinen Eltern nicht teilen – und häufig ist sie gerade ihnen gegenüber nicht mitteilbar. Mit seiner sexuellen Lust muß der Junge allein zurechtkommen. Masturbation kann ihm helfen zu sagen: Das ist mein Körper, meine Lust, und macht ihn gleichzeitig mit den Vorgängen von genitaler Erregung und Entspannung vertraut (vgl. Louise J. Kaplan, S. 244). Jede Beziehung, die er bald zu einem Mädchen eingeht, wird ihn ein Stück weiter von den Eltern wegtreiben, auch wenn er besonders in den ersten Jahren zwischendurch immer wieder heimkehrt, um zu sehen, wie die Dinge stehen.

Manche Phantasien erschrecken die Jungen, und mitunter befürchten sie, als einzige auf der Welt pervers und verdreht zu sein. Phantasien mit erwachsenen Frauen, aktive oder passive Gewaltvorstellungen, Träume von offiziell verpönten Sexualpraktiken bis hin zum Sex mit Tieren helfen jedoch nicht nur, die Angst der Jungen vor den eigenen sexuellen Wünschen und denen der anderen zu bearbeiten, sondern auch zu entscheiden, was an Wünschen realistischerweise akzeptabel ist und was nicht. Allerdings empfinden viele Jungen die Masturbation nicht nur als Selbstbefleckung, sondern auch als Beschmutzung der Mädchen, die in ihren Phantasien vorkommen. Aus diesem Grund werden nicht selten gerade jene Mädchen, an denen das Herz der Jungen hängt, von den Phantasien *verschont*. Ein weiterer Grund für diese «Ritterlichkeit» liegt darin, daß in einer Phantasie mit einem zuvorderst freundschaftlich oder romantisch begehrten Mädchen allzu schmerzlich spürbar würde, Liebe und Lust noch nicht miteinander vereinbaren zu können.

Große Schwierigkeiten haben homosexuelle Jungen, die nicht nur wie alle anderen allgemein mit dem Schmutzigen an der Sexualität zu kämpfen haben, sondern zusätzlich noch mit der Verpönung homosexueller Wünsche und Praktiken. Da ihnen die reale Erfüllung ihres Verlangens noch unmöglicher erscheinen muß als den heterosexuellen Jungen, sind ihre Phantasien oft der einzige «Ort», an dem sie sich «ausleben» können. Viele Jungen warten sehnsüchtig darauf, *endlich* einmal wirklich mit einem Mädchen schlafen zu können. Homosexuelle Jungen dagegen müssen darauf oft noch viel länger warten. Für sie bleibt die Masturbation dann in der Tat vor allem eine Ersatzbefriedigung.

Als äußerst problematisch empfinden viele Jungen das häufig suchtartige Masturbieren. Sie, die dazu erzogen werden, ihre Gefühle zu kontrollieren, fühlen sich vom Ansturm des Verlangens regelrecht überrollt. Ihr Penis scheint ein Eigenleben zu haben und mit seinem Träger machen zu können, was er will. Stolz über eine lustvolle Erektion und Demütigung durch Kontrollverlust liegen für die Jungen nahe beieinander. Sie fühlen sich getrieben. Wir glauben, daß eine Ursache dafür in der bei Jungen besonders häufig anzutreffenden Neigung liegt, innere Spannungszustände in Aktivitäten umzuwandeln, die nichts mit der eigentlichen Ursache ihrer Verstimmtheit oder ihres Kummers zu tun haben. Masturbation kann Jungen für kurze Zeit entspannen und trösten. Einsamkeit, Versagensangst, Enttäuschung und Demütigung verlieren in der Phantasie ihre bedrückende Realität. Das eigentliche Problem ist damit natürlich nicht aus der Welt, weshalb sich die Spannung bald wieder einstellt und nach neuer «Abfuhr» verlangt. Allerdings geht es weniger um Lust als um ich-stabilisierende und selbstvergewissernde Empfindungen. Leider wird diese tröstende Funktion der Masturbation in dem Maße geschmälert, je schmutziger sich ein sexuell aktiver Junge in der Wirklichkeit fühlt. Sieht er sich außerstande, seine sexuellen Wünsche wenigstens ansatzweise in den realen Alltag zu integrieren, wird er in seinen Phantasien immer wieder in die Schmutzecke zurückgeworfen.

Schwierig wird es, wenn Jungen, die in ihrer Männlichkeit sehr verunsichert sind, sich auch in der Realität entweder in eine hyperphallische Haltung gegenüber Mädchen und Frauen zu retten versuchen, oder wenn sie auf bloße Regressionswünsche abonniert bleiben. Sie laufen Gefahr, die Beziehungslosigkeit der phantasierten Erlebnisse, die Verfügbarkeit der Mädchen und Frauen und die vermeintlich leichte und schnelle allseitige Befriedigung für machbar zu halten. Möglicherweise schleifen sich mit der Zeit die häufig hastigen Erregungsabläufe der Masturbation ein, so daß sie auch später Schwierigkeiten haben können, sexuelle Erregung länger als wenige Minuten auszuhalten.

Die meisten Jungen wissen jedoch um den Unterschied zwischen Phantasie und Realität. Aber auch das kann betrüblich sein. Schließlich macht jedes Aufwachen aus einem Traum unmißverständlich deutlich, daß es nur ein Traum war.

Bleibt die Frage, weshalb Jungen allem Anschein nach häufiger masturbieren als Mädchen. Um ehrlich zu sein: Wir wissen es nicht. Man könnte auch fragen: Warum masturbieren Mädchen *weniger* als Jungen? Schließlich haben auch sie einen großen Bedarf nach lustvoller Entspannung, Trost und Selbstvergewisserung. Würden Mädchen unter anderen Bedingungen genauso häufig masturbieren wie Jungen? Leider müssen wir auch hier eine schlüssige Antwort schuldig bleiben. Ein paar Gedanken haben wir uns allerdings gemacht.

Zunächst einmal fällt an der bereits genannten Vergleichsstudie von Ulrich Clement (1986) auf, daß die Angaben zum Masturbationsverhalten der Mädchen im Zeitraum der Untersuchungen zwischen 1966 und 1981 stärker variieren als die der Jungen. Ein Beispiel: 1966 gaben 74 Prozent der befragten Männer an, im Alter von fünfzehn Jahren masturbiert zu haben. 1981 waren es mit 84 Prozent *zehn Prozent* mehr. Im Vergleich dazu gaben 1966 28 Prozent der Frauen an, mit fünfzehn Jahren masturbiert zu haben. 1981 waren es 54 Prozent, also *sechsundzwanzig Prozent* mehr.

Herauslesen läßt sich zum einen, daß das gesellschaftliche Klima in dieser Zeit insgesamt masturbations*freundlicher* geworden sein muß. Möglicherweise konnten die Frauen auch 1981 eher zugeben, daß sie als Mädchen masturbiert haben. Wer kann das sagen?

Gunter Schmidt und seine Kolleginnen und Kollegen kamen in ihrer Untersuchung von 1992 zu einem anderen Ergebnis: 37 Prozent der befragten Mädchen hatten vor dem 16. Lebensjahr masturbiert. 1970 hatten noch 49 Prozent der Mädchen diese Angabe gemacht. Ist das gesellschaftliche Klima in den letzten Jahren wieder masturbations*unfreundlicher* geworden? Haben die Mädchen 1992 tatsächlich weniger masturbiert als 1970, oder haben sie sich vielleicht nur mehr geschämt, Angaben darüber zu machen? Es ist ein Kreuz mit den Statistiken!

Ulrich Clement und Kurt Starke (1988) verglichen die Ergebnisse ihrer Befragungen von Studentinnen und Studenten der alten DDR aus dem Jahr 1980 und der BRD aus dem Jahr 1981. Im Westen gaben 87 Prozent der Männer und 72 Prozent der Frauen an, zu masturbieren. Im Osten waren es 83 Prozent der Männer, aber nur 30 Prozent der Frauen. Was nun? Haben die Ost-Studentinnen sich mehr geschämt als ihre Schwestern im Westen, während die Männer hüben wie drüben gleichermaßen auskunftsfreudig waren? Oder masturbierten die Westfrauen tatsächlich mehr als die Frauen in der DDR?

Vielleicht sollte man sich darauf verständigen, daß die Wahrheit in der Mitte liegen könnte: Zum einen masturbieren mehr Mädchen und Frauen im Vergleich zu früher. Möglicherweise waren die Studentinnen im Westen gegenüber denen im Osten tatsächlich aktiver. Zum anderen wird es Mädchen und Frauen heute leichter fallen, Auskunft darüber zu geben bzw. das, was sie abends im Bett tun, als Masturbation zu *benennen*. Aber man wird sicherlich nicht behaupten können, daß die Aktiveren einen stärkeren Sexualtrieb haben. Vielmehr dürften es ihre Lebensumstände eher erlaubt haben, sowohl zu masturbieren, als auch Angaben darüber zu machen.

Wie abhängig Masturbationsverhalten von einem eher erlaubnisgebenden oder eher strafenden Klima ist, konnte Ulrich Clement in seiner Untersuchung von 1981 nachweisen: Religiös überzeugte Frauen masturbierten zu 56 Prozent, nicht-religiöse taten es zu 84 Prozent. Politisch konservative Frauen legten zu 60 Prozent gelegentlich Hand an sich, während linksorientierte Frauen mit 84 Prozent erheblich aktiver waren. Ähnliche Verhältniszahlen ergaben sich übrigens auch beim Vergleich der Männer. Zwar muß man auch hierbei in Rechnung stellen, daß die Religiösen sich möglicherweise eher geschämt haben, ihr Kreuzchen an der fraglichen Stelle zu machen. Aber auch in diesem Fall wird die Wahrheit wieder in der Mitte liegen.

Frauen, mit denen wir gesprochen haben, erzählten sehr Unterschiedliches über ihr Masturbationsverhalten im Jugendalter. Die einen taten es früh und ausgiebig, andere begannen damit später und mäßig oder nie. Alle gemeinsam beklagten jedoch, während der Pubertät in dem Gefühl gelebt zu haben, daß ihr Körper nicht ihnen selbst gehörte. Erst allmählich, oft erst nach der ersten Koituserfahrung, begannen sie, ihre eigene Lust zu entdecken. Ihr Lusterleben war stark davon abhängig, inwieweit sie sich über moralische Verbote hinwegsetzen und einen erotischen Zugang zum eigenen Körper finden konnten.

Daß es bei dieser Frage nicht um einen mehr oder weniger starken Sexualtrieb geht, sondern vielmehr um erzieherisch vermittelte Körperkonzepte, soll ein letztes Beispiel aus der Untersuchung von Ulrich Clement zeigen: 1981 gaben 79 Prozent der Frauen an, bei der Masturbation fast immer zum Orgasmus zu kommen. 1966 waren es nur 63 Prozent. Vielleicht hat die durchschnittlich geringere Masturbationsbereitschaft der Mädchen auch damit zu tun, daß sie von klein auf mehr als Jungen zur Selbstlosigkeit angehalten werden. Selbstlose Mädchen können sich einfach schlechter selbst befriedigen (vgl. Volker Elis Pilgrim 1990).

Viele Zahlen, wenig Sicherheit. Alles in allem möchten wir es so formulieren: Wahrscheinlich masturbieren Jungen in der Pubertät mehr, als sie wirklich Lust haben. Bei den Mädchen ist es vermutlich umgekehrt. Vielleicht sollte man beiden Geschlechtern wünschen, sich – statistisch – in der Mitte treffen zu können.

Eine Sache liegt uns noch am Herzen: Es ist bei weitem nicht so, daß die Masturbation ein ausschließliches Pubertätsgeschäft ist. Erwachsene Männer masturbieren vielleicht weniger als Jugendliche – wobei es auch unter ihnen erhebliche Unterschiede geben dürfte –, aber sie tun es.

Schließlich verliert die Masturbation im zunehmenden Alter nicht ihre tröstende Funktion. Viele der Probleme, die wir in diesem Kapitel beschrieben haben, treiben auch die Erwachsenen um. Aber leider reden sie noch weniger miteinander über ihre Sorgen als die Jugendlichen. Vielleicht hat es auch deshalb damals auf dem Seminar mit den Männern, als es um das «Wiegenlied vom Wichsen» ging, soviel Spaß gemacht, endlich einmal lauthals zu verkünden:

Vorredner: Es folgt die Hymne der Internationalen Onanierbrigade «Brigade Rührschwengel»:

Chor: Volker rühr die Banane/ Frisch ans eigne Geschlecht/ Schäm dich nicht deiner Sahne/ Sei nicht der Sitte Knecht

Es rettet uns kein höh'res Wesen/ Kein Gott, kein Kaiser noch Tribun/ Uns aus dem Elend zu erlösen/ Können wir nur selber tun.

Völker treibt's drin und draußen/ Keine Angst vor Schwund und Gicht/ Und kommt dem Papst das Grausen/ Sei's eure Sorge nicht.

«Zwei Apfelsinen im Haar und an den Hüften Bananen...»

Petting und das erste Mal

> «Und in dem Augenblick waren sie verwandelt, sie in eine Kröte, er in einen Frosch. Die Flut, die sie erreicht hatte, konnte sie nicht töten, aber sie riß beide voneinander und führte sie weit weg. Als das Wasser sich verlaufen hatte und beide wieder den trocknen Boden berührten, so kam ihre menschliche Gestalt zurück. Aber keiner wußte, wo der andere geblieben war; sie befanden sich unter fremden Menschen, die ihre Heimat nicht kannten. Hohe Berge und tiefe Täler lagen zwischen ihnen. Um sich das Leben zu erhalten, mußten beide Schafe hüten. Sie trieben lange Jahre ihre Herden durch Feld und Wald und waren voll Trauer und Sehnsucht.»
>
> (Aus Grimms Märchen: Die Nixe im Teich)

In dem Film «Ein kleiner Spinner» von Gerard Lauziers ist ein Achtzehnjähriger (Bernard Brieux) unsterblich in eine sehr abgebrüht wirkende junge und schöne Frau (Souad Amidou) verliebt, sie aber nicht in ihn. Dennoch landen sie eines Nachts zusammen im Bett. Sie ahnt wohl schon, was sie erwartet. Ziemlich gelangweilt liegt sie auf dem Rükken. Jetzt soll er mal zeigen, was er kann. Entgegen seiner lässig vorgebrachten Beteuerung hat er noch nie mit einem Mädchen geschlafen, aber offenbar schon viel darüber gelesen. Also macht er sich aufgeregt ans Werk. Aus dem Off hört man seine Gedanken, die sich sinngemäß um folgendes drehen: «So, jetzt ein bißchen näher ranrücken und den Hals küssen. Und dann, äh, wo ist ihre Klitoris? Ach du Schreck, die ist ja gar nicht feucht! Hm, mal ein bißchen reiben und am besten gleichzeitig leicht in die Schulter beißen, oder vielleicht das Ohr küssen?» Die junge Frau stiert völlig abgetörnt an die Decke, und nachdem er sich noch eine Weile abmüht, sie feucht zu machen, wird es ihr zu bunt. Laut beschwert sie sich: «Hey, das ist eine Klitoris und kein Flipperautomat!» Dann sagt sie: «Komm mal her», hilft ihm auf sich rauf, meint noch «Na na, nicht so hastig!», aber da ist er schon drin. Er bäumt sich auf, ruft noch dreimal ihren Namen und «Ich liebe dich!», und dann ist's um ihn geschehen. Ende der Vorstellung. Zum Schießen! Vielen Dank.

Im Laufe des Films entpuppt sich der Junge als liebenswerter «kleiner Spinner». Nach und nach wird er durch die Tatsachen des Lebens geläutert. Die Zuschauerinnen und Zuschauer erleben mit, wie er mit seiner Riesenklappe von einem Schlamassel im nächsten landet, weil er nicht halten kann, was er großspurig verspricht. Am Ende hat er ein Einsehen. Im stillen bekennt er seine Unerfahrenheit, und siehe da: Ein junges Mädchen, jahrelang von ihrem Stiefvater sexuell mißbraucht, weist ihm bald den Weg zu einer vielleicht gemeinsamen jungen Liebe.

Der Film spricht eine Reihe von Themen an: eine depressive, anklammernde Mutter; ein gestreßter und bemühter Vater, der es allen gut machen will, ohne die Zeit dafür zu haben; die Großkotzigkeit des Jungen, der noch grün hinter den Ohren ist, seine Sehnsucht und schließlich die sexuelle Erfahrenheit bzw. die sexuelle Bedrohtheit der Mädchen. Trotzdem darf gelacht werden. Nicht nur, weil sich im Verlauf der Handlung eine ganze Ansammlung von Problemen aufzulösen beginnt, sondern auch, weil die hohle Männlichkeit des Titelhelden Stück für Stück entlarvt wird. Es ist vor allem die Schadenfreude über diesen Jungen, die den Film so amüsant macht, auch wenn einem das Lachen oft genug im Halse stecken bleibt.

In der oben beschriebenen Szene versagt der Junge kläglich. Er brennt darauf, mit dieser jungen Frau zu schlafen, die ihm sonst nur die kalte Schulter zeigt. Er ist ein *bloody beginner* und traut sich nicht, sich ihr gegenüber als solcher zu erkennen zu geben. Nicht nur sie, sondern auch die Zuschauerinnen und Zuschauer ahnen schon, was passieren wird. Die Frau hat im Grunde keine Lust, mit ihm zu schlafen. Sie tut es nur, um ihm zu zeigen, daß er im Gegensatz zu ihr von Tuten und Blasen noch keine Ahnung hat. Sein 08/15-Programm im Hinterkopf besiegelt seine Deppertheit. Er empfindet nicht: «Boh, ist das toll!», sondern er bemüht sich krampfhaft, es *ihr* gut zu machen. Wie nicht anders zu erwarten, stellt er sich dabei vollkommen ungeschickt an. Die Frau weist ihn schroff darauf hin. Dann erlöst sie sich, ihn und das Publikum. Sie *weiß*, wie schnell und einfach er abzufertigen sein wird. Daß er seine Blamage mit dem in diesem Fall hoffnungslosen Ausruf «Ich liebe dich!» krönt, macht ihn endgültig zur Lachnummer.

Lustig ist das Ganze, weil sich in dieser Szene auf Kosten des Jungen weitverbreitete Alltagsansichten bestätigen: Jungen und Männer sind aufgeblasen, ungeschickt, gierig und leicht zu befriedigen. Mädchen und Frauen wissen, wo es langgeht, und wären sowohl geschützter als auch beglückter, wenn die Jungen und Männer nicht so wären, wie sie sind. Die Frauen schmunzeln wissend: Ja, so blöd sind sie, die Jungs! Die Männer schmunzeln erleichtert: Ja, so blöd waren wir einmal!

Wie im übrigen Leben auch bedingen sich in der Sexualität Rollenzuschreibungen und das subjektive Erleben von Ereignissen gegenseitig. Daß den Mädchen das «erste Mal» keinen Spaß macht, daß sie dabei nicht befriedigt werden, «es» oft wehtut und sie sich von den Jungen häufig nur dazu überreden lassen, gilt als gesicherter Standard. Es fragt sich allerdings, weshalb die meisten von ihnen es danach immer wieder tun. Lassen ihnen die Jungen bloß keine Ruhe? Fügen sie sich nur in eine willenlose, erduldende Rolle? Zeigt sich darin lediglich, wie *selbstlos* Mädchen sind? Oder hoffen sie darauf, daß es irgendwann einmal schöner sein wird? Sicherlich machen viele Mädchen tatsächlich solche Erfahrungen mit Jungen, und doch verbirgt sich hinter diesen Fragen auch das Klischee vom ewig passiven und unmündigen Mädchen, das weder Lust auf Sex noch einen eigenen Willen hat. Nicht wenige Mädchen nehmen solche Zuschreibungen in ihren weiblichen Verhaltenscodex auf – und entwickeln vor allem Angst und Mißtrauen. Das Bild von den Jungen fällt entsprechend aus: Sie bedrängen die Mädchen, ziehen egoistisch und wenig einfühlsam ihren Streifen durch, haben ihren Spaß dabei und können gar nicht genug davon kriegen.

Bei solchen Betrachtungen schwingen stets zwei weitere Standardansichten mit: Für ein Mädchen ist es geradezu lächerlich einfach, einen Jungen sexuell zu befriedigen. Sein Samenerguß dient als untrüglicher Beweis. Sie braucht dafür noch nicht einmal einfühlsam oder wenigstens geschickt vorzugehen, sondern lediglich seinen Penis kurz zu berühren oder einfach nur die Beine breit zu machen. Schon hat er seinen Spaß. Ein Mädchen zu befriedigen ist hingegen nur mit ganz viel Einfühlung, Zärtlichkeit und Filigrantechnik möglich. Mädchen sind passiv, brauchen viel Zärtlichkeit und gelten als Naturtalente in Sachen Sex. Jungen sind aktiv, nehmen es nicht so genau und müssen vor allen Dingen üben, üben, üben.

Auch in diesem Fall vermischen sich Alltagserfahrung und Mythos. Viele Jungen kommen tatsächlich schneller zum Orgasmus als Mädchen, die zudem nicht selten große Schwierigkeiten haben, sich vom Jungen einen Orgasmus bereiten zu *lassen*. Aber das ist nicht immer so, und außerdem sagt die Tatsache eines Samenergusses noch nichts über die Qualität der sexuellen Begegnung aus. Daß Jungen Angst vor Zärtlichkeit haben, mag stimmen. Daß sie weniger Zärtlichkeit brauchen, stimmt nicht. Da Mädchen sich schon früh an ältere Jungen halten, wissen sie im Schnitt vielleicht besser über deren körperliche Reaktionsweisen Bescheid als umgekehrt ihre gleichaltrigen Klassenkameraden. Daß sie mehr Einfühlungsvermögen für die Körper der Jungen aufbringen, ist ein Mythos.

Die moderne geschlechtsspezifische Sexualpädagogik macht in dieser Hinsicht leider keine Ausnahme. In dem Buch «Jungenarbeit» von Uwe Sielert (1989) wird selbstverständlich neben der pädagogischen Einheit «Das erste Mal» eine weitere mit dem Titel «Wie Mädchen das erste Mal erleben» vorgestellt. Das entsprechende Gegenstück, etwa «Wie Jungen das erste Mal erleben» sucht man im parallel erschienenen Buch «Mädchenarbeit» von Renata Klees u. a. (1989) jedoch vergebens. Sicherlich neigt so mancher Junge dazu, eine mißglückte sexuelle Begegnung dem Mädchen anzulasten, während das Mädchen weniger an ihre eigene Lust, als mehr an die Befriedigung des Jungen denkt. Von daher leuchtet ein, die Mädchen eher dazu anzuhalten, mehr an sich selbst zu denken, und die Jungen stärker zur Einfühlung in die Mädchen zu befähigen. Dennoch gehen wir davon aus, daß die Mädchen über die Gefühle und Ängste der Jungen nicht besser Bescheid wissen als umgekehrt. Wer die Gefühlsseite der Jungen nicht für mitteilenswert hält, verfestigt – ob gewollt oder ungewollt – die geschlechtsspezifische Aufteilung von Aktiv und Passiv, von Schuld und Unschuld. Seine/ihre stille Botschaft lautet: Damit es dem Mädchen gefällt, muß der Junge etwas lernen. Daß es ihm Spaß macht, ist dagegen sowieso klar. Und sollte es ihm keinen Spaß machen, liegt es gewiß nicht am Mädchen.

Statistische Befragungen von Mädchen und Jungen bestätigen in der Tendenz immer wieder solche und andere Alltagsansichten als vermeintliche Tatsachen. Gunter Schmidt und seine Kolleginnen und Kollegen (1992) kamen zum Beispiel zu dem Ergebnis, daß der erste Koitus nur 34 Prozent der befragten sechzehn- bis siebzehnjährigen Mädchen «Spaß gemacht» hat. «Sexuell befriedigend» fanden ihn ganze 27 Prozent. Die gleichaltrigen Jungen dagegen äußerten sich wesentlich positiver über ihr erstes Mal: 75 Prozent hatte es Spaß gemacht. 76 Prozent fanden es sexuell befriedigend (S. 201).

Es fällt jedoch auf, daß die Erinnerungen Erwachsener an ihre ersten Pettingerfahrungen und den ersten Geschlechtsverkehr für *beide* Geschlechter sehr ambivalent sind: Meistens war es nicht besonders schön, mitunter sogar ziemlich scheußlich, aber ungemein wichtig für das Selbstwertgefühl. Sowohl Jungen als auch Mädchen stehen oft unter großem Druck, «es» endlich einmal gemacht zu haben, denn nur dann sehen sie sich auf dem richtigen Weg zur Frau und zum Mann. Der hohe initiatorische Wert der ersten Pettingerfahrungen und insbesondere des ersten Geschlechtsverkehrs gilt für beide Geschlechter. War das Ereignis nicht gewaltsam, ist es viel zu wichtig für das seelische Gleichgewicht der Mädchen und Jungen, als daß es ausschließlich unter «Katastrophe» abgebucht werden könnte.

Daß die meisten Männer ihr «erstes Mal» im Rückblick am liebsten aus ihrer Biographie streichen würden und ihren Bericht darüber in aller Regel mit einem Kopfschütteln und «Großer Gott, das war ein Gemurkse!» einleiten, läßt vermuten, daß es vielen Jungen in der Pubertät nicht möglich ist, die widersprüchliche Komplexität ihrer Empfindungen emotional auszuhalten. Sexuelle Aktivität und Erfolg scheinen für sie zu hoch besetzt zu sein, als daß sie Schmerz und Versagen ohne weiteres zulassen könnten. Die männlichen Rollenansprüche lassen ihnen im wahrsten Sinn des Wortes zu wenig Spielraum.

Wir glauben, daß die im Vergleich zu den Mädchen sehr positiven Äußerungen von siebzehnjährigen Jungen über ihr erstes Mal zumindest teilweise das Resultat einer unter hohem emotionalen Druck erfolgten Wahrnehmungsverzerrung sind. Nicht wenige von ihnen dürften das Ereignis subjektiv als grandios empfinden, *weil* sie ihre Ängste und Skrupel verdrängen.

Wohin auch soll sich ein Junge wenden, der zugibt, daß es ihm keinen Spaß gemacht hat? Glaubt er doch per Rollenauftrag wie so viele seiner Kameraden, daß allein von seinen Fähigkeiten das Gelingen dieser «Reifeprüfung» abhängt. Er muß das Mädchen dazu bringen, ihn an sich heranzulassen. Er muß das Mädchen mit Zauberhänden und einem großen Penis auf Hochtouren bringen, damit er weiß, daß er gut war. Mag er in allen möglichen Bereichen seines alltäglichen Lebens vom Scheitern bedroht sein; das Eingeständnis, auch hier gepatzt zu haben, raubte ihm vielleicht seine letzte Hoffnung, trotz allem männlich und begehrt zu sein. Bevor er Gefahr läuft, sich als unreifer Stümper zu empfinden oder als solcher angesehen zu werden, hat es ihm sozusagen lieber Spaß gemacht. Will er sich nicht auch noch dem Verdacht aussetzen, schwul zu sein, *muß* es ihm einfach Spaß machen, mit einem Mädchen zu schlafen.

Es wäre interessant gewesen zu erfahren, welche Angaben die Jungen in der besagten Untersuchung von Gunter Schmidt und seinen Kolleginnen und Kollegen auf die

Frage gemacht hätten, für wie spaßvoll und befriedigend sie das erste Mal für ihre Partnerin einschätzten. Wir vermuten, daß die Jungen das Erleben der Mädchen ähnlich positiv eingestuft hätten, denn andernfalls funktionierte die eigene Selbstaufwertung nicht. Bevor Jungen der möglichen Tatsache ins Auge sehen, daß es dem Mädchen nicht gefallen hat, stellen sie lieber keine Fragen.

Wir möchten an dieser Stelle die Geschichte von Paul und seinen Freunden zu Ende bringen. Ein letztes Mal wollen wir die Jungen fühlen und denken lassen, wofür sie erst viele Jahre später Worte finden werden:

Paul packt seine Reisetasche. In einer halben Stunde wird Susanne kommen. Marco und Elfi sind etwas später angesagt. Sie werden dann zu viert im Toyota-Kleinbus von Marcos Vater zu Tim fahren. Dort warten Sonja, Bertholt, Anja, Sven und Caro auf sie. Wenn alles gutgeht, erreichen alle noch vor Anbruch der Dunkelheit den Zeltplatz, so daß sie noch genügend Zeit haben, die Zelte aufzubauen.

Schlafsack, Luftmatratze, Unterwäsche, Socken, Kulturbeutel, T-Shirts und ein paar warme Klamotten. Sicher ist sicher. An Pfingsten kann es noch mal kalt werden. Gaskocher, Geschirr und den ganzen Kram in den Karton. Personalausweis. Paul dreht das Plastikding in seiner Hand und betrachtet sein Foto. Na ja. Es gibt bessere von ihm. Vor knapp einem Jahr brauchte er für seinen ersten Ausweis neue Fotos. Als er sie in der Hand hielt, gefielen sie ihm nicht besonders, aber für eine weitere Serie hatte er nicht mehr genügend Geld dabei. Außerdem machte das Paßamt bald zu, und er wollte keinen Tag mehr verlieren. Der erste Personalausweis! War ein irres Gefühl.

Die einhundertsechsundsiebzig Zentimeter stimmen nicht mehr. Inzwischen ist er mindestens einsachtzig. Na gut, fast. Beim nächsten Ausweis wird die Sache richtiggestellt.

Paul schließt die Reisetasche, stellt sie mit dem Karton in die Mitte seines Zimmers und setzt sich auf seine Couch. Er kippt das Fenster und raucht eine Zigarette. Langsam wächst seine Aufregung. Susanne nimmt seit kurzem die Pille.

Ich bin mal gespannt, was das gibt, denkt Paul. Wir fünf plus Freundinnen, zwei Nächte, jedes Paar im eigenen Zelt selbstverständlich. Die Zeiten haben sich echt geändert.

Es ist das erste Mal, daß sie alle eine Freundin haben. Bertholt und Anja sind am längsten zusammen, etwa ein Jahr. Dann kommen er und Susanne, fast ein halbes Jahr. Tim und Sven folgen mit Sonja und Caro kurz darauf, und die Story zwischen Marco und Elfi ist noch ganz frisch. Marco ist total verknallt, das merkt man, aber ansonsten ist er ziemlich hart drauf. Hat vor kurzem wieder eine Schlägerei gehabt. Tim und Sven trifft er nur noch selten in der letzten Zeit, aber von der Pfingsttour waren sie sofort begeistert. Die Freundschaft zu Bertholt, die wird wohl ewig halten. Bertholt, dieser Bertholt, wer hätte das gedacht! Er hat als erster von ihnen mit einem Mädchen geschlafen.

Letztes Jahr im Oktober saßen Bertholt, Marco und Paul in ihrer Kneipe, tranken reichlich Bier und unterhielten sich über Fußball, Tennis, die neuesten Computerspiele und die schärfsten Frauen aus dem Filmgeschäft. Plötzlich sagte Bertholt unvermittelt: «Übrigens, ich hab's gemacht.» «Was?» fragte Marco. «Geschlafen, mit Anja.» Paul und Marco sagten nichts. Bertholt trank einen Schluck Bier und wurde rot. «Und!?» fragte Marco schließlich und schaute Paul grinsend an. Bertholt bereute, davon angefangen zu haben. Er sagte: «Gut, klasse, echt» und winkte der Kellnerin für eine neue Runde. Als Paul dann unmittelbar mit dem Anrollen der nächsten drei Pils das Thema wechselte, fühlte sich Bertholt ziemlich unwohl.

Irgendwie war es anders als früher. Sie redeten kaum noch über solche Sachen. Irgendwann hatte das angefangen mit den Sauffeten, zu denen sich kein Mädchen mehr hintraute. Da ging immer völlig die Post ab. Saufen, Kotzen, Rumgrölen, und dann überboten sie sich in Ausdrücken wie Fotzenlecker, Arschficker, nageln, flachlegen, bürsten und so weiter. Bis vor kurzem hatte kaum einer mal eine Freundin. Wie denn auch! Die wenigsten hatten es schon gemacht, aber alle taten so, als seien sie stadtbekannte und gefürchtete Rammler. Gefürchtet! Das war gut. Im Grunde hatten sie alle totalen Schiß vor den Mädchen. Die besten von denen gingen mit den Obermachos. Und die ließen bestimmt nichts anbrennen. Das stand jetzt einfach an. Immer, wenn Bertholt sich auf den Feten auskotzte, spürte er besonders deutlich, wie einsam er war, er und die anderen Deppen auch.

Wie sehr hatte er sich gewünscht, endlich einmal mit einem Mädchen zu schlafen. Als er sich dann in Anja verliebte und sie sich in ihn, merkte Bertholt, wieviel Angst er vor dem ersten Mal hatte. Aber immerhin bestand jetzt die Chance, in der Nähe eines Mädchens endlich einmal nicht nur den Affen zu machen. Zusammen mit den anderen Jungs war aus dem Kreis von Schiß und Rumgepöbel einfach nicht auszubrechen gewesen.

Anjas Eltern waren abends weg. Bertholt und Anja saßen auf dem Sofa und guckten Fernsehen. Anja hatte sich vor ihn gesetzt und sich angelehnt. Er hatte die Arme um sie geschlungen und vor ihrer Brust verschränkt. Jetzt oder nie, dachte er und fing an, eine Hand zu bewegen. Er drückte ihre Brust, und langsam rutschte seine Hand über ihren Bauch in ihre Hose. Mit den Fingerspitzen hob er den Bund ihres Slips an, und dann fühlte er die vielen

Haare. Bertholt war völlig überrascht von dem, was er da fühlte. So hatte er sich das gar nicht vorgestellt. Wo war denn jetzt der Kitzler? Den Zeichnungen nach müßte er irgendwo unterhalb der Haare sein. Aber er fand ihn nicht. Hatte sie keinen oder war er in diesen seltsamen Falten versteckt, an die er jetzt gelangte? Anja legte eine Hand auf sein Knie und schien kaum zu atmen. Bertholt schob seine Hand weiter nach unten. Ihre Jeans waren verdammt eng. Jessas! Da unten war es ja ganz feucht und glitschig. Da muß doch auch irgendwo das Loch sein. Bertholt stellte sich die Zeichnung im Biobuch vor. Hatten die Mädchen jetzt zwei oder drei Löcher da unten? Das Arschloch, ein Loch für die Kinder, ein Loch zum Pinkeln? Verdammt, er wußte es nicht mehr. Plötzlich war sein Zeigefinger irgendwo hineingerutscht: Warm, heiß, naß – Wow! Anja bog einen Arm nach hinten, tastete seinen Schritt ab. Unter dem Stoff seiner Jeans pochte sein Pimmel. Ob sie gleich kommt? Wie das dann wohl sein wird? Aber nichts weiter passierte. Als Bertholt seinen Finger zurückzog, drehte sich Anja zu ihm herum und sagte: «Meine Eltern kommen gleich.» Ein paar Minuten später nahm Bertholt seine Jacke und ging nach Hause. Unterwegs dachte er: Mann, das war stark!

Im Bett spann Bertholt die Geschichte weiter. Anja bewegte sich wild, zog seinen Finger in sich hinein. Bertholt kam heiß und erschöpft.

In den nächsten Wochen verbrachten Anja und Bertholt viel Zeit miteinander, was Paul und Marco gar nicht zu gefallen schien. Sie sagten zwar nichts, aber Bertholt spürte es. Irgendwie hätte er ihnen unheimlich gerne von sich und Anja erzählt, aber er hätte nicht gewußt, was im einzelnen und vor allem: wie? Gleichzeitig war er mächtig stolz auf sich und empfand auch eine gewisse Genugtuung. Der Kleine ging voran, haha! Anja konnte toll küssen, und seit dem einen Mal berührte er auch öfter ihren Busen. Nur in ihre Hose kam er nicht mehr. Als sie ihm eines Nachmittags erzählte, daß sie keine Jungfrau mehr sei, loderte einige Tage lang eine heftige Eifersucht in ihm. Er kannte den Jungen, der drei Jahre älter war als er. Gott sei Dank fragte sie Bertholt nicht, ob er denn schon einmal mit einem Mädchen geschlafen habe. Er tat so, als wisse er bestens Bescheid, ohne große Worte darüber zu verlieren. Dann waren ihre Eltern wieder aus dem Haus. Sogar für ein ganzes Wochenende.

Sein Pimmel war butterweich. Anja war ziemlich trokken. Verflixt, dachte Bertholt. Sonst steht er doch immer wie eine Eins, oft genug auch, wenn ich's gar nicht will! Und letztes Mal war sie doch so feucht. Warum jetzt nicht?! Anja nahm seinen Penis und setzte die Spitze irgendwo unten an. Bertholt dachte: Sie wird schon wissen, welches das richtige Loch ist. Anja war eng. Bertholts Bändchen schien sich endlos dehnen zu müssen. Doch dann, plötzlich, schwupp, war er drin. Sein Penis wurde hart und brannte lichterloh. Ein Blitz schlug in seinem Kopf ein. Das war wie in warmes Öl eintauchen. Jetzt bloß nicht schlappmachen, dachte Bertholt angestrengt. Ich muß noch aushalten, oje, aushalten, damit sie mitkommt, o verdammt...! Nach dreißig Sekunden kam Bertholt. Als er auf Anja zusammensank, redeten tausend Stimmen durcheinander in seinem Kopf. Die meisten, zumindest diejenigen, die er verstand, sagten das gleiche: Du hast es geschafft, du hast es geschafft! Einige wenige, leise Stimmen zischelten: Du bist zu früh gekommen. Das war nix, Mann!

Anja lächelte, als er sich zur Seite wälzte. «War es schön?» fragte er sie. «Ja», sagte sie. Vielleicht hat sie ja auch einen Orgasmus gehabt? dachte Bertholt, aber er fragte sie besser nicht. Ob sie die Pille nimmt? Au Scheiße!

Sie langte unter ihr Kopfkissen, zog ein großes Herrentaschentuch hervor, schaute Bertholt verlegen in die Augen und steckte sich das Tuch schnell zwischen die Schenkel. Für einen Augenblick war Bertholt peinlich berührt. Klar, sicher, das läuft jetzt alles wieder da raus. Wo sie wohl dieses Taschentuch her hat? Von ihrem Vater? O Scheiße! Ob sie nachher zwischen den Beinen auch so kleben wird wie er, wenn er sich einen runterholt und sich nicht sofort wäscht? Wird sie dann auch so merkwürdig riechen? O mamma mia! Anja kuschelte sich im nächsten Moment an ihn. Sie küßten sich heftig. Bertholt wischte die Gedanken beiseite. Dann war er stolz.

Die Kellnerin brachte die nächste Runde. Bertholt trank den letzten Schluck Bier. In seinem Kopf dröhnte es. In den letzten Tagen hatte er sich wie neu geboren gefühlt: groß, erwachsen, ruhig. Seine Mutter schien plötzlich um Jahre gealtert. Sein Vater war wirklich nicht zu beneiden. Aber wahrscheinlich interessierte es den auch gar nicht mehr.

Marco schaute mißmutig drein. Mit einem Ruck stand er auf. «Ich muß mal 'ne Stange Wasser in die Ecke stellen», sagte er, ließ einen lauten Rülpser ab und verschwand. Auf dem Weg zur Toilette stieß er einen Barhocker um. Marco hatte gut getankt. In einer Woche hatte er Führerscheinprüfung. Paul schaute Bertholt an. «Herzlichen Glückwunsch, übrigens.» Bertholt schaute verdutzt von seinem Glas auf. Dann lächelte er und nickte.

Ist das alles ein Scheiß, dachte Marco, als er sich in der Kabine eingeschlossen und auf die Klobrille gesetzt hatte. Die Ellenbogen auf die Knie gestützt, wiegte er seinen Kopf in beiden Händen. Wenn er sich nicht zusammenriß, müßte er gleich kotzen. Ein paarmal war er schon nahe dran.

Vor drei Jahren zum Beispiel im Feriendorfurlaub mit seinen Eltern. Das war kurz nachdem Babette mit ihm Schluß gemacht hatte. Er war bald fünfzehn und das Mädchen

– wie hieß sie noch? Egal! – ungefähr in seinem Alter. Im Rahmen der Jugendbelustigung gab es einen zweitägigen Ausflug ins Hinterland. Solche Fahrten wurden organisiert, damit die Eltern auch mal ihre Ruhe hatten. Offiziell waren Jungen und Mädchen nachts natürlich getrennt untergebracht. Dennoch liefen da überall nur die heißen Nummern ab.

Sie war verknallt in ihn. Alle lagen durcheinander in den Betten und knutschten um die Wette. Sie lag in seinem Bett. Plötzlich wurde das Licht ausgemacht. Marco hörte auf, sie zu küssen. Mit seinen Händen fuhr er über ihren Körper. Er zog sie aus und erforschte sie. Er steckte einen Finger in ihre Möse, das erste Mal, faßte nach ihrem Busen, war konzentriert. Sie lag völlig regungslos da und ließ ihn alles machen, was er wollte. Mann, das war scharf! Irgendwann hörten sie auf, einfach so, ohne sich noch mal zu küssen. Am nächsten Tag hörte er von anderen Mädchen, daß sie überall herumerzählte, was er gemacht hatte. Leider wäre das Bett zu schmal gewesen, sonst wäre sie auch aktiv geworden. Mann, Mann, hatte Marco gedacht und sich absolut großartig gefühlt. Was hatte er nicht alles machen dürfen mit ihr! Noch Monate später dachte er immer wieder, daß er vielleicht sogar mit ihr hätte schlafen können. Damals war er komischerweise nicht auf die Idee gekommen. Wenn er darüber nachdachte, konnte er nicht einmal sagen, ob er überhaupt einen Steifen gehabt hatte.

Ein Jahr später, Sommerferien, derselbe Veranstalter, wieder ein Zweitageausflug. Das war kurz bevor er mit Chris zusammen war. Meggi hieß die eine. Sie war ein Jahr älter als er und hatte einen großen Busen. Sie sah echt gut aus und konnte saugut küssen. Sie erzählte ihm, daß ihr Freund sie zu Hause gezwungen habe, mit ihm zu schlafen. Marco hatte verstanden: Sei vorsichtig mit mir! Als er dann einmal ihren Busen streichelte, lag sie plötzlich da wie eine

Leiche. Was war bloß los!? Vorher noch romantischer Sternenhimmel, und jetzt so ein Absturz! Was machte er denn falsch!? Für einen kurzen Augenblick war er verzweifelt und wütend zugleich. Wieso geriet immer nur er an Mädchen, die das letztlich nicht wollten!? Warum trug sie denn keinen BH unter ihrem T-Shirt? Warum bückte sie sich immer so, daß er ihren Busen sehen konnte? Warum hatte sie ihn überhaupt geküßt? Er hatte sie doch nur ganz sachte gestreichelt! Natürlich hatte er gehofft, daß es weitergehen würde, trotz ihrer Warnung. Aber er war doch kein Kotzbrocken! Au Mann!

Vom Ausflug zurück, liefen sie noch ein paar Tage zusammen durch die Gegend, dann ließ er sie links liegen. Denn da war ja noch eine andere. Poh, die war scharf! Die war mit einer anderen Feriengruppe im Nachbarhaus untergebracht. Zwei Tage, bevor er abreisen mußte, trafen sie sich in ihrem Schlafraum. Sie legten sich in ihr Bett und knutschten. Plötzlich faßte sie in seine Hose und nahm seinen Pimmel raus. In drei Sekunden kam er zum Orgasmus. Irgendwie ging die total ran. Die war auch bestimmt ziemlich erfahren, obwohl – an seinem Pimmel hatte sie mehr gerissen, als ihn gestreichelt. Marco fühlte sich in diesem Moment klein. Er war bei ihr noch nicht mal bis zur Gürtellinie gekommen. Sie stand sofort auf, zog das Bettlaken ab und fing an, den Fleck unter dem Wasserhahn auszuwaschen, was ihm zeigte, daß sie ziemlich erfahren sein mußte. Ein bißchen hatte Marco sich in sie verliebt, und das mit dem Bettlaken fand er hochanständig von ihr. Aber weiter lief leider nichts. Er mußte ja auch bald abreisen.

Marco drückte die Toilettenspülung und knöpfte sich die Jeans zu. Chris hat ihn nie rangelassen. Ein Jahr sind sie zusammengewesen, aber außer Petting lief nie was. Das war immerhin auch schon klasse! Manchmal kam er dabei zum Orgasmus. Als er das erste Mal kam, hatten sie ihre

Klamotten anbehalten. Sie lagen aufeinander und rieben ihre Unterleiber aneinander, erst langsam, dann heftiger und schneller. Plötzlich spürte Marco, daß er bald kommen würde. Er erschrak, konnte aber nicht aufhören, sich zu bewegen. Alles ging in die Hose. Er wich zurück, hielt sich die Hand vor seinen Bauch und stöhnte. Chris rief erschrocken: «Was ist los?! Was hast du?!» Marco überlegte. Dann sagte er: «Scheiße, ich bin gekommen!» Chris strahlte übers ganze Gesicht. Aber sie wollte einfach nicht mit ihm schlafen. Das heißt, sie wollte angeblich schon, aber sie sagte immer was von Angst und Schwangerschaft und so. Er verstand das nicht. Sie hätte doch die Pille nehmen können. Oder zur Not hätte er auch einen Pariser benutzt. Aber darum schien es gar nicht zu gehen. Vor zwei Monaten hatte sie mit ihm Schluß gemacht und war jetzt mit einem Typen zusammen, der jünger war als sie. Ein richtiger Bubi. Wenn der es bringt, dachte Marco, freß ich einen Besenstiel und beiß mir in den Arsch dazu. Ob sie mit mir mal einen Orgasmus gehabt hat? Weiß der Henker! Marco ging wieder zurück zu den anderen. Zeit, nach Hause zu gehen.

Es klingelt. Paul steht auf und öffnet die Wohnungstür. Susanne. Bevor er etwas sagen kann, drückt sie ihm einen schnellen Kuß auf den Mund, stellt eine riesige Tasche in den Flur und sagt: «Ich muß noch mal schnell in den Supermarkt, Tampons holen.» Dann ist sie wieder weg. Scheiße, denkt Paul verdrossen. Sag bloß, die hat ihre Tage! Er geht zurück in sein Zimmer und zündet sich eine neue Zigarette an. O Susanna!

Einen Monat, nachdem er von Bertholts erstem Mal erfahren hatte, verliebte sich Paul in Susanne. Seine erste richtige Freundin! Sie hatte schon mehrere Freunde vor ihm gehabt, ältere, aber noch mit keinem geschlafen. Das beruhigte Paul ungemein. Für den Fall, daß es einmal dazu kommen sollte, nahm er sich vor, es außerordentlich gut zu machen. Sie war also noch Jungfrau. Plötzlich kriegte er Schiß. Er hatte gehört, daß das erste Mal den Mädchen weh tun würde, und das wollte er nicht.

In Susanne verliebt zu sein, veränderte alles. Eltern, Schule, Freunde, das war nicht mehr so wichtig. Er spürte, daß das keine kurze Knutschangelegenheit sein würde, und es dauerte auch eine ganze Weile, bis sie sich richtig küßten und er an ihren Busen faßte.

Sie war das erste Mädchen, mit dem er erlebte, wie schön Küssen, Streicheln und Sich-aneinander-Reiben ist. Es war das erste Mal, daß er erfuhr, wie es ist, wenn ein Mädchen Lust empfindet, ihn haben will und er sie, wie irre es ist, wenn ein Mädchen ihn geil macht, ihn streichelt. Er hatte nicht gewußt, wie warm ein anderer Körper sein kann. All die Jahre bis zu diesem Zeitpunkt waren einsam und öde, besonders das letzte Jahr, in dem er außer «Hallo, wie geht's?» keinen geraden Satz mehr mit Mädchen gesprochen hatte, geschweige ein Mädchen hätte küssen können. Bei den Knutschereien vorher hatte er irgend etwas mechanisch abgehandelt, wie ein Roboter. Er hätte platzen können vor Sehnsucht, aber er bekam keinen Kontakt zu den Mädchen, und die Mädchen nicht zu ihm.

Mit Susanne wurde alles anders. Sie war scharf, sie wollte ihn. Er wollte sich an ihr reiben, wollte alles von ihr sehen, seinen Finger in ihre Muschi stecken, ihren Kitzler in warmen Schleim tauchen. Und er konnte gar nicht genug von ihrem kleinen Busen kriegen, von ihren Pobacken, von ihrem Bauch, ihren Hüften, von ihrer Zunge und, und, und, ach herrje!

An einem Nachmittag sagte Susanne, daß sie gar nicht genau wisse, wie ein Penis und der Hodensack aussähen. Auch Paul hatte keine Ahnung, wie ein Mädchen untenrum beschaffen war. Paul überlegte kurz, stand auf, zog sich die Hose runter, stellte sich vor Susanne und sagte: «Da, guck.» Er hätte nicht sagen können, was in ihn gefahren war. Plötzlich stand er nackt vor Susanne, die vorsichtig und interessiert seinen Pimmel inspizierte. Dann war Susanne an der Reihe. Verrückt, dachte Paul, das ist wie früher bei den Doktorspielen. Ein paar Tage später hatte Susanne ihre Tage gekriegt. Paul wurde es etwas mulmig. Er wußte nicht, was das zu bedeuten hatte. Im Aufklärungsfilm fielen dem Mädchen große rote Tropfen aus der Möse. Was tat man dagegen? Susanne sagte, daß sie Tampons benutzte. Seltsam. Natürlich kannte Paul diese komischen Wattedinger, aber er hatte sich noch nie Gedanken darüber gemacht, wie diese staubtrockenen Teile in die Scheide des Mädchens eingeführt werden könnten. Mußte das Mädchen dann ihren eigenen Finger in die Möse stecken? Paul fragte Susanne, ob er einmal dabei zusehen dürfe, wenn sie den Tampon wechselte. Susanne grinste verlegen, küßte Paul, wand sich und sagte, daß sie sich schämte. Paul versuchte wortreich, ihr das auszureden. Zu gerne hätte er gewußt, wie Susanne das machte.

«Vielleicht morgen», sagte sie. «Da sind die Tage nicht mehr so stark.» Und am nächsten Tag ging Paul mit ihr in die Toilette und staunte nicht schlecht. Wieder einen Tag später durfte er den Tampon sogar selbst einführen. Wahnsinn, das hatte es auf der Welt noch nicht gegeben!

Dann beschlossen sie, miteinander zu schlafen und die nötigen Vorbereitungen zu treffen, das heißt, für die Verhütung zu sorgen. Sie waren scharf, wie so oft. Seine Eltern hatten leider nicht vor, wegzugehen, und so stiegen sie im Dunkeln auf einen Obstbaum im Garten, hockten sich gegenüber in zwei Astgabeln und brachten sich in Fahrt. Plötzlich hauchte Susanne ganz verzweifelt: «O verdammt, ich möchte mir dir schlafen!» Und Paul keuchte: «Ja, ich auch mit dir» und war glücklich, erwachsen, Lichtjahre weg von seinem Stall, von seiner Mutter, seiner Familie, der Schule, von allem, was ihn bedrückte. Sie gingen zusammen zum Frauenarzt. Bei der Untersuchung durfte Paul nicht dabeisein, obwohl Susanne das gerne wollte. Der Arzt war ein Ungar, dunkel, groß und füllig. Sie saßen vor ihm, und er redete irgend etwas, erklärte vielleicht etwas Wichtiges. Paul fand sich toll. Daß er seine Freundin so verantwortungsbewußt begleitete! Pariser waren kein Thema. Er hatte bis dahin auch noch nie einen ausprobiert.

Als er am Abend im Bett lag, dachte er: Gut, daß Susanne die Pille nehmen will. Mit Parisern käme ich bestimmt nicht klar. Der Arzt war nett. Ist schon blöd, daß Mädchen in dem Alter schon Kinder kriegen können. Jungs haben's da besser.

In der Nacht träumte er etwas Seltsames: Er stand nackt vor Susanne, und aus seinem Penis rann eine weißglänzende Flüssigkeit meterlang bis zum Boden. Susanne versuchte mit einer Schöpfkelle, etwas davon aufzufangen. Aber es gelang ihr nicht. Sie kicherte dabei. Er wurde verlegen, dann traurig, dann wütend. Ihr Frauenarzt betrat das Zimmer und schob Paul zur Seite. Bevor er ihm völlig die Sicht auf Susanne verdeckte, wachte Paul auf. Komischer Traum! dachte er.

Schließlich fing Susanne an, die kleinen Pillen zu schlukken. Paul wollte sich so gut es ging beteiligen. Er malte ein Männchen auf einen Zettel, den Susanne sich übers Bett hängte. Das Männchen erinnerte sie daran, auch jeden Abend die Pille einzunehmen. Aber das war gar nicht nötig. Paul kaufte ein kleines Messingdöschen und emaillierte ihren Namen darauf. Darin konnten sie die Pillen aufbewahren. Jeden Abend nahm er vor dem Nachhausegehen eine davon zwischen die Lippen, sie küßten sich, und Susanne schluckte die Pille.

Sie mußten einen Monat warten, bis die Wirkung der Pille gesichert war. Dann sollte es endlich passieren. Aber etwas, das Paul nicht verstand, hatte sich verändert. Er war völlig fixiert darauf, endlich richtig mit ihr zu schlafen, seinen Pimmel in sie hineinstecken zu dürfen. Susanne aber schien Angst zu bekommen. Paul konnte es nicht fassen. Wieso wollte sie jetzt nicht mehr? Sie sagte, sie hätte wohl Lust, aber es ginge nicht. Sie weinte. Paul war im tiefsten Innern geschockt und frustriert. Das ging die ganzen nächsten Tage so. Paul versuchte in sie einzudringen, Susanne stemmte sich ihm entgegen. Er ging nicht rein. Sie weinte wieder, war völlig verkrampft, sagte etwas von ihrer Mutter und Bauchschmerzen. Wie hatte sich alles verändert! Wie konnte das alles passieren? Was war aus diesem Lustpaket geworden? Paul war bis ins Mark enttäuscht.

Paul schaut auf die Uhr. Wo bleibt sie nur? Er steht auf und schaut aus dem Fenster. Da kommen Marco und Elfi angefahren. Vor zwei Wochen, denkt Paul, da hat's dann geklappt.

Susanne war eng, wie bei den anderen Versuchen auch, aber plötzlich – es war das erste Mal, daß sie seinen Pimmel mit der Hand geführt hatte – drang Paul in sie ein. Er war völlig überrascht. Mann, ich bin drin, ich bin drin! Er bewegte sich vorsichtig, aber es half nichts. Mit aufgerissenen Augen kam Paul zum Orgasmus. Es war nur ein kurzes Ziehen. Susanne hatte keinen, im Gegensatz zu sonst beim Petting. Sie blutete ein bißchen. Das berauschende Gefühl, es endlich geschafft zu haben, jetzt irgendwie erwachsener, erlöst zu sein, war die eine Seite. Es gab aber noch eine andere: Paul hatte seine Unschuld verloren. Das Spielerische an ihrer gemeinsamen Lust war mit einem Mal wie weggeblasen. Jetzt mußte er lernen, lange genug in ihr auszuhalten, damit auch sie kommen konnte. Paul brannte auf Pfingsten.

Es klingelt wieder. Paul nimmt die Reisetasche und den Karton und öffnet die Haustür. «Hi!» Marco strahlt übers ganze Gesicht und deutet einen Griff in Pauls Eier an. «Alles klar?! Wo ist Susanne?» Die kommt in diesem Augenblick angerannt. Elfi sitzt im Wagen. Susanne winkt ihr zu und läuft weiter zur Haustür. «Hat ein bißchen länger gedauert», sagt sie außer Atem und hievt ihre Riesentasche hoch. Paul stellt seine Sachen ab und faßt einen Träger ihrer Tasche. Auf dem Weg zum Wagen fragt Paul leise: «Sag mal, haste deine Tage?» «Nein», sagt Susanne, «aber ich krieg sie bald», und grinst verschmitzt. Paul ist wieder heiter. Sie packen ein und fahren los.

Bei Tim sind alle vollzählig versammelt. Sie schaffen es tatsächlich, den Zeltplatz vorm Dunkelwerden zu erreichen, und fürs Zelteaufbauen reicht es auch noch. Hier und da ein kleines Palaver: Die Jungs haben die Ahnung, die Mädchen kriegen die Heringe nicht tief genug in die festgetrampelte Wiese geschlagen, die Jungs stehen zusammen und begutachten fachmännisch die Zelte, die Mädchen pumpen die Luftmatratzen auf und räumen die Taschen und Schlafsäcke ein. Dann gehen sie zusammen in die Disco des Nachbardorfs. Alle trinken viel Alkohol. Sie tanzen ein bißchen, unterhalten sich wenig. Alle denken nur an eines: Gleich sind wir allein im Zelt. Aber ihnen ist sehr unterschiedlich zumute.

Tim glaubt, daß Sonja in ihn verliebt ist. Er kann das kaum begreifen. Ob er in sie verliebt ist, weiß Tim nicht so genau. Irgendwie schon, aber er traut dem Braten nicht ganz. Sonja wäre seine erste Beziehung. Sie gehen jetzt vier Monate miteinander, und das ist die erste Nacht, die sie miteinander verbringen. Beide liegen in ihren Schlafsäkken. Sonja rutscht nahe an ihn heran. Ihr Gesicht kommt ganz dicht an seines. In Tim dreht sich alles. Er hat zuviel Wodka getrunken. Sie haben sich schon oft geküßt und auch schon ein paarmal ein bißchen rumgemacht. Seit Paul die Idee mit dem Zelten hatte und Sonja auch gleich einverstanden war, hatte er sich auf diese Nacht gefreut. Hier und heute könnte es passieren. Und jetzt? «Schläfst du?» flüstert Sonja. «Hm?» Tim versteht nicht. «Schläfst du schon?» Sonja rückt noch näher an ihn heran. Tim kriegt Panik. Er versucht seinen Kopf anzuheben. In ihm dreht es sich noch mehr. «Oach, mir ist...» Im letzten Moment überlegt er es sich anders. Wenn er jetzt sagt, daß ihm schlecht ist, ist alles gelaufen. «Nein», sagt er laut. Sonja liegt still, rührt sich nicht, unternimmt nichts. Ich Idiot, denkt Tim.

Auf einer dieser wüsten Sauffeten im letzten Jahr knutschte er im Nebenzimmer mit Gabi rum. Er zog ihr den Pulli und den BH aus, küßte und streichelte sie mit wilden Bewegungen, wie die Männer es im Fernsehen immer machen. Die Frauen kommen dann ganz heiß drauf. Fangen an zu stöhnen, räkeln sich und greifen den Männern in die Haare. Da Gabi keine Anstalten machte, ihn auszuziehen, zog er sich selber aus, womit sie aber wohl nichts anzufangen wußte. Sie schaute ihn ganz verblüfft an. Nachher streichelte sie ein bißchen seinen Rücken. Tim dachte kurz: Jetzt läßt sie dich ran und genießt es auch, aber selber will sie nichts. Sie hat auch nicht wie wild gestöhnt! Warum finden die mich nie geil, verdammte Scheiße?! Tim verscheuchte diesen Gedanken schnell. Wieder draußen im Fetenraum saßen sie nebeneinander. Gabi sagte ihm ins Ohr, daß sie sich in ihn verliebt hätte. Tim legte einen Arm um sie. Während er sich mit anderen Jungs unterhielt, spielte er lässig an ihrer Brust. Plötzlich war er stolz auf sich und die Tatsache, daß er ein Mädchen rumgekriegt hatte. Sie hatte ihn rangelassen, und, ja, sie hatte sich sogar in ihn verknallt. Am Morgen nach der Fete wollten sich alle zum Frühstücken und Aufräumen treffen. Tim ging nicht hin. Er traute sich nicht mehr. Er schämte sich wegen seiner Dreistigkeit und glaubte, Gabi nicht mehr in die Augen schauen zu können. Später erfuhr er, daß sie auf ihn gewartet hatte, und er ärgerte sich noch monatelang, daß er gekniffen hatte. Scheiße, Gabi war doch ein Klassemädchen gewesen!

Früher hatten sie ihm mal im Zeltlager ein Mädchen ins Zelt geschubst, als er sich nachmittags eine Weile aufs Ohr legen wollte. Das Mädchen war zwei Jahre älter als er, und er wußte, daß sie in ihn verknallt war. Aber was sollte er mit ihr machen? Sie war mindestens einen Kopf größer als er. Als die anderen sie ins Zelt stießen, zierte sie sich noch, aber als sie dann drin hockte, zog sie plötzlich den Reißverschluß des Zelts zu. Tim fluchte auf die anderen und flüchtete aus dem Zelt. Draußen mußte er die Häme der anderen ertragen: «Er traut sich ja nicht, die Memme!» Die Mädchen lachten auch. Nur das Mädchen im Zelt nicht.

Vor einem halben Jahr hat er mit einem Mädchen geschlafen. Gleich am ersten Abend. Sie hatten sich in der Disco kennengelernt, ein bißchen getanzt und etwas getrunken. Plötzlich fragte sie ihn, ob er mit ihr nach Hause gehen wollte. So einfach war das! Irre. Die hatte Sachen drauf! Wie im Porno. Wahnsinn! Tim dachte: Das darf doch nicht wahr sein! Sie machte einen Heidenlärm, war völlig aus dem Häuschen. Tim kriegte einfach keinen Orgasmus. Alles war wie im Film. Er stieß und leckte, sie stöhnte und japste, er sah und hörte alles, als wäre er sein eigener Zuschauer. Plötzlich ekelte er sich vor dem Mädchen und vor sich selbst. Ein Mädchen, das die Sachen macht, die ich mir immer beim Wichsen vorstelle, kann ja nicht mehr ganz sauber sein. Wer weiß, wie viele Jungs die schon abgeschleppt hat? Tim blieb nicht bis zum Morgen. Das Mädchen schien traurig zu sein. Zu Hause hatte Tim große Schwierigkeiten, beim Pinkeln seinen Penis anzufassen.

Sonja wartet. Nein, sie wartet nicht mehr. Sie ist eingeschlafen. Morgen, denkt Tim, morgen trinke ich aber nicht soviel. Im nächsten Augenblick ist auch er eingeschlafen.

Caro hat sich auf Sven gelegt und reibt mit heftigen Bewegungen ihre Möse an seinem Schwanz. Das tut ihm weh. Die Schlafsäcke rascheln hörbar. Sven stiert ins Schwarze. Caro kommt. Sie spannt ihren ganzen Körper an, preßt sich an Sven, scheint in ihn hineinkriechen zu wollen. Eine Minute bleiben sie ruhig atmend liegen. Sven streift ein Präservativ über seinen Pimmel. Erst hat er Probleme damit, das Gummi abzurollen. Sein Schwanz scheint schlappmachen zu wollen. Nach ziemlichem Rumgewürge ist das Ding endlich drüber. Allerdings muß er mit seiner eigenen Hand noch etwas nachhelfen, bis er wieder einigermaßen steht. Dann dringt Sven in Caro ein. Dieses Mal kommt er schnell. Nach einer Weile kuscheln sie sich still aneinander. Caro schläft bald ein, Sven liegt noch wach. Eigentlich ist er ja in Tim verknallt. Aber der denkt wohl nicht im Traum daran.

Sven mag Caro sehr. Sie ist über ein Jahr älter als er, schon fast zwanzig, und hat schlechte Erfahrungen gemacht. Sie kennen sich schon ein paar Jahre. Caro war eine Zeitlang in der Clique seines älteren Bruders. Zusammen sind sie aber erst seit fünf Monaten. «Du bist wie mein kleiner Bruder», hat sie einmal zärtlich zu ihm gesagt, «ganz anders als die anderen.» Irgendwie, denkt Sven, ist sie auch mehr eine Schwester für mich als eine Geliebte. Im guten Sinne, wir tun uns nicht weh. Am meisten faszinieren Sven Caros Brüste. Die könnte er stundenlang streicheln und küssen.

Mit dem Miteinanderschlafen ging es ganz schnell. Nach einem Monat war es soweit. Caro war ja erfahren, was Sven sehr beruhigte. Zu Anfang irritierte es ihn sehr, daß sie beim Petting seinen Schwanz nie anfaßte. Das erste Mal, daß sie es doch tat, war, als sie zum ersten Mal miteinander schliefen, aber auch nur kurz, damit er besser in sie hineinkam. Daß irgend etwas an dieser Sache nicht richtig stimmte, schob Sven rasch zur Seite. Das Gefühl in seinem Schwanz war nicht schlecht, auch wenn er glaubte, noch Stunden für einen Orgasmus zu brauchen. Als es dann soweit war und Caro zwischendrin wohl einen tollen Orgasmus gehabt haben mußte, dachte er: Vielleicht geht es ja doch! Vielleicht kann ich mir die Jungs ja doch aus dem Kopf schlagen! Sven nahm sich vor, alles zu versuchen.

Sie schliefen seitdem oft miteinander. Caro hatte eine eigene Wohnung. Sie faßte jedesmal vorm Eindringen seinen Schwanz an. Und er hatte immer gedacht, daß der Mann ganz von alleine treffen müßte! Sie erzählte ihm, daß sie es zum ersten Mal in ihrem Leben schön finden würde. Er sei sehr zärtlich. Wenn er es einmal nicht bis zum Orgasmus schaffte, machte er es sich hinterher alleine. Er dachte dabei manchmal an andere Frauen, meistens aber an Jungs und Männer. Damit könnte ich leben, dachte Sven. Wenigstens in der Phantasie.

Sven hört, daß nebenan im Zelt der Reißverschluß aufgezogen wird. Marco und Elfi flüstern. Was haben die denn vor? Einer der beiden stolpert über die Schnur, die vor seinem Zelt gespannt ist. Die machen wohl noch einen Nachtspaziergang! Marco ist ein seltsamer Vogel, denkt Sven noch. Dann schläft er ein.

Marco ist fix und fertig. Schon wieder Horror! Elfi steht neben ihm und hält ihm die Pommes hin. Marco schaut sie an, lächelt und nimmt sich ein Stückchen mit viel Ketchup. Er hatte totalen Schiß vor dieser Nacht gehabt, und jetzt das wieder!

Vor einem Monat hat es zwischen den beiden gefunkt. Nach Chris hatte er keine Freundin mehr gehabt. Fast ein ganzes Jahr nicht. Irgendwie war der Faden gerissen. Aber mit Paul und Bertholt zu saufen, hatte die Sache einigermaßen erträglich gemacht. Dann tauchte Elfi auf, groß und füllig und in einer herrlich derben Art. Marco dachte noch: Das ist sie, da sprach ihn Elfi schon an. Die üblichen Floskeln, aber ihm war ja auch noch nie was Besseres eingefallen.

Nach einer Woche trafen sie sich bei ihr zu Hause. Sie hatte ein separates Zimmer unterm Dach. Gleich als Marco den Raum betrat, spürte er, daß Elfi alles arrangiert hatte. Er setzte sich, nahm eine Tasse Kaffee, und sie unterhielten sich eine Weile über ihr Zimmer, ihre Pflanzen und seine Schlägerei, wegen der er noch ein Heftpflaster auf der Stirn trug. Blöde Sache. Völlig Banane, mit besoffenem Kopf. Das Pflaster am Kopf sah ja cool aus, aber als er Elfi vom Anlaß der Prügelei erzählte, kam Marco sich plötzlich albern vor. Bei seinem Bericht ließ er die Hälfte weg und meinte, daß das Notwehr gewesen sei – was nicht stimmte. Er hatte angefangen. Aus Frust, weil es Samstagabend war, Paul und Bertholt mit ihren Tussies unterwegs waren und alle Weiber dieser Welt ihn mit dem Arsch nicht anguckten. Jetzt saß er hier und plauderte mit einer, die ihn wohl haben wollte. Marcos Magen zog sich zusammen. Er atmete tief durch und fragte: «Willst du mit mir schlafen?» Er hatte sich auf ein entrüstetes Nein eingestellt, aber sie sagte «Ja», und Marco wurde es ganz heiß. Er fing an zu lachen, verstand überhaupt nichts mehr und schlug vor, einen trinken zu gehen.

Ein paar Tage später war es dann soweit, aber er kriegte keinen hoch. Marco schämte sich in Grund und Boden. Alles in ihm schien zusammenzukrachen. So eine Blamage! Wie konnte er sich nur als eine solche Niete erweisen?! Elfi tröstete ihn mit: «Hach komm, ist doch nicht so schlimm...», aber das machte es nur noch schlimmer. Am nächsten Tag lag Elfi krank im Bett, und dort blieb sie eine

Woche, in der sich Marco kein einziges Mal bei ihr blicken ließ. Er war davon überzeugt, daß er bei ihr ausgeschissen hatte. In dieser Woche holte er sich jeden Tag einen runter, spielte die Szene mit Elfi in der Phantasie weiter und dachte: Verdammt noch mal, es geht doch! Warum hat er denn bei ihr schlappgemacht?! Dann rief Elfi bei ihm an und fragte, ob er Pfingsten schon etwas vorhätte. Marco war total verwundert darüber, daß sie noch Interesse an ihm hatte.

Und da stehen sie nun. Während sie wortlos ihre Pommes essen, denkt Marco an vorhin. Elfi hatte die Schlafsäcke ausgebreitet und übereinandergelegt. Sie legten sich hin, und er hatte nur einen Gedanken: Diesmal muß es klappen. Diesmal muß er stehen. Aber es klappte wieder nicht. Sein Schwanz knickte einfach immer ab, und je mehr er es versuchte, desto verzweifelter wurde er. Er muß doch reingehen! Das ist doch Wahnsinn! Er arbeitete wie ein Stier, rieb seinen Schwanz an ihren Schamlippen und kam zum Orgasmus. Er fühlte sich gottserbärmlich. Elfi kuschelte sich an ihn und flüsterte: «Komm, laß uns ein bißchen spazierengehen. Vorne an der Rezeption gibt es noch Pommes. Ich hab Hunger gekriegt.» Er war sofort einverstanden. Nichts wie raus aus dem Zelt!

Elfi drückt sich sanft an seine Seite. Sie ist toll, denkt Marco. Aber gerade weil sie so toll ist, bestärkt ihn das nur in seinem Gefühl, versagt zu haben. Ich bin nicht richtig im Kopf, denkt er. Ich werde das nie bringen. Vielleicht bin ich unheilbar krank. Zu früh gealtert. Hab meine Munition schon verschossen. Hab zuviel gewichst oder so was. Dann spürt er wieder Elfis Nähe. Sie gehen zurück in ihr Zelt und schlafen miteinander. Dreimal, bis zum frühen Morgen.

Bertholt hört ein kurzes, aber lautes Stöhnen. Das muß Elfi sein, denkt er verstimmt. Anja liegt neben ihm und schläft. Sie hatte keine Lust. Bertholt kann nicht einschlafen. Sie haben sich gestritten. Er schaut auf seine Uhr. Er liegt schon seit über zwei Stunden wach. Ich verstehe es nicht, denkt er. Ich würde mir nur einmal wünschen, ein einziges verdammtes Mal, daß sie mit mir schlafen will und ich keine Lust habe. Ich will immer. Dadurch bestimmt sie ganz allein, ob wir miteinander schlafen oder nicht.

Bertholt und Anja waren in ihre Schlafsäcke gekrabbelt. Sie kuschelten sich aneinander und küßten sich. Ob sie will? Ja, sie will! Oder vielleicht doch nicht? Bertholt streichelte Anjas Brust und drückte seinen Unterkörper gegen ihren. Anja drehte sich um und klemmte seinen Arm in ihre Achselhöhle. Bertholt küßte ihren Nacken, hauchte heißen Atem auf ihre Haut. Er versuchte seinen Arm freizumachen, um ihre Brust wieder streicheln zu können. Anja gab ihn nicht frei. «Hast du keine Lust?» fragte er. Anja sagte nichts. «Hm?» sagte Bertholt und drückte seinen Pimmel gegen ihr Hinterteil. «Laß uns schlafen», sagte Anja schließlich. «Ich bin total müde.» Bertholt machte sich steif und zog seinen Arm unter ihrer Achselhöhle weg. Er drehte ihr ebenfalls den Rücken zu. Von einem auf den anderen Augenblick kochte Bertholt. Er drehte den Kopf und sagte: «Wieso hast du denn keine Lust?» Von Anja kam keine Antwort. «Hey, ich hab dich was gefragt!» Stille. Bertholt drehte sich ganz zu Anja und versuchte in der Dunkelheit zu erkennen, wie sie lag. Dann schüttelte er sie an den Schultern. «Mensch!» fauchte Anja. Dann versöhnlich: «Komm, laß mich schlafen und kuschel dich ein bißchen an.» Bertholt hätte platzen können vor Wut.

So eine elende Kacke! Blöde Kuh! Bertholt flucht in sich hinein. Immer wieder derselbe Scheiß. Wenn ich nichts mache, läuft gar nichts. Fange ich an, entscheidet sie, ob was läuft oder nicht. Scheiße, warum will ich auch immer!

Irgendwie war das mit dem Wichsen viel einfacher. Seit ich mit ihr zusammen bin, mach ich's ja nicht mehr – obwohl ich oft genug nahe dran war. Viel einfacher, Mann! Wenn ich Lust hatte, hab ich's mir gemacht, wann und wo ich wollte. Und jetzt!? Jetzt bin ich auf sie angewiesen, jetzt bin ich ihr ausgeliefert, jetzt hat sie mich in der Hand. Und außerdem, Scheiße!, vor ein paar Wochen sagt sie plötzlich, daß sie *vermutlich* einen Orgasmus gehabt hätte. Und ich hab gedacht, daß sie es immer klasse gefunden hat!

Bertholt horcht auf Anjas Atem. Er kramt nach einem Tempo und fängt an zu masturbieren. Wen nehme ich? Er geht alle möglichen Mädchen durch. Nein, das geht nicht. Das wäre gemein! Anja? O. k., dann bleibt es wenigstens unter uns. Sie schläft. Seinen Orgasmus spürt er kaum. Kurz, lau, trocken. Das Tempo steckt er in seine Jeans. Bis morgen ist das trocken. Dann liegt er wieder wach. Er hört Marco lachen. Bertholt ist es zum Heulen zumute. Er fragt sich, ob er ein Recht darauf hat, sauer zu sein. Er kann sich nicht entscheiden. Irgendwann schläft er ein.

Paul und Susanne schlafen tief und fest. Sie haben es wieder miteinander gemacht.

Zuerst war Susanne ganz trocken. Vielleicht liegt es daran, daß ich bald meine Tage kriege, sagte sie. Paul streichelte ihre Möse mit der Hand, massierte sie, fischte nach dem wertvollen Schleim, fand ihn auch. Na also, dachte er. Dann legte er sich auf sie und drang ein. Das zweite Mal in seinem Leben, und es ging viel leichter als beim ersten Mal. Das ist es, dachte er noch. Alles andere ist Kinderkram. Nach kurzer Zeit kam Paul. «Oh, Scheiße!» rief er leise, aber Susanne sagte nichts. Sie zog ihr Becken zurück, nahm seine Hand und preßte sie gegen ihre Möse. Paul war dankbar für diesen Hinweis.

Er selbst hatte sich eine so eindeutige Geste noch nie getraut. Irgendwie schien es einfacher zu sein, ihr zu zeigen, daß er mit ihr schlafen wollte, als ihre Hand zu nehmen und sie an seinen Schwanz zu führen. Komisch! Er wartete immer darauf, daß sie es selbst machte. Am Anfang zerrte sie regelrecht an seinem Schwanz. Sie zog die Vorhaut weit zurück, so daß es weh tat. Und dann rieb sie seine Eichel, die inzwischen ganz trocken geworden war. Und wenn die Eichel trocken war, tat jede Berührung richtig weh. Er traute sich aber nicht zu sagen, daß es ihm weh tat. Sein Mund war wie vernagelt. Einmal drehte er sich halb weg und spuckte sich in die Hand. Die Spucke verteilte er dann auf seiner Eichel. Paul hoffte, daß Susanne etwas davon mitbekam. Ein paar Tage später fragte sie ihn, was er schön finden würde beim Sex und wie sie es machen sollte. Paul lief rot an und brachte kein Wort heraus. Seine Lust war augenblicklich wie erloschen.

Susanne bewegte sich heftig weiter, küßte ihn immer wilder, fing an zu ächzen und zu stöhnen. Paul hatte Mühe, seine Hand ihren Bewegungen anzupassen. Susanne klemmte sie zwischen ihren Schenkeln ein. Pauls Handgelenk tat weh. Mein Gott, sie bricht mir den Finger! dachte er einen Moment erschrocken. Dann harmonisierten sich langsam ihre Bewegungen in einem schneller werdenden Rhythmus. Paul war hellwach, und er genoß Susannes Lust. Er schaute gebannt ins Schwarze und konnte die glänzenden Umrisse ihres Gesichts erkennen. Er hörte, wie sie keuchte. Sie kommt, sie kommt! Hohooo!! Susanne gab einen kieksenden Laut von sich und preßte sich mit aller Gewalt gegen ihn. Er mußte ein Lachen unterdrücken. Dann war Stille. Paul war glücklich.

Am nächsten Morgen kommen sie alle früh aus ihren Zelten gekrochen. Die Mädchen gehen gemeinsam zu den Duschräumen. Es ist noch frisch, aber das wird ein warmer Tag. Paul fällt auf, daß Marco ungewöhnlich still ist. Beim Frühstück sitzt er nahe bei Elfi. Er wirkt ganz weich und verliebt. Irre, denkt Paul. Bertholt ist schlecht gelaunt. Tim sieht fürchterlich verkatert aus, und Sven geht als erster von den Jungs duschen.

Sie verbringen einen schönen albernen Tag miteinander. Als sie sich dann spät am Abend zur Nacht verabschieden, denkt Paul noch: Ich glaube, das war unser letztes gemeinsames Pfingsten. Wenigstens mit dieser kompletten Mannschaft. Dann verschwinden sie in ihren Zelten. Einer nach dem anderen.

Die ersten sexuellen Erlebnisse der Pubertät sind Ereignisse, die weit über das hinausreichen, was Jungen in diesem Alter geistig und sinnlich erfassen können. Ihre frühen Pettingerfahrungen ähneln eher sachlichen Erkundungen als lustvollen Spielen. Das erste Mal gleicht mehr einem Soloseilakt höchsten Schwierigkeitsgrades als einer liebevollen Vereinigung. Es steht viel auf dem Spiel. Die Einsätze sind hoch. Sieg oder Niederlage, Geborgenheit oder Kälte, Glück oder Kummer entscheiden sich im neuen, eigenen Leben von Mal zu Mal.

Soweit Jungen sich erinnern können, haben sie bis zur Pubertät in der Regel keinen nackten weiblichen Körper erfühlt und ertastet. Alles an den Mädchen ist neu und fremd. Ihre Brüste sind faszinierend, ihre Scham ist geheimnisvoll und furchterregend zugleich. Zum ersten Mal eine zarte und weiche Mädchenbrust zu berühren, führt die Empfindung eines Jungen unbewußt und doch unweigerlich zurück zur Mutterbrust. Der Busen der Mutter ist jedoch tabu. Die Brüste des Mädchens sind so etwas wie ein verloren geglaubter und nun wiedergewonnener Schatz. Man kann sein Glück kaum fassen.

Zum ersten Mal seinen Penis in die Scheide eines Mädchens einzuführen, rührt im Unterbewußtsein des Jungen an noch weiter zurückliegende Momente seiner Existenz. Aus einem solchen «Loch» wurde er einst herausgepreßt, und jetzt will er wieder hinein. Aber anders als damals soll dieser Wunsch nicht zu einem identitätslosen Symbiosedasein führen, sondern im Gegenteil zu dem Beweis, endlich ein Mann zu sein. Ein Paradoxum, das selbst ein erwachsener Mann kaum begreifen kann. Ohne daß es dem Jungen bewußt ist, geht es für ihn nun darum herauszufinden, ob er in einem Schoß bestehen kann. Mit anderen Worten: ob er bei dieser (Wieder-)Vereinigung der Geschlechter ein Mann, ein ICH sein kann. Angesichts all seiner bisherigen Mühen, in Abgrenzung zur Weiblichkeit eine eigene männliche Identität aufzubauen, ist das wirklich eine mächtige Bewährungsprobe. Insofern ist es leicht verständlich, daß die Empfindungen der Jungen bei diesen Erlebnissen zunächst vor allem ichbezogen sind. Die ausschließlich zärtliche Einfühlung in die Mädchen überforderte sie schlicht und einfach. Die gelingt ihnen – wenn –, dann erst mit der Zeit.

Leider können die meisten Jungen diese Entwicklungsaufgaben nicht in Ruhe angehen. Sie stehen unter Druck, sexuellen Erfolg zu haben. Dabei spielt es keine Rolle, ob sie emotional bereits in der Lage sind, eine Beziehung von Geben und Nehmen zu einem Mädchen einzugehen oder nicht.

Ein Mädchen zu küssen, sich mit ihrem Geschlecht zu vereinigen, ihr einen Orgasmus zu bereiten, sich selbst einen Höhepunkt bescheren zu lassen und dem Mädchen danach in die Augen zu blicken, ist in der Tat ein Beweis von Männlichkeit und ein Zeichen von seelischer Reife. Natürlich will das gelernt sein. Am besten Schritt für Schritt. Viele Jungen leben jedoch in dem Gefühl, keine Zeit zum Lernen zu haben. Sie wünschen (und präsentieren) sich vielmehr männlicher, erwachsener und potenter, als sie es in Wirklichkeit sind. Wo in Anbetracht solch fulminanter Ereignisse Vorsicht und Unsicherheit angebracht wären, entstehen aufgrund übersteigerter Leistungsanforderungen heftige Versagensängste, die jedoch keinen angemessenen Ausdruck finden können. Was bleibt Jungen anderes, als alles, was an ihrer vermeintlichen Souveränität und ihrer scheinbar bedingungslosen Funktionstüchtigkeit kratzen könnte, zu verdrängen?

Natürlich findet die Angst vor sexuellem Mißerfolg dennoch ihren Weg nach außen, allerdings in verschleierter Form: Viele Jungen protzen, was das Zeug hält. Sie machen Mädchen mit sexistischen Sprüchen runter und gerieren sich als immer geil und bereit. Ihre Botschaft lautet: «Mädchen, wenn ihr uns ranlaßt, besorgen wir's euch, daß euch Hören und Sehen vergeht, aber stellt euch schon mal darauf ein, daß wir die letzten Säue sind.» Kein Wunder also, daß viele Mädchen dann angewidert abwinken oder eine höllische Angst kriegen. Genau das aber ist nicht selten der zwar offiziell frustrierende, aber heimlich doch gewünschte Effekt vieler sexistischer Ausbrüche.

Jungen, die solcherart «hart drauf» sind, schlagen mit ihrer (Riesen-)Klappe mehrere Fliegen auf einen Streich. Wenn die Mädchen verängstigt zurückweichen und es nicht zu einem sexuellen Erlebnis kommt, brauchen die Jungen auch nicht den Beweis antreten, männlich und potent zu sein. Ihr Sexismus schützt sie davor, bei einer erotischen Zusammenkunft zu versagen. Gleichzeitig beschert ihnen die aggressive Abwertung von Mädchen eine Verbrüderung innerhalb der Jungengruppe. So können «Leidensgenossen» beisammensitzen, die sich mit der Gesellschaft darin einig sind, daß die Weiber sowieso nichts taugen. Sie flüchten in die «Männerrunde», in der sie die Sau herauslassen können, für die sie sich ohnehin halten und auch gehalten werden. Im Suff wird dann so mancher Kummer und so manche heftige Sehnsucht ertränkt.

Allerdings kann dieses Täuschungsmanöver nicht endlos

strapaziert werden. Ein Junge, der in einer gewissen Zeitspanne keine «Eroberung» nachweisen kann, sinkt alsbald in Ansehen und Rang. Also stürzt er sich in die Schlacht. In Gegenwart eines Mädchens ist er plötzlich auf sich allein gestellt und erscheint wie ausgewechselt: freundlich, frisch geduscht und schüchtern. Oder er *nimmt* sich ein Mädchen, zieht eine fühllose Nummer ab und hat wenigstens etwas vorzuweisen: Ha, ich hab's gebracht! In der Gruppe fragt schließlich niemand genau nach, wie es ihm und dem Mädchen ergangen ist. Er entgeht dadurch jedoch nicht nur der peinlichen Erfolgskontrolle, sondern er hat auch keine Gelegenheit, widersprüchliche Gefühle mitzuteilen.

Aus einem solchen Teufelskreis können Jungen oft nur schwer ausbrechen. Es sei denn, die Zusammensetzung der Gruppe ändert sich mit der Zeit – oder jemand nimmt sich ihrer an. Uwe Sielert (1991), der mit Jungen sexualpädagogisch gearbeitet hat, schreibt: «Jungen, die in der ersten Runde eines Gesprächskreises über ‹sexuelle Sensationen› das ‹Blaue vom Himmel› logen, erzählten nach vertrauensvollerem und längerem Beisammensein des Abends, leicht alkoholisiert, von ihren tatsächlichen Enttäuschungen, Leiderfahrungen und Sehnsüchten nach Lust, Abenteuer und heiler Familie. Einer der coolsten Typen brach dabei auch sichtbar äußerlich zusammen. Es wird bei solchen Erfahrungen überdeutlich, daß das Potenzgehabe nach außen die Versagensangst nach innen kompensiert» (S. 14).

Es gibt viele Gründe, sich vor der sexuellen Begegnung mit einem Mädchen zu ängstigen. Eine Erektionsschwäche vor dem Eindringen in die Scheide zum Beispiel kann vielfältige Ursachen haben, besonders beim ersten Mal: Da wäre die Angst des Jungen, bei der (Wieder-)Vereinigung mit dem weiblichen Geschlecht kein eigenes ICH bleiben zu können – eine mächtige und äußerst diffuse Angst. Wie wird es sein, wenn ICH mich zum ersten Mal gegenüber einem Mädchen erregt und von Sinnen zeige? Werde ICH das Mädchen beschmutzen oder selbst beschmutzt werden? Wird dem Mädchen die Entjungferung weh tun? Wenn ja, wird sie es mir verzeihen können? Liebt sie mich? Will sie mich überhaupt? Was würde die Mutter sagen, wenn sie mich jetzt so sähe? Was der Vater? Was ist, wenn alles anders wird als in meinen Träumen und Vorstellungen? Wird sie sich von mir abwenden, wenn ICH es ihr nicht schön mache? Werde ICH das Präservativ drüberkriegen? Was wird sie sagen, wenn ICH es nicht drüberkriege?

Der Wunsch, von einem Mädchen begehrt zu werden und sie befriedigen zu wollen, hat nichts mit Leistungsdenken zu tun. Die Angst davor weist auch nicht auf mangelnde Fähigkeiten hin. Und dennoch empfinden viele Jungen angesichts eines Mädchens ausschließlich Leistungsdruck und Versagensangst. Eine in dieser Situation vielleicht durchaus angemessene Erektionsschwäche wird schnell zum Anlaß gnadenloser Selbstzweifel und Selbstverfluchungen. Jungen, die glauben, alles unter Kontrolle haben zu müssen, können ein solches Mißgeschick zwangsläufig nur als tiefgreifendes persönliches Versagen erleben. Wer Angst hat, durch Kontrollverlust und Versagen das Gesicht zu verlieren, wird sich davor hüten, seine Maske abzunehmen. Gleiches gilt für einen frühzeitigen Samenerguß, der von vielen Jungen als große Niederlage im Kampf um die Selbstbeherrschung erlebt wird.

Gerade bei den für die Pubertät typischen kurzen Beziehungen zwischen Jungen und Mädchen bleibt zudem oft keine Gelegenheit, sich aufeinander einzustellen. Die Jungen erhalten aus den Medien unrealistische Informationen darüber, was sie als «Männer» im Bett alles zu bringen haben, sehen sich aber bei fast jeder sexuellen Erfahrung einem anderen Mädchen mit neuen Eigenheiten gegenüber. Da sie unter Leistungsdruck stehen, bleibt ihnen in der Regel nichts anderes übrig, als ein Notprogramm abzuspulen, das kaum emotionalen Kontakt zum Mädchen ermöglicht.

Die Mädchen selbst kommen den Jungen nur wenig entgegen, denn das Passiv-Gebot wirkt tief in ihrem Innern. Zwar hat sich herumgesprochen, daß Mädchen die Jungen durchaus «anmachen» dürfen. Gehen sie jedoch auf der Couch oder im Bett aktiv und begehrend vor, laufen sie Gefahr, sich «nuttig» vorzukommen. Ein Bild, das auch die Jungen im Kopf haben. Hebt es das männliche Ansehen und das Selbstwertgefühl eines Jungen, viele Mädchen herumgekriegt zu haben, droht ein sexuell aktives Mädchen schnell als «Flittchen» angesehen zu werden. So schließt sich der Kreis: Die Jungen bedrängen die Mädchen, die Mädchen warten ab und haben Angst vor den Jungen – und ihrer eigenen Lust. Sie machen sich steif, lassen «es» innerlich unbeteiligt zu oder wehren ab. Das führt die Jungen wiederum dazu, die Mädchen weiter zu bedrängen...

Bei unseren Gesprächen mit Männern stellte sich immer wieder heraus, daß besonders einmalige Sexualkontakte mit Mädchen als unbefriedigend und bedrückend in Erinnerung geblieben waren. Je näher sich Junge und Mädchen zum Zeitpunkt ihres ersten Mals standen und je länger die Beziehung anschließend noch dauerte, desto eher konnten die Männer auch sich selbst gegenüber versöhnlicher von mißlungenen Premieren berichten.

In Seminaren mit Männern *und* Frauen wurde deutlich, wieviel Angst und Mißtrauen auf beiden Seiten gegenüber dem anderen Geschlecht während der Pubertät bestand und oft noch gegenwärtig besteht. Auf einen kurzen Nenner gebracht kann man sagen: Die Jungen wollen nicht nur unbedingt sexuelle Erfahrungen sammeln, die sie als männlich ausweisen, sondern sie wünschen sich auch aus tiefster Seele, endlich aus der «Schmutzecke» herauszukommen. Dort sehen sie sich nämlich wegen des allgemeinen schlechten Rufs der männlichen Sexualität und auch wegen ihrer Masturbation. In der Redewendung, nach der ein Mädchen einen Jungen «ranläßt» oder nicht, drückt sich für einen Jungen ein Dilemma aus: Lehnt sie ihn ab, tut sie es vielleicht, *weil* er etwas «Schmutziges» von ihr will. Geht sie auf sein Werben ein, nimmt sie ihn womöglich, *obwohl* er etwas «Schmutziges» im Sinn hat. Ein sexuelles Erlebnis mit einem Mädchen kann gerade unter diesem Aspekt als befreiend erlebt werden. In seinem Selbsterleben bleibt der Junge jedoch «schmutzig». Dem steht gegenüber, daß auch die Mädchen unbedingt sexuelle Erfahrungen sammeln wollen, die sie als weiblich ausweisen. Aber sie haben aus tiefster Seele Angst, mit der «Schmutzecke» in Berührung zu kommen. Diese Gefahr droht ihnen nicht nur, wenn sie sich selbst befriedigen, sondern auch, wenn sie einen Jungen an sich «heranlassen».

Nicht wenige Jungen dürften bei ihren ersten Erfahrungen darüber erschrecken, daß sich das Mädchen völlig anders verhält als in den Pornofilmen. Die Mädchen äußern oft nur undeutlich körperliches Begehren. Es ist schwierig, sie zum Orgasmus zu bringen, und wenn, dann jaulen sie dabei nicht, wie es die Frauen im Film tun. Anstatt die Vorlage als unrealistisch zu erkennen, zweifeln die Jungen an ihren Fähigkeiten als Liebhaber und Glücksbringer.

Das gleiche Problem kann auftreten, wenn ein Junge einem Mädchen mit der szenischen Dynamik seiner Masturbationsphantasien im Hinterkopf begegnet. In vielen Phantasien werden reale Beziehungsaspekte weitgehend ausgeblendet, denn in Wirklichkeit könnten viele der erträumten Begegnungen gar nicht stattfinden – und erst recht nicht in dieser Art und Weise. Im realen Kontakt mit einem Mädchen sieht sich der Junge mit einem Male Erwartungen gegenüber, die er in der Phantasie nicht zu erfüllen braucht. Plötzlich ist da ein richtiger Mensch, eine offene

Situation, die vom Jungen emotionale Fähigkeiten verlangt, die er (noch) nicht besitzt. Wie soll er nun unter diesen völlig anderen Bedingungen zum selben Ergebnis wie in seinen Phantasien kommen? Gelingt es dem Jungen nicht, sich selbst und dem Mädchen Zeit für die Entwicklung emotionaler und erotischer Nähe zu geben, werden ihn Leistungsdruck und Versagensangst auf dem Weg zu situationsangemessenen Lernerfahrungen erheblich behindern.

Im Zustand innerer Anspannung neigen besonders Jungen dazu, sich in Aktion zu versetzen. Schon als Sechsjährige können viele kaum stillsitzen. Sie fürchten die Stille, in der sie unangenehmen Gefühlen spürbarer ausgesetzt wären, als wenn sie rennen und raufen. In der Pubertät genügt oft schon eine geringe Verstimmtheit, und sie ziehen sich zurück, um durch Masturbation *Entspannung* zu finden. In Gegenwart eines begehrten Mädchens kann es einem Jungen genauso ergehen. All seine diffusen Ängste, all jene Unwägbarkeiten verdichten sich schnell zu einem Gefühl des Unbehagens, das geradezu danach schreit, weg*agiert* zu werden. Im Nacken sitzt ihm zudem die Norm, daß es ein Mann immer und überall bringen muß. Also setzt er sich in Bewegung. Aber das Mädchen muß mitmachen. Verweigert sie sich, sieht sich der Junge um die Möglichkeit *betrogen*, Erlösung zu finden. Möglicherweise hat er gar nicht wirklich Lust, mit dem Mädchen zu schlafen. Dennoch empfindet er ihre Zurückweisung zwangsläufig als *sexuelle* Demütigung – und stellt entsetzt fest, daß sie, das reale Mädchen, anders als die Feen in seinen Träumen, einen eigenen Willen hat, von dem sein Frieden mit sich selbst abzuhängen scheint.

Verhält sich ein Mädchen aktiv begehrend und gibt sie ihrer Lust Ausdruck, kommt sie also den Mädchen der Masturbationsphantasien nahe, kann es jedoch passieren, daß der Junge erschrocken zurückweicht. In der Masturbationsphantasie und im Porno hat der Junge oder der Mann trotz allem noch alles unter Kontrolle. Die *kaum* zu bändigende Lust des Mädchens oder der Frau ist schließlich nur das Ergebnis seiner Attraktivität und Fähigkeiten. In der Realität jedoch kriegt es ein Junge schnell mit der Angst zu tun: Woher kann sie das? Wie schneide ich ab? Sie nimmt mir das Heft aus der Hand, wo ich doch bestimmen muß! Wenn ich mich ihrer Wildheit hingebe, gehe ich unter! Sie ist so schnell, ich komme nicht mit!

Alles angstmachende Empfindungen, die Mädchen gut kennen dürften.

Nicht zuletzt kann es geschehen, daß ein Junge in einem solchen Fall das Urteil über seine eigene Sexualität auf das Mädchen überträgt: Ein Mädchen, das macht, was ich mir wünsche, kann nur schmutzig sein.

Und dann ist da noch die Verhütungsfrage – und der häufig geäußerte Vorwurf der Mädchen, daß die Jungen zwar stets zum Geschlechtsverkehr drängen, die Verhütungslast jedoch ihnen aufbürden. Ein schwieriges Problem, besonders wenn die Verwendung von Kondomen als die eigentlich gerechte Lösung des Problems propagiert wird. Untersuchungen über das Verhütungsverhalten Jugendlicher beim ersten Koitus zeigen, daß die Einnahme der «Pille» eindeutig an erster Stelle steht. An zweiter Stelle folgt «Keine Verhütungsmethode». Nur etwa ein Sechstel der Jugendlichen benutzt Kondome (vgl. z. B. Michael Selbmann 1991; Wolfgang Kröhn/Angelika Sydow-Kröhn 1991).

Die Hauptlast der Verhütung liegt eindeutig mehr bei den Mädchen. Sie haben also allen Grund, sich zu beschweren. Es scheint daher nur folgerichtig zu sein, daß sich in dieser Frage sexualpädagogische Bemühungen vor allem an die Jungen richten: «Seid verantwortungsvoll und benutzt Kondome. Ist doch so einfach...!» Einfach machen es sich jedoch eher die Erwachsenen: Da wird an einem Vormittag für zwei Stunden der Mensch von pro familia eingeflogen, der dann einen aufrecht stehenden Holzpenis auspackt, über den sich das Gummi spielend abrollen läßt. Klasse!

Nichts gegen die sexualpädagogische Arbeit von pro familia! Im Gegenteil. Das Problem ist vielmehr, daß ihre Mitarbeiterinnen und Mitarbeiter in der Regel nicht intensiver mit den Jugendlichen arbeiten *dürfen*. Oftmals haben ihre Bemühungen nur eine Alibifunktion für die Schule, und vielerorts muß es schon als ein Zeichen ausgesprochen revolutionären Denkens angesehen werden, wenn dort überhaupt ein Gedanke an Sexualpädagogik verschwendet wird. Doch so kinderleicht sich ein Präservativ über einen leblosen Holzphallus streifen läßt, so schwierig erweist sich die Sache gewöhnlich im wirklichen Leben. Natürlich ist es nicht schön, daß die Mädchen Hormone schlucken müssen, um sicher vor einer Schwangerschaft geschützt zu sein. Die höhere Sicherheitsquote der Pille und der Umstand, daß sie auch situationsunabhängig funktioniert, macht sie jedoch als Methode gegenüber der Benutzung von Kondomen erheblich handhabbarer – und das besonders in der Pubertät. Sexualpädagogische Verhütungaufklärung sollte das berücksichtigen.

Studien über die Benutzung von Kondomen weisen darauf hin, daß Kondome erst dann ein sicheres Verhütungsmittel darstellen, wenn ihre Benutzer über viele Jahre hinweg Erfahrungen damit sammeln konnten. Robert Rohner (1993) faßt zusammen: «Die zuverlässigen Kondomverwender sind älter, länger verheiratet, haben Kondome schon länger verwendet und haben den Wunsch, eine Schwangerschaft zu verhüten und nicht nur hinauszuschieben» (S. 68). Die effektive Anwendung von Kondomen setzt ein großes Maß an sexueller Selbstsicherheit voraus. Zu den Vorbedingungen dieser Selbstsicherheit zählt Robert Rohner unter anderem positive sexuelle Lernerfahrungen, ein positives Körperselbstbild, Frustrationstoleranz und die Fähigkeit, ambivalente Gefühle zuzulassen – Bedingungen also, die von der Mehrzahl der Jungen bei ihrem ersten Mal kaum erfüllt werden können. Angesichts ihrer dabei häufig auftretenden Erektionsschwächen läßt sich unschwer nachvollziehen, daß die propagierte Verwendung von Kondomen die Versagensangst der Jungen oft lediglich erhöht.

Es zeigt sich auch, daß Jungen in der Pubertät im Vergleich zu Mädchen kaum ein tiefergehendes Bewußtsein ihrer Fruchtbarkeit entwickeln. Sie erleben die Schwangerschaftsverhütung mehr als *Empfängnis-* denn als *Zeugungs*verhütung. Eigentlich böte sich die Fruchtbarkeit des Samens hervorragend an für die Wünsche und Phantasien der Jungen von Größe und Potenz. Die Jungen nutzen diese Gelegenheit jedoch nicht. Warum das so ist, läßt sich schwer sagen. Es mögen entwicklungspsychologische Faktoren der frühen Kindheit eine Rolle spielen, die eine tiefe Verankerung des Kinderwunsches bei Jungen erschweren. Ganz sicher gilt die Menstruation der Mädchen in unserer Gesellschaft als ein eindeutigeres Zeichen von Fruchtbarkeit als die Ejakulationsfähigkeit der Jungen. Die Menses bedeuten dem Mädchen, daß sie fortan *aufpassen* muß. Mit Lust hat sie nichts zu tun. Anders verhält es sich mit der Ejakulationsfähigkeit, deren Sensationen genausoviel und genauso wenig mit dem Bewußtsein von Fruchtbarkeit in Verbindung gebracht werden können wie die Orgasmusfähigkeit der Mädchen.

Ein Mädchen dürfte sich auch deshalb eher vor einer ungewollten Schwangerschaft fürchten, weil das Kind in *ihrem* Körper und nicht im Körper des Jungen wachsen würde. Eine Abtreibung geschähe ihr, nicht dem Jungen. Überhaupt: der gesamte Komplex Zeugung – Empfängnis – Schwangerschaft – Kind ist viel näher an den Körper des

Mädchens gebunden als an den des Jungen. Damit ist er ihr auch seelisch näher, zumal der gewöhnliche Aufklärungsunterricht in den Schulen sich vornehmlich auf diese Vorgänge kapriziert. Vom Jungen kommt nur der Samen, alles andere *passiert* im Mädchen (vgl. S. 352f).

Übrigens: Jungen in der Pubertät sind auch verliebt. Und sie sind es heftig und leidenschaftlich. Es braucht viele selbstvergewissernde Erlebnisse, bis sich die Sehnsucht und die Lust am warmen, atmenden Busen eines Mädchens miteinander vereinbaren lassen. Ein halbwegs sicheres Gefühl für die emotionale Nähe und die Distanz zu einem Mädchen stellt sich jedoch um so schwerer ein, je weniger ein Junge ambivalente Gefühle zulassen kann. Mädchen können heute gewiß selbstbewußter auftreten als noch vor zwanzig Jahren. Besonders für jene Jungen, deren Männlichkeitsgefühl nur in harscher Abgrenzung von ihnen Bestand hat, stellen sie eine irritierende Herausforderung dar. Neben der zunehmenden sexistischen Gewalt der Jungen, von der seit einigen Jahren immer wieder berichtet wird, scheint sich jedoch auch ein anderer Trend abzuzeichnen: Bei der Untersuchung von Gunter Schmidt und seinen Kolleginnen und Kollegen (1992) gaben 71 Prozent der Jungen an, mit einem Mädchen nur dann schlafen zu wollen, wenn sie sie richtig lieben. 1970 hatten diese Aussage nur 46 Prozent der Jungen gemacht. Anders die Mädchen, die 1970 schon zu 80 Prozent «Liebe» als Voraussetzung für Geschlechtsverkehr angegeben hatten und zwanzig Jahre später mit 81 Prozent nur knapp darüberlagen.

Allerdings machte den Angaben zufolge *beiden* Geschlechtern nicht nur das Miteinanderschlafen, sondern auch das Petting und die Masturbation weniger «Spaß» als den Befragten aus der 1970er Untersuchung – auch wenn die Jungen sich nach wie vor vergleichsweise zufriedener gaben als die Mädchen (vgl. S. 201).

Eine traurige Entwicklung, möchte man meinen. Aber vielleicht kommt es daher, daß die Jungen und Mädchen heute etwas besser als früher in der Lage sind, die Qualität ihrer Erlebnisse ich-näher einzuschätzen. Das, so meinen wir, wäre eine erfreuliche Entwicklung. Sie macht das (Liebes-)Leben der Jugendlichen zwar nicht einfacher. Aber daß der seelischen Reife immer nur das Glück auf dem Fuße folgt, ist schließlich eine Erwachsenenmär.

Wie wird es Paul, Bertholt, Marco, Tim und Sven ergehen, wenn sie älter werden, wenn sie die «Jugendphase» hinter sich lassen, die Zwanzig überschreiten und auf die Dreißig zugehen? Bestimmt werden sie reifer und erfahrener. Vielleicht aber auch ängstlicher und mißtrauischer. Sie werden sich in junge Frauen verlieben. Es können noch Jahre vergehen, bis sie sich in der Tiefe ihres Herzens von einer Frau mit allem Drum und Dran begehrt fühlen. Und es wird auch noch eine Weile dauern, bis sie sich auf die Lust einer Frau selbst-bewußt einlassen können. Sie werden noch viele «Primärhänger» erleben, noch oft «zu früh» kommen und sich häufiger, als sie glauben, ertragen zu können, Körbe einfangen. Sie werden möglicherweise auch häufiger, als es ihnen bewußt ist, Körbe verteilen. Bald werden sie sich fest binden, zumindest für ein paar Jahre. Vielleicht lernen sie, zuverlässig mit Kondomen eine ungewollte Zeugung zu verhüten. Kann sein, daß sie früher als geplant Vater werden. Vielleicht aber auch zur rechten Zeit. Vielleicht machen sie ihre Frauen glücklich. Vielleicht auch nicht.

Und Sven? Er wird hoffentlich bald sein Coming-out schaffen. Vielleicht gelingt es ihm zwischendurch bei einem Seitensprung. Vielleicht auch erst in vielen Jahren nach der Trennung von seiner Freundin. Möglicherweise aber auch überhaupt nicht. Wie auch immer: Alles Gute, Jungs! Ihr seid schon in Ordnung. Paßt auf euch auf!

Die Hochzahl ist die Potenz der Basis

Der potente Mann und sein Penis

«Phallus klebt allus.»
(Ernst Jandl)

Was ist Potenz? Was ist ein potenter Mann? Das sind kniffflige Fragen.

Am allerpotentesten sind Nashornbullen. Beim indischen Panzernashorn dauert die Begattung in der Regel länger als eine Stunde. Der Bulle ejakuliert dabei alle fünf bis zehn Minuten. Niemand weiß, ob ihm das Spaß macht, aber er scheint damit eine für die Menschenmänner äußerst eindrucksvolle und nachahmenswerte Leistung zu vollbringen. Weltweit sind Nashörner vom Aussterben bedroht. Die Zerstörung ihrer natürlichen Lebensräume ist dafür nur in zweiter Linie verantwortlich. Überall, wo Nashörner vorkommen, werden sie systematisch gewildert. Aus dem Nasenhorn wird ein vor allem im asiatischen Raum heißbegehrtes Potenzpulver hergestellt. Im Jemen gelten darüber hinaus Dolche mit einem Griff aus Nasenhorn als exklusives phallisches Statussymbol.

Die Wilderei lohnt sich: Das Gewicht eines Hornes wird mindestens in Gold aufgewogen. In freier Wildbahn leben nur noch 150 Sumatra- und 40 Java-Nashörner. Der Bestand an indischen Panzernashörnern wird auf 1400 geschätzt. In Afrika hat sich der Bestand an Nashörnern in den letzten zwanzig Jahren auf ein Zehntel reduziert. Ein Überleben der Art ist nur noch in zoologischen Gärten oder streng bewachten Reservaten möglich. Das aus Nasenhorn gewonnene Pulver besteht aus Keratin und Eiweiß. Es ist physiologisch völlig wirkungslos.

In unseren Breitengraden wurde Potenz früher schlicht als die Fähigkeit angesehen, den Koitus ausführen und Kinder zeugen zu können. Dabei könnte man es eigentlich belassen, wenn der Begriff Potenz dieser Definition nicht längst ausgebüxt wäre.

Inzwischen meint Potenz so verschiedene Dinge wie Erektionsfähigkeit, Fruchtbarkeit, sexuelle Tüchtigkeit oder Stolz auf die eigene Sexualität und Geschlechtlichkeit. In einem weiteren Sinn kann Potenz entweder als Erlebnisfähigkeit oder als Handlungskompetenz empfunden werden. Das eine wird als orgastische Potenz mehr den Frauen und das andere mehr den Männern zugeordnet: Die sexuell potente Frau legt eine Serie atemberaubender Orgasmen aufs Parkett, zu der ihr der sexuell potente Mann souverän verholfen hat.

In einer auf den ersten Blick nicht-sexuellen Bedeutung wird unter männlicher Potenz Macht und Einfluß verstanden. Der potente Mann ist stark und kann sich durchsetzen. Er hat einen Dolch mit einem Nasenhorngriff oder eine Rolex und ein dickes Auto.

Welche Eigenschaften und Handlungen den besonders potenten Mann ausmachen, ist Vereinbarungssache. Als vor über vierzig Jahren der Kinsey-Report zum ersten Mal veröffentlicht wurde, spielten die Fähigkeit zur Ejakulationskontrolle oder der Orgasmus der Frau als Nachweiskriterien männlicher Potenz nur eine untergeordnete Rolle – im Gegensatz zu heute. Als die Frauenbewegung in den siebziger Jahren das Thema Sexualität auf die Tagesordnung setzte, entwickelten Männer, die sich von den Argumenten der Frauen berühren ließen, sehr verhaltene Vorstellungen über ihre Potenz. Heute scheinen wieder offensivere sexuelle Ausdrucksmöglichkeiten gefragt zu sein. Wie schwierig es ist, sich auf dem Markt der sexuellen Glanzleistungen auszukennen, geschweige denn sich dort zu bewegen, zeigt auch die zur Zeit in den Mittelschichten aktuelle Illustriertenfassung des potenten Mannes:

Der potente Mann hat einen gesunden Beruf. Zumindest treibt er viel Sport. Sagen wir: Der potente Mann ist bretonischer Fischer. Er verfügt über einen stolzen und starken, aber niemals bedrohlichen Phallus. Sein Begehren ist unersättlich, wird aber zu keiner Zeit lästig. Auf Anforderung nimmt er das Weib im Flur, in der Küche oder in einer Telefonzelle. Er übermannt sie, und zwar voller Hingabe. Er ist ein perfekter Virtuose der klitoralen Stimulierung, aber er weiß, daß der wirkliche Orgasmus den ganzen Körper der Frau durchflutet. Beim Koitus geht er ganz aus sich heraus. Ungebremst und wild lebt er hierbei seine animalische Seite – wenn es sein muß, eine dreiviertel Stunde lang. Ohne seinen wundgescheuerten Knien auch nur die Spur von Aufmerksamkeit zu widmen, schenkt er der Frau beim Koitus unzählige sich steigernde Orgasmen. Nicht aus Wut und Verzweiflung vögelt er sie ins Nirvana, sondern aus purer Liebe. Gleichzeitig hat er einen experimentierfreudigen und offenen Kontakt zu den dunklen Seiten seiner Sexualität, welchselbe er allerdings fest im Griff hat.

Es macht Spaß, sich über solche Sexualmythen lustig zu machen. Aber es ist schwierig, sich ihrem Einfluß zu entziehen. Wohlgemerkt, dem Einfluß sehr schöner und reizvoller Mythen – denn welcher Hengst träumt nicht davon, Klavier spielen zu können?

In der Mathematik – das haben wir auch erst wieder nachschlagen müssen – bedeutet Potenz eine Multiplikation mit sich selber. Die Hochzahl gibt dabei an, wie oft diese Rechenoperation vorgenommen werden soll. Meistens kommt scheußlich viel heraus. 5^8, also die achte Potenz von 5, beträgt zum Beispiel 390 625. Darauf muß man erst einmal kommen. Richtig gespenstisch wird es, wenn die Basis kleiner als 1 ist. Wenn man die achte Potenz von 0,5 ausrechnet, dann wird die Angelegenheit ausgesprochen homöopathisch.

Die arithmetischen Potenzregeln passen durchaus zu unserem Thema: Im Zusammenhang mit seiner sexuellen Potenz kann ein Mann ein grandioses Wunschbild von sich selber entwerfen, ebenso wie er sich gnadenlos erniedrigen und herabsetzen kann – je nachdem, welches Verhältnis er gerade zu seiner «Basis» hat.

Übersetzt bedeutet das Wort Potenz soviel wie «Fähigkeit». Es umschreibt keine Eigenschaft, keinen Zustand, sondern eine Möglichkeit: Selbst der Papst kann potent sein.

Wann und warum sich Männer potent fühlen, ist individuell verschieden und gleichzeitig von gesellschaftlichen Normen und Leitbildern abhängig. Was durch die persönliche Lebensgeschichte, das eigene Selbstkonzept, die Struktur einer Paarbeziehung und schlicht durch die Freuden und Mühen des Alltags bestimmt wird, muß sich gleichzeitig an den Standards der veröffentlichten Sexualitäten abmühen. So wird ein zutiefst subjektives Erleben zu Markte getragen – ohne daß einem irgend jemand verläßlich sagen könnte, wie man denn die eigene Intimität mit der Intimität anderer Leute wirklich vergleichen könnte und welcher Sinn darin zu finden wäre. So regelmäßig sich jedoch Meterband, Stoppuhr und Strichliste als untaugliche Werkzeuge erweisen, sowenig sind viele Männer davon abzubringen, ihre Potenz immer wieder vermessen zu wollen.

Stolz, Lust, Spaß, Vertrauen, Identität und Liebe kann man nicht messen, weil kein Mensch weiß, wie man mit dem Zollstock in die Seele hineinkommen kann. In den meisten Situationen fehlen uns sogar die Worte, um solche Gefühle überhaupt annähernd beschreiben zu können. Lediglich Tüchtigkeit und Leistung kann man messen. Aber auch jetzt hören die Probleme nicht auf. Was ist schon tüchtig? Unabhängig davon, ob gerade der zärtliche, der androgyne, der verspielte oder der wilde Mann durch die Gazetten turnt – eine zentrale und offenbar von sexuellen Moden weitgehend unabhängige Rolle für das Potenzerleben des Mannes und für mögliche Zweifel an seiner Potenz spielt der zum Phallus erigierte Penis.

Peter ist knapp fünfzig und Taxiunternehmer. «Beim Mann», so lautet seine grinsend vorgebrachte und ein wenig bierbäuchige Tresenweisheit, «beim Mann kommt es nun wirklich nicht auf die Schönheit an.»

«Sondern?»

«Auf die dritte Faust kommt es an.»

«Auf die was?»

Peters Faustregel stammt aus der Zeit vor der Erfindung des Metermaßes:

«Faust auf Faust», erklärt er uns und zeigt auf sein Geschlecht. «An der Wurzel fängst du an. Dann die andere Faust. Und dann mit der ersten Faust nach oben. Wenn du jetzt richtig was in der Hand hast, dann bist du ein Kerl.» Ein Blick auf seine riesigen Pranken läßt Fürchterliches erahnen.

«Wie groß ist denn dein Schwanz?» fragt er scheinheilig.

«In Fäusten gemessen?»

Peter hat ein kaum zu bremsendes Bedürfnis, mit seiner Potenz zu prahlen. Wir werden ihn nicht los, ohne daß er uns auch noch detailliert darüber informiert hat, was er mit seinem riesigen Penis in der letzten Zeit so alles angestellt hat.

«Kopf hoch, Jungs», sagt er zum Abschied, «man kann auch mit einem kleinen Schwanz ein bißchen Spaß haben.»

So long, Chef, das ist ein Wort!

Natürlich haben wir uns schnell darauf geeinigt, daß Peter ein ganz, ganz armer Angeber ist. Dennoch hat seine archaische Potenzregel einen gewissen Charme. Es ist viel eindrucksvoller, Männlichkeit in Fäusten statt in Zentimetern zu messen. Dieses Verfahren ist nicht nur herrlich ungenau, sondern es verweist auch auf eines der Hauptmerkmale männlicher Potenzphantasien – auf ihre Vergeblichkeit. Nicht nur wir, sondern fast alle Männer greifen mit der dritten Faust unzweifelhaft ins Nichts.

Wie lang, wie dick, wie tüchtig – sollte man nicht damit aufhören, männliche Potenz vermessen zu wollen? Diesen Vorschlag machen zumindest die meisten Sexualratgeber. Und der Biologielehrer sagt es und der Religionslehrer, und in der «Bravo» steht es auch. Es spielt in Gottes Namen keine Rolle, wie groß dein Penis ist. Das ist meistens gut gemeint, aber regelmäßig kaum zu glauben.

Ehrlich gesagt, wir glauben das auch nicht. Frauen, mit denen wir über das Thema Penis und Phallus sprachen, machten sich allerdings alle Mühe, uns zu beruhigen; mal mütterlich verständnisvoll, mal mit einem spöttischen Lächeln im Gesicht. Eine Frau gab uns gar ihr heiliges Ehrenwort, daß ihr die Größe des Penis wirklich nicht wichtig sei. Ehrlich nicht. Am liebsten sei ihr ein «ganz normaler» Penis, und wenn sie den Mann gerne hätte, dem er gehöre, dann fände sie auch seinen Penis schön. Tja, so einfach ist das wohl.

Die meisten Männer tun sich schwer mit solchen Auskünften von Frauen. Aber warum? Erhoffen sie begeisterte Kommentare über den Inhalt der dritten Faust? Fänden sie es vielleicht doch schön, wenn die Frauen auf das Gemächte des Mannes neidisch wären – wenigstens ein ganz klitzekleines bißchen? Oder ist es männliches Konkurrenzdenken, das sie unentwegt und sinnlos daran denken läßt, ob ihr Nachbar möglicherweise mehr in der Hose hat als sie selber?

In Nordamerika, berichtet der Sexualtherapeut Marty Klein (1991) in seinem Buch «Über Sex reden», gebe es, wenn man die Frauen fragt, nur zwei Sorten weiblicher Brüste: zu kleine und zu große. Insofern ist nur schwer zu verstehen, daß viele Frauen sagen, ihnen sei die Sorge der Männer um die Gestalt ihres Penis ganz und gar unverständlich. Wie würde sich eine Frau wohl fühlen, wenn ihr Mann zu ihr sagte: «Was du für Brüste hast, ist mir völlig wurscht. Hauptsache, du hast überhaupt welche!» Oder: «Meinst du wirklich, ich interessiere mich für so etwas Nebensächliches und Profanes wie deinen Hintern? Du weißt doch, daß ich dich liebe!» Oder: «Ich mag deine Möse, weil ich dich als ganzen Menschen, als Person mag. Aber anfühlen tut sich das alles Jacke wie Hose.»

Die oft von Frauen geäußerte «Neutralität» gegenüber dem Penis hat etwas Kränkendes, selbst wenn sich dahinter die hehre Absicht verbergen mag, einem Mann eine Kränkung zu ersparen. Natürlich ist es letzten Endes für das Gelingen einer sexuellen Begegnung, für Lust und Befriedigung kaum von Bedeutung, ob ein erigierter Penis dreizehn, sechzehn oder neunzehn Zentimeter lang ist, ob er dick, dünn, krumm, gerade, beschnitten oder unbeschnitten ist. Aber das gilt für alles andere auch. So gibt es nichts Aufregenderes als kleine Brüste und nichts Aufregenderes als große Brüste – wenn ein Mann sie denn begehrt. Und genau daran mangelt es vielen Männern: an dem Gefühl, wirklich sexuell begehrt zu werden.

Es kann viele Gründe haben, wenn ein Mann in einer

langandauernden Beziehung immer wieder auf den Gedanken kommt, sein Penis sei (seiner Frau) nicht genug. Einer davon lautet sicher, daß sie ihn, wenn überhaupt, dann nur mit spitzen Fingern anfaßt oder so malträtiert, als wolle sie bei «Wetten daß ...» den Bananenschälwettbewerb gewinnen. Oder ihm das Gefühl gibt, daß sein Penis laut Partnerschaftsvertrag auf welche Art auch immer ab und an bedient werden muß, aber kaum als Objekt ihrer Lust und Begierde in Frage kommen kann.

Hinzu kommt, daß sich Frauen (zum vermeintlich besseren Zusammenhalt der Schwestern) immer wieder öffentlich über die angebliche Häßlichkeit und Lächerlichkeit des Penis äußerten und äußern. Als Mann stellt sich die Frage, ob man sich über den damit verbundenen Sexismus ärgern oder die dahinterliegende Sexualangst bedauern soll.

Auch unter Männern ist die Frage, wie ein toller Phallus wohl auszusehen habe, wider Erwarten ziemlich tabuisiert. Phallische Konkurrenz ist eine Angelegenheit der Nebensätze, Anspielungen und Witze, aber kaum Anlaß für ein Gespräch.

In einem sehr persönlichen und offenherzigen Seminar mit Männern zum Thema Sexualität erzählte ein Mann zu vorgerückter Stunde, daß er eigentlich schon immer das Gefühl gehabt habe, sein Penis sei zu klein. Nach einem kurzen und betretenen Schweigen wurde er von den anderen Männern mit wortreichen Beschwichtigungen überschüttet. Das sei doch wirklich unwichtig, das spiele in der Sexualität überhaupt keine Rolle, und das sei den Frauen doch egal, und so weiter, und so weiter. Die Botschaft war kaum zu überhören: «Auf der Stelle bist du ruhig, du Wahnsinnsbraten!» Niemand schien sich auf das angebotene Gesprächsthema einlassen zu wollen. Die Frage, wer in der Runde mit seinem Penis zufrieden war und wer nicht, wurde nicht zugelassen.

Männer widmen ihrem Penis oft nur wenig Aufmerksamkeit. Erst wenn er zum Phallus erigiert ist, bekommt er seine hohe definitorische Bedeutung. Im Alltag, im Normalzustand, ist der Penis ein gemütlicher und eher genügsamer Kamerad. Weich und schrumplig liegt er in der Hand. Es ist angenehm, mit ihm zu spielen. Geduldig läßt er sich biegen, drücken und knuddeln. An der hektischen Betriebsamkeit, mit der Männer ihren Tag verbringen, beteiligt er sich einfach nicht. Er will seine Ruhe haben – keine Muskeln oder Sehnen, durch die er sich einspannen ließe. Voller Gelassenheit paßt er sich den jeweiligen Verhältnissen an. Wenn ein Mann morgens mit voller Blase aufsteht, ist sein Penis dick und schwer. Nach einer kalten Dusche zieht sich der Penis beleidigt zurück und wird ganz klein. Jeder Mann kennt solche unterschiedlichen Zustände seines Penis. Daran ist für sich gesehen nichts Beunruhigendes. Allerdings haben viele Männer Hemmungen, sich nackt zu zeigen, weil sie Angst haben, aus der Gestalt ihres unerigierten Penis könne man (und frau) auf die möglicherweise ungenügende Gestalt des Phallus schließen.

Die bange Frage, ob der eigene Phallus denn wirklich prächtig genug ist, stellt sich häufig auch deshalb, weil ein durchschnittlicher heterosexueller Mann im Grunde nur seinen eigenen erigierten Penis kennt. Ihm fehlt die realistische Vergleichsmöglichkeit – im Gegensatz zu seiner Partnerin, von der er annehmen kann, daß sie schon eine ganze Reihe anderer Phalli gesehen und möglicherweise ausgesprochen toll gefunden hat.

Vor diesem Hintergrund erscheint die oft vorgebrachte Auffassung, daß das Genital der Frau verborgen und das des Mannes gut sichtbar sei, nur als die halbe Wahrheit. Denn der Phallus, und viele Männer empfinden ihren Penis nur in diesem Zustand als «Genital», gilt in unserer

Gesellschaft als nicht vorzeigbar. Wer es dennoch in der Öffentlichkeit tut, kann sich sogar strafbar machen.

In vielen Familien gilt gelegentliche Nacktheit von Eltern und Kindern als natürlicher und wichtiger Bestandteil einer körper- und sexualfreundlichen Erziehung. Ausgeschlossen von der innerfamiliären Nackedei-Idylle ist der erigierte Penis des Vaters. Am FKK-Strand kann man angesichts herrlicher nackter Frauen und Männer wunderschöne unanständige Gedanken bekommen. Sichtbar gegen die guten Sitten verstößt lediglich, wer dabei eine Erektion bekommt.

Wir halten das Tabu, einen leibhaftigen Phallus öffentlich herzuzeigen, für eine sinnvolle Vereinbarung, auch wenn die Aufregung, mit der oft auf einen Bruch dieses Tabus reagiert wird, etwa bei der Verfolgung von Exhibitionisten, mehr mit Sexualfeindlichkeit als mit dem Schutz von Intimitätsgrenzen zu tun hat. Aber ohne Zweifel ergibt sich aus diesem Tabu für Männer eine paradoxe Situation. Ihre sexuelle Erregung ist durch eine Erektion deutlich sichtbar, aber in vielen Situationen wäre es völlig unangebracht, dieses deutlich Sichtbare auch zu zeigen.

Den Wunsch, eine Erektion zu verbergen, kennt jeder Mann, insbesondere aus seiner Jugendzeit. «Ich hatte unheimlich oft einen Ständer, wenn ich keinen haben sollte», erzählte uns ein Mann. «Manchmal war das ein richtig subversives und schönes Geheimnis, zum Beispiel im Unterricht. Du guckst ganz treu und aufmerksam den Lehrer an, und in deiner Hose bebt es. Tolles Gefühl. Bei anderen Gelegenheiten dachte ich, wenn jetzt einer sieht, daß ich eine Erektion habe, dann falle ich augenblicklich tot um. Oder ganz banal. Ich wußte oft nicht, wohin mit meiner Morgenlatte. In der Tür stand meine Mutter: ‹Jetzt steh endlich auf, es ist Zeit.› ‹Sofort, Mama, gleich.›»

Der tolle Busen und der einladende Ausschnitt der Verkäuferin im Bäckerladen, der Geruch der Mutter eines Freundes, der zufällige und doch nicht zufällige Blick unter den Rock der Cousine, die Augen der gertenschlanken Englischlehrerin, der irritierend schöne Po des besten Freundes: es gibt viele verbotene Früchte, die Jungen und junge Männer zumindest so begehren, daß sie auf der Stelle eine Erektion bekommen. Auch zu passenden Gelegenheiten kann eine Erektion ein ungeschütztes und bisweilen riskantes Zeichen sexuellen Interesses sein. Darf und soll das Mädchen beim Bluestanzen die Erektion des Jungen spüren?

Lediglich ein einfallsloser Mann wird sich mit einer Erektion immer nur toll und potent fühlen. Ein Phallus kann bei einer Frau Begeisterung und sexuelle Lust, aber ebenso Schrecken, Widerwillen, Ablehnung oder Gleichgültigkeit hervorrufen. Auch der prächtigste und stolzeste Phallus guckt ziemlich dumm aus der Wäsche, wenn er nicht auf Gegenliebe stößt – und weitab von der klischeehaften Verallgemeinerung vom gewalttätigen Angreifer oder begehrenden Eroberer wollen die meisten Männer mit ihrer Sexualität angenommen werden: Sie wollen gewollt werden.

Von vielen Autorinnen und Autoren wird der Phallus als Symbol männlicher Herrschaft beschrieben. Das Tabu, ihn öffentlich zu zeigen, sei ein besonders perfider Herrschaftsmechanismus. «Dieser lustige Zipfel», schreibt Mathias Frings (1982), «eignet sich schlecht zum Wappentier. Was also tun? Der Schwanz wurde überhöht zum Phallus, sein Auftrittsverbot in natura geriet zum endgültigen Beweis seiner Herrschaft.» Dies «herrenlose Ding, von niemandem geliebt und begriffen», müsse «eine ganze Kultur tragen» (S. 182).

Der Phallus als geheimes Firmenlogo des Patriarchats?

Wir bezweifeln, ob diese Theorie viel erklären kann. Männer üben auch mit ihrem Phallus Gewalt aus. Aber eine «phallokratische» Gesellschaft? Was ist das? Und wie paßt dieses Bild damit zusammen, daß die Theorie vom Penisneid inzwischen rundweg abgelehnt und nur noch als Treppenwitz der Psychoanalyse gehandelt wird? Gibt es nicht weitaus geeignetere Symbole männlicher Herrschaft als ausgerechnet den unzuverlässigen Phallus? Wie wäre es, um nur mal bei dem Buchstaben ‹P› zu bleiben, mit Portemonnaie, Panzer, Parteivorsitz und Priesterrock?

Daß der Phallus letztlich ein unzureichendes Instrument ist, um Herrschaft auszuüben, stellen Männer spätestens daran fest, daß sie nicht immer genau in dem Moment eine Erektion haben können, in welchem sie eine haben möchten oder meinen, eine haben zu müssen.

Das entscheidende Problem besteht darin, daß ein Mann lediglich seinen BMW und seinen Dobermann, nicht aber seinen Phallus beherrschen kann. Insofern symbolisiert der Phallus nicht Herrschaft, sondern deren genaues Gegenteil, auch wenn viele Männer anders empfinden. Der Phallus steht für das Unbeherrschbare und die Sinnlosigkeit aller Anstrengungen, ihm Kunststücke beibringen zu wollen.

Der Phallus ist «eine angemessene Metapher für das Unbewußte und insbesondere für die männliche Erscheinungsform des Unbewußten», schreibt der Jungianer Eugene Monick (1990) in seinem Buch «Die Wurzeln der Männlichkeit» (S. 18). Der immer wieder unternommene Versuch, den Phallus zum stabilen Leistungsträger oder zum Instrument der Herrschaft hochzujubeln, ist vor allem anderen eine psychische Abwehrleistung: Gegen die Einsicht nämlich, daß die eigene phallische Kraft vielleicht wunderschön, aber durchaus nicht selbstverständlich, zuverlässig zu bemessen oder gar zu kontrollieren ist.

Ein Dreißigjähriger erzählte uns folgende Geschichte: «Ich hab mal nachgemessen. Mehr so aus Übermut, wie in der Pubertät. Es klingt albern, aber im nachhinein betrachtet war das gar nicht so schlecht. Also mein erigierter Penis war in etwa so groß und so dick, wie es im Lehrbuch steht, irgendwie normal. Also wie bei den meisten. Der hat sich für Phantasien von Größe oder Unzulänglichkeit nicht sonderlich angeboten. Also es war beruhigend und gleichzeitig ein bißchen schade.»

Seine Meßaktion erbrachte eine wichtige Erkenntnis: «Einige Zeit später fiel mir auf, daß ich ein ganz wechselhaftes Verhältnis zu meinem erigierten Penis habe. Mal finde ich ihn eher mickrig und ein anderes Mal total toll und beeindruckend. Warum das so ist, steht aber nicht auf dem Lineal.»

Der Phallus symbolisiert für viele Männer ihre Männlichkeit an sich. Er steht für die gelebten und für die ungelebten Möglichkeiten eines Mannes. Dafür, wie sein kann, was in ihm steckt. Ist das Leben vor allem anderen anstrengend, so wird auch der Phallus in erster Linie tüchtig und leistungsfähig sein müssen. Hat ein Mann Freude an seinem Leben, so wird er seinen Phallus lebendig und neugierig finden.

Eine Erektion ist nach unserer Ansicht ein ziemlich zauberhafter Vorgang. Ohne Beteiligung des Bewegungsapparates und ohne bewußte Kontrolle verändert eine Erektion in kurzer Zeit Aussehen, Form und Größe eines psychisch hochbesetzten Körperteils. Eine Erektion ist ein außergewöhnlicher körperlicher Zustand, für den es in der Natur des Menschen kaum etwas Vergleichbares gibt. Den Phallus gibt es im Normalfall nicht, er ist die Exponierung, die überraschende Ausformung des Normalzustandes. Er entsteht, wächst und vergeht wieder. Die Kraft und Vitalität, die er repräsentiert, ist, wie das meiste andere im Leben auch, von vielerlei Umständen abhängig. Man könnte auch formulieren, daß der Phallus ein sehr realistisches und außergewöhnlich menschenfreundliches Abbild männlicher Existenz ist.

Gleichzeitig ist er wie geschaffen für Phantasien von

Größe und Pracht. Nicht nur seine große sexuelle Empfindsamkeit macht den Phallus zum männlichen Fantasy-Helden. Es gibt einfach keine schönere Methode, über sich selber hinauszuwachsen. Alles, was ansonsten durch die Verhältnisse eingezwängt wird oder durch die besonderen Umstände schlaff herumhängt: im Phallus zeigt (und im Koitus bewährt) es sich. Daß aus Clark Kent Superman wird, stimmt nie und nimmer. Das steht nur im Comic-Heftchen. Aber aus dem Penis wird ein Phallus. Ungelogen, ein wirklicher Wahnsinn.

Über sich selber hinauswachsen: Was würde eigentlich ein Sexualtherapeut, der am praktischen Wohlergehen seiner Klienten interessiert ist, zu solchen Potenzphantasien sagen? Wahrscheinlich würde er als erstes freundlich den Kopf wiegen und zum Ausdruck bringen, daß uns da etwas sehr Schönes eingefallen sei. Ausgesprochen bewegend. Dann würde er vorsichtig zu bedenken geben, daß wir dem erigierten Penis eine wirklich große Aufgabe übertragen hätten. Für den sei es bestimmt nicht leicht, im Schlafzimmer alleweil die psychische Repräsentanz des Mannes zu übernehmen. Genauer formuliert, der kraftvollen, selbstgewissen und fröhlich schenkenden Teile seiner Seele. Ob es da nicht mal zu Klagen gekommen wäre? Und wenn der Sexualtherapeut dann auch noch Spaß am Blödsinn hätte, dann würde er vielleicht weiterfragen, was wohl die anderen dazu sagen: «Haben sich die Knie schon mal an der Diskussion beteiligt? Und was meint die Milz zu dem Ganzen?»

Solche Fragen sind keineswegs dumm. Ob ein Mann ein richtiger Mann ist und ein guter Liebhaber, ob er seinen Körper spürt und mit sich im reinen ist, ob er den eigenen Erwartungen und denen seiner Partnerin gerecht wird – auf all diese Fragen soll der Phallus eine Antwort geben: Ein wirklicher Wahnsinn. Man könnte auch so sagen: Viele Männer lassen ihren Phallus ziemlich hängen und wundern sich noch nicht einmal darüber, wie ordentlich er ihnen dennoch steht.

In vielen Geschichten (zum Beispiel in dem Film «Er und Ich» von Doris Dörrie) erscheint der Phallus als eigenständige Person. Er ist ein geiler, frecher und unbekümmerter Typ, der dem dazugehörenden, eher zögerlichen und übervernünftigen Mann zeigt, wo es langgeht. Der zur Person gewordene Phallus, man könnte auch sagen, die phallische Identität des Mannes, agiert in solchen Geschichten regelmäßig als Draufgänger und Raufbold, während das dazugehörige Ich fast durchgehend als Flasche skizziert wird. Seltsam, daß wir uns den zum Phallus gewordenen Mann nur als Raubritter oder Musketier vorstellen können, der niemals müde wird oder bedürftig, niemals schmusig oder still.

Und wehe, der Held versagt! Dann hat der unbekümmerte Abenteurer unverzüglich ausgespielt. Dann werden andere Saiten aufgezogen! Ab sofort hat er den Ernst der Lage zu erkennen und muß fighten bis zum Umfallen. Wenn überhaupt, dann darf er nur noch über den Kampf zum Spiel finden. Männer können ausgesprochen grob und herzlos mit ihrem Penis umgehen, Primärhänger, Funktionsstörung, Schlappschwanz: Fast immer wird der Penis vom unerbittlichsten Teil des männlichen Über-Ichs unter die Knute genommen, von einem Schleifer sozusagen, der weder Humor noch Freundlichkeit kennt.

Die ausschließliche Konzentration auf den Phallus erschwert den Zugang zu anderen wichtigen Aspekten der Sexualität. Drei dieser Aspekte sollen hier ausschnitthaft angesprochen werden: die Wonnen der Liebe, die Körperlichkeit und das innere genitale Erleben.

Die Wonnen der Liebe

Altmeister Casanova hat nach eigenen Angaben in seinem Leben mit mehreren hundert Frauen geschlafen. Einhundertsechzehn davon erwähnt er namentlich in seinen Memoiren. Auf den ersten Blick wirkt das Resümee seiner tatenreichen Sexualbiographie fast selbstlos und frauenfreundlich, bei näherem Hinsehen aber eher betrübt: Die meiste Lust, die er erlebt habe, sei wohl die gewesen, die er seinen zahlreichen Partnerinnen bereitet habe. Mit zunehmendem Alter wurde Casanova, was Wunder, immer griesgrämiger. Als er die Vierzig überschritten hatte, begann er Pornos zu sammeln. Einmal fand er in reifen Jahren in einem Hotelzimmer, in dem er vor langer Zeit eine Nacht mit einer gewissen Henriette verbracht hatte, einen in den Fensterrahmen eingeritzten Spruch der ehemaligen Geliebten: «Du wirst auch Henriette vergessen». Darüber kam er heftig ins Grübeln, und das Ergebnis seines angestrengten Nachdenkens vertraute er natürlich seinen Memoiren an: «Was mich erschreckte, war, zugeben zu müssen, daß ich nicht mehr dieselbe Potenz besitze» (vgl. Eugen Fine 1990, S. 36).

Diese kleine Szene nachzuempfinden, tut richtig weh. Offenbar war Casanova bei der Liebe vollkommen allein gewesen, allein mit seinem erst so fulminanten und schließlich enttäuschenden Zauberschwert. Er brauchte Henriette gar nicht zu vergessen, weil er überhaupt nichts von ihr (mit)bekommen hatte. Casanova war viel zu sehr mit sich und seinem phallischen Narzißmus beschäftigt, um die Wonnen der Liebe spüren zu können. So viele Frauen er auch aufriß und so geile Nummern er zustande brachte: eigentlich war das alles für die Katz.

Körperlichkeit

Viele Männer haben zu ihrem Körper ein instrumentelles Verhältnis. Sie kennen, achten und umsorgen ihren Körper zuwenig. Wenn man Männer zum Beispiel fragt, wie empfindsam ihre Brust ist, dann bekommt man oft folgende Antwort: «Weiß ich nicht genau. Ich kenn mich besser mit Frauenbrüsten aus.»

Männer, die es gewohnt sind, ihren Körper ausschließlich als Instrument ihrer Aktivität anzusehen, stellen in der Sexualität fest, daß sie dabei nur über wenige Aktivposten verfügen: ihre Hände, ihren Mund, ihren Penis. Mit dem seltsamen Rest kann Mann nicht viel machen. Die Haut zum Beispiel kapiert einfach nicht, was Manneskraft ist. Vielen Männern mangelt es vor allem an einem liebevollen und sanften Zugang zu ihrem Körper.

Einen Mann dazu aufzufordern, seinen eigenen Körper liebenswert zu finden, ist wahrscheinlich Unfug. Derartiges kann niemand auf Kommando. Allerdings könnte es für Männer hilfreich sein, ihrem gesamten Körper mehr wohlwollende Aufmerksamkeit und Beachtung zu schenken. Es hört sich banal an, aber wir meinen tatsächlich den Hals und die Füße, den Bauch und die Arme, die Nase und den Po.

Auch im Alltag spüren Männer häufig ihren Körper zu wenig. Die Sexualität ist dann überfordert, wenn sie als einziger Lebensbereich dafür Sorge tragen soll, daß Mann seinen Körper wohl-fühlt, ebenso wie ein Phallus überfordert ist, einem Mann körperliche Sensationen zu verschaffen, der den Rest seines Körpers beharrlich durch Mißachtung straft.

Phallozentrismus ist harte und häufig ziemlich entfremdete Arbeit. Sexualität wird dann nicht mehr als Quelle von Kraft erlebt, sondern als Zwang, Kraft in Leistung umzusetzen. Nicht nur dem Phallus, sondern auch dem Rest vom Mann mehr Aufmerksamkeit zu widmen, kann nach der Erfahrung vieler Sexualtherapeuten dabei helfen, aus der Knochenmaloche wieder ein Spiel zu machen, in dessen Zentrum wahrscheinlich irgendwann wieder der Phallus stehen wird, aber nicht als Leistungsträger, sondern als Mittelpunkt der Lust.

Inneres genitales Erleben

Häufig verbirgt sich hinter der Überbetonung des Phallus nicht nur ein unzureichender Kontakt zu der sexuellen Empfindsamkeit anderer Körperregionen, sondern ebenso ein schwieriger, verstellter Zugang zur eigenen «inneren» Genitalität.

Wir haben in unseren Interviews Männer gefragt, ob sie es nicht spannend fänden, so als verrückte Idee, einmal eine Frau zu sein. Häufig bekamen wir Antworten wie diese: «Eigentlich nicht. Außer, daß ich gerne einmal wüßte, wie Frauen Sexualität erleben. So innen drin, meine ich. Die können so richtig weg sein.»

Einige Mitarbeiter des Göttinger Männerbüros veranstalten sexualpädagogische Seminare mit männlichen Jugendlichen. Sie erzählten uns, daß sie die Jungen auf Tapeten ihre Körperumrisse malen lassen. Sie fordern die Jungen auf, die Körperumrisse auszufüllen. Ihre primären und sekundären Geschlechtsmerkmale können sie gut darstellen, den Penis, ihre Hoden, Muckis, Barthaare usw. Der Penis fällt allerdings oft viel zu groß oder viel zu klein aus. Äußerst schwierig wird es, wenn die Jungen ihre inneren Sexualorgane einzeichnen sollen: «Da fehlen viele Informationen, und das Ganze scheint auch unangenehm zu sein» (Ralf Ruhl, persönliche Mitteilung).

Ein anderes Beispiel: In Pornofilmen gehört es zu den eisernen Regeln des Genres, daß der Samenerguß des Mannes außerhalb der Vagina der Frau stattzufinden hat. Kurz vor seinem Erguß lächelt der Mann mit seiner ejakulierenden Schwanzspitze in die Kamera. Die Priorität gilt nicht dem sinnlichen Gefühl, den Höhepunkt der Lust geborgen in der Vagina der Frau zu erleben, sondern dem nach außen deutlich sichtbaren Potenzbeweis – der um so gelungener ausfällt, je kräftiger und weiter eine möglichst große Menge an Ejakulat herausgeschleudert wird. Der Orgasmus des Mannes, so lehrt uns zumindest die Pornographie, kommt vorne heraus, während der Orgasmus der Frau auf seltsame Weise in ihrem Körper zu verschwinden scheint.

Die pornographische Inszenierung, die den männlichen Orgasmus zwar einsam, aber heroisch in die Welt hinausfliegen läßt, kommt vielen Männern entgegen. Daß ihre sexuellen Erregungsabläufe zu einem großen Teil im Körperinneren stattfinden, scheint sie so zu irritieren, daß sie das «Innendrin» ausschließlich als Sache der Frau ansehen. Damit, so meint die Psychoanalytikerin Marina Gambaroff (1990), wehrten sie eigene Ängste und Sorgen ab: «Die konstante Beschäftigung des Mannes mit dem ‹Rätsel Frau› (ist) vor allem eine entlastende Ablenkung von seinem eigenen rätselhaften Inneren» (S. 152). Ein Mann, der sich in seiner sexuellen Identität ausschließlich über seine Phallizität definiere und keine körperliche und emotionale Durchlässigkeit für seine innergenitalen Zonen entwickele, sei ein um seine volle Männlichkeit gebrachter Mann.

Allerdings verstößt ein Mann, der auf die «entlastende Ablenkung» verzichtet und seine Aufmerksamkeit auf sein inneres Erleben richtet, deutlich gegen die Rollenerwartung, in der Sexualität aktiv und nach außen gewandt zu sein. Ihm kann es dann durchaus passieren, daß «das Rätsel Frau» sich abgelehnt fühlt und ziemlich irritiert oder beleidigt reagiert.

Der ausschließliche Blick auf die Pracht und Tüchtigkeit des Phallus verstellt den Zugang zu inneren Vorgängen. Der Samen wird in den Hoden produziert, die Samenflüssigkeit in der Prostata und einigen weiteren Drüsen. Das Ejakulat kommt tief aus dem Körperinneren. Durch Kontraktionen im Prostatabereich, des Beckenbodens und des Schließmuskels wird es aus der Samenblase herausgeschleudert. Der Phallus, der vermeintliche Held der ganzen Aktion, ist im Grunde nur so etwas wie eine lustvolle Durchgangsstation. Die Energie eines schönen Orgasmus pflanzt sich beim Mann genauso ins Körperinnere fort wie bei einer Frau.

Wie sehr ein Mann dazu neigt, inneren Vorgängen skeptisch gegenüberzustehen und ihnen einen aktiven, nach außen gewandten Ausdruck zu geben, zeigt sich zum Beispiel an seinem Umgang mit seinen Hoden und seinem Samen. «Ich erinnere mich an einen Bekannten», schreibt Tor Norretranders (1982), «der seine sexuellen Aktivitäten immer mit den Worten begründete: ‹Ich muß das Zeug ja schließlich loswerden.› Wie man sein Wasser abschlägt und auf der Toilette sein Geschäft erledigt» (S. 28).

Die Vorstellung, das «Zeug» regelmäßig ausscheiden zu müssen, weil es sich sonst schmerzhaft staut wie die Autos hinter der Unfallstelle, ist weit verbreitet – verbreiteter jedenfalls als ein gefühlsmäßiger Zugang zu der Tatsache, daß im Inneren des Mannes ständig fruchtbare Samenfäden heranreifen. In der Phantasie werden die männlichen Hoden deshalb häufig nicht als Ort angesehen, wo die männliche Fruchtbarkeit wohnt, sondern als Power-Station für die nach außen gewandte Manneskraft, sozusagen als Akku für den Phallus und die männliche Durchsetzungsfähigkeit.

«Um sich wirklich lange im Grenzbereich zwischen Leben und Tod aufhalten zu können», erzählte uns der ehemalige Formel-1-Pilot Niki Lauda einmal in einem Gespräch über Männlichkeit, «braucht ein erfolgreicher Rennfahrer vor allem eines: big balls.»

Kraft ist – physikalisch gesehen – Masse mal Beschleunigung. Wenn es denn stimmte, daß die Manneskraft im Hoden gemacht wird, dann hätte Niki Lauda wohl recht. Dann könnte ein Mann mit dieser Kraftformel und «big balls» tatsächlich sehr schnell im Kreis herumfahren und ein toller Rennfahrer sein.

Männliche Potenzphantasien sind äußerst doppelbödig. Das zeigt sich auch daran, daß die Hoden nicht ohne Grund als jene Stelle des männlichen Körpers gelten, die am verletzlichsten ist.

Ein wahres Schattendasein führt die Prostata, ein vollständig im Körperinneren liegendes männliches Sexualorgan, dessen Existenz meistens nur dann wahrgenommen wird, wenn irgend etwas daran nicht funktioniert: «Die Prostata, darüber spricht man nicht – allenfalls als Männerkrankheit» (Elmar Kraushaar 1986, S. 247). Die Prostata scheint von vielen Männern für ein mehr oder weniger überflüssiges Organ gehalten zu werden. Gleichzeitig wird sie als potentielle innere Schwachstelle phantasiert, ein Verschleißteil, das sich im Alter melden wird, wenn nicht nur die Liebe, sondern auch das Wasserlassen manche Mühe zu bereiten droht. Daß die Prostata für sexuelle Reize äußerst empfänglich und durch den Anus, zum Beispiel für einen Zeigefinger, gut zu erreichen ist, wird lediglich hinter vorgehaltener Hand als seltsamer Geheimtip gehandelt.

Oder als Tip vom anderen Ufer, pfui Teufel! Analverkehr gehört zwar durchaus zu den Praktiken homosexueller Paare oder steht zumindest auf vielen männlichen Wunschzetteln. Aber die Vorstellung, selber einen Penis im Anus zu fühlen, versetzt viele Männer in Schrecken. Die gängige Erklärung hierfür lautet, daß heterosexuelle Männer abwehrend auf die Vorstellung reagieren, in der Sexualität eine feminine, passive Rolle einzunehmen. Für die massive und oft haßerfüllte Ablehnung des passiven Parts beim Analverkehr scheint uns ein anderer Hintergrund ebenfalls von Bedeutung zu sein: Die Vorstellung, einen Sexualpartner in sein Körperinneres zu lassen und in seinen Körperinneren sexuell erregt zu werden, macht angst.

Der Ziegenbock im Unterrock

Ansichten über den Trieb des Mannes

«Unserem Begehren fehlt nun einmal die wissende Musik.»

(Jean Arthur Rimbaud)

«Männer wollen immer nur das eine.» Dieser schlanke Satz reicht auch heute noch aus, um das in unserer Gesellschaft vorherrschende Bild der männlichen Sexualität zusammenzufassen. «Das eine» scheint dabei etwas ziemlich Unanständiges zu sein. Natürlich wollen die Frauen auch «das eine» – aber doch nicht immer und nicht nur!

Daß ihr sexuelles Begehren in Wirklichkeit minderbemittelt, banal und gewalttätig sei, braucht man in unserer Kultur Männern nicht ausdrücklich zu sagen. Dieses Urteil ist so tief in das Bewußtsein eingegraben, daß man darüber keine Worte zu verlieren braucht.

Männer sind wie Ziegenböcke. Sie interessieren sich für die CD-Sammlung ihrer Auserwählten ebensowenig wie für deren schwierige Kindheit. Sie schenken Wein nach und lächeln verträumt, derweil sie an Fellatio und andere Sauereien denken. Schon bei der Anbahnung eines ersten Kontaktes wird vom Mann erwartet, daß er selbstbewußt und mit strategischer Sicherheit die Initiative ergreift, obwohl er sich in einer typischen *double-bind*-Situation befindet.

Daß sein Werben um die Schöne am Tresen eindeutig und ausschließlich sexuell motiviert ist, gilt als ausgemachte Sache. Gleichzeitig wird dieses vermutete Motiv in der Regel sehr gering geachtet. Trotzdem muß ein werbender Mann das eine wollen, egal ob er es will oder nicht. Ob er ein respektvoller, menschlich akzeptabler und spannender Sexualpartner sein kann, zeigt sich im Verlauf des Abends vor allem daran, wie er zu verbergen versteht, worauf er nach allgemeiner Auffassung aus ist.

Die Situation ist für einen Mann heute insofern schwieriger geworden, als er Gefahr läuft, wegen seines «dummen Sexismus» oder seiner «dämlichen Anmache» attackiert zu werden.

In einem Seminar baten wir Männer zwischen 25 und 40, die klischeehafte Situation mit der Schönen am Tresen durchzuspielen. Die anschließende Auswertung ergab das altbekannte Muster. Alle Männer meinten, daß sie eigentlich in der Lage sein müßten, locker, souverän und witzig Kontakt aufzunehmen. Gleichzeitig befürchteten sie, als «Schleimer, geiler Bock» o. ä. abgelehnt zu werden oder aus anderen Gründen einen Korb zu bekommen. Egal wie sie sich verhalten würden, die Niederlage wäre schon vorgezeichnet. Nichts zu tun, also die spannende Frau einfach ihr Bier trinken und die Gelegenheit verstreichen zu lasenn, würde bedeuten, als Mann versagt zu haben. Von 18 Männern klagten andererseits 17 darüber, daß ihnen die Fähigkeit und der Mut zur offensiven Kontaktaufnahme weitgehend abgingen, zumal die Angst, aufdringlich und grenzverletzend zu wirken, sehr groß war. Wir einigten uns in diesem Seminar mit viel Spaß darauf, allesamt Versager zu sein. Wir fanden, daß so viele Versager auf einem Haufen gar nicht verkehrt liegen können.

Daß es einem Mann im Grunde tatsächlich von Anfang an nur um das eine gegangen ist, scheint spätestens auf dem

Heimweg deutlich zu werden. Mögen sich insgeheim alle beide auf die Knutscherei an der Haustür oder auf die Verabredung nur zum Kaffee gefreut haben, so ist es nun an ihm, ihr zuerst wer weiß wohin zu fassen. Die eindeutige Sexualisierung einer Situation ist auch heute noch die Aufgabe des Mannes. Ausnahmen sind zu selten, als daß sie die Regel nicht immer noch bestätigen würden. In dieser Anordnung trägt die Frau das Risiko, daß ihr etwas Unerwünschtes geschieht, während der Mann befürchten muß, etwas Unerwünschtes zu tun.

Im allgemeinen Sprachgebrauch wird die sexuelle Annäherung an eine Frau als Eroberung bezeichnet, mit einem Begriff also, der eindeutig aus dem Krieg stammt. Der Mann greift an, die Frau verteidigt. Ob er sie dabei frontal attackiert oder in einer Art freundlicher Übernahme Verteidigungslinie um Verteidigungslinie überwindet, ändert nichts an dem Dilemma, daß er nicht genau wissen kann, ob er im nächsten Moment als strahlender Sieger bejubelt oder als unerwünschter Aggressor abgelehnt werden wird. Vorsichtige, ihrer Sache nicht ganz sichere Männer gehen deshalb eher Schritt für Schritt vor. Strategie und Taktik der sexuellen Kriegführung werden in vielen Aufklärungsbüchern detailliert geschildert.

Über dem Pullover sanft Busen streicheln. Bis Ende September: Zügig unter den Pullover fassen, dann unter das Hemd. Hand rechtzeitig wieder raus. Küssen. Ohrläppchen nicht vergessen! Aber nicht ins Ohr – viel zu schnell. Sanft Rücken streicheln, vorsichtig Po anpeilen. Wenn kein Widerstand: kräftig zupacken, sonst zurück zum Ausgangspunkt. Brustwarze links streifen, nur aus Versehen, dann Brustwarze rechts treffen, schon etwas mehr als nur zufällig. Feindbewegungen immer im Auge behalten, kein Aktionismus. Überraschenden Rückzug anbieten, überzeugen, daß alles nicht so gemeint ist. Voller Inbrunst linken Zeigefinger liebkosen. Dann in

Verhandlungen eintreten. Langfristige Zusammenarbeit ankündigen. Deutlich machen, daß es die Liebe ist, die ihr da in den Schritt faßt, und nicht das Begehren.

Diese Form der sexuellen Annäherung ähnelt häufig dem Versuch, alleine einen Hasen zu umzingeln, und meistens geht die Erotik an solchen Abenden ziemlich früh schlafen.

Wenn die Sexualisierung einer Situation in der Hauptsache an den Mann delegiert wird und von ihm allein verantwortet werden muß, können vielfältige Verständigungsprobleme auftreten. «Wenn eine Frau NEIN sagt, dann meint sie auch NEIN!» Diesen Satz haben Männer in den vergangenen zwanzig Jahren immer wieder zu hören bekommen. Manchmal geduldig, aber meistens voller Zorn versuchten Frauen der althergebrachten Mär zu begegnen, daß eine Frau, die NEIN sagt, in Wirklichkeit genommen werden will. Nein heißt nein – im Grunde handelt es sich bei diesem Satz um eine Parole für Doofe, die klarstellen soll, daß Frauen ebenso wie Männer ein Recht auf sexuelle Selbstbestimmung haben. Verstöße gegen dieses Recht, daran kann es keinen vernünftigen Zweifel geben, stellen Gewalt dar. Ohne Frage gibt es Neins, die nicht zu überhören oder falsch zu interpretieren sind. Ein sexueller Übergriff entsteht nicht als Folge eines Kommunikationsproblems, und eine Vergewaltigung ist kein Mißverständnis.

Aber es gibt eben auch viele kleine Neins. Nein, nicht so. Nein, nicht das. Nein, nicht jetzt, vielleicht in fünf Minuten. Nein, nicht so schnell. Nein, sag mir erst, daß du mich liebst. Nein, ich darf nicht, aber wenn du mich verführst, dann könnte es schon angehen. Nein, ich will nicht, vielleicht aber doch.

Das Nein in der Liebe ist insofern nicht nur eine selbstbewußte Grenzziehung. Es kann ein spielerisches oder kontrollierendes Gestaltungsmittel sein, um Art und Tempo einer sexuellen Begegnung mitzubestimmen. Und häufig fällt es Frauen sehr viel leichter auszudrücken, was sie nicht wollen, als offen zu sagen, was sie wollen.

Daß Männer ihrerseits in ihrer Wollust durch die Frau oder ein hohes Maß an Selbstkontrolle gebremst werden müssen, hängt mit ihrer scheinbar unbändigen Triebhaftigkeit zusammen. Im Klischee ist der Mann ein Sexomane, sein Begehren ist drängend und unerbittlich. Eine Frau darf ihn nicht zu sehr reizen, sonst reagiert er wie einst der Hund von Meister Iwan Petrowitsch Pawlow. Um die Jahrhundertwende war es eine stramme Wade, heute ist es ein trägerloses Korsagen-Top aus elastischer Spitze mit weichen Formbügeln und seitlichen Stäbchen – schon geht er ab wie ein Plastikflugzeug mit Gummimotor.

In diesem Zustand gilt der Mann übrigens als nicht ganz ungefährlich. In Vergewaltigungsprozessen kann man immer wieder verfolgen, wie die Verteidigung verdeckt oder offen dafür plädiert, dem Angeklagten als ganz normalem Mann Verständnis entgegenzubringen, weil er doch den Reizen des Opfers erlegen sei. Wenn der Mann einmal über einen bestimmten Punkt hinaus ist, hält ihn scheinbar nichts mehr auf.

Jedermann ein potentieller Vergewaltiger! Das Kränkende an dieser Parole bestand für die meisten Männer nicht darin, daß frau ihnen unisono Brutalität und sexuelle Gewalt zutraute, sondern in der Tatsache, daß damit eine vernichtende Aussage über den grundsätzlichen, den «eigentlichen» Charakter der männlichen Sexualität getroffen wurde: Wenn dem geilen Bock die Kreide ausgeht, dann entpuppt er sich als Wolf. Und der frißt die Ziege nicht einmal aus besonderer Bosheit heraus auf, sondern weil es seiner Natur entspricht.

Dem im Prinzip gewalttätigen Sexus des Mannes steht der gänzlich andersgeartete Sexus der Frau gegenüber. Der

Sexualwissenschaftler Gunter Schmidt (1986) beschreibt, welche Bilder sich aus der Spaltung männlicher und weiblicher Sexualität in polare Gegensätze ergeben: «Männliche Sexualität ist dann triebhaft, gewalttätig, rücksichtslos, peniszentriert, ein Vehikel für Machtausübung und Unterwerfung; weibliche Sexualität ist dagegen sanft, liebevoll, personen- und liebesorientiert, ganzkörperlich, friedfertig, eine Möglichkeit zu Nähe und Austausch. Spitzt man diese Bilder zu, so wird Vergewaltigung zum Paradigma männlicher, Zärtlichkeit zum Paradigma weiblicher Sexualität» (S. 140).

Nach dieser Vorstellung existiert die Sexualität quasi in zwei Ausfertigungen, einer bösen männlichen und einer guten weiblichen. Im Mittelpunkt dieser Aufspaltung steht nicht mehr die Analyse gesellschaftlicher Gewaltverhältnisse, sondern das vermeintliche Wesen, die Natur der Geschlechter: Männer und Frauen sind ganz, ganz verschieden. Die Hormone, die Gehirne, die Gestirne – alles ist anders. Die Gebärfähigkeit der Frauen und die Muckis der Männer trennen die Geschlechter ebenso wie die frühe Kindheit und die Frühgeschichte der Menschheit. Und Yin und Yang und überhaupt: Manchmal wundert man sich, daß Mann und Frau überhaupt noch den Weg ins selbe Bett finden.

Bei dieser «falschen Dichotomie von Gut und Böse» (ebd.) verlieren beide Geschlechter, weil dadurch letztlich die Sexualität selber aufgespalten wird, obwohl sie im Kern immer beides ist: sozial und egoistisch, zärtlich und aggressiv, hingebungsvoll und begierig.

Natürlich ist es nicht leicht, mit der Überzeugung zu leben und zu lieben, daß der Mann seinem sexuellen Wesen nach ein Ziegenbock und die Frau eine Anemone ist. Wiederum helfen Aufspaltungen dabei, dem ambivalenten Charakter der Sexualität zu entgehen, deren verschiedene

Aspekte nicht nur den Geschlechtern, sondern darüber hinaus offenbar grundverschiedenen Sorten von Menschen zugeordnet werden: Frauen werden zu Heiligen oder Huren, Männer zu anständigen, sanften Partnern oder eben zu richtigen Männern.

Der mustergültige Gegenentwurf zum Sexmaniac mit Überdruck lautet: «Mein Freund ist rücksichtsvoll, zärtlich, geduldig» (Asta Scheib 1992, S. 79). Einer der ersten Softies wird in Franz Schuberts «Ständchen» besungen. Voller Inbrunst flehen seine leisen Lieder die Liebste in den Hain hernieder. Am Schluß kann er kaum noch an sich halten, aber er reißt sich zusammen: «Bebend harr' ich Dir entgegen, komm' beglücke mich, komm' beglücke mich». Die Romantik stellte den Mann nicht als getriebenen Sexbolzen dar, sondern als jemanden, der vor Sehnsucht vergeht, aber auf die Erfüllung seiner Wünsche warten kann.

Ein Auslaufmodell – denn neuerdings werden in den Frauenzeitschriften wieder munter die Kleider vom Leib gerissen. Unbändige richtige Männer fallen über ihre Gattinnen her, kaum daß sie die Aktentasche abgestellt und ihr Jackett auf einen Bügel gehängt haben. *«Nach faden Sexzeiten steht den Frauen der Sinn nach Deftigem»*, befindet zum Beispiel Eva Gesine Baur in «Elle». *«Dirty Sex»* ist angesagt. *«Der Typ stinkt nach Whisky und Zigarillos, hat manchmal Ränder unter den Achseln. Einer, der, statt emsig nach ihrem G-Punkt zu forschen, heftig zulangt. Ihre Nylons zerreißt, ihr Make-up verschmiert, ihren Mund so naß küßt, daß er wund wird. Und es manchmal keuchend und triefend in Missionarsstellung mit ihr treibt.»*

Der *«Dirty Lover»* macht dreckige Witze und hat *«das ganze Vokabular drauf, was nach Gosse riecht»*. Der klitorale Orgasmus wird als langweiliger Ringelpiez mit Anfassen entlarvt: *«Da wurden Stellungen geübt, die im Sinne der Gleichstellungsstelle waren. Da wurde das stunden-*

lange Vorspiel zur Pflichtfingerübung für moderne Männer erklärt. Es war denn auch so lustig wie eine Klavieretüde von Czerny. Und mindestens so lang, denn der Quickie ist uns ja vergrault worden. Aber keine Angst, auch er kommt wieder. Und zwar gewaltig» («Elle» 9/92, S. 84).

Seife ist also wieder out, Fingerspitzengefühl mega-out. In ist die Begierde und mega-in natürlich die unersättliche Begierde: der Ziegenbock ohne Unterrock.

Nichts gegen sexuelle Phantasien, auch nichts gegen einen Quickie und Keuchen und Triefen! Sogar das Zerreißen von Nylons kann Spaß machen, selbst wenn es auf die Dauer etwas teuer kommt. Und wer wundgeküßte Münder mag, warum nicht? Aber dieser Trend verändert nicht die sexuelle Arbeitsteilung zwischen den Geschlechtern. Uns scheint beim Lesen solcher Phantasien, als wollten anständige Frauen auf der Sau reiten, die die Männer überlieferterweise in sich tragen und neuerdings wieder herauslassen sollen.

Der Softie als Un-Mann, der reißende Wolf als zerstörender Vergewaltiger und der Dirty Lover als netter Vergewaltiger von nebenan: Alle diese Bilder kreisen um ein Thema. Sie variieren das uralte Motiv der wilden Triebhaftigkeit des Mannes, die es zu kontrollieren, zu fürchten oder zu nutzen gilt.

Wir haben aber keine Lust, kontrolliert, gefürchtet oder genutzt zu werden! Ist das naiv? Vielleicht. Das Motiv der wilden Triebhaftigkeit des Mannes läßt sich scheinbar mühelos aus der Realität ableiten. Viele Männer erleben ihre Sexualität so, wie es dem Klischee entspricht. Sie haben das Gefühl, von einem «Trieb» regelrecht überrollt zu werden. Zu Anfang der Pubertät haben sie vielleicht versucht, gegen die Masturbation anzukämpfen. Der Kampf gegen die eigene Lust hatte nicht nur mit Schuldgefühlen zu tun, die ihnen jemand eingeredet hatte, sondern war auch ein

Versuch, der plötzlich so drängenden Begierde Herr werden zu können. Dahinter stand der Wunsch, sich seiner Erregung nicht hilflos ausgeliefert zu fühlen, sondern bewußt damit umgehen zu können. Im Kontakt mit Mädchen machten sie die Erfahrung, daß ihre Lust meistens schneller und drängender zu sein schien als die ihrer Partnerinnen. Sie übernahmen den Part, die Knutscherei zu beschleunigen, während die Mädchen eher dafür sorgten, das Ganze langsamer zu machen. In Gesprächen mit Gleichaltrigen lernten sie, daß junge Männer offenbar sehr viel mehr von sexuellen Wünschen beherrscht sind als junge Frauen, weil sie offener, zotiger und direkter darüber redeten. An jedem Kiosk war anhand vieler nackter Frauen zu sehen, daß sich die Veröffentlichung von Sexualität vor allem an Männer richtet. Männer, so war zu hören und auszuprobieren, kauften Sexualität. Am Ende der Pubertät hatte sich erwiesen, daß das Bild vom triebhaften Mann der Wirklichkeit zu entsprechen schien.

Allerdings ist der Zusammenhang zwischen der Wirklichkeit und den Bildern, mit denen wir versuchen, sie zu beschreiben, in etwa so kompliziert wie der zwischen Henne und Ei. Oft stammen die Bilder nicht nur aus der Wirklichkeit, sondern sie stellen gleichzeitig die Wirklichkeit her. So lassen sich die hier geschilderten Pubertätserfahrungen nicht nur als überzeugende Hinweise auf die drängende Triebhaftigkeit des Mannes, sondern eben auch anders deuten:

Je weniger ein Mann es aushalten kann, sich ausgeliefert zu fühlen, um so eher wird er seinen rebellierenden Phallus für einen Fremdling halten, für einen Triebtäter, den er wie einen Feind zu beherrschen lernen muß. Je bedrohlicher es für einen Mann ist, langsamer und vorsichtiger zu sein als eine Frau, um so mehr Einsatz wird er zeigen, die Inszenierung einer sexuellen Begegnung aktiv zu steuern. Je fremder und irritierender ihm seine eigene Erregung ist, um so mehr wird er sich auf seine Partnerin konzentrieren. Je schwerer es ihm fällt, sein sexuelles Begehren wohlwollend in seine Gesamtpersönlichkeit zu integrieren, um so mehr wird er möglicherweise in der Öffentlichkeit seine Geilheit zur Schau stellen und der allgemeinen Bewertung unterziehen. Je größer seine Angst ist, ohne eingebaute Sicherungen sexuell einer Frau zu begegnen, um so verständlicher wird er es finden, eine Frau und ihre Sexualität einfach zu kaufen.

Sexualität macht nicht nur Spaß, sie fordert auch eine Menge. Viele dieser Anforderungen scheinen mit dem in unserer Kultur vorherrschenden Konzept souveräner Männlichkeit nur schwer zu verbinden zu sein. Die Abspaltung des männlichen Begehrens, seine Ausbürgerung aus der Sippe der menschlichen Empfindungen, verschleiert diesen Zusammenhang ebenso, wie sie mithilft, ihn immer wieder aufs neue zu konstituieren.

Das Diktat der Kurven

Männliche und weibliche Erregung

> «Eine Frau muß fühlen lernen. Der Gatte ist der Lehrer. Und ein Lehrer muß an erster Stelle über Geduld und Selbstbeherrschung verfügen. Das sind zwei Eigenschaften, die der Mann in einer akuten Periode seines geschlechtlichen Lebens nicht leicht aufbringt.»
>
> (Theodor van de Velde, 1926)

Nicht nur die sexuellen Charaktere, sondern auch die Erregungsabläufe von Mann und Frau scheinen völlig unterschiedlich zu sein. Vom Forscherduo Johnson und Masters wissen wir, daß es beim Mann immer ganz schnell geht. Seine Lustkurve geht in der «Erregungsphase» steil nach oben, verweilt nur kurz auf der «Plateauphase», um nach dem Orgasmus in der «Refraktärzeit» rapide abzusacken. Männer können bei einer sexuellen Begegnung, so die Sexualmediziner Ulrich Clement und Walter Bräutigam (1989), alle Phasen der Erregung in weniger als einer Minute durchlaufen, während das bei Frauen nicht möglich sei (vgl. S. 49). So kommt eins zum anderen und scheint nahtlos (nicht) zu passen. Die Schubladen, in denen sexuelle Reaktionen von Männern und Frauen einsortiert werden, gehen dabei allerdings mindestens so schnell auf und zu, wie Gerd Mustermann zur Sache kommt.

Männer sind schnell, Frauen sind langsam. Männer sind

schnell fertig, Frauen werden manchmal überhaupt nicht fertig. Fertig. Übersetzt in die Alltagssprache wirkt die Kurzfassung der in umfangreichen Laborversuchen gewonnenen Erkenntnisse über die unterschiedlichen Erregungskurven von Mann und Frau banal und ärgerlich. Aber darf man sich über gesicherte Ergebnisse der Sexualwissenschaft ärgern? Wir finden, man darf. Gerd Mustermann startet seine sexuellen Aktivitäten gewöhnlich im Zustand großer Vorlust. Oft hat er die Erregungsphase in seiner Phantasie schon hinter sich gebracht, bevor er überhaupt weiß, wo am BH die Haken sitzen. Spätestens mit der Erektion ertönt das Startsignal, und der Mann tut, was er von klein auf gelernt hat: Im Zustand innerer Aufregung setzt er sich in Bewegung – während seine Liebste vielleicht noch grübelt, ob sie überhaupt Lust auf eine sexuelle Begegnung hat. Was als Liebesspiel gemeint war, gerät so leicht zur Akkordarbeit. Und von der weiß man ja, daß das schönste daran das Klingeln der Stechuhr am Ende der Schicht ist. Für die Maloche selber gilt: Möglichst wenig spüren.

Andere, vom wissenschaftlich verbrieften Muster abweichende Erregungsabläufe von Männern werden häufig ausschließlich als Versagen wahrgenommen. Ein Mann hat gefälligst so zu reagieren, wie Johnson und Masters herausgefunden haben, daß er reagiert. Mancher bekommt es zum Beispiel mit der Angst zu tun, wenn seine Frau sexuell offensiv reagiert und nicht nur geduldig mit den Augen scheel zwinkert, sondern unmißverständlich deutlich macht, daß sie mit ihm *vor* und nicht nach der Sportübertragung ins Bett will. Denn nun könnten seine Erregungsabläufe anders verlaufen als nach der DIN-Norm. Vielleicht bräuchte es einige Zeit und Mühe, bis er eine Erektion bekommt. Mag sein, daß der widerborstige Gedanke an das Halbfinale zwischen Becker und Edberg ihn just während der Plateauphase ereilt und völlig atypische Reaktionen hervorruft. Möglicherweise wird ihm, dem unerwartet auserkorenen Objekt der Begierde, auch mittenmang klar, daß ihm das Stück gar nicht gefällt, in das er da so unverhofft geraten ist.

Die Erkenntnisse der Sexualwissenschaft über männliche Erregung sind nicht nur mehr oder weniger richtig. Sie spiegeln gleichzeitig unseren Umgang mit Sexualität wider. Ein Mann ist vor allem dann auf die Minute topfit und erwartungsgemäß erregt, wenn er Zeitpunkt und Spielregeln seiner sexuellen Aktivität selber bestimmen kann. Etwas überpointiert könnte man formulieren, daß unser Bild vom potenten Mann sich nicht sonderlich gut mit der sexuellen Emanzipation der Frau verträgt.

Wie einengend die Vorstellung sein kann, daß ein Mann schnell erregt ist und – «Flaschen» einmal ausgenommen – seine Erregung problemlos aufrechterhalten kann, zeigt noch ein anderes Beispiel. Nach einem Samenerguß und einer entsprechenden Ruhezeit kann ein Mann erneut sexuell aktiv werden. Seine Erregung wird jedoch nun, mit zunehmendem Alter immer deutlicher, einen sanfteren, langsameren Verlauf nehmen. Vielleicht bedarf er jetzt einer zärtlichen Stimulation. Oder seine Lust und seine Erektion verschwinden ganz friedlich wieder, nachdem sie sich noch einmal gezeigt haben. Vielleicht reichen Erregung oder Engagement auch nicht mehr für einen zweiten Höhepunkt aus. Kurz: die sexuelle Erregung des Mannes verläuft nun teilweise auf einer Kurve, wie sie häufig für Frauen beschrieben wird.

Second Service – manche Paare gönnen sich dieses Vergnügen alleine deshalb nicht, weil in ihrer Vorstellung die männliche Erregung unbedingt heftig und unangefochten sein muß, um antörnen zu können. Viele Männer sind zudem der Ansicht, daß der zweite Aufschlag in jedem Fall genauso hart kommen muß wie der erste. Das Ganze ist schließlich kein Damentennis!

Wie festgelegt unsere Vorstellungen von männlicher Erregung sind, zeigt sich auch daran, wie manche Männer mit gelegentlicher Impotenz umgehen. Daß ein Mann in Gegenwart einer zum Sex bereiten Frau sexuell erregt ist und diese Erregung durch eine stabile Erektion zeigt, gilt sozusagen als Naturkonstante. In manchen Fällen reicht schon ein einmaliges Erlebnis von Impotenz aus, um einen Mann davon zu überzeugen, daß mit ihm etwas nicht stimmen kann.

Der Erregungsablauf vieler Männer ist auch durch ihre Masturbationserfahrung mitgeprägt. Es mußte immer schnell gehen: «Sich mal schnell einen runterholen.» «Sich abreagieren.» Für viele Männer war und ist die Masturbation eine schuldbeladene und hastige Ersatzhandlung, bei der, wenn nicht real, so doch zumindest in der Phantasie immer die Gefahr besteht, erwischt zu werden. Ein wesentliches Kernstück mancher Sexualtherapien für Männer stellt deshalb «das schrittweise Erlernen sinnlich-lustvoller Selbstbefriedigung dar», schreibt die Kölner Sexualtherapeutin Bärbel Kreidt (1987, S. 506). Natürlich braucht man so gut wie keinem Mann zu erklären, wie Masturbation funktioniert. Aber vielen ist es fremd, sich dabei Zeit zu lassen, sich zu genießen, eigene Vorlieben kennenzulernen, zu experimentieren, den eigenen Körper zu mögen – sich nicht nur «einen runterzuholen», sondern sich selber zu befriedigen.

Sicher ist es schön, flott und ohne großen Firlefanz zu masturbieren. Wer sich treiben läßt, treibt mitunter eben auch schnell zur Befriedigung. Aber viele Männer kennen ausschließlich diesen Ablauf ihrer Erregung bei der Masturbation: schnell, routiniert und fast ein bißchen wütend. Die Aspekte des Genusses, der Eigenliebe und des freien Fließens sexueller Phantasien werden überlagert durch die phallische Selbstvergewisserung, den Nachweis der Funktionstüchtigkeit und den zügigen Abbau sexueller und vielfach auch seelischer Spannungen.

Wenn Gerd Mustermann also im Normalfall die Liebe schnell hinter sich bringen will – oder sie ihm schnell abhanden kommt –, so liegt das sicher nicht nur an seiner Natur, sondern auch an seiner Lebensgeschichte. Wer es gewohnt ist, sich zügig einen runterzuholen – vielleicht, bevor die Mutter oder die Ehefrau reinkommt –, dem wird es möglicherweise schwerfallen, im Zustand starker Erregung lange oben auf dem Plateau des Berges zu bleiben.

Zumal die Luft dort oben ziemlich dünn sein kann. Im Zustand starker Erregung droht ein Verlust der Kontrolle über die Situation, die Partnerin, die eigenen Gefühle und Grenzen. Sich dieser Erregung hinzugeben und die damit verbundene Spannung auszuhalten, bedeutet im Grunde von Sinnen zu sein wie ein Baby, daß sich begierig und voller Vertrauen den Zuwendungen seiner Mutter hingibt. Doch bin ich überhaupt noch ein richtiger Mann, wenn ich nicht mehr Herr meiner Sinne bin? Diese Frage kann die Lust am Zustand starker Erregung ganz beträchtlich schmälern. Die Angelegenheit schnell hinter sich zu bringen, hat zumindest den Vorteil, daß es dann wieder so ist wie vorher.

Während die sexuelle Erregbarkeit des Mannes für selbstverständlich gehalten wird, wird die Erregung der Frau auch heute noch als Schatz angesehen, den es durch besondere männliche Liebeskunst zu bergen gilt. Diese Überzeugung hat für Männer einen beruhigenden Aspekt, denn sie scheinen über ihre Sexualität problemlos verfügen zu können und über die der Frauen gleich mit. Allerdings kann es eine äußerst komplizierte und arbeitsintensive Angelegenheit sein, weibliche Erregung in Gang zu setzen. Um keine andere Frage in der Sexualität wird mehr Seemannsgarn gesponnen als um die der sexuellen Erregung der Frau. Schaut man die ständig in neuen Varianten veröffentlichten Betriebsanleitungen zur Beglückung des Weibes allerdings etwas genauer an, so wird man das Gefühl nicht los, daß die besten Tips offenbar aus der Tiefkühltruhe von Käpten Iglo persönlich stammen.

Wie sehr unsere «biologischen» Vorstellungen über die weibliche und die männliche Erregung ein soziales Konstrukt darstellen, wird auch durch einen Blick in die jüngere Vergangenheit deutlich. Eines der berühmtesten Aufklärungsbücher dieses Jahrhunderts stammt von Theodor van de Velde. 1926 erschien die erste Auflage seines Werkes «Die vollkommene Ehe».

Van de Velde wuchs in der zweiten Hälfte des 19. Jahrhunderts auf, einer Zeit, die durch Prüderie und Doppelmoral gekennzeichnet war. Damals wurden in bürgerlichen Familien sogar die Tischbeine verhüllt, damit niemand auf schmutzige Gedanken kam (vgl. Ruth Kuntz-Brunner/Inge Nordhoff 1992, S. 10) – natürlich mit dem Ergebnis, daß die Leute sogar beim Anblick von Tischbeinen auf schmutzige Gedanken kamen. Frauen hatten nicht nur jungfräulich in die Ehe zu gehen, sie durften offiziell auch nicht wissen, worauf sie sich überhaupt einließen. Van de Velde erinnerte sich an diese Zeit: «Ein junges Mädchen durfte keinerlei Vorstellung haben, wie der männliche Körper geformt sei, nicht wissen, wie Kinder auf die Welt kommen, denn der Engel sollte ja nicht nur körperlich unberührt, sondern auch seelisch völlig ‹rein› in die Ehe treten. ‹Gut erzogen› galt damals für völlig identisch mit lebensfremd» (zit. nach Norgard Kohlhagen 1992, S. 54).

Die Töchter aus guter Familie wurden nach dem Prinzip erzogen: «Ein anständiges Mädchen hat einen Kopf und zwei Hände und sonst nichts – nichts!» (ebd., S. 53) Damals war man der Auffassung, daß Sexualität für Frauen kein

Thema sein sollte. Im 19. Jahrhundert wurde die gesunde Frau als asexuell verstanden.

Van de Velde beschrieb einige Jahrzehnte später dagegen ausführlich und detailliert, wie ein Mann seiner Ehefrau sexuelle Lust verschaffen konnte. Beide, Mann und Frau, sollten im Bett Spaß haben. Entsprechend den Moralvorstellungen seiner Zeit hielt er jedoch an der Überzeugung fest, daß eine junge Frau unberührt in die Ehe gehen sollte, während ein Mann zum Beginn einer Ehe über ausreichende sexuelle Erfahrungen zu verfügen hatte. Beginnend mit der Hochzeitsnacht sollte ein Mann seine Frau geduldig in Sachen Liebe unterrichten und ihre verborgenen sexuellen Talente und Sehnsüchte erwecken (vgl. Norgard Kohlhagen, S. 57ff).

Die sexuelle Begegnung zwischen Mann und Frau teilte van de Velde wie ein gutbürgerliches Mittagessen in verschiedene Gänge auf: Vorspiel, Liebesspiel, Koitus, Nachspiel. Diese Menüfolge ist, wohl aus gutem Grund, auch heute noch weit verbreitet. Bis heute hat sich aber auch die Überzeugung erhalten, daß Vorspiel, Liebesspiel und Nachspiel in erster Linie ein spezielles Sonderprogramm für Frauen darstellen. Demnach bedürfen Frauen nicht nur eines Grundkurses zum Beginn der Ehe. Die Sexualität ist ihnen nicht zu eigen, sie muß Mal für Mal in sie hineingeknetet und aus ihnen herausgekitzelt werden. Man muß sie vorsichtig und geschickt zu dem einen hinführen, und wenn es dann geschehen ist, muß man lieb zu ihnen sein. Sonst heulen sie einem womöglich noch das ganze Bettzeug voll.

Es zeigt sich, daß unsere Auffassungen über Erregung mit einem Bein in der Biologie und mit dem anderen in der frauenfeindlichen Prüderie des viktorianischen 19. Jahrhunderts stecken.

Die Flugbahn des Balles

Hingabe und Kontrolle

> Romeo: «Oh süße Julia! Deine Schönheit hat so weibisch mich gemacht! Sie hat den Stahl der Tapferkeit in meiner Brust erweicht!»
>
> (William Shakespeare)

Der möglichst reibungslosen Abstimmung unterschiedlicher Erregungsabläufe ist ein erheblicher Teil der veröffentlichten Liebeskunst gewidmet. Wenn man die schönen Worte beiseite läßt und sich an die Lustdiagramme von Johnson und Masters hält, dann klingt das Ganze eher schlicht: Es geht darum, die Erregungsphase der Frau zu beschleunigen und möglichst intensiv zu gestalten, während der Erregungsanstieg des Mannes abgeflacht werden soll. Sie soll die Plateauphase erreichen, bevor ihm Hören und Sehen vergangen ist. Er soll seinerseits lernen, seinen Aufenthalt in der Plateauphase auszudehnen und starke sexuelle Spannung über einen gewissen Zeitraum auszuhalten, ohne einen Samenerguß zu bekommen. Das schnellere Abflachen der männlichen Erregung in der Refraktärzeit soll durch Zärtlichkeiten überbrückt werden.

Ein Programm mit verdammt vielen Solls. Wie sich aus einer solchen «Checkliste des adäquaten Sexualverhaltens» eine Menge ziemlich unerotischer Fragen ergeben kann, schildert Gunter Schmidt (1986): «War die Erregungsphase

– so kann man sich und den Partner oder die Partnerin jetzt fragen – zu lang, zu kurz, war sie gut koordiniert; war das Plateau auf gleichem Niveau, der Orgasmus intensiv, multipel, gemeinsam; die Entspannung danach tief, das ganze spontan und echt?» (S. 16)

Es wäre zu einfach, hinter der weiten Verbreitung solcher Optimierungsanleitungen nur den Wunsch zu vermuten, aus seiner Sexualität ebenso das Letzte herauszuholen wie aus dem Konto und dem Auto. Es geht auch um Nähe. Heterosexualität wird häufig als zeitweilige Aufhebung des Geschlechterunterschiedes und der Persönlichkeitsgrenzen beschrieben. Mann und Frau fühlen sich so intensiv miteinander verbunden, als wären sie nie voneinander, ja, als wären sie nie überhaupt von irgend etwas getrennt gewesen. Diese symbiotische Verschmelzung läßt sich auf zweierlei Weise beschreiben: Als Illusion oder als immer wieder anstrebenswerte und tröstliche psychische Realität.

Die Angleichung der Erregungskurven soll dabei helfen, den sehr viel weiter reichenden Unterschied zwischen Mann und Frau und zwischen Ich und Du wenigstens in der Sexualität vergessen zu machen. Zwei Menschen, die sich gegenseitig Lust machen, sollen in einem gemeinsamen Geschehen aufgehen, in einem scheinbar wie von selbst entstandenen Gleichklang der Gefühle – ein tanzendes Paar, das nur noch aus Musik und Bewegung besteht.

Als das Nonplusultra weiblicher Hingabefähigkeit und männlicher Liebeskunst, als der Gipfel an Gemeinsamkeit und Zusammenspiel gilt der im gleichen Moment bei einem Koitus erlebte Orgasmus. Obwohl dieser besondere Kick kaum häufiger erreicht wird, als es einem Fußballer gelingt, einen Eckball direkt ins Tor zu schießen, wird er von vielen Paaren mit besonderem Fleiß angestrebt. Er beinhaltet nicht nur den gemeinsamen Genuß des sexuellen Höhepunktes, nicht nur Hingabe, Offenheit und innige

Verbindung. Gleichzeitig legt sich der sanfte Schleier der Gemeinsamkeit über die Tatsache, daß ein Mensch auf dem Weg zur sexuellen Befriedigung und im Moment des Orgasmus durchaus auch gierig und selbstbezogen ist. Vielleicht macht dieser Zwiespalt nicht nur einen Teil der Faszination eines gemeinsam erlebten Orgasmus, sondern der Sexualität überhaupt aus:

Ganz egoistisch sein – und sich doch völlig angenommen fühlen. Begehren – und gewollt werden. Geilheit spüren bis in die Haarspitzen – und Zuneigung spüren bis in die Haarspitzen. Wegfliegen – und gehalten werden. Ganz viel herschenken – und ganz viel bekommen. Von der eigenen orgastischen Bewegung ganz erfaßt werden – und doch mit der Bewegung eines anderen zusammenkommen. Die eigene Lust und die der Partnerin in ein gemeinsames Gefühl zusammenfließen lassen. Die Trennung aufheben – gerade so, als könnte ein Ball um die Ecke fliegen.

Die Wege dorthin sind manchmal schwierig. «Wenn ich mit einer Frau ins Bett gehe», schilderte uns ein Mann, «dann spüre ich mich so richtig nur am Anfang und am Ende. Zwischendurch bin ich einfach zu beschäftigt.»

Die Sexualtherapeutinnen Lonnie Barbach und Linda Levine (1990): «Männer werden traditionell immer als Spender sexueller Freuden angesehen, nicht nur als Empfänger. Die Macho-Regeln besagen, daß der Mann sein Vergnügen aus der Verführung der Frau bezieht. Dabei konzentriert er sich ganz auf ihre Lust. Die Lust an seiner Ejakulation muß er gewissermaßen abstrakt vorwegnehmen» (S. 165).

Viele Männer beschreiben ein Wechselspiel zwischen Erregungssteigerung und Erregungsverminderung. Während sie sich bemühen, die Erregung der Partnerin beständig anwachsen zu lassen, versuchen sie, die eigene Erregung im Griff zu behalten. Im Extremfall gleicht so das Vorspiel des Mannes einem Trainingslager bei Bundestrainer Berti Vogts: 120prozentiger Einsatz, ständige Überprüfung der Laktatwerte, und alles, was Spaß macht, ist verboten. Das einzige, was zählt, ist die Schonung für das große Finale.

Allerdings gehen die Kasernierung der Gefühle und der Aufschub der Lust häufig in die Hose, nicht nur beim Bundestrainer. «Vielleicht sollte ich wirklich mehr auf mich selber achten», meint der eben zitierte Mann. «Andererseits macht es mich total an zu sehen, wenn die Frau erregt ist. Und ich finde es toll, sie überall anzufassen, zu spüren, zu riechen, zu schmecken. Manchmal brauche ich nicht die Spur einer äußeren Stimulation, um völlig erregt zu sein. Dann reicht es, einfach, wie soll ich sagen, einfach da überall dran zu dürfen und zu sehen, daß es der Frau auch noch Spaß macht.» Ganz verkehrt scheint die «Macho-Regel» über das Vergnügen des Mannes an der Lust der Frau also nicht zu sein. Es besteht nicht nur aus der Freude über die Gabe, einem anderen Menschen gute und glückliche Gefühle bescheren zu können. Hinzu kommt die Lust des Mannes an der Annäherung, an der schrittweisen Verringerung der Trennung von der Frau.

Mag sein, daß diese keineswegs selbstlose Lust gerade deshalb distanzierend als männliche Liebestechnik beschrieben wird, weil es eine Lust ist, die männliche Identität bedrohen kann. «Im allgemeinsten Sinne ist Männlichkeit in jeder bekannten Kultur dadurch definiert», schreibt der Psychoanalytiker Bernd Nitzschke (1988) mit dem bisweilen so empörenden Realismus seines Berufsstandes, «daß sie den erreichten und gesicherten Abstand von der Weiblichkeit der Mutter bezeichnet» (S. 75).

Ein kleiner Junge, der gedankenverloren in der Bauecke des Kindergartens mit seinem Brummauto herumdüst, spielt nicht nur den vermeintlichen Alltag seines Vaters nach, der währenddessen irgendwo im Stau steht. Er ist auf seiner aus Klötzchen gebauten Straße auch einfach nur unterwegs. On the road – bloß weg von der Mutter: ins Mittelalter zu den Rittern, in die Antarktis zu den Polarforschern, ans andere Ende der Welt, in fremde Galaxien, irgendwohin, wo seine noch wacklige männliche Identität ohne weibliche Anfechtungen wird leben können. Einen erwachsenen Mann sollten solche Sorgen nicht mehr plagen. Im guten Fall macht er sich in der Sexualität ohne Plastikschwert und Brustpanzer, ohne Wasserpistole und Patronengurt auf den Weg zurück zur Frau. Ihre «Verführung» ist deshalb so reizvoll, weil es für ihn bedeutet, selber den Sicherheitsabstand zu verringern und im Prinzip fast aufzugeben.

So irritierend die Verbindungslinien zwischen den Erlebnissen der Kindheit und der Sexualität der Erwachsenen auch sein mögen: Wir wissen zum Beispiel keinen anderen Grund dafür, warum es einem Mann auch nach vielen Ehejahren (hoffentlich!) noch außerordentlichen Spaß macht, die Brust seiner Frau zu berühren. Am taktilen Reiz allein kann das kaum liegen. Es muß mit der Begeisterung verknüpft sein, sich ihr anzunähern, erregbare Stellen ihres Körpers anrühren zu können, ohne dabei Schaden zu nehmen, ohne abgewiesen oder in einen Säugling zurückverwandelt zu werden. Ein nicht unerheblicher Teil männlicher Erregung und Lust besteht aus der fast kindlichen Freude darüber, das alles, die ganzen weiblichen Schätze berühren, ansehen, kosten, ja letztlich: sie ein Weilchen haben zu dürfen.

Daß es für einen Mann abenteuerlich und ängstigend sein kann, sich einer Frau anzunähern, versucht unsere Sprache nach Kräften zu verbergen. Zum Beispiel das Wort Verführung – es muß von einem Mann erfunden worden sein. Wenn ein Mann eine Frau nicht «erobert», dann «verführt» er sie zumindest. Er führt sie sozusagen vom rechten Weg ab. Als «Führer» weiß er, worauf das Ganze hinauslaufen soll, im Gegensatz zu der verführten Frau, der er irgendeinen Unfug erzählt, um sie in seinen Wald zu locken und dort zu vernaschen. Er käme nicht auf den Gedanken, daß er sich in Wirklichkeit selbst in einen dunklen, ihm unbekannten Wald wagen muß.

Salvador Dalí visualisierte die männliche Lust an den Schätzen der Frau als kulinarische Orgie. Er drapierte seine Muse und Geliebte nackt zwischen allerlei Früchten und Schalengetier in den Mittelpunkt einer opulenten südländischen Tafel. Wer mag, kann darin eine böse und frauenverachtende Bemächtigungsphantasie erkennen. In der Tat konnte Dalís Muse nach ihrer Verwandlung in einen Gaumenschmaus weder abhauen noch schimpfen. Eine freundlichere Interpretation dieser Inszenierung würde lauten: Er hatte sie einfach zum Fressen gern.

Jemanden mit Haut und Haaren lieben: Ich will dich mir so vollständig einverleiben, daß ich sogar das Fell mitzufressen bereit bin! Ein in seiner Radikalität sympathischer, aber im Alltag wohl untauglicher Versuch, die Trennung zwischen sich und dem Objekt der Begierde aufzuheben. Bei aller oralen Lust, die die Sexualität durchzieht – die Liebe läßt sich nicht mit Hunger oder Durst vergleichen (vgl. Wolfgang Schmidbauer 1991, S. 76). Die Sehnsucht bezieht sich eben nicht auf «unbelebte, zum Dialog unfähige Gegenstände», sondern auf einen lebendigen Menschen, der nicht nur Haut und Haare, sondern auch Ecken, Kanten und ein eigenes Wollen hat.

Die sexuelle Begegnung mit einem anderen Menschen lebt von der Unsicherheit. Das Erregende besteht darin, sich selber auf fremdes Terrain zu bewegen. Dalís Altmännertraum ist nur einer der vielen Versuche, die damit verbundene Angst zu bannen oder wenigstens zu verringern. Rituale und Technisierung der Sexualität, Abhängigkeit,

Frauenverachtung, Gewalt und Geld stellen vergleichbare Sicherungen dar. Der Wunsch, das Abenteuer Sexualität kalkulierbar zu machen, ist um so ausgeprägter, je unsicherer ein Mann in seiner Identität ist: «Dort, wo Männlichkeit brüchig und nur fassadenhaft ausgebildet ist, bestehen im Hinblick auf eine Wiederannäherung an die Frau, besonders im Zusammenhang mit einer intensiven emotionalen Beziehung... extreme Ängste» (Bernd Nitzschke 1988, S. 75).

Viele Männer versuchen ihre Unsicherheit durch Aktivität auszugleichen. Häufig nicht durch lustvolle, sondern eher durch geschäftige Aktivität. So kann der «gute Liebhaber» durchaus jemand sein, den ständig die Angst plagt, ob er nicht im nächsten Moment aus dem Bett geworfen wird. Er rackert sich ab und sammelt unentwegt beruhigende Belege dafür, daß er auch alles richtig macht. An die Stelle von Zuversicht und Neugier setzt er ein Programm, von dem er glaubt, daß es allseitige Befriedigung garantiert. Aus der erregenden Lust an der Annäherung wird eine generalstabsmäßige Aktion.

Nichts gegen Programme zur allseitigen Befriedigung. Sexualität darf auch gemütlich, kalkulierbar und ohne große Überraschungen sein. Schließlich hat jeder noch etwas anderes zu tun, als alle naselang sexuelle Abenteuer zu erleben. Dennoch: Bei der Selbstbefriedigung hat man, was gar nicht so schlecht ist, die Sache in der Hand. Eine sexuelle Begegnung mit einem anderen Menschen kann im Unterschied dazu um so schöner werden, je mehr man sich traut, die Sache aus der Hand zu geben.

Das Stichwort heißt Hingabe, ein schwieriges Thema für Männer – nicht zuletzt weil diese Fähigkeit eindeutig den Frauen zugerechnet wird. Denn leider, so könnten wir jetzt mühelos einen Stapel feministischer Fachliteratur, «Cosmopolitan» oder die Nachbarin zitieren, sind Männer einfach nicht fähig zur Hingabe.

Wie jeder Stuß, der flott die Runde macht, trifft auch der Satz über die mangelnde Hingabefähigkeit der Männer ein Stück der Wirklichkeit. Das gilt allerdings auch für eine 1987 von der Satirezeitschrift «Titanic» veröffentlichte wissenschaftliche Untersuchung, die schlüssig nachwies, daß Frauen keine Quadrate zeichnen können.

Hingabe wird häufig mit Passivität verwechselt. Wer in der Sexualität eher passiv mit sich geschehen läßt, wird als hingebungsvoll bezeichnet. Wer aktiv ist, dem wird die Fähigkeit zur Hingabe abgesprochen. Was im Bett geschieht, läßt sich jedoch auf unterschiedliche Weise sowohl durch Aktivität als auch durch Passivität kontrollieren und bestimmen. Ebenso erlauben beide Rollen Hingabe.

Hingabe kann verschiedenes bedeuten: Ich kann mich den eigenen sexuellen Wünschen und Empfindungen hingeben, ohne ständig zu fragen, ob das auch in Ordnung ist. Ich kann mich den geäußerten oder vermuteten Wünschen meiner Partnerin hingeben. Ich kann mich dem Geschehen überlassen. In einer passiven Rolle kann ich mich geduldig und offen der sexuellen Inszenierung und den Wünschen meines Gegenübers überlassen – oder mich wie der Chef oder die Chefin bedienen lassen. In einer aktiven Rolle kann ich mich an die eigenen Empfindungen und die meiner Partnerin herantasten – oder mir alles vom Leibe halten. In einer passiven Rolle kann ich wie ein Luchs oder ein Buchhalter registrieren, was die andere gerade veranstaltet – oder ich kann mich von meinen Gefühlen erfassen lassen. In einer aktiven Rolle kann ich mich von den Reaktionen meiner Partnerin in Bewegung versetzen lassen – oder den Dressurreiter machen.

Nach unserer Ansicht lassen sich den gegensätzlichen Begriffen Hingabe und Kontrolle nur sehr bedingt die Adjektive passiv und aktiv oder gar die Adjektive weiblich und männlich zuordnen. Wo sollten denn, in Pastors Namen, die Frauen die Hingabe her haben, wenn sie den Männern so vollständig abginge? Und wie sollte es möglich sein, daß Frauen sich Männern hingeben, die davon völlig unbeleckt sind? Uns scheint es bei dem Lamento über die mangelnde Hingabefähigkeit der Männer nicht um Genuß, Fließen-Lassen und Offenheit zu gehen, sondern eher darum, wer im Bett das Sagen hat.

Wir haben immer wieder von Männern gehört, daß sie sich gerne öfter einmal passiv der Frau überlassen würden, wenn denn nur etwas geschähe, dem sie sich überlassen könnten! Gleichzeitig klagen viele Frauen darüber, daß ihre Männer immer die Initiative ergreifen und nichts mit sich geschehen lassen könnten. Auf den ersten Blick scheint also ein gleichlautendes Interesse an Veränderung zu bestehen. Doch seltsam: Im Alltag von Sexualberatern zeigt sich häufig, daß sich die «mangelnde Hingabefähigkeit der Männer» und die «Faulheit der Frauen» in einem festgezurrten System sexueller Rollen wie zwei böse Vorwürfe gegenüberstehen, über die man bis ans Ende seiner Tage ohne Ergebnis zanken könnte. Und der Satz «Wenn du nur anders wärst, dann wäre bei uns alles andes», ist fast immer falsch.

Das häufig ungestillte Bedürfnis von Männern nach Passivität signalisiert nicht nur, daß der «gute Liebhaber» ein ausgesprochen anstrengender Job sein kann, sondern auch die Sehnsucht nach den Wonnen der passiven Hingabe. Dahinter steckt z. B. der Wunsch, sich mit allem, was man ist, unmaskiert zeigen zu können, ohne dafür eine Gegenleistung erbringen zu müssen. Um einem Mann dieses Wagnis zu ermöglichen, braucht es eine Frau, die bereit ist, zuzugreifen – etwas, worin viele Frauen durchaus ungeübt sind. Es braucht eine Frau, die sich sagt: Toll, Wahnsinn, geil, ein Männerkörper, ganz für mich allein!

Geht die Annäherung derart von der Frau aus, wird einem Mann ohne eigenes Zutun eine geballte Ladung

Zärtlichkeit zuteil, die er vielleicht seit den Tagen, als ihn seine Mutter noch badete, nicht mehr erlebt hat: Eine Frau inspiziert detailliert und liebevoll seinen Körper. Plötzlich kommen bange Fragen hoch: Findet sie meinen Körper schön? Macht ihr das überhaupt Spaß? Habe ich saubere Zehennägel? Vielleicht stinke ich ja! Meine Waden sind viel zu schlaff. Mein Gott, mein Arschloch! Meine Muskeln, meine Beine, und die paar Haare auf der Brust. Pickel! Ich habe Pickel auf dem Rücken... Derartige Besorgtheiten gibt es viele, und der Mann erspart sie sich, wenn er im Bett stets der Aktive ist.

Bei alledem kann auch die Frage auftauchen, ob er sich solchen passiven Genuß überhaupt verdient hat. Viele Männer verspüren in passiven Momenten einen zwar unangebrachten, aber dennoch kaum zu bremsenden Drang, selbst jetzt noch aktiv zu sein: Ich kann doch nicht einfach so daliegen und spüren, ich muß doch meinen Job machen... Männer können sich oft nicht vorstellen, daß Frauen ihren Körper begehren, daß sie scharf auf ihn sind. Sie meinen, sie werden wegen ihrer Aktivitäten gemocht und ihr Penis wegen seiner Tüchtigkeit. Das hängt nicht nur, aber auch damit zusammen, daß Frauen Männern selbst in intimen Momenten viel seltener als umgekehrt Komplimente machen und häufig wenig Mittel zur Verfügung haben, ihrem Begehren Ausdruck zu geben.

Daß Männer immer nur aktiv sein wollen und sich nicht hingeben können, geht leicht von den Lippen. Dreht man aber irgendeine schon hundertmal im Kino gesehene Liebesszene einmal um, kommt etwas irritierend Lustiges dabei heraus:

Die Frau faßt entschlossen zu und hebt den Mann wie ein Kind auf ihre Arme. Er kuschelt sich mit einem verträumten Lächeln an ihre Brust, während sie leichtfüßig den Weg zum Bett findet. Dort legt sie ihn aufs Laken und gleitet sanft auf ihn. Mit wilden Küssen bedeckt sie seinen Hals. Er läßt kleine lustvolle, fast unmerkliche Seufzer aus sich heraus und beginnt langsam, den Kopf hin und her zu werfen. Unentwegt preist sie seine Schönheit, seine satten Wölbungen überall. Vielleicht läßt er seine Arme nach hinten fallen, oder er schließt seine Augen und beißt sich auf den Daumen. Vielleicht streicht er mit seinen Händen zart durch ihr Haar, während sie mit sicherem Griff seine Schätze aus der Unterhose befreit...

So amüsant dieser Rollentausch in der Vorstellung anmutet, so sperrig ist er in der Realität. Die erotischen Muster von Geben und Nehmen sind tief in die Herzen von Männern und Frauen eingelassen. Madame wird sich, wenn sie es wie ein Mann macht, wahrscheinlich erst einmal ziemlich komisch vorkommen. (Andererseits soll Lachen noch selten jemandem geschadet haben.)

Wie tief die männlich-aktive und die weiblich-passive Haltung im erotischen Geschlechterverhältnis verwurzelt sind, kann man an vielen unscheinbaren Alltäglichkeiten deutlich machen. Die blöde, aber dem Sinn nach folgerichtige Frage an ein Mädchen: «Hast du schon mal einen Jungen rangelassen?» läßt sich zum Beispiel nicht herumdrehen. Niemand käme auf die Idee, einen Jungen zu fragen: «Hast du schon mal ein Mädchen rangelassen?»

Nina Hagen sang vor Jahren an die Adresse der Frauen: «Wenn Du scharf bist, mußt Du rangehen...» Wir erinnern uns noch gut daran, wie die Mädchen und Frauen mit der Erlaubnis der schrillen Nina im Rücken damals regelrecht ausflippen konnten. Allerdings nur auf der Tanzfläche.

Es gibt eine Reihe von stillen Übereinkünften, die beide Geschlechter auf die jeweils aktive oder passive Rolle festlegen, aber durchaus auch Gefühle von Sicherheit, Stimmigkeit und Harmonie vermitteln. Selbstverständlich bringt der Junge oder der Mann das Mädchen oder die Frau nach dem Rendezvous nach Hause – nicht umgekehrt. Das ist vernünftig, weil Mädchen und Frauen durch andere Jungen und Männer sexuell bedroht werden können. Aber es verspricht auch Rollensicherheit: Die Jungen und Männer erfüllen ihren ritterlichen Auftrag. Die Mädchen und Frauen dürfen sich in dem Glauben wiegen, daß sie es in den Augen ihres Gegenübers wert sind, im Falle einer Bedrohung verteidigt zu werden. Dieser eine Junge oder Mann will ihnen, anders als die anderen, nicht weh tun. Brächte sie ihn nach Hause, wäre die gemeinsame Übereinkunft in Frage gestellt, wer wen zu beschützen hat.

Posieren Mann und Frau vor der Kamera, stehen sie entweder nebeneinander oder der Mann steht *hinter* der Frau. Nie steht die Frau hinter dem Mann. Wäre es anders, könnte man die Frau meistens nicht sehen, denn in der Regel sind Männer größer als Frauen. Gleichzeitig erfaßt dieses Bild einen allgemeinen Aspekt der Geschlechterbeziehungen: Der Mann steht schützend hinter dem Ganzen (der Familie). Ist auf dem Foto auch noch ein Sohn zu sehen, steht er in aller Regel vor der Frau, die ihre Hände auf seinen Schultern ruhen läßt. Ein schönes Bild. Alle haben gut lachen.

Sitzen Mann und Frau im Kino, faßt bei einer Schockszene stets die Frau den Mann erschrocken am Arm und verbirgt ihr Gesicht an seiner Brust. Nie umgekehrt. Bestimmt erschrickt auch der Mann in dieser Situation. Allerdings ist es sehr verführerisch, sein eigenes Entsetzen im Zaum zu halten und sich heldenhaft als Beschützer zur Verfügung zu stellen, um schließlich milde über die verzeihliche und süße Schwäche der Frau zu lächeln. Ist die Szene vorbei, dürfen sich beide wieder entspannen – und alles ist in Ordnung.

Gehen Mann und Frau miteinander spazieren, dann hakt gewöhnlich sie sich bei ihm ein, fast nie umgekehrt. Das tun auch kluge und selbstbewußte Frauen gerne, und Männer freuen sich darüber. Beide fühlen sich in diesem Arrangement wohl und sicher. So gehen eben «Mann und Frau» über die Straße. Gehen Mann und Frau Hand in Hand, ist die Hand des Mannes vorne, die der Frau hinten. Automatisch. Wie tief und unbewußt die Rollen von Führer und Geführter in uns stecken, zeigt sich, wenn beide die Position ihrer Hände tauschen. Dann stimmt plötzlich nichts mehr. Auch die Frauen sagen: «Das fühlt sich total komisch an, irgendwie falsch und unbequem.»

Beim schmusigen Beisammensein im Bett, zum Beispiel beim Fernsehgucken oder «danach», liegt der Mann gewöhnlich auf dem Rücken. Die Frau liegt auf der Seite und schmiegt ihren Kopf an seine Brust. Andersherum wirkt es «irgendwie» seltsam: Die Frau fühlt sich ungewohnt cool, der Mann kommt sich vor wie ein kleiner Junge an Mamas Busen.

Auch beim Zungenkuß sind die Rollen in der Regel klassich verteilt: Die Zunge des Mannes dringt tiefer in den Mund der Frau ein als umgekehrt. Ein Umdrehversuch erbringt das gleiche Ergebnis wie beim Händchenhalten. Alles wirkt mit einem Male verkrampft. Sobald die Frau ihre Zunge tief in den Mund des Mannes steckt, überkommt sie ein ungewohntes und deshalb merkwürdiges Gefühl: «Ich dringe in ihn ein, ich wirke gierig, geil und egoistisch.»

In der Zeit von 1888 bis 1898 schuf der Bildhauer Augute Rodin mit «Der Kuß» eine Plastik, deren eigentümlichem Zauber sich Männer *und* Frauen kaum entziehen können. Sie zeigt einen Mann und eine Frau, die sich innig küssen. Der Mann sitzt stabil. Sein breites Kreuz sichert die beiden nach außen ab. Eine Hand faßt an die Hüfte der Frau. Mit der anderen Hand stützt er sich hinter ihrem Rücken ab. Seine muskulösen Arme schaffen auf diese Weise einen inneren Raum, in den sich die Frau hingebungsvoll hineingelegt hat. Sie hält sich mit einer Hand behutsam an seinem Nacken fest, die andere Hand ruht auf seiner Schulter. Er neigt leicht den Kopf, und sie küssen sich sehr zart.

Wir haben Männer und Frauen danach gefragt, wie diese Plastik auf sie wirke. Tenor ihrer Antworten war, daß dieses Paar sie tief berühre, weil es *vollkommene Harmonie* ausstrahle.

Auch in der Sexualität können der aktive und der passive Part auf sehr harmonische Weise zwischen Mann und Frau aufgeteilt sein. Es ist gut möglich, daß beide sehr zufrieden und glücklich mit dieser Rollenaufteilung werden, denn sie gibt sowohl dem Mann als auch der Frau Sicherheit.

Wir haben an dieser Stelle eingeschliffene alltägliche Muster zwischen Mann und Frau beschrieben, um deutlich zu machen, daß auch die Veränderung sexueller Rollen weitaus schwieriger und verunsichernder sein kann, als viele Veröffentlichungen über Sexualität weismachen wollen. Die Vorstellung, man könne sich seine Sexualität problemlos wie in einem Supermarkt aussuchen, steht konkreten Veränderungen im Alltag entgegen. Wenn Madame und Monsieur die veröffentlichten Sexrezepte allzu ernst nehmen, dürfen sie im Bett nämlich noch nicht einmal lachen, wenn sie etwas Neues ausprobieren und sich dabei komisch vorkommen.

«Reiß dich zusammen!»

Die Fixierung auf den weiblichen Orgasmus

> «Vernichtet ist das Zweierlei, das uns so lang betöret, die dumme Leiberquälerei hat endlich aufgehöret.»
>
> (Heinrich Heine)

Der Orgasmus des Mannes wird als einfach strukturiert angesehen. Er ist ein ungehobelter Klotz, mit dem zu befassen sich weiter nicht lohnt. Ja mehr noch: Der männliche Orgasmus gilt als ein Flegel, ein Nichtsnutz vor dem Herrn. Er kommt meistens ungebeten und zu früh. Er stört die ganze Feier – ist sozusagen das Ende der Fahnenstange. Der ganze Herr Gesangverein kann seine Notenblätter einpakken und die Frau Konsul zieht indigniert die Augenbrauen hoch, anstatt vor Seligkeit zu juchzen. Er fragt auch nicht, ob er willkommen ist, er kommt einfach. Ohne daß irgend jemand darum gebeten hätte, schreit er los wie ein Stier auf der Schlachtbank: Ich kohomme – und zack, ist er da. Man kann zwar versuchen, ihn abzulenken und ihm am Tor von der Steuererklärung, der Schwiegermutter oder anderen Naturkatastrophen erzählen, aber dann meint er meistens nur: «Ist schon recht, junger Mann, aber lassen Sie mich eben mal durch.» Daß so jemand ein reiches Innenleben und differenzierte Gefühle hat, ist kaum anzunehmen.

Der weibliche Orgasmus hingegen ist ein unergründlicher Feingeist – geheimnisvoll, tief, multipel, ganzheitlich, ein Ereignis von offenbar kosmischen Dimensionen: Der Orgasmus *der Frau* gilt als der edelste Moment in der Liebe.

Nach *einem* Orgasmus sind Frauen allerdings noch lange nicht befriedigt, denn ihre orgastische Potenz gilt heutzutage in aufgeklärten Kreisen als unersättlich – ein multiples Faß ohne Boden. Taucht der Frosch an dieser Stelle nach dem goldenen Ball der Prinzessin, so kann es ihm durchaus passieren, daß er leicht irritiert in Australien wieder auftaucht.

Natürlich gibt es multiple Orgasmen, nur treibt das viele Geschwätz darüber die Sexualität endgültig in den Bereich des gehobenen Schwachsinns. Die Begriffe «unersättliche Potenz» oder «unersättliche Begierde» umschreiben nämlich nichts anderes als die traurige Tatsache, daß jemand nicht satt werden kann. Sie verbannen die Befriedigung und spiegeln so auf paradoxe Weise nicht die sexuellen Wünsche vieler Paare, sondern ihre unbefriedigende Realität.

Zum aktuellen Mythos vom weiblichen Orgasmus gehört auch, daß er den Frauen Kraft verleihe, während der Orgasmus dem Mann Kraft wegnehme. Während der letzten Olympischen Spiele machte die «Bild-Zeitung» in riesigen Lettern auf das sogenannte «Sex-Doping» aufmerksam. Danach trage sexuelle Aktivität kurz vor einem Wettkampf bei Athletinnen erheblich zur Leistungssteigerung bei, während Athleten nach ähnlichem Tun saft- und kraftlos hinter der Konkurrenz hinterhertappten. Natürlich war in der «Bild-Zeitung» nicht davon die Rede, daß unsere Goldmädels vor ihrem großen Auftritt möglicherweise masturbierten, sondern zur Leistungssteigerung bedurfte es schon des Krafttransfers durch einen leibhaftigen Mann, und die sportbegeisterten «BILD»-Leser konnten in ihrer Phantasie Franziska von Almsieck, Heike Henkel und all den anderen Damen kräftig beim Siegen helfen. Ganz nebenbei belegt diese Geschichte noch einmal die These, daß die weibliche Kraft und Potenz von Männern gerne als Leihgabe an das andere Geschlecht betrachtet wird.

Männer träumen in ihren Pornographien häufig und in jedem Pornokino nachprüfbar davon, die Frauen so zu bedienen, daß sie sich nicht mehr rühren, nichts mehr wollen können. So wie sie die Sexualität in sie hineingeknetet haben, so vögeln sie sie nun auch wieder hinaus, und zwar nachhaltig. Die männliche sexuelle Energie, so die beruhigende Botschaft, ist allemal stärker als die der Frauen. Die Vorstellung, daß eine Frau nach einem Orgasmus vor Kraft und Lust auf weitere Taten sprüht, während ihr Partner erschlafft und müde in den Kissen hängt, meint Ähnliches, auch wenn sie weniger oder weniger erkennbar aggressiv gefärbt ist. Frieden im Bett herrscht und frauscht in beiden Fällen erst dann, wenn eine oder einer gewonnen hat.

Frauen können, wenn sie denn auf den richtigen Kerl treffen, nicht nur mehrere kraftspendende Orgasmen hintereinander haben. Dem Mythos zufolge ist ihr Orgasmus auch weitaus erlebnisreicher und tiefer als der des Mannes. Viele Männer fragen nicht danach, aus welchen Gründen sie vielleicht ihren eigenen Orgasmus als unbefriedigend erleben und welche Veränderungen möglich sein könnten, sondern sie widmen sich mit noch mehr Inbrunst der Aufgabe, ihrer Partnerin Außergewöhnliches zu spendieren, die für derartige Erlebnisse eher gebaut zu sein scheint als sie selber. Frauen kommen langsam, aber gewaltig!

Uns geht, ehrlich gesagt, das mediale Palaver über den weiblichen Orgasmus langsam gewaltig auf den Zeiger. Klitoral, vaginal, nasal – Schluß mit der Märchenprinzerei!

Die Fixierung auf den weiblichen Orgasmus setzt Männer und Frauen unter Druck. Aus der Lust am Orgasmus wird ein Zwang. Wenn sie nicht kommt, ist er unglücklich.

Kommt sie, dann hat er «es» geschafft, was auch immer «es» bedeuten mag. Wenn aber die körperliche Reaktion der einen zum wesentlichen Erfolgskriterium des anderen wird, entsteht eine fatale Verstrickung. Sie muß funktionieren, damit er empfindet, funktioniert zu haben.

Aber ein Mann kann noch so erfahren und sexuell anziehend sein – letzten Endes bringt er leichter eine Kuh auf den Kölner Dom als eine Frau zum Orgasmus. Denn ihr Orgasmus ist *ihre* Angelegenheit und kann im Zweifelsfall allen Zärtlichkeiten, Stimulationen und erregenden Inszenierungen widerstehen. Er kommt wie von alleine oder gar nicht. Sein Erscheinen ist eben nicht nur von den Künsten des Mannes abhängig, sondern ebenso von der Lebensgeschichte und der aktuellen Befindlichkeit der Frau. Ein Mann begibt sich in ein ungutes Abhängigkeitsverhältnis, wenn er seine Potenz in ihren Schoß legt und ihre Orgasmen darüber entscheiden läßt, was diese Potenz wert sein soll. Ihre Freiheit, Orgasmen zu bekommen, und ihre Bereitschaft, sich von ihm befriedigen zu lassen, werden zum entscheidenden Maßstab für seine Potenz als Mann. Für eine Frau kann die Fixierung eines Mannes auf *ihren* Orgasmus zu einer kränkenden und anstrengenden Angelegenheit werden. Ein Mann erzählte uns hierzu einen einleuchtenden Gedanken: «Ich stelle mir vor, wie es wäre, öfter mit einer Frau zu schlafen, von der ich wüßte, daß sie vor allem anderen verbissen daran arbeitet, mich unbedingt zum Orgasmus zu bringen. Ich weiß nicht, ob mir das soviel Spaß machen würde.»

In einem Song mit dem Titel «Dinah-Mo Humm» wird Frank Zappa (1977) von einer, wie es scheint, sehr emanzipierten Frau angesprochen. Sie fragt ihn keß, ob er denn Kerl genug sei, ihr einen Orgasmus zu verschaffen. Frank Zappa läßt sich lässig auf die Herausforderung ein. Aber er scheitert. So sehr er sich auch nach allen Regeln der Kunst abmüht, ihren Dynamo zum Laufen zu bekommen, es will einfach nicht klappen. In einem kurzen und heftigen Disput wirft sie ihm schließlich vor, kein richtiger Mann zu sein. Das läßt der Rockstar natürlich nicht auf sich sitzen. Er bandelt auf die schnelle mit ihrer debilen Schwester an, mit der er schließlich auch schläft, während Dinah-Mo auf der Bettkante sitzt und zusieht. Selbstredend geht dabei völlig die Post ab, und Frank Zappa ist den Schwarzen Peter los. Das wiederum will die Frau nicht auf sich sitzen lassen. Sie vergißt ihren wohl doch nicht so defekten Dynamo und macht sich ein zweites Mal an Frank Zappa heran. Es kommt zum erwarteten Happy End, zumindest im Hinblick auf die leidige Orgasmusfrage.

Zappas böses Lied handelt nicht nur davon, wie er einmal einen schönen Nachmittag verlebt hat. Es thematisiert in zugespitzter Weise die Frage, ob es sinnvoll ist, daß ein Mann die Verantwortung für den Orgasmus der Frau übernimmt.

Wenn man mit Frauen über das Thema «Leistungsdruck in der Sexualität» spricht, dann beklagen sie sich häufig darüber, daß ihnen ein regelrechter Orgasmuszwang auferlegt worden sei. Und schnell ist dann die Rede vom schrecklichen männlichen Leistungsdenken. Viele Männer können sich allerdings noch gut daran erinnern, mit welcher Heftigkeit Frauen in den siebziger und achtziger Jahren darum kämpften, daß das Recht der Frau auf einen Orgasmus feierlich in den unverrückbaren Kanon der ehelichen Pflichten aufgenommen wurde. Wenn die Liebe nicht klappte, lag das in aller Regel an den Männern: den Rein-Raus-Typen, den Streichelheinis, den Langweilern, Grabschern und Abspritzern. Und im Hintergrund sangen die «Elektra-Sisters», der für die historische Dimension zusammengestellte anklagende Background-Chor unbefriedigter Mütter und Großmütter.

Um nicht falsch verstanden zu werden: Frauen haben zu Recht laut darauf aufmerksam gemacht, daß ihre sexuellen Bedürfnisse zuwenig beachtet worden sind, und wenn es überhaupt eine bedeutsame Veränderung des Sexualverhaltens seit der sogenannten sexuellen Revolution gegeben hat, dann wurde sie durch diese mutige Kritik der Verhältnisse angestoßen. Dennoch blieb es bei der traditionellen Arbeitsteilung zwischen den Geschlechtern. In der feministischen Argumentation jener Zeit waren die Männer als das herrschende und lieblose Geschlecht praktisch alleine daran schuld, daß in der Sexualität weibliche Bedürfnisse zuwenig Platz hatten. Plötzlich sollten die Männer in einem Crashkurs zu liebevollen Partnern heranreifen und diese Bedürfnisse realisieren – fast so, als hätten sie den Frauen die Sexualität weggenommen und bräuchten sie bitte schön nur zurückzugeben. Lauthals und manchmal ziemlich selbstgefällig fochten Frauen dafür, daß die Männer es ihnen gefälligst zu besorgen oder aber das Weite zu suchen hätten. Neue Männer brauchte das Land! Frau stellte sich in manchen Momenten vor, daß das Problem ein für alle Mal gelöst wäre, wenn jene endlich angeliefert worden seien. Daß sich Einstellungen zur Sexualität nicht nur bei Männern, sondern auch bei Frauen manchmal über Generationen hinweg in jeder Pore des Körpers und in jedem Winkel der Seele verankern, wurde wenig beachtet. Im Zweifelsfall waren auch dafür ausschließlich die Männer verantwortlich.

Die weibliche Sexualität galt innerhalb weniger Jahre als befreit, und die Aufgabe wurde nur noch darin gesehen, die begriffsstutzigen Männer davon in Kenntnis zu setzen. Dornröschen schien putzmunter zu sein, richtig ausgeschlafen fast, nur der Prinz war offenbar zu blöd, das bißchen Dornenhecke zu überwinden. Interessierte Männer holten sich manche Schramme in jener Zeit und lernten neu, was sie eigentlich schon immer wußten: daß die Erfüllung der weiblichen Sexualität offenbar ein typischer Männerjob ist. Männliches Leistungsdenken? Manchmal beschleicht einen das Gefühl, daß Frauen ihren Männern diese Schablone immer dann besonders gerne um die Ohren hauen, wenn jene gegenüber einer Leistungsanforderung zu versagen scheinen.

Besonders hoch im Kurs steht nach einer langen Zeit sehr niedriger Notierungen wieder der vaginale, das heißt, der bei einem Koitus entstandene Orgasmus. Nachdem es viele Jahre so aussah, als sei der Geschlechtsverkehr, von den seltenen Fällen eines erklärten Fortpflanzungswunsches einmal abgesehen, ausschließlich für dummsinnige Schwanzträger konzipiert worden und die entsprechende Theorie vom vaginalen Orgasmus nichts weiter als Rammlerlatein, darf und soll inzwischen wieder beigewohnt werden. Gleichzeitig trifft natürlich weiterhin zu, was Shere Hite, Johnson und Masters und andere Sexualforscherinnen und -forscher übereinstimmend und immer wieder herausgefunden haben: daß bei einer Mehrzahl der Frauen eine klitorale Stimulierung notwendig zu sein scheint, um zu einem Orgasmus zu kommen. In jedem etwas anspruchsvolleren Artikel über Sexualität wird deshalb «darauf hingewiesen, daß es unsinnig ist, sich auf den sogenannten vaginalen Orgasmus zu konzentrieren. Es kann gar nicht genug Artikel und Bücher geben, die den sexuellen Leistungsdruck bekämpfen» (Asta Scheib 1992, S. 19).

Für die Mehrzahl der Männer bedeutet die verbissene Konzentration auf den vaginalen Orgasmus der Frau vor allem eines: Sie reißen sich zusammen. Wenn es ihnen doch nur gelänge, ihren Samenerguß so lange aufzuschieben, bis ihre Partnerinnen beim Koitus zum Orgasmus kämen! So verständlich es ist, wenn ein Mann beim Koitus die eigene Lust und die der Frau verlängern möchte und deshalb versucht, seinen Höhepunkt hinauszuzögern, so dumm wird das Ganze, wenn er darüber den Kontakt zu sich selber verliert. Der eigene Orgasmus erscheint dann in der Tat wie ein ungebetener Störenfried. Es verwundert nicht, wenn Männer ihren Orgasmus unter solchen Umständen nur wenig genießen können. Wenn ein Mann sehr stark erregt ist und kurz vor seinem Samenerguß steht, verfärbt sich die Eichel purpurrot. So wie die Dinge liegen, ist diese Körperreaktion nicht nur eine lustfördernde Folge maximaler Durchblutung. Oft genug scheint es sich um Schamesröte zu handeln.

Allerdings sollte man nicht vergessen, daß Kultur entsteht, wenn Männer sich zusammenreißen. Dieser Gedanke geht auf Sigmund Freud zurück und – der Mann hat recht. In dem Film «Doktor Schiwago» fällt in einer Sequenz eine Horde bewaffneter Reiter in eine Stadt ein und richtet unter der wehrlosen Bevölkerung ein schreckliches Blutbad an. Doktor Schiwago alias Omar Sharif muß das alles hilflos mitansehen. Der Regisseur des Films, David Lean, wollte das Gemetzel allerdings nicht direkt zeigen. Statt dessen sollte die Kamera nah auf Sharifs Gesicht gerichtet werden. Unterlegt mit Schreien und Säbelrasseln, sollte nur durch dessen Mienenspiel der Schrecken der Situation deutlich werden. Ganz unsicher, so erzählte später Omar Sharif in einem Interview, habe er seinen Regisseur gefragt, wie er denn wohl so lange so entsetzt dreinschauen könnte. David Lean wußte Rat: «Stellen Sie sich vor, Sie schlafen mit einer Frau und versuchen, den Höhepunkt so lange wie möglich hinauszuzögern.» Omar Sharif spielte daraufhin die Szene äußerst glaubhaft und bewegend.

Männern, so kann man aus dieser Episode lernen, treibt die Anstrengung der Ejakulationskontrolle bisweilen das blanke Entsetzen ins Gesicht. Und weiter?

So sinnvoll es ist, die allzu ehrgeizige Fixierung auf den

weiblichen, insbesondere den beim Koitus erreichten Orgasmus zu kritisieren, sowenig kann es um einen trotzigen Rückfall in alte Zeiten gehen, in denen zu viele Männer aus Unwissenheit oder Gleichgültigkeit vor allem an ihr eigenes Vergnügen dachten. Und die Vorstellung, daß jede und jeder letztlich selbst für sich zu sorgen habe, erinnert fatal an ein Paar, das nicht lustvoll aufeinander bezogen, sondern in trostloser Distanz nebeneinander auf dem Bett sitzt und masturbiert.

Auch der liebgemeinte Rat, daß der Orgasmus bei der Sexualität doch gar nicht so wichtig sei, ist auf die Dauer wenig hilfreich. Was also?

Vielleicht sollten wir, anstatt vorwitzig das Ende der Märchenprinzerei zu proklamieren, einen anderen Aspekt des Themas noch einmal beleuchten:

Lied vom anständigen Vögeln

Ich habe einen schönen, starken Penis. Er steht mir prächtig – mein Phallus, das Zentrum meiner Lust. Das bin ich, und zwar in ganz besonderer Weise. Ich will Dich, daran kannst Du es sehen! Ich bin neugierig, zu Dir zu kommen. Ich traue mich in Dein Inneres. Du sollst mich haben, ich will Dich ausfüllen. Ich schenke Dir das Spannendste, was ich im Moment habe, meinen Phallus. In Dir wird er ‹vergehen›. Aber vorher sollst Du voll von mir sein. Du sollst mich in Deinem ganzen Körper spüren können. Deine Scheide ist kein begrenztes Ding, an dessen Wänden ich mich reibe, sondern der Eingang zu Deinem Inneren. Ich weiß, welch großes Geschenk es ist, daß Du mich in Dein Inneres läßt, daß Du mich dort haben willst und annimmst. Ich bewege mich in Dir, dann kannst Du meine Kraft spüren. Die ist für Dich, sie soll Dir Lust machen. Das ist kein großes, kleines, krummes, gerades, dickes, langes Ding, das in Dich kommt und sich in Deinem Ding reibt. Das bin ich fast ganz, wenn ich in Dir bin. Und unsere Körper sprechen miteinander. Ich spüre

Deine Energie und lasse sie in mich fließen. Ich spüre meine Energie und will sie Dir geben. Unser beider Kraft verbindet sich zu etwas ganz eigenem Neuen, aus dem wir wie aus dem vollen schöpfen, bevor wir still beieinanderliegen.

Ausgemachter Sexualkitsch! Oder? Aber dumm auch wieder nicht. Penetration ist keinesfalls nur Gewalt, wie viele Feministinnen früher behaupteten. Und nicht nur ordentlich animalisch, wie man es heute halt so macht. Und nicht nur schön praktisch, weil es eine optimale Stimulierung des Penis verspricht. Und auch keine besondere Technik, um Frauen auftragsgemäß und zum Stolz der ganzen Firma ins Nirvana zu orgeln.

Sowohl aus der Sicht der Frau als auch aus der Sicht des Mannes kann Penetration ein sehr hingebungsvolles, umfassendes und riskantes Geschenk sein. Daß es Männern leid tun kann, wenn dieses Geschenk nicht zur vollen Befriedigung ausfällt, läßt sich mit noch so schönen Worten nicht wegreden. Vielleicht mag es helfen, sich das Lied ein zweites Mal durchzulesen und festzustellen, daß darin vom Orgasmus eigentlich überhaupt nicht die Rede ist. Oder man hält sich an Paul Watzlawick (1983) und seine Geschichte vom verlorenen Schlüssel: «Unter einer Straßenlaterne steht ein Betrunkener und sucht und sucht. Ein Polizist kommt daher, fragt ihn, was er verloren habe, und der Mann antwortet: ‹Meinen Schlüssel.› Nun suchen beide. Schließlich will der Polizist wissen, ob der Mann sicher sei, den Schlüssel gerade hier verloren zu haben, und jener antwortet: ‹Nein, nicht hier, sondern dort hinten – aber dort ist es viel zu finster.›» (S. 27)

Genauere Antworten auf die Frage, was denn ein Mann mit dem Orgasmus seiner Partnerin zu tun habe, sind in allgemeiner Form wenig sinnvoll. Paare können über diese

Frage auf einer konkreten, persönlichen Ebene ins Gespräch kommen – oder auch nicht, ganz wie sie es wollen.

Fest steht nur soviel: Wer im Bett seiner Partnerin den Schlüssel zu seiner Männlichkeit sucht, dem geht es wie dem Betrunkenen in Watzlawicks verrückter Geschichte. Damit deutlicher wird, was mit diesem Satz gemeint sein kann, im folgenden ein paar direkte Worte an den Märchenprinzen:

Hör mal zu, Prinz!

Heute schon gelebt? Nein? Macht nichts, weitermachen! Mußt halt schwer schaffen, gell? Die ganzen Drachen und Rätsel und Dornenhecken! Und den lieben langen Tag mit dem Schimmel um die Ecke geritten kommen, das schlaucht doch! Wie lange willst Du den Job noch machen? Als Candidatus majesticus, mein ich, als Mann auf Probe? Bis zum süßen Ende? Na dann wieder rauf aufs Pferd!

Hast du wenigstens Deine Braut heute schon gesehen? Die pennt gerade? Oder hängt auf der Sonnenbank rum und zieht sich Äpfel rein? Das motiviert aber mächtig, was? Auch wenn Du es nicht hören willst, alter Freund: Da bleibst Du dran, an der Wachküsserei! Was sagst Du? Unverschämtheit, Du wärst schließlich der Prinz? Eben drum!

Eines wollte ich Dich immer schon fragen, Prinz. Ich meine die Sache mit der Wand damals. Eine Lappalie? Okay, da war noch einiges andere. Das dumme Gör war zu schusselig, um auf sein teures Spielzeug aufzupassen, und zickig dazu. Und angeschissen hat sie Dich und rumgemäkelt, genölt und gestänkert. Das wächst sich aus, wirst Du Dir gesagt haben. Aber das mit der Wand? Da hat sie Dich doch voller Abscheu und mit Karacho dagegengeklatscht. Stimmt doch, die Geschichte, oder? Ja, was ich fragen wollte: Hast Du ihr das eigentlich verziehen, ich meine, so aus tiefem Herzen? Was sagst Du? Du gehst im Fasching als Frosch? Prinz, Junge, hörst Du die Drachen? Die lachen sich kaputt!

Froschauge, hör auf den Rat eines Freundes: Laß das Reich sausen, das ihr Alter Dir versprochen hat! Schnapp Dir Dein Weib und hau ab! Was? Der wird immer schlecht beim Reiten, und sie hat ihrem Papa versprochen und überhaupt? Ach, quatsch nicht! Du weißt nicht, wohin – das ist Dein Problem!

Es ist immer dasselbe mit Euch Prinzen. Und nahm sie mit auf sein Schloß... Sei ehrlich, mehr fällt Dir doch auch nicht ein!

Da wird sich Deine Mama, die Königin, aber freuen, wenn Du so eine resolute Schwiegertochter anbringst! Wart's ab, die spielen Froschball mit Dir!

Also mach Dich auf den Weg, auf Deinen Weg! Such Dein Land, und ich verwette mich darauf, daß Dein Schatz putzmunter sein wird, bevor Du hinter dem Busch verschwunden bist, um den Du immer gebogen kommst. Falls nicht, dann laß sie einfach noch ein wenig schlafen. Du kannst die Frau in der Prinzessin nicht wachküssen. Und so oft sie Dich auch an die Wand werfen mag – sie kann Dich nicht vom Prinzen zum Mann machen.

Nur Fliegen ist schöner

Der Traum vom losgelösten Moment

«Der vergängliche Charakter der Liebe ist auch der des Todes.»

(Robert Desnos)

Einen Orgasmus zu beschreiben, ist ein schwieriges Unterfangen. «Den Orgasmus definieren wir», so formulierte ein amerikanischer Sexologieprofessor, «als angenehmen Höhepunkt, der infolge maximaler Stimulation auftritt, mit physio-psychischen Gefühlen der Entspannung einhergeht und normalerweise von rhythmischen Muskelkontraktionen begleitet ist» (Herbert A. Otto 1988, S. 464). In einer Studie fand er heraus, daß es sage und schreibe vierzehn verschiedene Sorten von Orgasmen gibt.

Literarische Beschreibungen des Orgasmus ergehen sich oft in wilden Bildern von bebenden Körpern, nervenzerfetzenden Explosionen und irrwitzigen Verschmelzungen – gerade so, als berichtete der Dichter aus einer außer Kontrolle geratenen Chemiefabrik.

Andere beschreiben den Orgasmus als beinahe spirituellen Moment, währenddessen man im Vorübergehen dem Buddha schöne Grüße an die Gattin ausrichten kann. Vielen psychoanalytisch orientierten Autorinnen und Autoren gilt die Orgasmusfähigkeit als wesentliches Anzeichen für die psychische Reife eines Menschen. Die französische Sprache verleiht dem Orgasmus mit dem Begriff vom «kleinen Tod» (petit mort) gar eine existentielle Dimension. Die veröffentlichten Sexualitäten versprechen immer tollere, immer außergewöhnliche Orgasmen. Wenn der Orgasmus erst einmal als Konsumgut erkannt worden ist, scheint nichts unmöglich – als könne man Glück in Tüten packen. Irgend etwas scheint am Orgasmus wichtig zu sein, wenn sich so viele Leute den Kopf darüber zerbrechen. Aber was?

Wir wollen versuchen, uns dem Thema möglichst naiv zu nähern. Wie lange dauert ein Orgasmus überhaupt? Zwei Sekunden, fünf Sekunden? Der körperliche Vorgang ist im Prinzip einfach zu erklären: Sexuelle Erregung versetzt den Körper eines Menschen in Anspannung. Im Orgasmus wird diese Spannung, die sich auf den Genitalbereich konzentriert, plötzlich wieder entladen und fließt in den gesamten Körper zurück. Ein schönes Gefühl – und fertig. Es gibt viele solcher schönen Gefühle, auch wenn niemand auf die Idee käme, ihnen eine derart weitreichende Bedeutung wie dem Orgasmus zuzuschreiben. Möglicherweise läßt sich aber etwas über den Orgasmus erfahren, wenn man sich ein wenig mit vergleichbaren Gefühlen beschäftigt.

Sich zu kratzen, wenn es juckt. Wahnsinn! Eine volle Blase zu haben und endlich pinkeln zu können. Jemanden so vorbehaltlos zu umarmen, daß sich alle Muskeln entspannen. Die Augen zu schließen und eine Lieblingsmusik zu hören. In ein Wasser einzutauchen. Sich hinlegen zu können, wenn man körperlich erschöpft ist. Etwas so lustig zu finden, daß man bis in die Fußsohlen lachen kann. Durstig zu trinken und den Rhythmus zu spüren, mit dem eine Flüssigkeit die Speiseröhre hinuntergluckert. Zu schwitzen und plötzlich Wind auf der Haut zu spüren. Im Mai einen Abhang hinunterzurollen und die Erde zu riechen.

Alle diese Erlebnisse ähneln dem Orgasmus. Sie beenden

oder unterbrechen einen Zustand der Anspannung und erfassen mehr oder weniger den ganzen Körper eines Menschen. Sie ermöglichen eine innere Bewegung. Wenn man es versteht, sich dieser Bewegung hinzugeben, setzen kurzzeitig das alltägliche Bewußtsein und die alltägliche Wahrnehmung aus. Wer an einem warmen Sommertag ohne Furcht in einen kühlen See springt oder wer es versteht, hingebungsvoll seinen Darm zu entleeren, denkt in solchen Momenten schlicht und sehr ergreifend an gar nichts. Er fühlt nur, was ihm geschieht, genauer formuliert: Er fühlt nur, was geschieht.

Bei der Entleerung des Darmes zum Beispiel kann sich die gesamte Beckenbodenmuskulatur entspannen. Wie eine sanfte Welle pflanzt sich diese Ent-Spannung fort und löst auch andere Muskelpartien. Pardon, aber es ist wahr: Kakken kann selig machen. Wer sich ihm hingibt, ist außerstande, währenddessen Böses zu denken. Daß die meisten Menschen alleine sein wollen, wenn sie sich entleeren, hat nicht nur mit der in unserer Kultur vorherrschenden negativen Bewertung dieser Vorgänge zu tun, sondern auch damit, daß die Hingabe an eine innere Bewegung ein gleichzeitiges äußeres Handeln unmöglich macht.

Nicht nur die Entleerung, sondern auch die anderen hier beschriebenen Vorgänge sind im Prinzip unsozial. Auch wer von einer Musik erfaßt wird und spürt, wie sein Lieblingsstück am Rücken hinunterstreicht, schließt die Augen. Musik körperlich zu empfinden, ist nur möglich, wenn ein Mensch die Chance hat, sich dieser Empfindung vollständig anzuvertrauen. Alles drumherum ist schnurzepiepegal und hat sich gefälligst herauszuhalten. Jeder Versuch, mit der Außenwelt Kontakt zu halten, mindert oder verunmöglicht das schöne Gefühl der unwillkürlichen, inneren Entspannung. Wer zum Beispiel in einen See eintaucht, um seiner Freundin zu imponieren, der wird mit Sicherheit den kurzen Moment verpassen, in dem sich die gleitende Bewegung und die Empfindungen auf der Haut in eine innere Seligkeit verwandeln.

Stellt sich dieser Moment ein, dann hat der See plötzlich keine Ufer mehr. Auch der Zeitbezug geht verloren, als werde man nicht Sekunden, sondern eine halbe Ewigkeit unter Wasser bleiben. Die Bewegung im Wasser wird nicht als Folge eines gelungenen Sprunges, sondern als völlig ursachenlose Selbstverständlichkeit empfunden. Im Körper selber herrscht absolute Ruhe, so als sei jeder Widerstand, jede Grenze gegen das Wasser drumherum aufgegeben worden. Taucht man nach einem solchen Moment aus dem Wasser wieder auf, dann wirkt die Umgebung plötzlich ungeheuer frisch, so als sehe man sie zum ersten Mal. Der eigene Körper fühlt sich an wie neugeboren.

Es gibt eine Reihe von Faktoren, die die Intensität dieses Erlebnisses mindern können. Wer wasserscheu ist, hält sich die Nase zu und den Atem an. Und wenn er dann gesprungen ist, fühlt er sich wie ein Fisch auf dem Fahrrad.

Furcht vor der möglichen Kälte oder die Angst vor dem sprichwörtlichen Balken im Wasser, vor Schlingpflanzen und anderen unbekannten Gefahren oder die tiefe Angst, das Wasser könne einen in Wirklichkeit gar nicht tragen – all das kann dazu führen, daß die Körperspannung auch im Wasser beibehalten wird.

Das Erlebnis, mit einem anderen Element verbunden zu sein; der unwillkürliche Verzicht auf Abgrenzung und gesteuerte Aktivität; die Aufgabe von Vorsicht und Mißtrauen; das lustvolle Schwinden muskulärer Anspannung und das seltsame Gefühl, plötzlich fließe in angenehmen Schauern Ruhe in den Körper hinein: all das kann im Prinzip sowohl im Orgasmus als auch in anderen Situationen erfahren werden.

Der wichtigste Unterschied zwischen dem Sprung in einen wohltemperierten See und einem Orgasmus findet sich in der Beziehungsebene, dem sozialen Aspekt der Sexualität.

Ein Orgasmus ist so etwas wie ein plötzlich und sehr heftig ausbrechender Frieden im Körperinneren. Zum außergewöhnlichen Ereignis wird er durch die Tatsache, daß dieser Körperfrieden in inniger Verbindung mit einem anderen Menschen zustande kommt. Wenn ein Orgasmus ausschließlich alleine erzielt werden würde, verlöre wohl kaum jemand ein Wort darüber. Dann handelte es sich um ein Körpergefühl wie viele andere auch. Aber alle Spannung und Begrenzung aufzugeben und sich in der nahen Gegenwart eines anderen vorbehaltlos zu öffnen, ist erwachsenen Menschen in ihrem sonstigen Alltag meistens vorenthalten.

«Nur Fliegen ist schöner!» – dieser dumme Spruch hält sich nicht so beharrlich, weil er besonders witzig wäre, sondern weil die Menschen nicht fliegen können. Auch der Begriff vom Orgasmus als «kleinem Tod» bezieht seine Wahrheit daraus, daß er eine Unmöglichkeit beschreibt. Es gibt den Tod. Daß es einen kleinen Tod gäbe – das ist einfach Quatsch. Doch so verrückt es sich anhören mag: Beim Orgasmus geht es genau um diesen Quatsch.

Ein Naturerlebnis kann einem Menschen das Gefühl geben, völlig getragen zu sein. Ein Sonnenaufgang, der Strand eines Meeres, eine Berglandschaft – man fühlt sich in der überwältigenden Natur so aufgehoben, daß man plötzlich die Gewißheit bekommt, auch als einzelner in der Welt leben zu können. Beim Orgasmus in den Armen eines anderen Menschen getragen zu sein, so daß man alle eigene Anstrengung und Spannung fallen lassen kann, verheißt für einen kurzen Augenblick noch sehr viel mehr: die

Einsamkeit abschütteln zu können, die zur menschlichen Existenz konstituierend dazugehört.

Das Bild vom «petit mort» läßt sich sogar dahingehend interpretieren, daß der Moment des Orgasmus durchaus dem Moment des Sterbens ähnlich sein kann. Dann nämlich, wenn ein Mensch sich mit einem anderen so stark verbunden fühlt, daß er den Mut aufbringt, den Widerstand gegen den Tod aufzugeben und in den Armen des anderen «friedlich» aus dem Leben zu scheiden.

Um der schwierigen Beziehungsebene des Orgasmus weiter auf die Spur zu kommen, wollen wir einen weiteren, nun etwas weniger ernsten Vergleich anstellen. Der Orgasmus ist nämlich nicht nur ein kleiner Tod, sondern auch ein großer Spaß. Sagen wir so: Orgasmus ist wie Witze erzählen.

Stammtisch. Vier Männer sitzen in der Kneipe. Drei trinken Bier, einer Wasser. Einer steht auf, um Zigaretten zu ziehen. Einer spricht viel, ein anderer denkt an seine Rückenschmerzen. Zwei sitzen näher beieinander als die beiden anderen. Einer hat die Beine übereinandergeschlagen, der andere ausgestreckt. Einer denkt, daß es früher besser war. Einer ist zu warm angezogen. Er traut sich nicht, seinen Pullover auszuziehen, weil er nicht weiß, ob sein Hemd gebügelt ist. Einer konzentriert sich auf den Po der Bedienung. Einer sagt: «So jung kommen wir nicht mehr zusammen.» Einer trinkt schneller als die anderen. Einem ist es heute zu verqualmt. Einer erzählt, und ihm wird gut zugehört. Einer klopft auf Holz, und einer will heute mal früh schlafen gehen.

Ein richtig gemütliches Beisammensein also. Nichts Besonderes, aber immer noch besser, als alleine am Tresen zu stehen. Von einem orgiastischen Vergnügen dürfte diese Stammtischrunde allerdings auch bei weiterem Alkoholkonsum weit entfernt sein. Dafür sind die vier zu deutlich voneinander getrennt. Ein paar Pils später werden sie wahrscheinlich darüber zanken, wie man am schnellsten mit dem Auto nach Frankfurt kommt.

Aber vielleicht nimmt der Abend auch einen anderen Verlauf. Angenommen, dem einen hat es gutgetan, daß ihm die anderen zugehört haben. Aus welchem Grund auch immer und ohne großes Trara fällt ihm ein Stein vom Herzen. Und dann erzählt einer einen Witz. Schlecht plaziert, schlecht getimt, ein beknackter Witz, nicht aus der Pointen-Tüte des gehobenen Witzeerzählers, sondern ein belangloser Augenblickswitz, der einfach daherkommt und keine weiteren Ansprüche stellt. Und diesem einen folgen, erst langsam und vorsichtig und schließlich immer schneller und unaufhaltsam, weitere Witze. Manchmal ruht sich die Runde aus und zerlacht eine Pointe in aller Ruhe. Ein anderes Mal poltern alle schon mittendrin los. Aus dem Beisammensein der verschiedenen Männer wird ganz allmählich eine gemeinsame Bewegung, deren Tempo sich wahrscheinlich, aber keinesfalls zwingend, im Laufe des Abends kontinuierlich erhöhen wird.

Orgiastisches Blödsinn-Machen: Unmerklich zerfließen die Unterschiede zwischen den einzelnen. Die Abstände zwischen ihnen werden nicht mehr wahrgenommen. Die Furcht, sich in den Vordergrund zu schieben, verliert sich ebenso wie die Furcht, am Rande zu stehen oder sich zu blamieren. Einer wird nachher verwundert sagen, woran er in der Situation überhaupt nicht dachte: «Ich wußte gar nicht, daß ich Witze erzählen kann.» Der, der schneller trinkt als die anderen, kommt vor lauter Lachen nicht mehr zum Bestellen. Zeit und Umgebung gehen völlig verloren. Niemand weiß hinterher, auf welche Weise es drei Uhr geworden ist. Der Vorstand des Männergesangvereins am Nachbartisch gehört ebensowenig zur Außenwelt, die die Gruppe begrenzt, wie der Po der Bedienung. Alles wird zum Bestandteil des einen großen Unfugs, der immer heftiger Besitz von der Gruppe ergreift. Zu Anfang bemühen sich die vier noch darum, jeden einzelnen Witz genau zu verfolgen, um ja den Moment nicht zu verpassen, in dem es was zu lachen gibt. Später sagt einer: «Mensch, zieh den Pullover aus, ist doch viel zu warm hier» – und alle liegen unter dem Tisch. – *The point of no return*, es gibt kein Zurück mehr. Die Witze fangen an, sich aufzulösen. Sie werden immer schlechter, aber erfüllen immer besser ihren Zweck. Schließlich bedarf es nur noch einzelner Stichworte oder Gesten, um alle zum Lachen zu bringen. Am nächsten Morgen wird niemand auch nur einen einzigen Witz behalten haben. «Das tut richtig weh», sagt einer und hält sich, begleitet vom Gepruste der anderen, seinen Bauch. Alle haben den Widerstand gegen das Lachen inzwischen aufgegeben, das nun Muskelpartien durchschüttelt, die sonst als Sperrzone gelten. Die Köpfe werden frei. Niemand denkt daran, Witze zu machen, und keiner hat Hemmungen, Tränen zu lachen. Niemand braucht mehr wer zu sein. Es wird gegibbelt, gegluckst und losgeplatzt, gekreischt, gejault und gekräht. In dieser Runde könnte man so ausgelassen sein – man könnte sich getrost totlachen. Solche Abende sind Sternstunden, sie lassen sich weder planen noch wiederholen.

«Das ist wie – ich weiß auch nicht»

Der männliche Orgasmus

«Aaaaahaha.»
(Joe Cocker in: «With a Little Help From My Friends»)
«Uauahaah.»
(Jonny Weißmüller in: «Tarzan»)
«Eyyyhhh»
(James Brown in: «Talkin' Loud and Say Nothing»)
«Aaaaaah.»
(Terence Trent d'Arby in: «When I Had You»)
«Oh hoho, ah haha.»
(Fred Bertelmann in: «Der Lachende Vagabund»)

Männer achten wenig auf die Qualität und die jeweilige Eigenart ihrer Orgasmen. Zumindest sprechen sie wenig darüber. Obwohl die meisten Männer z. B. das Gefühl kennen, fast unbeteiligter Zeuge eines Samenergusses geworden zu sein, der sie erschöpft, aber nicht befriedigt hat.

Ausgehend von Wilhelm Reich hat sich in der Sexualwissenschaft die Unterscheidung zwischen Ejakulation und Orgasmus weitgehend durchgesetzt. Allerdings nicht im Alltagsbewußtsein: Weil der Orgasmus des Mannes fast immer mit dem Samenerguß, einem konkreten, nachprüfbaren Ereignis verbunden ist, drängt sich der Umkehrschluß auf, die Ejakulation für den Orgasmus zu halten. Der Mann ist gekommen und hat sich zufrieden zu fühlen.

Für Wilhelm Reich (1972) waren die allermeisten seiner Zeitgenossen in ihrer orgastischen Potenz gestört. Darunter verstand er den kompletten Abbau der Erregung im Orgasmus, das heißt «die Fähigkeit zur letzten vegetativ unwillkürlichen Hingabe, gerade dieses letzte, bisher unbekannt gebliebene Stück der Erregbarkeit und Spannungslösung» (S. 83). Ein Mensch müsse sich «mit seiner ganzen affektiven Persönlichkeit auf das orgastische Erlebnis» einstellen können. Für Reich konnte ein Mann noch so tolle und stabile Erektionen zustande bekommen und loslegen wie ein Weltmeister – das entscheidende Kriterium der Potenz war für ihn die Hingabe: «Männer, die die Hingabe als ‹weiblich› empfinden, sind immer orgastisch gestört» (S. 86).

Wilhelm Reich war ein Utopist und ein strenger Mann. Für ihn waren auch solche Leute schwer in ihrer Hingabefähigkeit gestört, denen beim Koitus unerwartet etwas Albernes einfiel: «Orgastisch potente Menschen lachen oder sprechen während des Geschlechtsaktes nie – zärtliche Worte ausgenommen.» Seine Analyse, daß es den meisten Menschen schwerfällt, sich dem Erlebnis des Orgasmus vorbehaltlos hinzugeben, trifft auch heute noch zu. Nicht nur, weil immer noch Zustände herrschen, in denen die Sexualität unterdrückt wird, sondern weil es eine Illusion ist, die menschliche Sexualität so befreien zu können, daß sie regelmäßig völlig befriedigend ist. Der vollkommene Orgasmus steht als Reiseziel ebenso nur auf dem Ticket wie die glückliche Kindheit, die perfekte Ehe und der Urlaub im Paradies – ohne daß der Zug je wirklich ankommen könnte.

So einleuchtend all die mit dem Orgasmus verbundenen Sehnsüchte auch sein mögen, von denen wir einige im vorigen Kapitel beschrieben haben: Auch ein schlapper Orgasmus ist ein Orgasmus. Er hat seinen Wert, und wenn er nur darin besteht, daß man vielleicht ein bißchen besser einschlafen kann. Oder man freut sich, daß man sich beim Masturbieren auch noch nach zwanzig Jahren gerne an den Abend mit Elvira erinnert. Trotzdem: Es werden zu wenige Feste zu Ehren des männlichen Orgasmus gefeiert. Männer achten sehr darauf, was sie im Bett alles schaffen und welche Befriedigung sie aus ihrer Leistung ziehen können. Sie achten zuwenig darauf, was sie erleben. Im folgenden wollen wir einige Aspekte männlichen Orgasmuserlebens beschreiben. Dabei wird deutlich, daß auch der Orgasmus des Mannes sehr unterschiedlich sein kann.

In der sexuellen Erregung des Mannes gibt es einen Punkt, nach dem er den weiteren Ablauf nicht mehr beeinflussen kann. Meistens wird eine Unterbrechung der Koitusbewegung oder der Stimulation nach diesem *point of no return* als ausgesprochen unangenehm empfunden. Wer nun anfängt, darüber nachzudenken, daß er eigentlich noch keinen Orgasmus haben möchte oder sollte, oder was vielleicht die Partnerin empfindet, tut sich keinen Gefallen. Er kommt aus dem Takt und bringt sich um seinen Genuß. Zum anderen ejakuliert er wahrscheinlich, bevor er seinen Gedanken auch nur annähernd hat zu Ende führen können. Häufig bringen sich auf diese Art jene Männer um einen intensiven Orgasmus, die bis zum *point of no return* ausschließlich mit der Beglückung ihres Weibes beschäftigt waren. Ganz plötzlich kommt dann der Moment, nach dem sie spätestens ihrem eigenen Glück folgen und die Kontrolle aufgeben sollten. Doch bevor sie sich umstellen können, ist schon alles passiert. Ihnen geht es wie jemandem, der in einer Wasserrutsche mit Händen und Füßen bremst, weil es ihm zu schnell wird.

Hingabe bedeutet nicht, immer sanft wie ein Lämmlein zu sein. Sexualität hat auch mit Kraft und Aggressivität zu tun. Es macht vielen Paaren Spaß, in der Wasserrutsche eben nicht zu bremsen, sondern heftig und ohne Hemmung immer schneller und immer schneller hinunterzusausen, egal wie lang oder kurz es dauern mag. Der Versuch, sich möglichst kraftvoll in einen Zustand der Hemmungslosigkeit zu bringen, kann das Sausen in der Wasserrutsche allerdings auch zum Rudertraining machen. Als Kraftakt verleitet der Koitus dazu, viele Muskeln stark anzuspannen, die Beinmuskulatur, das Becken, den Bauch usw. Diese Anspannung kann zwar die sexuelle Erregung steigern, führt aber häufig zu einer äußerst schnellen Ermüdung der Muskulatur. Der Orgasmus selber kann durch den Kraftakt «eingesperrt» werden, wenn die fast krampfartige Anspannung der willkürlichen Muskulatur beibehalten und ein lustvolles Abfließen der Erregung in den Körper erschwert wird. «Ein sehr gespannter Bauch und eine verkrampfte Oberschenkelmuskulatur haben zum Beispiel die Tendenz, den Orgasmus um den Penis zu beschränken und seine Ausbreitung zu verhindern», schreibt der Sexualwissenschaftler Willy Trysoe (1982, S. 106).

Besser als jede theoretische Begründung läßt sich dieser Zusammenhang mit einem Bild verdeutlichen: Man kann nicht gleichzeitig ein Pferd stemmen und einen Orgasmus genießen.

Niemand kann beschließen, ab sofort einen entspannten Beckenboden, einen weichen Bauch und eine freie Atmung zu haben. Die meisten Verspannungen und Einschränkungen der Beweglichkeit haben einen lebensgeschichtlichen Sinn und können nicht einfach aufgegeben werden. Andererseits entspricht es einem bestimmten schiefen Bild vom kraftvollen Liebhaber, viele Muskeln bei der Sexualität anzuspannen. Bisweilen hat der Kraftakt mit Angst zu tun. Nicht nur mit der Angst, daß einem das Pferd auf den Kopf fällt, sondern auch mit der Angst vor der gemeinsamen Bewegung, der man durch immer ein bißchen kräftigere und schnellere Bewegungen zu entkommen versucht, so als wolle man schneller sein als das Wasser in der Rutsche.

Wie intensiv ein Orgasmus erlebt wird, hängt nicht unbedingt davon ab, wie stark die Erregung ist, die vorher aufgebaut worden ist. Männer können auch einen sehr sanften, fließenden Orgasmus erleben, bei dem wenig muskuläre Anspannung abgebaut wird. Vielleicht hat sich ein ruhiges Zusammenspiel mit der Partnerin ergeben, bei dem zwar die innere Spannung steigt, aber der Mann sich trotzdem ganz weich und gelockert fühlt (vgl. Willy Trysoe, S. 110). Der Orgasmus setzt auf einem vergleichsweise niedrigen Erregungsniveau an, verbreitet sich aber ungestört und ohne Anstrengung wohlig im Körper. Er kann ein Gefühl tiefer Verbundenheit mit der Partnerin beinhalten oder dazu einladen, anschließend wie im Gleitflug in eigene Traumwelten hinabzuschweben. Diesen Orgasmus könnte man mit einem stimmungsvollen Abend vergleichen, mit leiser Musik und gutem Wein, einem Rendezvous, bei dem nichts forciert, nichts auf den Punkt gebracht, nichts vorangetrieben wird.

Allerdings wird auch der romantischste Abend zum Krampf, wenn man in Wirklichkeit in ganz anderer Stimmung ist. Wer eigentlich Rock 'n' Roll oder Heavy Metal auflegen möchte, wird kaum Chopin genießen können. In der Sexualität kann die Sanftheit Ausdruck der Zurückhaltung und der Angst vor anderen, heftigeren Gefühlen sein. In diesem Fall geht es nicht darum, das allmähliche und sanfte Anwachsen «innerer» Erregung besser genießen zu können. Statt dessen wird starke Erregung grundsätzlich umgangen, sofort durch einen schnellen Samenerguß beendet oder in samtweichen Gefühlen ertränkt. Zärtlichkeiten stellen keine Liebeserklärung dar, sondern werden als

Hand-Bremse für die eigentlichen Gefühle und Wünsche eingesetzt. Ein Hintergrund solcher Zurückhaltung kann tiefes, vor langer Zeit entstandenes Mißtrauen gegenüber den eigenen offensiven Impulsen sein. Oder ein schwelender Paarkonflikt – etwa wenn ein Mann glaubt, nur als wenig erregter, jederzeit zum Rückzug bereiter Kuschelbär werde er von seiner Partnerin als Sexualpartner akzeptiert. Wenn ein solcher Konflikt über eine lange Zeit ungelöst bleibt, wird ein Mann womöglich immer wütender, immer zärtlicher und immer weniger.

Ebenso wie bei dem verkorksten romantischen Abend spielt der Krampf auch bei der vorsichtigen Erregungsvermeidung eine wichtige Rolle. Normalerweise führt es zu starken muskulären Verspannungen, wenn man etwas nicht tut, was man liebend gern täte. Zurückhaltung kann ebenso anstrengend sein wie das Stemmen von Pferden. Der Kraftakt führt leicht zur Ermüdung, die Zurückhaltung zur Erlahmung. In beiden Fällen kann sich der Orgasmus ganz flach und leise einfach aus dem Körper stehlen, ohne sich auch nur zu verabschieden.

Daß sich ein heftig angespannter Muskel nur äußerst dürftig erotisieren und in sexuelle Spannung versetzen läßt, kann leicht im Selbstversuch überprüft werden. Man braucht nur den rechten Oberarmmuskel anzuspannen und mit der linken Hand über den so entstandenen Mucki zu streicheln. Daß sich die gleiche Liebkosung möglicherweise anders anfühlt, wenn sie von der bewundernd dreinschauenden Partnerin vorgenommen wird, ändert vielleicht die Seelenlage, aber im Prinzip wenig an der Tatsache, daß eine verspannte Muskulatur fühlloser ist als eine lockere Muskulatur.

Das kann für Mann und Frau toll sein: Keine Liebesschwüre, kein Firlefanz, kein Küßchen hier und Küßchen da, sondern schnell und ohne Umweg zur Sache kommen.

Raus aus den Klamotten und ran an die Bouletten! Man kann sich zeigen, daß man eigentlich schon seit dem Frühstück scharf aufeinander ist und sich nun so heftig begehrt, daß besondere Zärtlichkeiten nur aufhalten würden. Für verunsichernde Gedanken, die vielleicht sonst das Vergnügen schmälern, hat man nun keine Zeit. Die Erregung steigt rasch an. Der Orgasmus kommt als schlichtes, herrlich irdisches Vergnügen daher – so selbstverständlich wie ein Stück frisches Brot. Eine schnelle Nummer kann einem das Gefühl geben: Es ist toll, am Leben zu sein.

Oder auch nicht. Im ungünstigen Fall ist die Schnelligkeit kein Ausdruck von Lebenslust, sondern ein weiterer Versuch, zu starke Erregung zu vermeiden. Immer schnell zur Sache kommen zu wollen, kann bedeuten, daß man das Prickeln, die Geilheit, die Spannung und vor allem die Nähe nicht gut aushalten kann. Hinter dem vielleicht als besonders männlich empfundenen Wunsch nach schneller Befriedigung verbirgt sich dann in Wirklichkeit die Hoffnung, die Sache am besten schnell hinter sich zu bringen. Ein solcherart verhuschter Orgasmus bleibt oft hinter den Erwartungen zurück, die die drängende Lust auf Befriedigung versprochen hatte. Wird die Hast zur Gewohnheit, dann erinnert sie an einen Esser, der alles schnell herunterschlingt und beschließt, beim nächsten Mal noch schneller zu essen, weil er sich einfach nicht gesättigt fühlt.

Es kann, wenn man genug Muße hat, wunderschön sein, selbst den letzten Winkel seines Körpers in helle Aufregung versetzen zu lassen und ohne Eile alle Sinne an der Erregung zu beteiligen. Aber irgendwann schwindet die Lust an der Erregung. Der Körper hat genug und läßt sich keine weiteren Zärtlichkeiten mehr gefallen. Weitere Anstrengungen, die Erregung zu steigern, würden nur dazu führen, daß sie von alleine wieder verschwindet. Nun soll es im Zentrum der Lust und sexuellen Spannung auch zielgerichtet zur Sache gehen. Schön gleichmäßig und routiniert, fest oder sanft, wüst oder gepflegt – ganz so, wie ein Mann es gerne mag und tut. Die Lust an der Erregung ist der Lust an der Befriedigung gewichen, die nun solide und sicher angesteuert wird.

Aus der fröhlichen Gewißheit über die baldige Befriedigung kann allerdings eine elende Gurkerei werden, wenn ein Mann unbedingt einen Orgasmus haben möchte und dieser sich einfach nicht einfinden will. Im schlechten Fall kann sich daraus ein seltsamer Wettlauf mit der Zeit ergeben. Während die Erregung langsam aus dem Körper schwindet, soll hektische Bewegung und Stimulation diesem Vorgang entgegenwirken. Meistens geht dabei der Kontakt zur Partnerin völlig verloren, selbst wenn sie die entstandene Not spürt und sich alle erdenkliche Mühe gibt, ihm über den Berg zu helfen. Er ist nur noch mit seinem drohenden Versagen befaßt, und je mehr er dagegen anstrampelt, um so aussichtsloser hängt er in den Seilen. Möglicherweise ruft er in seiner Phantasie Elvira, Susanne, Babs und noch einmal Elvira zu Hilfe, aber so verzweifelt, daß auch dadurch keine rechte Freude aufkommen mag. Gelingt es dennoch, irgendwie eine Ejakulation zu erzwingen, dann bringt sie meistens nur die psychische Entlastung, «es» geschafft zu haben. Das körperliche Gefühl während und nach einer solchen Ejakulation kann ausgesprochen unangenehm sein.

Für viele Männer gehört es zum festen Inventar ihrer Vorstellung von Potenz, eine sexuelle Begegnung unbedingt wenigstens mit einer Ejakulation abschließen zu müssen. Sie können sich nur schwer vorstellen, die Sache auch einmal einfach so ausklingen zu lassen, obwohl meistens ein sanft und allmählich wieder einschlummernder Penis ein viel angenehmeres Gefühl vermitteln kann als eine mühsam erzwungene Ejakulation. Es gilt als völlig selbstverständlich, daß sich ein Mann Befriedigung verschaffen kann, wenn ihm eine Frau die Gelegenheit dazu gibt. Insofern kann eine ausbleibende Ejakulation eine starke Irritation für einen Mann und seine Partnerin bedeuten. Sich zu trauen, eine sexuelle Begegnung ohne Ejakulation und Orgasmus abzuschließen, dürfte letztlich aber angenehmer sein, als sich krampfhaft zum Ende zu schuften oder seiner Partnerin einen Orgasmus vorzuschwindeln.

Der Moment danach

Verschmelzung, Wachwerden und Trennung

> «Wollen wir jetzt schlafen?» fragte sie. «Ich könnte jetzt gleich einschlafen.»
> «Dann schlafen wir!» sagte er, und er fühlte den langen warmen Körper warm an seiner Seite, wie er ihn tröstete an seiner Seite, wie er die Einsamkeit verscheuchte an seiner Seite, wie er durch eine einfache Berührung der Hüften, der Schultern und der Füße mit ihm ein Bündnis schmiedete gegen den Tod, und er sagte: «Schlaf gut, kleines langes Kaninchen.»
> Sie sagte: «Ich schlafe schon.»
> «Ich schlafe gleich ein», sagte er. «Schlaf gut, Geliebte.»
> Dann schlief er ein und war glücklich im Schlaf.
>
> (Ernest Hemingway:
> «Wem die Stunde schlägt»)

Der «Moment danach» ist der Epilog der sexuellen Begegnung, die Zeit, in der nach der letzten heftigen, sehr ichbezogenen Phase des Orgasmus wieder Ruhe einkehrt. Vielleicht liegen Mann und Frau noch engumschlungen beieinander und streicheln sich sanft. Der Atem beruhigt sich wieder, geht still, Seufzer entfahren der Brust.

Vielleicht springt der Mann aus dem Bett, weil ihm nach Bäumeausreißen zumute ist, so kräftig fühlt er sich: Juchuu, ich lebe! Kann auch sein, daß er in Ermangelung geeigneter Bäume liegenbleibt und sich auch so seines Lebens freut. Oder er ist einfach zufrieden und entspannt wie ein sattes Baby. Er wird schläfrig und dämmert langsam weg in der Gewißheit, daß er geliebt wird und der Schatz, den er liebt, nahe ist. Vielleicht waren sich ja beide einig, zum Ende des Tages anstelle eines Schlummertrunks noch ein schönes, ruhiges Nümmerchen zu schieben. Keine übermäßige action, nur so 'n bißchen Gewiegtwerden bis zur großen Hitzewallung, um dann still und leise und herrlich erschöpft wegzusinken.

Unter Jugendlichen hieß es früher: «Players und Cointreau danach». Mit einem um die Geheimnisse der Erwachsenen wissenden Blick bedeuteten die Cracks, daß nach dem Vollzug des Held(inn)enstücks zur Genießermiene eine coole Zigarette und ein guter Drink gehörten: – auch nicht schlecht. Anstatt einzuschlafen eine rauchen, etwas trinken, einen Witz erzählen.

Vielleicht schweifen die Gedanken des Mannes ab, selbstvergessen, ziellos, möglicherweise zum Aktenstapel auf seinem Schreibtisch oder zur Hühnersuppe im Kühlschrank. Der Moment danach kann ein meditativer Augenblick sein. Die Gedanken können jetzt entspannt in unzusammenhängende Bildersequenzen über die Grenzen des Alltags hinwegfließen. Oder sie strömen langsam wieder in ihn hinein. Sorgen können verpuffen oder immerhin für einige Augenblicke in den Hintergrund getreten sein. Der Moment danach kann einem versichern, daß nach einem Streit alles wieder gut ist, daß das Leben vielleicht doch nicht so hart ist, daß es trotz aller Schrecken des Alltags doch noch einen Weg zu «mir» und «dir» gibt.

Es kann einem auch anders gehen. Was Bernd Nitzschke (1988) über die Bewegung der Geschlechter schreibt – und als solche kann man den Geschlechtsakt ja durchaus bezeichnen –, gehört sicherlich zu den schwierigsten Kapiteln der Liebe: «Identität gibt es nur dort, wo es Trennung und Unterschied gibt. Die regressive Wiederauflösung von Identität, die das innerste Geheimnis der Bewegung der Geschlechter ausmacht, ist nur insofern angstfrei zu ertragen, als es zugleich die Möglichkeit gibt, aus der Regression zurückzukehren in irgendeine Form von Identität, deren Kern die Geschlechtsidentität bleibt» (S. 79).

Das Sich-Wiederfinden nach der Vereinigung der Geschlechter gehört zu den zentralen Motiven von Mann und Frau, sexuell zusammenzukommen. Man muß sich wieder lösen, wieder trennen, um ein autonomes Ich zu sein, denn im Zustand einer immerwährenden Regression oder Symbiose gäbe es keinen erwachsenen Mann und keine erwachsene Frau. Das Schöne am Moment danach ist ja, aus der regressiven Vereinigung wieder als Mann und als Frau hervorzugehen und zu fühlen, daß die Nähe zum eigenen und zum anderen Geschlecht das Ich nicht bedroht. Vielleicht ist einem deshalb die Empfindung, miteinander verschmolzen zu sein und zueinander zu gehören, im Moment danach oft gegenwärtiger als im Rausch des Höhepunkts selbst. Die Trennungserfahrung nach der Vereinigung bleibt niemandem erspart.

Was aber, wenn man im Moment danach, da die Betriebsamkeit eingestellt wird und man zur *Besinnung* kommt, spürt, daß man sich überhaupt nicht «vereinigt» gefühlt hat, und das Gefühl des Getrenntseins sich lediglich als bloße und leidige Tatsache gegenüber der ersehnten Gemeinsamkeit einstellt? Man kann wach werden und sich völlig ungeborgen fühlen. Man kann einen *Liebesakt* durchaus ohne Orgasmus erleben und glücklich sein, und eine *Turnübung* mit Orgasmus beenden und das Gefühl haben, nach fünfzig Liegestützen in drei Minuten auf dem Boden (der Tatsachen) ausgepowert zusammenzubrechen.

Ist Liebe im Spiel, fällt es leichter, eine mißratene sexuelle Begegnung ad acta zu legen. Schließlich besteht die Beziehung nicht aus einem einzigen Akt. Vielleicht ist man auch gerade erst dabei, sich kennenzulernen. Doch wehe, «Lady Horror» liegt plötzlich da oder das ungute Gefühl steigt auf, sich im Moment danach in den Augen der Frau in – sagen wir: «Mister Zombie» zu verwandeln. (Interessanterweise kennen wir keinen geläufigen Namen für das männliche Gegenstück zu «Lady Horror».) Man kann diese eine Nacht für einen großen Fehler halten. Ein Gefühl von Leere und Einsamkeit im Moment danach kann aber auch eine langjährige Beziehung wie einen einzigen großen Fehler erscheinen lassen.

Man kann sich danach schmutzig fühlen, «ausgelutscht» und ausgenutzt, oder schlicht unbefriedigt sein. Die Hoffnung auf Versöhnung kann unerfüllt geblieben sein, und die Sorgen, die einen vor einer Stunde bedrängt haben, holen einen unerbittlich wieder ein. Die Nase, die vorher schon verstopft war, schwillt einfach wieder zu, nachdem sie zwischenzeitlich kurz mal frei geworden war.

Wenn beide *ihren* Orgasmus gehabt haben, ist alles viel einfacher. Getrost kann man darauf vertrauen, daß es in diesem Fall ja so schlecht nicht gewesen sein kann. Dagegen kann sich für einen Mann ein großes Problem ergeben, wenn er einen Orgasmus hatte, die Frau aber (noch) nicht, oder wenn er nicht genau weiß, ob sie einen gehabt hat. Es droht eine Auseinandersetzung, die wir das *postkoitale Palaver* nennen möchten. Das *postkoitale Palaver* besteht oft nur aus einer einzigen Frage und einer einzigen Antwort: «Hast du einen Orgasmus gehabt?» Ist die Antwort «Ja», scheint alles in Ordnung. Ist die Antwort «Nein», wird's schwierig. Was jetzt?

Frauen ist diese Frage oft peinlich. Sorgen sie sich darum, daß sie gemeinhin Schwierigkeiten haben, beim Koitus zum Orgasmus zu kommen (und nicht wenige Frauen glauben, daß nur der «vaginale Orgasmus» der einzig wahre ist), kann die Frage den Finger auf eine alte und immerwährende Wunde legen. So sehr der Mann sich bemüht, der Frau auf klassische Art einen Orgasmus zu bescheren, so sehr kann die Frau unter den Leistungsdruck geraten, unbedingt zum Orgasmus zu kommen. Antwortet sie auf seine Frage mit «Nein», kann es sein, daß beide, Mann *und* Frau glauben, versagt zu haben. Er ist kein ausreichend sextüchtiger Mann, sie ist keine richtige Frau, weil es so beschwerlich ist, ihr auf dem «normalen Weg» einen Orgasmus zu bereiten.

Ist die Bekanntschaft noch ganz frisch, kann das *postkoitale Palaver* bei einem «Nein» als Antwort zu besonders unangenehmen und peinlichen Gefühlen beitragen. Denn das «Nein» bedingt gewöhnlich einen Klärungsbedarf: Lag es am Mann, oder lag es an der Frau, oder an beiden? War das eine Ausnahme oder der Normalfall? Ist es ein Ausdruck dafür, daß es nicht schön war, oder hat es trotzdem Spaß gemacht? Oder wenn der Mann «zu früh» gekommen ist: Ist das immer so bei ihm? Wird es je anders sein, usw. Um solche Fragen einer die Versagensängste beruhigenden Klärung zuzuführen, wird man – will man das Problem nicht herunterspielen – fast genötigt, seine ganze Lebensgeschichte auszubreiten, und das gegenüber einem halbwegs fremden Menschen.

Man sollte die Frage eines Mannes nach dem Orgasmus der Frau nicht pauschal diskreditieren. Was haben wir nicht alle gelacht, als Sally im Film «Harry und Sally» dem verdutzten Harry am Tisch einer vollbesetzten Mittagskantine geräuschvoll glaubhaft machte, wie leicht es für eine Frau sei, einem Mann einen Orgasmus vorzuspielen. So demütigend es für Frauen sein mag und so vielfältig ihre Motive sind, ihren Männern Orgasmen vorzutäuschen, dieser Witz ging lediglich auf Kosten der Männer. Er funktionierte, weil bekannt ist, wie sehr sich Männer darum sorgen, eine Frau befriedigen zu können. Ihr bekümmertes Nachfragen wird oft abgetan als «typisches Leistungsdenken der Männer». Daß Männern an der Befriedigung ihrer Frau viel liegt, weil es schön ist, jemandem Lust zu bereiten, und daß das Interesse daran auch bedeutet: «Ich möchte auf dich achten. Allein ist es weniger schön für mich», scheint allerdings zu sehr mit dem viel geläufigeren Bild vom Mann als egoistischem Rammler zu brechen.

Es gibt für einen Mann aber auch Gründe, *nicht* zu fragen, ob die Frau einen Orgasmus gehabt hat oder nicht. Wenn er es nicht auch ohne nachzufragen schon weiß, läuft er bei einem ausgesprochenen «Nein» als Antwort Gefahr, sozusagen *öffentlich* als Versager angesehen zu werden. Natürlich spüren Männer auch die Verlegenheit der Frau, die mit dieser Frage verbunden sein kann. Gewiß ist der Moment danach die Zeit, in der die Enttäuschung über die ausgebliebene Befriedigung am deutlichsten zu spüren ist. Vielleicht ist es aber auch ein ungünstiger Augenblick, darüber zu sprechen.

Möglicherweise hofft der Mann im stillen, daß die Frau auch ohne Orgasmus zufrieden ist. Fragt er jedoch nach, gerät er eher unter Handlungsdruck, als wenn er geschwiegen hätte. Sicherlich ist das Problem nicht aus der Welt, nur weil der Mann nicht nachfragt. Aber es ist wie mit der Begrüßungsfloskel «Na, wie geht's?» Bekommt man eine ehrliche Antwort, zum Beispiel: «Ouh, nicht so gut», kann es passieren, daß man feststellt, zu einem Problemgespräch gar nicht aufgelegt zu sein. Sind Frage und Antwort aber erst ausgesprochen, muß man sich dazu verhalten.

Wie auch immer, jeder Mann hat, wenn er *vor* der Frau gekommen ist, ein Problem, das eine sehr gewöhnliche, aber leicht zu Mißverständnissen führende Ursache hat:

Nach einem Orgasmus fühlen sich Männer im allgemeinen zumindest fürs erste sexuell kaum noch ansprechbar. Innerhalb weniger Sekunden nach dem Höhepunkt beginnt der Penis zu erschlaffen. Im Vergleich zu vorher wird er seltsam fühllos. Bis der Penis seine alte Form wieder einnimmt, die motorische Anspannung des Körpers sowie die Herzfrequenz und der Blutdruck wieder auf Normalwerte abklingen, vergehen zwar noch einige Minuten. Doch kein Mann ist in dieser Rückbildungsphase (Refraktärzeit) zu einem weiteren Orgasmus in der Lage. In der Regel können das nur vorpubertäre Jungen. Allerdings verliert sich im Verlaufe der Pubertät allmählich diese Fähigkeit.

Doch nicht nur körperlich besteht für den Augenblick eine Sperre für weitere Sensationen, sondern auch psychisch. Walter Bräutigam und Ulrich Clement (1989) sprechen sogar von einer «psycho-physiologischen, bis zur Abwehr gehenden sexuellen Unansprechbarkeit» des Mannes während der Refraktärzeit, die mindestens einige Minuten währt und mit zunehmendem Alter länger dauert (S. 49).

Theoretisch könnte ein Mann nach dieser Zeit erneut sexuell aktiv werden. Aber eben nur theoretisch, denn die Alltagserfahrung ist eher eine andere – oder besser gesagt: ist genau umgedreht. Manche Männer berichteten uns von einem regelrechten, plötzlich einsetzenden Widerwillen, mitunter sogar befremdlichem Ekel bei der Vorstellung, die Frau weiterhin sexuell stimulieren zu *sollen*.

Ein Dreißigjähriger erzählte, wenn sein Penis noch in der Scheide stecke, hielte seine Erektion länger an, als wenn er nicht mehr umfaßt sei. Die verbliebene Erektion könne er dann nutzen, um sich noch einmal in Bewegung zu setzen. Würde er mit Präservativen verhüten, sei das allerdings ziemlich risikoreich. Unternähme er jedoch einige Minuten nichts, sei alles aus. Für die nächsten ein bis zwei

Stunden liefe bei ihm in der Regel nichts mehr – und meistens auch danach nicht.

Im Moment des Wachwerdens kann das konkret Körperliche der Nacktheit wieder deutlich zutage treten: Der Penis ist «ganz naß», der «Honig» der Frau, Spucke, Schweiß, Samen, Menstruationsblut – alles kann sich mit einem Male wieder in «Körperflüssigkeiten» zurückverwandeln, zu denen man bei *normalem* Bewußtsein ein gespaltenes oder zumindest eher unerotisches Verhältnis hat.

In einem solchen Moment weiterzumachen, kann ein echter Liebesdienst sein. Freiwillig, ohne Druck und Bringschuld kann der Mann sich durchaus der Frau noch einmal zur Verfügung stellen und auch seinen Spaß dabei haben. So erweist der Mann der Frau einen schönen Dienst. Zudem ist es beglückend, eine beglückte Frau neben sich zu haben. Sich dienlich zu erweisen, kann sich aber auch zu einer Ochsentour auswachsen, wobei man in diesem Fall den «Ochsen» durchaus wörtlich nehmen kann. Eine Frau, die man mit weichen Knien über den Berg zu hieven versucht, kann sich auch auf diesem Weg als äußerst schwerer Brocken erweisen.

Frauen erleben es oft als Kränkung, wenn sich ein Mann nach seinem Orgasmus wie ausgeschaltet fühlt. Das hat seine Berechtigung, wenn es die Regel ist, daß sie nicht auf ihre Kosten kommt: Er hat seinen Spaß gehabt, dreht sich um und schnarcht weg. Sieht man jedoch von diesem klassischen Negativbeispiel ab, in dem der Mann kein Interesse an der Befriedigung seiner Frau zu haben scheint, lassen sich zu der Enttäuschung von Frauen über die fehlende Bereitschaft der Männer zu weiteren Zärtlichkeiten einige grundsätzliche Anmerkungen machen. Denn: Selbst wenn die Frau einen Orgasmus hatte, kann sie sich darüber grämen, daß der Mann sich im Moment danach bald wieder von ihr abwendet. Nach einem Orgasmus scheint das gesamte männliche Repertoire der Werbung einfach dahinzufahren. Der Mann hat schlicht keine *Lust* mehr, sexuell *aktiv* zu sein. Endlich kann er loslassen, endlich besteht die Möglichkeit, sich aller Pflicht zum Rennen und Raufen zu entledigen. Dösen, schlafen oder einfach still beieinanderliegen wäre jetzt das Allerbeste. In diesem Augenblick begehrt er nicht mehr, er braucht nicht mehr zu erobern, seine Aufmerksamkeit kehrt wieder zu ihm zurück. Vielleicht fällt es ihm leichter, sich im Moment danach aus dem regressiven Zustand zu lösen, weil er mehr Angst davor hat als die Frau, denn ein zentraler Bestandteil seiner männlichen Identität beruht auf der Abgrenzung von der Frau. Schließlich hat er sich schon als Kind von seiner Mutter trennen müssen, um ein Junge zu werden. Je bedrohlicher er die Nähe der Frau empfindet (die Frau mit seiner Mutter verwechselt), desto mehr wird er sich sputen, sich im Moment danach wieder in Sicherheit zu bringen. Demgegenüber liegt es auf der Hand, daß eine Frau, die sich im Zuge ihrer Identitätsentwicklung eher mit der oft enttäuschten Sehnsucht nach dem fernen Vater abfinden mußte, in einem solchen Augenblick leicht an eine alte Kränkung herangeführt wird. In dem Maße, in dem Mann und Frau ihre Eltern aus dem Bett (aus ihrer Beziehung) heraushalten können, vergrößern sich die Chancen, mit Nähe und Distanz zueinander einfühlsamer umzugehen. Für den Moment danach heißt das: Die Trennung nach der (Wieder-)Vereinigung muß weder panisch angestrebt werden, noch wird sie als allzu schmerzlich erlebt.

Wir haben eine ganze Reihe von Problemen geschildert, die einen Mann im Moment danach umtreiben können, selbst wenn beide zum Orgasmus gekommen waren, und erst recht, wenn er ihn nur alleine erreicht hat. Darüber hinaus kommt es aber auch vor, daß die Frau zum Orgasmus gekommen ist, nicht aber der Mann. Frauen können in einer solchen Situation erfahren, wie verunsichernd und sogar bestürzend es erlebt werden kann, den Partner nicht befriedigt zu haben. Viele Frauen kennen bestens die umgekehrte Situation und sind oft völlig überrascht darüber, wie schwer es sein kann, einen Mann zum Orgasmus zu bringen, wo es bei den Männern doch sonst immer so schnell und einfach geht. Sogar wenn sie selbst auch keinen Orgasmus gehabt hat, droht der Moment danach von ratlosem Grübeln und Selbstzweifeln beherrscht zu werden: Was habe ich falsch gemacht? Bin ich attraktiv genug? Liebt er mich überhaupt? Warum hält er sich zurück? Was stimmt nicht? War ich zu egoistisch, usw. – Fragen, die wiederum Männer bestens kennen und auf die es keine einfachen Antworten gibt.

Kann sein, daß der Mann auch ohne Orgasmus glücklich und zufrieden ist, und vielleicht wird er sich bemühen, der Frau zu versichern, daß trotzdem alles in Ordnung ist. Kann aber auch sein, daß er sich ängstlich fragt, ob die Frau ihn unter diesen Umständen für einen ganzen Mann hält. In einem solchen Augenblick wird deutlich, daß auch ein Mann sich gegenüber einer Frau verantwortlich fühlen kann, es ihr nicht zu schwer zu machen, ihn zum Orgasmus zu bringen. Kommt es öfter vor, daß er nicht bis zum Höhepunkt gelangt, sei es weil er Angst bekommen hat, die Kontrolle über sich zu verlieren, oder weil ihm sein Penis den Dienst verweigert hat und ihm keine ausreichende Erektion *gelungen* ist, wird er sich möglicherweise selbst verfluchen und unglücklich sein. Im Moment danach fürchtet er sich schon vor dem nächsten Mal.

Ein Mann erzählte uns, daß er sich in einer solchen Situation, als die Frau eingeschlafen war, heimlich aufmachte, um zu masturbieren. Der Samen, der dann mit Macht aus ihm herausschoß, kam ihm viel heißer und flüssiger vor als sonst, so als habe er längere Zeit in seinem Innern bis kurz vor dem Siedepunkt geköchelt, um endlich und doch noch herausgelassen zu werden. Anschließend legte er sich wieder zu der Frau, kuschelte sich an sie – und alles war in Ordnung.

Der Moment danach ist die «Stunde der Wahrheit». Die Gefühle werden geleitet durch die Nachwehen der «Auszeit», die eine sexuelle Begegnung gegenüber einem hektischen und bedrückenden Alltag bedeuten kann – mit all den an sie gehefteten Wünschen und Sehnsüchten. Während der Phase drängender Erregung wird schon mal die Wahrnehmung für tatsächliche Befindlichkeiten getrübt. Auf dem Weg zum Höhepunkt und dort selbst setzt in der Regel das Alltagsbewußtsein aus. Im Moment danach jedoch ist das In-sich-Horchen und Fühlen oft unabwendbar und deutlich. Das in diesem Augenblick empfundene Glück kann groß und allumfassend versöhnend sein. Doch wenn etwas in der (sexuellen) Beziehung nicht stimmt, wenn die als zerfahren und sperrig erlebte Begegnung lediglich eine innere Ambivalenz gespiegelt hat, oder wenn «es» wieder einmal nicht geklappt hat –: in der Stille des Moments danach ist der Blick auf die dunkle Seite des Mondes unverstellter als je zu einer anderen Zeit.

François Villon hat einmal gedichtet: «In des Fleisches weißer Glut wohnt man wie gewiegt. Jeder Mensch ist gut, wenn ihn warm ein Arm umschmiegt» (1962, S. 41). Das gilt selbst für einen Mann wie Francis Dolarhyde, das frauenmordende Monster aus Thomas Harris' Roman «Roter Drache» (1991). In seiner Kindheit hatte Dolarhydes Großmutter ihn beim Doktorspiel mit einem Mädchen erwischt und angekündigt, ihm zur Strafe mit einer Schere den Penis abzuschneiden. Die Angst, daß seine Großmutter ihre Ankündigung jederzeit wahrmachen konnte, steigerte sich zu einem Wahn und machte aus ihm ein zwischen Haß, Angst und Sehnsucht zerrissenes, krankes

Wrack, das später nur mit toten Frauen schlafen konnte. Eines Tages begegnet er Reba McClane, einer blinden Frau, die nichts von ihm weiß und die auch nicht die Hasenscharte sehen kann, wegen der er zu allem anderen zeit seines Lebens gehänselt wird. Vor ihr hat er keine Angst. Am Ende des Romans muß Dolarhyde sterben; für ihn kann es kein Glück geben. Aber einmal, ein einziges Mal in seinem zerstörten und zerstörerischen Leben, hat es für ihn mit Reba McClane einen kosmischen Augenblick gegeben. Der Moment danach hält für jeden Menschen die Chance auf die tiefe Empfindung einer «Heimkehr» und des «Seelenfriedens» bereit. Uns haben die folgenden Sätze sehr berührt:

«Zusammen mit Reba, seiner einzigen lebenden Frau, in dieser Seifenblase aus Zeit eingeschlossen, hatte er zum ersten Mal das Gefühl, daß alles gut war: Es war sein Leben, das er freigab; sich selbst, jenseits aller Sterblichkeit, ergoß er in ihre gestirnte Dunkelheit, fort von diesem Schmerzensplaneten, indem er sich über harmonische Distanzen hinweg unsäglichem Frieden und dem Versprechen der Ruhe entgegenkatapultierte. Neben ihr im Dunkel liegend, legte er seine Hand auf sie und drückte sie sanft zusammen, um den Weg zurück zu versiegeln. Und als sie schließlich eingeschlafen war, lauschte Dolarhyde, verdammter Mörder von elf Menschen, immer und immer wieder dem Pochen ihres Herzens» (S. 340).

«Entschuldige, Schatz!»

Der richtige Zeitpunkt des Samenergusses

«Vertrauen ist gut, Kontrolle ist besser.»

(Wladimir Iljitsch Lenin)

«Man darf dem lieben Gott keine Zeit stehlen.»

(Volksweisheit)

Die meisten Leute halten Ejakulation und Orgasmus für ein und denselben Vorgang. Von dieser Regel gibt es jedoch eine bedeutsame Ausnahme. Wenn die Ejakulation zum vermeintlich falschen Zeitpunkt erfolgt, wird sie vom Orgasmus unterschieden. In diesem Fall spricht man vom «vorzeitigen *Samenerguß*».

Gegenüber dem Begriff Ejakulation ist das deutsche Wort Samenerguß eine seltsam schlappe Übersetzung. Ejakulation stammt vom lateinischen *eiaculare*, das wörtlich soviel wie *hervorschleudern* bedeutet. Tatsächlich «ergießt» sich das Sperma bei einer Ejakulation nicht, sondern wird durch Muskelkontraktionen herausgeschleudert. Mit dem Wort «ergießen» verbindet sich eher die Vorstellung, das Sperma laufe aus.

Erfolgt die Ejakulation zur falschen Zeit, wird in der umgangssprachlichen Formulierung nicht nur der Aspekt der Kraft, sondern auch der Aspekt der Lust ausgeklammert.

Wohl kaum eine Frau käme auf die Idee, ihren Partner zu fragen, ob er einen schönen Samenerguß gehabt habe. Dem lustvollen Aspekt dieses Ereignisses ist der Begriff Orgasmus vorbehalten. Gleichzeitig käme niemand auf den Gedanken, «vorzeitiger Orgasmus» statt «vorzeitiger Samenerguß» zu sagen, obwohl alle Welt Ejakulation und Orgasmus gleichsetzt.

Es scheint, als dürfe eine Ejakulation, wenn sie denn zum falschen Zeitpunkt stattfindet, nicht einmal Spaß machen. Die Bezeichnung Orgasmus hat sie sich in diesem Fall nicht verdient. Diesem Verständnis entspricht auch die übliche sexualwissenschaftliche Klassifizierung des vorzeitigen Samenergusses als «sexuelle Funktionsstörung». Es geht nicht um die Lust des Mannes, sondern darum, daß er nicht richtig funktioniert.

Stellvertretend für viele andere gründliche Untersuchungen seien hier die Sexualtherapeutinnen Lonnie Barbach und Linda Levine (1990) zitiert, die mit 120 amerikanischen Männern Tiefeninterviews durchgeführt haben: «Als die von uns interviewten Männer über sexuelle Probleme sprachen, war das häufigste eine vorzeitige Ejakulation. Und selbst, wenn dies kein aktuelles Problem mehr darstellte, erwies es sich doch als eines, das an irgendeinem Punkt in fast jeder sexuellen Vita eines Mannes aufgetreten war» (S. 264).

Wir sind davon überzeugt, daß auch in der Bundesrepublik die Mehrheit der Männer von sich glaubt, nicht gut genug zu «funktionieren», also die eigene Ejakulation nicht in ausreichendem Maß kontrollieren und hinauszögern zu können. Ein großer Teil der Männer ist der Ansicht, oft früher zu ejakulieren, als es eigentlich richtig wäre. Es gehört zum festen Repertoire männlicher Potenzvorstellungen, daß es sich bei einer Ejakulation um einen fast beliebig kontrollierbaren Vorgang handeln muß.

Alfred Kinsey, der wohl akribischste Sexualforscher dieses Jahrhunderts, schrieb 1955: «Etwa drei Viertel aller Männer gelangen innerhalb von zwei Minuten nach Beginn der sexuellen Beziehung zum Orgasmus, und zahlreiche Männer können den Höhepunkt in weniger als ein bis zwei Minuten erreichen, ja sogar innerhalb von zehn bis zwanzig Sekunden nach der koitalen Einführung» (S. 530). Für Alfred Kinsey war die möglichst schnelle sexuelle Reaktion des Mannes ein Zeichen von Überlegenheit, und so wie er dachten wohl viele seiner Zeitgenossen. Die Vorstellung, daß ein Mann um so potenter sei, je länger er seine sexuelle Reaktion hinausschieben könne, ist für unseren Kulturkreis also relativ neu. Erst in den sechziger Jahren wurde mit Johnson und Masters (1967) der vorzeitige Samenerguß zum «Fluch des Mannes». Virginia E. Johnson und William Masters entwickelten relativ schnell zu absolvierende verhaltenstherapeutische Trainingsprogramme, mit denen sich die Hoffnung verband, daß eigentlich jeder Mann ohne größere Probleme lernen könne, seine Ejakulation gut zu kontrollieren.

Spätestens ab diesem Zeitpunkt wurde der gute alte vaginale Orgasmus, von dem Vater Sigmund Freud so schwärmte, zum Problem des Mannes. Sah Freud das hauptsächliche Hindernis für einen allseitig befriedigenden Koitus noch in dem mißlichen Umstand, daß das Weib einfach nicht erwachsen werden und von seiner pubertären Klitoris lassen wollte, so wurde nun der handwerklich perfekte Geschlechtsverkehr der Leistung des Mannes zugeordnet.

Wir halten diese Umkehrung in vielerlei Hinsicht für äußerst folgenreich. So wie Frauen massenhaft darunter litten und leiden, daß ihnen nicht gelingt, was einer reifen Frau gefälligst ständig zu gelingen hat, so leiden Männer ebenso massenhaft unter dem Diktat der unrealistischen und verunsichernden Norm, den Zeitpunkt ihrer Ejakulation fast beliebig kontrollieren zu können.

Ein Mann hält durch! Wem die Durchhalteparolen nicht helfen, darf sich als Versager fühlen.

Wie lange muß ein Mann können? Die Norm im Hinterkopf der meisten Männer besagt, daß ein richtiger Kerl so lange kann, wie seine jeweilige Partnerin eben braucht, um zum Orgasmus zu kommen. Alles andere ist lediglich ein Achtungserfolg, für den es in der Schlußabrechnung keine Punkte gibt.

Vor dem oder beim Eindringen oder bei den ersten paar Bewegungen zu kommen, ist eine Katastrophe. So eine Art Inkontinenz. Alles unter zwei Minuten ist beschämend. Fünf Minuten gehen so. Ab acht Minuten hätte sich die Frau gefälligst auch mal ein wenig Mühe geben können. Und wenn die Frau nach zwanzig Minuten immer noch keinen Orgasmus hatte, dann meinen manche Männer, sie würde wohl in den siebten Himmel gelangen, wenn es ihnen denn gelänge, auf dreißig Minuten zu kommen. Zum letzten Beispiel wäre hinzuzufügen, daß solche Matches im Fußball durch Elfmeterschießen nach Verlängerung, im Tennis im fünften Satz ohne Tie-Break und im Eishockey durch Sudden Death entschieden werden.

Der zur Norm gewordene ejakulatorische Kontrollzwang führt zu vielen Mißerfolgserlebnissen. Auch Männer, die nach eigener Einschätzung nicht an dem Symptom «vorzeitiger Samenerguß» leiden, sind häufig mit sich unzufrieden. Sie setzen sich unter Druck, beim nächsten Mal besser und kontrollierter zu sein, oder empfinden ihr mangelndes Durchhaltevermögen als ständige Minderung ihrer sexuellen Potenz.

Unter diesen Bedingungen ist es eigentlich nicht verwunderlich, daß der vorzeitige Samenerguß zu einem massenhaften Phänomen geworden ist. Aus der Psychotherapie sexueller Störungen weiß man, daß viele Störungen ein Eigenleben entwickeln können. Durch Versagensangst und Vermeidungsverhalten kommt es zu einer Fixierung und Verstärkung der sexuellen Problematik. Selbst wenn die ursächlichen psychologischen Konflikte bearbeitet worden sind, kann sich die Störung recht stur am Leben erhalten (vgl. Claus Buddeberg 1987, S. 93 f).

Mit einem einfachen Beispiel läßt sich dieser Zusammenhang so beschreiben: Wer auf einem Drahtseil gehen will und unentwegt daran denkt, daß er herunterfallen könnte, wird aller Erfahrung nach auch fallen – unabhängig davon, wie gut er balancieren kann. Wenn also immer mehr Männer befürchten, beim Koitus zu früh zu einer Ejakulation zu kommen, dann wird genau dieses immer häufiger eintreffen. Anders formuliert: Einer der besten Freunde des vorzeitigen Samenergusses ist der Kontrollzwang.

Was sich Männer alles antun und was ihnen alles empfohlen wird, um länger parat zu stehen, wollen wir an einem durchaus nicht untypischen «Fundierten Ratgeber für Frauen und für Männer» zeigen, der laut Klappentext von einem «erfahrenen Therapeutenteam» geschrieben worden ist. Horst und Renate Siewert (1992) sehen männliche Potenz als «*Fähigkeit eines Mannes, seine Partnerin eine Kette von multiplen Orgasmen erleben zu lassen. Sex wird so für beide schöner und zugleich ein wirklich intimes Erlebnis. So gesehen ist die Kontrolle über die Ejakulation auch für den Mann eine erstrebenswerte Sache.*»

Damit ist das Lernziel umschrieben. Merke: «Wirkliche Intimität» setzt voraus, daß die Frau «eine Kette von multiplen Orgasmen» erlebt. Tut sie das nicht, ist er nicht potent genug.

Nur die wenigsten Männer, so heißt es weiter, könnten ihre Ejakulation ausreichend hinauszögern. Deshalb, so umschreiben die Autoren den Adressatenkreis ihrer

Ratschläge, sei «*für die meisten Männer das Erlernen von Ejakulationskontrolle ein unschätzbarer Gewinn*».

Der Kampf gegen den vorzeitigen Samenerguß ist eine Massenbewegung! Wer sich daran nicht beteiligen mag – und sich statt dessen freudig und unbefangen beim Koitus bewegt –, ist keiner von uns! Anschließend wird das Lernziel operationalisiert und konkreter gefaßt. Die meisten Männer «*streben es durchaus an, den Geschlechtsverkehr von durchschnittlich zwei bis fünf auf mindestens zehn bis zwanzig Minuten zu verlängern*». Merke: «Mindestens!»

Also hinein ins «*Trainingsprogramm: So hält Mann länger durch*»! Die vorgeschlagene Methode wird wie folgt beschrieben: «*In der Verhaltenstherapie verwendet man, analog zur systematischen Desensibilisierung, im Schwierigkeitsgrad ansteigende Aufgaben, um schließlich zu einer kompletten Ejakulationskontrolle zu gelangen.*» Systematische Desensibilisierung ist ein verhaltenstherapeutisches Verfahren zur Behandlung von schweren Phobien und Angstzuständen. Das Lernziel wird an dieser Stelle um den interessanten Begriff «*komplette Ejakulationskontrolle*» erweitert, zu dem uns Vergleiche aus der Arbeitswelt einfallen: Punktschweißen, Just-in-time-Produktion, Stücklohn. «*Natürlich muß die Partnerin bei der Trainingsserie mitmachen, denn letztendlich profitiert sie ja genauso wie ihr Mann von einer positiven und befriedigenden Sexualität.*» Wenn da mal nicht der tendenzielle Phall der Profitrate droht!

Anschließend werden einige Übungen beschrieben, bei denen die Partnerin den Mann erregt, ohne daß es zu einer Ejakulation kommt: «*Achten Sie darauf...*», «*... wenn Sie es aushalten können, dürfen Sie...*», «*... vermeiden Sie...*», «*... wiederholen Sie drei- bis viermal...*», «*... versuchen Sie nun, einen weiteren Schritt in Richtung, verwenden Sie...*», «*... vereinbaren Sie...*», «*...wenn Sie nun sicher sind, sollte Ihre Partnerin...*», «*... genauer gesagt, sie sollte Ihren Penis manipulieren.*»

Anleitungen wie die von Horst und Renate Siewert ähneln verdächtig dem Symptom, das sie zu kurieren vorgeben. Heutzutage muß alles schnell gehen! Nicht nur der Beischlaf, sondern auch das Erlernen seiner kompletten Kontrolle! Die versprochene flotte Heilung ist umfassend. Nach «*fünf Wochen ist es Ihnen möglich, Ihre Ejakulation bis zu dem entscheidenden Moment zu kontrollieren, an dem Ihre Partnerin ihren Höhepunkt erreicht. Der angestrebte gemeinsame Orgasmus von Frau und Mann wird ermöglicht, und die Harmonie verstärkt die Innigkeit.*»

Es geht also nicht um eine verbesserte Einfühlung in die eigene Erregung, um mehr Kontakt des Mannes zu sich selber. Wenn die Siewerts Endzertifikate ausstellen würden, dann auf den Titel «Meisterficker». Diese Zielvorgabe orientiert sich in bedenklicher Weise am Denksystem vieler potentieller Adressaten solcher verhaltenstherapeutischen Fernkurse. Ausgesprochen viele Männer, die sich mit der Vorzeitigkeit ihrer Ejakulation herumschlagen, machen sich nämlich gleichzeitig das Leben mit vollkommen unrealistischen Vorstellungen über ihre Wunschpotenz schwer. Ihnen deren Verwirklichung in Aussicht zu stellen, motiviert möglicherweise für die dusseligsten Crashkurse, in Wirklichkeit sind solche Verheißungen ein Teil des Problems. Anders formuliert: Sie sind einer der direktesten Wege zur Stabilisierung des Symptoms.

Für die zweite Woche des Trainingsprogramms sind «Stimulationsübungen» vorgesehen. Am besten – so viel Zeit haben wir schließlich auch nicht – gleich mit Massageöl. Als Variation dieser Übung wird orale Stimulation vorgeschlagen: «*Vorsicht! Bitte nicht die Zähne benutzen. Der Mann bleibt dabei völlig inaktiv, denn schon ein leichtes Stoßen mit dem Penis kann bei der Partnerin einen Brechreiz auslösen.*» Interessanterweise sind auch in dieser Warnung des «erfahrenen Therapeutenteams» vor den Störfallgefahren beim

Cunnilingus viele derjenigen Ängste verborgen, die bei Männern den vorzeitigen Samenerguß begünstigen. Man muß sich die Übung plastisch vorstellen: Er liegt auf dem Rücken – mitten im Effektivprogramm zur Steigerung seiner Manneskraft. Sie hat seinen erigierten Penis in ihrem Mund. Weiß der Teufel warum, wahrscheinlich will sie endlich auch einmal eine «*positive und befriedigende Sexualität*» mit ihm haben. Sie könnte ihn beißen! Er könnte eine Ejakulation bekommen! (« *Vermeiden Sie jede Ejakulation!* ») Nur ja nicht bewegen! Gleich kotzt sie!

Wer nach solchen Beschreibungen immer noch nicht seine Lust verloren hat, dem soll mit besonderen Maßnahmen Abhilfe verschafft werden: « *Wenn Sie sehr empfindlich sind, können Sie ein oder zwei Präservative überziehen. Das reduziert den Reiz auf den Penis gewaltig. Sie erreichen damit sicher die anvisierten fünf Minuten in der Vagina. Verwenden Sie, falls nötig, eine handelsübliche Desensibilisierungscreme. Diese werden unter Markennamen wie ‹Long fit› oder ‹Stud 100› im Versandhandel und in Sex-Shops angeboten. Dabei wird das Präparat auf die Oberfläche des Penis gesprüht oder sanft eingerieben. Jetzt kann der Akt mühelos verlängert werden.* »

Wir empfehlen Trockeneis! Und denken Sie nicht nur an die Schwiegermutter, schlafen Sie mit ihr! Saufen hilft auch! Holen Sie sich eine Stunde vorher einen runter! Nehmen Sie keinen Kontakt zu Ihrer Frau auf! Sonst macht ihre Vagina Sie gnadenlos fertig! Das Ganze ist bloß ein Zeitproblem, denken Sie ausschließlich an die anvisierten fünf Minuten! Und vor allen Dingen: Denken Sie niemals an sich selber! Wenn Sie überhaupt nichts mehr spüren, können Sie sicher sein, daß Sie erfolgreich waren!

Horst und Renate Siewert beenden ihren Fernkurs mit den Worten: «*Sie bemerken, daß sich Ihr Körper nun auf ein anderes Zeitmaß umgestellt hat und Ihre Ejakulationskontrolle in Ihr Unterbewußtsein übergegangen ist.*» Dann kommt das

Kleingedruckte: «*Zwar verliert sich diese Fähigkeit mit der Zeit wieder, wenn Sie in Ihren alten Rhythmus zurückfallen.*» Wie schade!

Was sie von den Männern halten, denen sie helfen wollen, wird im nächsten Satz deutlich. Sie erklären nichts anderes, als daß bei ihren Ratschlägen das Prinzip der Kundenhaftung gilt, und zwar so, als hätten sie es mit Kindergartenkindern zu tun: «*Aber das wollen Sie ja nicht, oder?*»

Wir kritisieren solche lieblosen und ohne therapeutische Begleitung in der Regel völlig sinnlosen Checklisten zur Erlernung von Ejakulationskontrolle nicht, um pauschal symptomorientierte Sexualtherapie in Mißkredit zu bringen. Wir haben nichts gegen verhaltenstherapeutische Konzepte, mit deren Hilfe Männer lernen können, ihre Erregung besser zu spüren und aufmerksamer so zu steuern, wie es ihnen selber gefällt (vgl. Bernie Zilbergeld 1983, Singer-Kaplan 1979, Volkmar Sigusch 1980). Bei einer Sexualtherapie zur Verbesserung der Ejakulationssteuerung werden Männern oder Paaren praktische Übungen vorgeschlagen. Häufig geht es darum, kurz vor einer Ejakulation die Stimulation des Penis oder die Koitusbewegungen zu unterbrechen und erst dann wieder aufzunehmen, wenn die Erregung etwas nachgelassen hat. Wenn solche Übungen von einem Paar durchgeführt werden, verbessern sie auch die Kommunikationsfähigkeit. Es braucht durchaus Selbstvertrauen, um einer Partnerin deutlich zu zeigen: «Stop. Halt. Ich will jetzt noch keinen Orgasmus haben.» In aller Regel sind Sexualtherapien nur dann sinnvoll und erfolgreich, wenn der Sexualberater oder die Sexualberaterin psychotherapeutisch geschult ist und der Mann und gegebenenfalls seine Partnerin bereit sind, sich in Ruhe auch mit den Hintergründen eines Symptoms zu beschäftigen.

Es ist nicht nur ein Problem unangemessenen Leistungsdenkens, wenn Männer unter der Vorzeitigkeit ihres Samenergusses leiden. Das Leid besteht auch nicht ausschließlich in dem Gefühl, wieder einmal versagt zu haben. Wenn ein Mann vor dem Eindringen in die Vagina oder kurz danach ejakuliert, fällt der Koitus, die sexuelle Begegnung im Grunde aus. Das Gefühl, mit seinem Phallus der Partnerin nur wenig Lust beschert zu haben, ist nicht aus der Luft gegriffen. Man muß nicht von sexueller Meisterschaft träumen, um darüber traurig zu sein. Die eigene Erregung und Lust wird bei einer sehr schnellen Ejakulation meistens kaum wahrgenommen. Es ist, als wolle man mit einem Hubschrauber in die Luft fliegen und der Propeller ist kaputt: Alles wieder aussteigen bitte.

Wann genau ein Samenerguß «vorzeitig» ist, kann niemand sagen, weil es keine objektiv richtige oder falsche Zeit gibt, um zu ejakulieren. In der Praxis von Sexualtherapeuten hat sich die Meinung durchgesetzt, den Begriff sehr eng zu fassen und nur dann von «vorzeitigem» Samenerguß zu sprechen, wenn die Ejakulation vor, während oder innerhalb kürzester Zeit nach dem Eindringen erfolgt. Allerdings kann ein Mann auch unzufrieden sein, wenn die Ejakulation zwar später, aber für sein Gefühl «zu schnell» kommt.

Ein Mann erzählte uns: «Normalerweise komme ich nach ein bis drei Minuten. Das Ende ist immer schon abzusehen. Es mag sein, daß ich mich vielleicht selber ein wenig um meine Lust bringe, weil ich zu sehr auf dieses Ende starre. Ich weiß, daß es vielen Männern so geht. Also als Versager fühle ich mich eigentlich nicht. Andererseits denke ich oft, daß meine Freundin enttäuscht sein muß, auch wenn sie etwas anderes sagt. Ich merke ja, daß es ihr Spaß macht und sie erregt, mit mir zu schlafen. Sie kommt gut drauf, und mittendrin, zack, ist Schluß. Ich weiß nicht, ob sie zum Orgasmus käme, wenn ich länger könnte. Klar, dann würde ich mich gut fühlen. Aber so wichtig ist das nicht, daß sie beim Miteinanderschlafen zum Orgasmus kommt. Da gibt es ja auch andere Möglichkeiten. Es soll einfach etwas länger dauern.»

Wenn aus dem verständlichen Wunsch «es soll etwas länger dauern» der verbissene Versuch wird, seine Ejakulation unbedingt hinauszuzögern, kann viel auf der Strecke bleiben. Man braucht sich bloß vorzustellen, mit einer Frau zu schlafen und dabei alle zwanzig Sekunden auf die Uhr zu gucken.

Wenn man sich mit dem Thema «vorzeitiger Samenerguß» nicht unter den Aspekten der «Funktionsstörung» und angestrebter sexueller Leistung beschäftigt, stellt man überraschenderweise fest, daß sich in diesem Symptom äußerst viele allgemeine Nöte männlichen Lebens ausdrükken. Im folgenden wollen wir beschreiben, welche Probleme von Männern besonders häufig ihren Ausdruck in einem vorzeitigen Samenerguß finden können. Dabei ist es wichtig zu wissen, daß es in der Regel nicht möglich ist, einem sexuellen Problem *eine* klar definierbare Ursache zuzuordnen. Die Schwierigkeiten können mit der individuellen Lebensgeschichte, mit dem Lebensstil und den aktuellen Problemen des einzelnen, mit der Situation der Paarbeziehung und mit falschen Erwartungen und Informationen zusammenhängen.

Die verlorene Zeit

Eine beinahe lustige Geschichte zum Thema «vorzeitiger Samenerguß» erzählte eine Sexualtherapeutin. Ein Klient, der sich wegen dieses Problems in ihrer Sprechstunde angemeldet hatte, erschien auf die Minute genau in der Beratungsstelle. Dennoch mußte er eine halbe Stunde warten. Er nutzte die Zeit, um von seinem Autotelefon aus noch einige wichtige Anrufe zu erledigen. Im Beratungszimmer begrüßte er die Therapeutin mit einem männlich-kräftigen Händedruck und setzte sich forsch hin, allerdings nur auf die vorderste Kante des Stuhls. Sogleich übernahm er die Initiative. Seine erste Frage: «Wieviel Zeit habe ich?»

Die meisten Männer, die unter vorzeitigem Samenerguß leiden, haben zuwenig Zeit. Sie kochen zu schnell, sie essen zu schnell, sie stehen zu schnell auf. Oder sie stehen zu langsam auf und machen sich jedesmal bittere Vorwürfe dafür. Sie genießen zuwenig. Irgendwer hat ihnen die Zeit gestohlen. Manchmal leben sie so, als hätte ihnen die Zeit noch nie gehört.

Der nächste Moment ist immer wichtiger als der gegenwärtige Augenblick. Im Restaurant denken sie bei der Vorspeise an das Hauptgericht, beim Dessert ans Bezahlen, beim Bezahlen an den Mantel, beim Mantel an den Heimweg, auf dem Heimweg an den Schlüssel, auf der Treppe an den Sex, bei der Berührung ihres Penis an die Übererregung, beim Eindringen an die Ejakulation, bei der Ejakulation an das Gesicht der Partnerin, im Moment danach an das nächste Mal oder die längst fälligen neuen Winterreifen.

Männer, die unter vorzeitigem Samenerguß leiden, strampeln sich in ihrem Alltag häufig wie im Laufrad ab. Sie kämpfen und rennen, ohne das Gefühl zu erlangen, wirklich einmal irgendwo angekommen zu sein. Wie viele seiner Kollegen stellt der Sexualberater Volker van den Boom (1993) fest, daß Männer, die wegen des Problems «vorzeitiger Samenerguß» die Beratung aufsuchen, im Alltag häufig unter einer ständig hohen Spannung leben (vgl. S. 254). Berufliche und familiäre Überforderung oder zu hohe Erwartungen an sich selber bedrängen solche Männer in starkem Maß. Manchmal weichen sie der ständigen Spannung aus, unter die sie sich gesetzt haben, zum Beispiel durch bleierne Müdigkeit, Alkohol oder Fernsehen usw.

Allerdings bringen diese kleinen oder großen Fluchten keine Entspannung. Der Druck wird allenfalls für eine gewisse Auszeit aufgehoben. Zur Nationalhymne, die den Fernsehabend beendet, ist er sofort wieder da, bereichert um den Selbstvorwurf, die Zeit nicht richtig genutzt zu haben. Andere Männer in dieser Lage versuchen, ihren beständigen inneren Druck durch aggressive Ausbrüche loszuwerden, oft zur falschen Zeit oder mit dem falschen Gegenüber.

In einer überforderten Lebenssituation kommen viele Leute zudem auf die Idee, daß die Anspannung nachließe, wenn sie sich noch mehr anstrengten, weil sie dadurch ihrem Ziel näherkämen. Aber es ist wie im schlechten Traum: Man rennt dem unerreichbaren Zug hinterher und ärgert sich, daß man nicht schneller laufen kann.

Für Volker van den Boom steht am Anfang seiner Beratungsarbeit mit betroffenen Männern die «Suche nach Möglichkeiten, die die Grundspannung verringern. Im Berufs- und Privatleben suchen Klient und Berater gemeinsam, auch mit der Partnerin, nach konkreten praktischen Handlungen, die das Leben erleichtern. Die Entlastung und das Erkennen der Wirkungszusammenhänge führen in der Regel schon zu einem Aufatmen in der ganzen Familie – und im Bett» (S. 214). Einen wichtigen Schritt sieht Volker van den Boom darin, daß die Männer Hilfe annehmen können, ohne als Versager zu gelten.

Welche Auswirkungen eine hohe Grundspannung auf die Sexualität hat, läßt sich am Beispiel des Mannes illustrieren, der japsend hinter dem Zug herrennt. Man braucht sich nur vorzustellen, wie der sich fühlte, wenn man ihn freundlich anspräche: «Hallo, Sie da! Ja, Sie! Sie müssen ruhig und entspannt atmen! Ein schöner Tag heute, nicht wahr? Spüren Sie den Wind auf Ihrer Haut? Riechen Sie mal, das ist der Frühling!»

Wenn sich die Sorge verfestigt hat, zu früh zu kommen, ergibt sich daraus oft ein vollständiger Verlust der eigenen Zeit in der Sexualität. Wenn sich ein Mann sehr darauf fixiert, ein erneutes «Versagen» zu vermeiden, zählt alles Liebesspiel nicht, und auch die Zeit in der Vagina der Partnerin gehört dem Mann nicht selber. Es geht nur darum, wann diese Zeit beendet sein wird. Von daher ist es gar nicht sonderlich unlogisch, die Tagesordnung kurzfristig zu ändern und vor dem Koitus zu ejakulieren!

Viele Sexualtherapeuten empfehlen Männern, beim Koitus eben nicht an die Tagesschau oder die Schwiegermutter zu denken, sondern sich intensiv auf ihre eigenen Empfindungen zu konzentrieren und genau zu spüren, was sie mit ihrem Phallus fühlen. Das Problem besteht nämlich weniger darin, daß die Zeit des Genusses *zu kurz* ist, sondern vielmehr in der Tatsache, daß die Männer zuwenig genießen. Es ist einfach nicht *ihre Zeit.*

Schlicht, aber gar nicht einmal verkehrt ließe sich formulieren, daß viele Männer unter vorzeitigem Samenerguß leiden, weil sie keine Zeit haben. Die fixe Idee, daß sie mehr Zeit nicht für sich, sondern für die Befriedigung ihrer Partnerin bräuchten, bestätigt dieses Dilemma.

Aufatmen, zu sich selber kommen, nicht mehr unentwegt an wartende Anforderungen denken müssen, ruhig irgendwo an einem schönen Ort verweilen können, den Moment genießen, sich ziellos treiben lassen: All das kommt im Alltag vieler Männer zu kurz. So geht es ihnen in der Sexualität wie am ersten Urlaubstag nach einem langen Arbeitsjahr: Das ist alles nicht zum Aushalten!

Es lohnt sich, über den Zusammenhang von Sexualität, Lebenslust und Zeit nachzudenken. Allein die Frage, warum in einer Gesellschaft, in der alles immer schneller wird, ausgerechnet der Geschlechtsakt lange dauern sollte, ist äußerst interessant.

Eilige Sexualität und eine schnelle sexuelle Reaktion haben sich die meisten Männer über viele Jahre antrainiert. In der Jugend mußte es bei der Masturbation oft möglichst zügig gehen, weil die Furcht sehr groß war, erwischt zu werden. Auch Erfahrungen mit Mädchen ließen manchmal einen schnellen Ablauf sinnvoll erscheinen, etwa wenn eine neugierige Mutter oder ein neugieriger Vater die Intimität im Jugendzimmer zu bedrohen schienen. Auch die meisten erwachsenen Männer masturbieren mehr oder weniger regelmäßig. Wenn dabei von der ersten genitalen Berührung bis zur Ejakulation ziemlich routiniert nur zwei, drei Minuten vergehen, ist es leicht vorstellbar, daß ein Mann Schwierigkeiten haben kann, seinen Erregungsablauf umzustellen, wenn er mit einer Partnerin zusammen ist. Manche Sexualtherapeuten empfehlen Männern, einmal in einer ruhigeren, vielleicht auch aufmerksameren und sich selber gegenüber liebevolleren Art zu masturbieren. Auch hierbei stellt sich nämlich die Frage, wieviel Zeit man sich selber gönnt, ob man seine Erregung auch einmal in Ruhe genießen und mit ihr spielen kann. Wie eingefahren das eigene Masturbationsverhalten sein kann, läßt sich eindrucksvoll erfahren, wenn man eine durchaus schwierige Übung ausprobiert. Man zieht sich an einen wirklich ungestörten Ort zurück und stellt seine innere Uhr auf dreißig Minuten ein. Dann sagt man sich: «Diese halbe Stunde wird nur mir alleine, mir und meiner Lust an mir selbst gehören.»

In der sexuellen Begegnung mit einer Partnerin spielt oftmals die Zeitnot gerade deshalb eine so große Rolle, weil sich Paare insgesamt zuwenig Zeit gönnen. Es gibt sicherlich viele Gründe, mit seiner Partnerin um zwölf ins Bett zu gehen, wenn um halb sieben der Wecker klingelt. Eine solche Planung aber beeinflußt natürlich die Sexualität, die im Alltag eben selten alle Grenzen sprengt, sondern sich ziemlich treu an jene Grenzen hält, die man ihr gesetzt hat. Dazu gehört auch, wieviel Zeit man sich *nach* einem Samenerguß zugesteht. Daß viele Männer dann keine Lust mehr auf eine erneute Erektion haben, hängt möglicherweise auch mit ihrem Zeitgefühl zusammen.

Ein Mann erzählte uns, daß ihm die Zeit gerade beim Koitus verlorengeht: «Ich schmuse gern und kann das Vorspiel wirklich genießen. Aber sobald das Vögeln losgeht, bin ich im Programm. Also langsam anfangen und dann schneller und immer schneller, bis mein Orgasmus da ist. Meistens finde ich das auch toll so. Erst in einem Gespräch mit einem Freund bin ich auf die Idee gekommen, daß es nicht immer so sein *muß*. Also man kann auch einfach nur mal vorbeigucken mit seinem Penis oder verweilen oder sich mal zurückziehen. Es hört sich ziemlich dämlich an, aber ich wußte das mit meinen vierundvierzig Jahren nicht.»

Das Gefühl, nicht genug zu sein

Ein als vorzeitig erlebter Samenerguß kann einem Mann das Gefühl vermitteln, im Bett zu versagen und ein schlechter Liebhaber zu sein. Der Wunsch, diesen Zustand durch ausreichende Ejakulationssteuerung verändern zu können, ist verständlich, aber oft schwer zu realisieren. Die hohe Grundspannung im Alltag und das Gefühl der Überforderung führen zwangsläufig zu der Selbsteinschätzung, nicht gut genug zu sein. Dieses Lebensgefühl läßt sich bei einem Seitensprung möglicherweise noch weginszenieren und beiseite schieben, aber nur schwer im Alltag einer Beziehung. Sich abends im Bett mit seiner Frau wie ein toller Mann zu fühlen, ist nicht einfach, wenn man sich den ganzen Tag anders erlebt hat. Man stellt sich auf den Kopf, hält

Disziplin und bringt Leistung. Das eine um das andere Mal versucht man, in der Sexualität ein toller Mann zu *werden* und sich als solcher zu beweisen – und landet doch immer wieder bei sich selber.

Das Gefühl, nicht genug zu sein, kann viele individuelle Ursachen haben. Eine unglückliche Mutter, der ein Junge Freude machen sollte, ohne je eine Chance zu haben. Ein unzufriedener Vater, der lieber ständig an seinem Sohn herumnörgelte, als selber in den Spiegel zu sehen. Eine Beziehungskonstellation, in der sich ein Mann untergebuttert fühlt, eine schwierige Lebensphase, ein unausgestandener Konflikt.

Darüber hinaus gehört dieses Gefühl in unserer Gesellschaft ganz allgemein zur Konstruktion von Männlichkeit. Für unser Buch «Kleine Helden in Not» (1990), das sich mit der Sozialisation von Jungen beschäftigt, brachten wir die Spielzeugfigur HeMan, die im Weltraum für das Gute kämpft, zu dem Körpertherapeuten Hubertus Stief-Küchler. Wir baten ihn, uns etwas über den Körperausdruck dieses von vielen Jungen heißgeliebten Kämpfers zu berichten. Ein Nebenergebnis der detaillierten Körperanalyse der kleinen Plastikfigur: HeMan leide wahrscheinlich unter vorzeitigem Samenerguß. Im Zusammenhang mit einem Spielzeug fanden wir dieses Ergebnis lustig. Heute ist uns klarer, was damit gemeint war. Ohne ständigen Kampf ist HeMan nichts. Seine Heldenhaftigkeit muß sich jeden Tag aufs neue herausstellen, sein Leben ist ein einziges Beweisverfahren.

Wir stellten die Überlegung an, daß solche Spielangebote wie HeMan bei Jungen so beliebt sind, weil sie selber ein ähnliches Lebensgefühl haben. In der Tat besteht eines der Hauptprobleme von Jungen darin, daß sie keine Probleme haben dürfen. Wie es ihnen wirklich geht, was sie empfinden und fühlen, läßt sich zu weiten Teilen nicht in dem rigiden Rollenbild des «richtigen» Jungen unterbringen. So rennen sie, wenn sie irritiert sind, und raufen, wenn sie Angst haben oder ihnen nach Weinen zumute ist. Nicht nur die Umwandlung irritierender Gefühle in Bewegung und Aggression, sondern auch eine extrem hohe Grundspannung läßt sich schon bei vielen Jungen finden. Von zehn als hyperaktiv diagnostizierten Kindern sind neun männlichen Geschlechtes.

Aggressionshemmung

Männer, die unter vorzeitigem Samenerguß leiden, versuchen häufig, sich besser zu kontrollieren. Daraus könnte man schließen, daß es sich um besonders unkontrollierte Männer handelt. Oft ist das Gegenteil der Fall. Der vorzeitige Samenerguß kann als eine äußerst wirkungsvolle Kontrollinstanz gegen die eigenen aggressiven Energien fungieren. Sich gehen lassen, sich in Bewegung bringen, kraftvoll und ungehemmt sein – all das wird durch den vorzeitigen Samenerguß erschwert oder verhindert. Die Vorstellung, sich durch eine verbesserte Kontrolle freier fühlen zu können, wirkt in diesem Zusammenhang fast paradox.

Das Thema der Aggressionshemmung ist nur schwer zugänglich. Zum einen wird Aggression häufig mit Destruktivität und Gewalt gleichgesetzt. Andererseits gilt es als äußerst unmännlich, aggressionsgehemmt zu sein. Manchmal ist es deshalb sogar leichter, nicht zu können als sich nicht zu trauen.

Für die Hemmung aggressiver Energien gibt es gute und wichtige Gründe. Ein Mensch kann zum Beispiel aus seiner Kindheit einen unbändigen Zorn mitbringen, der ihm in bestimmten Lebensphasen nahekommt. In einer solchen Situation kann sich ein Mensch nicht einfach gehenlassen, auch und gerade in der Sexualität nicht. In der Beziehung zu einer Frau können sich so viele Kränkungen und ungelöste Konflikte angesammelt haben, daß es sehr sinnvoll ist, die eigene Sexualität durch eine vorzeitige Ejakulation zu kontrollieren. In einer bestimmten Beziehung oder in einer bestimmten Lebenslage kann ein Mann sehr unsicher sein, ob er mit seiner Lebendigkeit, seinem Phallus und seiner Erregung überhaupt gewollt ist. Oder ob er sich selber so will. Auch dann erscheint es sinnvoll, sich nicht zu sehr und zu lange vorzuwagen.

Ein Mann kann mit einem vorzeitigen Samenerguß seine Partnerin entlasten und die Verantwortung für ein gemeinsames Problem in der Sexualität übernehmen, etwa für eine bei beiden vorhandene Angst vor einer zu intensiven Begegnung. Wenn er das Problem hat, bleibt ihre Potenz zumindest in der Phantasie unangetastet, einschließlich der Vorstellung, daß sie ganz bestimmt völlig abheben würde, wenn er länger könnte. Ein Mann, der sich durch einen vorzeitigen Samenerguß kontrolliert, kann zudem für eine Frau ungefährlicher wirken als ohne diese Hemmung.

Schließlich spiegelt eine Aggressionshemmung in der Sexualität oftmals einfach nur die alltäglichen Erfahrungen eines Mannes wider, dem es auch außerhalb der Sexualität schwerfällt, sich Raum zu nehmen, sich auszudrücken, auf eine fröhliche und lustvolle Weise penetrant zu sein. Eine solche Hemmung schließt nicht aus, daß ein Mann streitet bis zum Umfallen, gelegentliche Wutausbrüche bekommt oder gegenüber anderen Männern auf eine harte Weise konkurriert.

Es paßt zum Thema der Aggressionshemmung, daß viele Männer, die unter der Vorzeitigkeit ihres Samenergusses leiden, sehr wenig über ihre sexuellen Wünsche wissen. Sie sind stark auf ihre Partnerin konzentriert. Die eigene Erregung und Lust nehmen sie wenig wahr (vgl.

Claus Buddeberg 1987, S. 130). Auf die Frage, was ihnen selber gefiele, antworten sie häufig als erstes, daß es toll wäre, ganz, ganz lange durchzuhalten. Was sie selber wollen, lustvoll fänden und genießen würden, ist dagegen sehr viel schwerer zu formulieren. Der Wunsch, ein toller Mann zu sein, drängt den Gedanken in den Hintergrund, was toll wäre zu erleben.

Sich in seinen sexuellen Wünschen auszudrücken, bedeutet nicht unbedingt, seine heißesten Phantasien auf den Tisch zu legen. Es kann auch ein sexueller Wunsch sein, zum Beispiel anders mit dem Problem des als vorzeitig erlebten Samenergusses umgehen zu wollen. In bezug auf Frauen hat sich inzwischen herumgesprochen, daß die weibliche Sexualität von Frau zu Frau sehr unterschiedlich sein kann. Männer hingegen haben nach wie vor nach DIN-Norm zu funktionieren.

Ein Männertraum

Wir haben einige Probleme geschildert, die mit der Vorzeitigkeit eines Samenergusses verbunden sein können. Stichhaltige Erklärungen und Lösungen ergeben sich aus dieser Schilderung nicht. Ein wichtiger Schritt bestünde vielleicht darin, daß Männer untereinander mehr über Themen wie dieses ins Gespräch kämen.

Wir wollen das Kapitel mit einem Traum beenden, der von dem Eisenbahnzug handelt, hinter dem so viele Männer vergeblich herhecheln. Also, ein Männertraum:

«Schluß, aus, vorbei! Ich laß den Zug sausen, und dann schnauf ich mich aus. Und wie der Zug immer kleiner wird, so schwindet auch mein Gefühl, nicht genug zu sein. Tschüß Mama, tschüß Papa, tschüß Tarzan! Fahrt schön, wohin auch immer ihr wollt, ich schau mir derweil den

Frühling an! Und sitz am Kirchplatz im Café und guck zufrieden den Weibern nach. Kein Bock mehr, König von Deutschland zu werden! Gar nichts muß aus mir werden, ich bin mir genug! Ich brauch nicht zu rennen, ich kann zu mir stehen! Und wenn du mich fragst, ob ich nun bequem werden will, dann sag ich dir eines: Aber sicher, mein Freund! Mich treibt nichts und niemand mehr, ein toller Mann zu werden. Aber keine Sorge, so stark und lebendig wie gerade jetzt habe ich mich schon lange nicht mehr gefühlt!»

Ein Eßlöffel voll

Männer und ihr Sperma

Sie: «Deine Sexualität ist schmutzig.»
Er: «Na und?»

Das Sperma, die männliche Samenflüssigkeit, besteht aus Spermien und einer Reihe von Sekreten, die von der Prostata, der Samenblase und einer Menge kleinerer Drüsen entlang der Harnröhre beigesteuert werden. Die Spermien werden beständig in den Hoden produziert und gelangen über die Nebenhoden und die Samenleiter in die Samenblase. Von dort werden sie bei einer Ejakulation zusammen mit den anderen Ingredenzien des Spermas durch die Harnröhre nach draußen befördert. Ein Ejakulat besteht aus einem bis fünf Millilitern Flüssigkeit, etwa ein Eßlöffel voll. In einem Milliliter sind normalerweise 40 bis 100 Millionen Spermien enthalten (vgl. Frede Bro-Rasmussen 1982, S. 83 ff).

Sperma kann unter verschiedenen Gesichtspunkten betrachtet werden, und zwar als:

- eine Körperflüssigkeit, die bei der Ejakulation ausgeschieden wird
- der Nachweis eines Orgasmus und als ein Bild für männliche Potenz
- ein zu verbergendes Indiz für schändliches Tun, zum Beispiel Masturbation

- eine Flüssigkeit, die entsorgt werden muß
- ein «Lustsaft», den ein Paar mit Spaß in sein Liebesspiel einbeziehen kann
- ein Zeug, das die Sexualität riskant macht, weil es zu einer ungewollten Zeugung führen kann
- ein todbringender Stoff bei der Verbreitung der Aids-Krankheit
- eine außergewöhnliche Substanz, die unbewußt mit ganz verschiedenen phantasmatischen Bedeutungen belegt werden kann
- die männliche Hälfte am Wunder des Lebens.

Alle diese möglichen Betrachtungsweisen des Spermas vermischen sich bei jedem Mann in einem unterschiedlichen Verhältnis. Welches Gefühl er gegenüber seinem eigenen Samen hat, kann sich aus Lust, Stolz, Ekel, Angst, Ehrfurcht, Scham und noch einigen anderen Empfindungen zusammensetzen. Überraschenderweise finden sich in kaum einem Buch über Sexualität nennenswerte Informationen über das Sperma, insbesondere nicht über die Einstellung von Männern und Frauen zu dieser Flüssigkeit.

Die fast gschamerte Nichtbeachtung des Spermas dürfte in erster Linie mit der Tatsache zusammenhängen, daß es sich dabei um eine Substanz handelt, die aus dem Körperinneren nach draußen gelangt. Eine Ejakulation ist eine Körperausscheidung. Das Sperma stellt für viele Menschen ein Symbol für das Schmutzige und Haltlose in der Sexualität dar, erst recht, wenn es nicht in den Tiefen der Vagina, im Körperinneren der Frau, verschwindet.

Es ist erstaunlich, was aus einem Menschen alles herauskommen kann. Bevor ein Junge seinen ersten Samenerguß erlebt, hat er Erfahrungen mit folgenden Ausscheidungen und Absonderungen seines Körpers gemacht: Urin, Tränen, Schweiß, Blut, Erbrochenes, Kot, Nasenpopel,

Spucke, Rotz, Ohrenschmalz, Haarschuppen, Eiter, Talg, Smegma, Mundgeruch, Rülpser, Fürze. Darüber hinaus hat er wahrscheinlich davon gehört, daß Frauen regelmäßig Menstruationsblut absondern und bei sexueller Erregung untenrum ganz naß werden. Wenn Frauen kleine Kinder haben, füllen sich ihre Brüste mit Milch.

Zwischen all diesen Ausscheidungen des Körpers gibt es bedeutsame Unterschiede, aber auch viele Gemeinsamkeiten. Der Vergleich zwischen Sperma und anderen Ausscheidungen und Absonderungen des Körpers verdeutlicht einige Probleme, die Männer im Umgang mit ihrem Sperma haben können.

In unserer Kultur finden die meisten Menschen fast alle Körperausscheidungen eklig, der Umgang damit ist mehr oder minder tabuisiert. Eine nähere Betrachtung zeigt, daß der Ekel – natürlich mit unterschiedlichen individuellen Ausprägungen – bestimmten Gesetzmäßigkeiten folgt, die auch für die Einstellung zum Sperma eine wichtige Rolle spielen können. Also auf in die vermeintlichen Banalitäten des Alltags – nicht um weiszumachen, wie eklig Sperma ist, sondern um Informationen über das Empfinden gegenüber Körperausscheidungen zu bekommen.

Von innen nach außen

Zunächst einmal fällt auf, daß viele Substanzen nur dann Ekel hervorrufen, wenn sie aus dem Körper herausgekommen sind. Jeder Mensch trägt ständig Kot und Urin mit sich herum. Der Magen ist voller halbverdauter Lebensmittel, die nicht viel anders aussehen und riechen als Erbrochenes. Auch sonst ist ein Mensch angefüllt mit Säften, Schleimen und Breien unterschiedlichster Konsistenz und Vermischung, die ihn alle mit Ekel erfüllen könnten, wenn er ihrer ansichtig würde.

Ritualisierung der Ausscheidung

Für die Ausscheidung selber gelten feste Rituale der Abgeschiedenheit und Intimität. Allein durch die Tatsache, daß er sich während der Entleerung seines Darmes fotografieren ließ, setzte der Musiker Frank Zappa Ende der sechziger Jahre in allen westlichen Industriestaaten ein vielbeachtetes Fanal gegen die bürgerliche Gesellschaft. Manchmal legt das Ritual nahe, so zu tun, als gebe es die Ausscheidungen gar nicht. Mit Ohrenschmalz, Smegma und Ausfluß gehen viele Menschen so um, daß ihre Umgebung absolut nichts davon erfährt. Oder Nasenpopel: Die meisten Menschen bohren in der Nase, was in unserer Gesellschaft stillschweigend akzeptiert wird. Allerdings bohrt niemand nur aus Jux in der Nase, sondern um sie zu reinigen. Mit welcher Technik die geborgenen Popel entsorgt werden, stellt ein zwar unwichtiges, aber gleichzeitig auch sehr intimes Geheimnis des einzelnen dar, das bisweilen peinlicher auszusprechen ist als manche sexuelle Phantasie. Viele Menschen erwerben zur Entsorgung ihrer Nasenpopel im Laufe der Zeit raffinierte Techniken, wie sie sonst nur Zauberkünstler verwenden, um vom eigentlichen Geschehen abzulenken. So erfährt niemand, ob sie ihre Popel aufessen, unter den Sitz schmieren oder zu kleinen harten Kügelchen zusammenrollen und wegschnippen.

Ausscheidungen am falschen Ort

Für wie eklig eine Ausscheidung gehalten wird, hängt auch mit der Umgebung zusammen, in der sie wahrgenommen wird. Wenn ein öffentliches Männerklo wie ein Ziegenstall riecht, mag das für viele Männer noch als zünftig durchgehen. Hat ein Junge oder ein Mann ins Bett gemacht, kann schon ein Hauch von Uringeruch eklig wirken. Im Taschentuch erscheint Rotz viel weniger eklig als an einer Backe. Auf die Straße zu spucken, gilt für manche Männer als knuffig. Spucke auf dem Tisch ist eine Provokation, und Spucke in der Suppe führt zum sofortigen Beziehungsabbruch. Sperma wirkt auf einem Laken deutlich harmloser als zum Beispiel auf einem Radio oder einer Schreibtischunterlage.

Der Zusammenhang von Ekel und Zeit

Bei der Bewertung von Ausscheidungen spielt interessanterweise auch die Zeit eine Rolle. Nach einer körperlichen Anstrengung frischen Schweiß auf der Haut zu spüren, empfinden viele Menschen als angenehm. Eine halbe Stunde später überkommt sie möglicherweise der dringende Wunsch, sich auf der Stelle zu duschen. Ein Mann schaut vielleicht mit Befriedigung auf den schönen Haufen, den er in die Kloschüssel gesetzt hat. Stellt er eine Stunde später fest, daß er vor lauter Begeisterung vergessen hat abzuziehen, wird ihm das Ganze eher fies vorkommen. Während und kurz nach einer Ejakulation hat ein Mann wahrscheinlich ein besseres Verhältnis zu seinem Sperma als einige Zeit später. Ein Mann, der sich wünschte, daß seine Partnerin sein Sperma eine Stunde nach seinem Samenerguß herunterschluckte, würde wahrscheinlich für einen absonderlichen Perversling gehalten werden.

Veränderte Ausscheidungen

Die Zeit verändert die vertraute Konsistenz und Temperatur bestimmter Ausscheidungen. Solche Veränderungen können die Ekelempfindungen erhöhen. Abgestandener

Urin, kaltes Sperma, verklebtes Blut und leicht angetrockneter Kot wirken zum Beispiel auf seltsame Weise unangenehmer als im Moment der Ausscheidung selber. Es scheint für Ausscheidungen jeweils einen bestimmten Zeitrahmen zu geben, innerhalb dessen die Ekelschranken heraufgesetzt sind. Viele Leute gucken sich nach dem Naseputzen mit großem Interesse an, was sie mit einem kräftigen Schneuzen zutage gefördert haben. Aber niemand käme auf die Idee, das verklebte Taschentuch nach zwanzig Minuten hervorzuholen und den Naseninhalt erneut zu inspizieren. Die vertraute Konsistenz, Farbe und Temperatur einer Ausscheidung sind auch unabhängig vom Zeitfaktor von Belang. So sollte Kot zum Beispiel nicht dünnflüssig und hell, Blut hingegen nicht dickflüssig und dunkel sein. Spucke ist am besten fast durchsichtig und nicht schleimig.

Sperma trocknet, verklebt und erkaltet. Im Wasser verändert sich seine Konsistenz durch Gerinnung. Bei einem Samenerguß in der Badewanne wird man deshalb, anders als sonst, seine Ausscheidung nicht so recht los, weil sich das Sperma in kleinen Flocken überall in der Körperbehaarung festsetzt.

Vermischung

Besonders eklig wirkt auf viele Menschen die Vermischung verschiedener Ausscheidungen. Kot und Urin, Rotz und Wasser, Blut und Eiter, Popel und Spucke – Körpersubstanzen sollen nicht vermischt werden. Wenn ein Mensch in seinem Urin oder in seinem Kot Blut entdeckt, erschrickt er möglicherweise nicht nur, weil er einen Hinweis auf eine ernsthafte Erkrankung bekommen hat. Ihn kann auch ein fast irrationales Gefühl erfassen, sein Körper sei dabei, sich innerlich aufzulösen, weil er die klare Trennung unterschiedlicher Substanzen nicht mehr gewährleisten kann. Der Zusammenhang von Vermischung und Ekel gilt auch für Lebensmittel. Während Kinder noch dazu neigen, in kreativem Überschwang Kartoffelpüree, Vanillepudding und Fischstäbchen zu einem äußerst leckeren Brei zu vermanschen, sitzen ihre Eltern oft mit zugeschnürtem Hals daneben oder achten um so akribischer darauf, daß auf ihrem eigenen Teller nichts ungeordnet durcheinanderläuft.

Die Tiefe des Raumes

Körperausscheidungen wirken um so unangenehmer, je tiefer sie aus dem Körper zu kommen scheinen und je unerklärlicher ihre Entstehung ist. Die klare Spucke aus dem Mund mag noch angehen, nicht aber der dicke, grüne Schleim aus den düsteren Winkeln der Bronchien. Hat sich saubere Luft in den Enddarm verirrt und sucht laut knatternd das Weite, so kann das ein lustiges Ereignis sein. Ein Furz aus den tiefen, unwägbaren Gedärmgängen hingegen, unverkennbar nach seltsamen Verdauungsvorgängen riechend, wirkt peinlich. Zuvor ordnungsgemäß im Mastdarm gelagerter Kot ist akzeptabler als scheinbar aus noch tieferen Tiefen herausströmender Durchfall. Mit einem flachen, kräftigen Rülpser kann ein Junge seinen Kameraden imponieren, nicht aber mit einem unwillkürlichen Rülpser aus der Mitte seines Bauches. Ein aufgeschlagenes und heftig blutendes Knie kann einen Jungen eine Pause lang zu einer bewunderten Attraktion machen. Blutet derselbe Junge aus der Nase, ohne daß ihm jemand daraufgehauen hat, gehen mit Sicherheit manche seiner Mitschüler auf irritierte Distanz. Schweiß im Sportunterricht wirkt richtig männlich. Angstschweiß im Unterricht kann einen Jungen zum bedauernswerten Opfer von Gehässigkeit machen. An den entsprechenden Satz werden sich viele Männer erinnern können: «Guck mal, wie das Schwein wieder schwitzt.» Unter Erwachsenen gelten feuchte Hände als unangenehm. Auch hier scheint die unklare Herkunft des Schweißes von einer gewissen Bedeutung zu sein. Hinzu kommt, daß ein Mensch bei einer Begrüßung, beim Anfassen einer schweißfeuchten Hand mit der Körperflüssigkeit eines anderen konfrontiert wird, ohne sein Einverständnis dazu gegeben zu haben. In der Regel finden Menschen ihre eigenen Ausscheidungen weniger abstoßend als die anderer Menschen.

Daß das Sperma tief aus dem Inneren ihres Körpers kommt, verdrängen viele Männer. Die schon so oft gelesene biologische Erklärung über den Weg der Spermien in die Samenblase und die Zusammensetzung des Spermas aus ganz unterschiedlichen Sekreten (vgl. Seite 327) werden eine ganze Reihe von Lesern sicherlich schon wieder vergessen haben.

Es dürfte deutlich geworden sein, daß die Menschen in der westlichen Zivilisation die Sexualität nicht einmal bräuchten, um nach ihren eigenen Maßstäben und Empfindungen als ausgesprochen schmutzige und unangenehme Lebewesen zu gelten. Durch ihre alltägliche Sexualität werden sie jedoch mit ihrem Körper und vielen seiner Flüsse *konfrontiert*:

«Die Schleime und Fluten der saugenden Küsse, die Sümpfe der Vagina, ihre Schleime, ihr Schlamm, der Schleim und der Brei des männlichen Samens, der Schweißfilm auf Bauch, Schenkeln, in der Afterspalte, der aus zwei Unterleibern eine subtropische Landschaft macht, der schleimige Strom der Menstruation, Feuchtigkeiten an allen Berührungspunkten der Körper und Wärme, die die Körpergrenzen zum Verschwinden bringt..., die Fluten des Orgasmus, Samenstrom, die in der Muskulatur fließenden Ströme der Entspannung, der Blutstrom zerbissener Lippen, die klebrige Nässe durchschwitzter Haare» (Klaus Theweleit 1982, S. 427). Klaus Theweleit fühlt sich an «all die flüssigen Wonnen der frühen Kindheit» erinnert: «Der warme Pißstrom, der an nackten Beinen herunterrinnt, die Schlamme und Breie der frischen Scheiße in den Windeln des Kleinkindes, duftende Wärme, in der der Körper sich ausdehnt, der Milchstrom aus der Mutterbrust, das Schmatzen am Schnuller, süße Breie über Hände und Gesicht verteilt, das Lutschen am niemals alle werdenden Daumen, der wohlschmeckende Rotzstrom aus der Nase in den Mund, nicht zu vergessen der erlösende Strom heißer Tränen, der aus der Maske einen Matsch werden läßt, dann wieder ein Gesicht» (ebd.).

Ein Säugling hat, wenn er nicht gerade schläft, die meiste Zeit damit zu tun, sich von unlustvollen Spannungen zu befreien. Den Zustand der Homöostase, des Spannungsausgleiches strebt er durch Reaktionen des Überfließens und der Abfuhr an: Er pinkelt, kackt, hustet, niest, spuckt, stößt auf und erbricht (vgl. Margret Mahler, zit. nach Klaus Theweleit, S. 428).

Klaus Theweleit fragt sich, wie es wohl einem Kind ergeht, dem nicht genügend lustvolles Überfließen gewährt wird: «Wenn es vom ersten Tag an in die Trockenlegungsmühle gerät, wenn seine Überflüsse bei seinen Pflegepersonen auf Abwehr, Ekel, Unlust stoßen?» (ebd.). Das Kind wird lernen, daß es «mit bösen Flüssen» angefüllt ist. Theweleit untersuchte die Phantasien soldatischer Männer, die unter den Bedingungen des Wilhelminismus aufgewachsen waren, dessen besonderes Verhältnis zum Schmutz extreme Bedingungen der Trockenlegung geschaffen haben. Seitdem ist viel Zeit vergangen, aber ob sich der Umgang mit «Überflüssen» wirklich grundlegend geändert hat, ist äußerst zweifelhaft. War die Nachkriegs- und Wirtschaftswunderzeit – aus einfühlbaren historischen Gründen – nicht ebenfalls äußerst sauber? Und haben Meister Propper, die porentief reine Klementine und der saubere Sex à la Oswalt Kolle nicht ungefähr zur gleichen Zeit die Medien erobert?

Während wir hier sitzen und darüber nachdenken, ob es von Belang sein kann, daß Männer ihr Sperma möglicherweise wie einen «bösen Fluß» erleben, schleimt uns aus dem Radio unentwegt die widerliche Werbung eines großen Windelherstellers entgegen, der von sich behauptet, die definitive Kacksperre erfunden zu haben.

Irgendwann wird ein Kind lernen, seine Körperausscheidungen mehr oder weniger zu beherrschen, unabhängig davon, welche Bewertung seine «Überflüsse» bis zu diesem Zeitpunkt erfahren haben mögen. Die Kontrollierbarkeit der Körperausscheidungen bleibt auch im weiteren Leben von großer Bedeutung. Man braucht sich nur vor Augen zu führen, welchen immensen Verlust an Respekt möglicherweise ein alter Mensch hinnehmen muß, wenn er diese Fähigkeit verliert. Auch wenn er in einem langen Leben Weisheit und viele Verdienste erworben haben mag, kann es nun seine Würde bedrohen, daß er sich «wie ein Baby» in die Hose macht.

Wie wichtig in unserer Kultur die Kontrolle über Ausscheidungen genommen wird, läßt sich an zwei Körpersubstanzen verdeutlichen, die im allgemeinen nicht im Verdacht stehen, als «böser Fluß» zu gelten: Muttermilch und Tränen.

Der Vorgang des Stillens wird in unserer Gesellschaft wieder hoch bewertet. Die Muttermilch ist in der Phantasie oft mehr als nur ein besonders gut gemixtes und reichhaltiges Nahrungsmittel. Was wir «mit der Muttermilch aufgesogen haben», messen wir kaum in Proteinen. Die phantasmatisch hochbesetzte Muttermilch verändert allerdings für viele Frauen (und Männer) ihren Charakter, wenn sie nicht ordnungsgemäß vom Säugling angesaugt wird, sondern unkontrolliert überfließt. Im ersten Fall schafft sie intensivste Verbindung und körperlich-seelische Nahrung, im zweiten Fall beschert sie unangenehme Flecken und seltsame Gerüche.

Vielen Menschen fällt es schwer zu weinen. Selbst wenn sie sich in einer geschützten Situation mit einem lieben Menschen befinden und froh sind, sich endlich öffnen und eine bedrückende Spannung loswerden zu können, wischen sie unentwegt an sich herum, putzen sich die Nase wund und reiben sich die Augen aus dem Kopf. Sie können den Anlaß ihrer Tränen, ihre Rührung, Trauer oder Wut vielleicht gut akzeptieren, aber sie sind durch das Unwillkürliche, nicht Kontrollierbare des Tränenflusses irritiert. Manche Menschen sperren aus eben diesem Grund selbst ihr Lachen ein: weil sie befürchten, Tränen zu lachen, deren Fluß sie nicht beeinflussen können. Daß Menschen eine unwillkürliche Reaktion ihrer Tränendrüsen sogar als gewaltsamen Vorgang erleben können, zeigt die Sprache, die manchmal unsere Tränen wie gefährliche Amokläufer in die Augen «schießen» läßt.

Ob es eine Verbindung gibt zwischen der Fähigkeit eines Mannes, ungehemmt zu weinen, und seiner Fähigkeit, lustvoll zu ejakulieren? Darüber können wir nur spekulieren. Allerdings gibt es Worte im Zusammenhang mit der menschlichen Sexualität, die sich von vornherein verdächtig machen: Das Wort «Ejakulationskontrolle» zum Beispiel. Es klingt so ähnlich wie Abgas-Sonderuntersuchung oder Tankstandanzeiger. Dennoch hat es sich in der Sexualwissenschaft fest etabliert.

Wir sind davon überzeugt, daß viele Männer mit dem Begriff «Ejakulationskontrolle» mehr und anderes verbinden als nur den lustbetonten und gegenüber der Partnerin liebevollen Aufschub der sexuellen Reaktion. Möglicherweise geht es um die Verhinderung oder Kontrolle eines «bösen Flusses» oder darum, während der Ejakulation wie bei anderen Ausscheidungen auch einen kräftigen und starken Eindruck von sich selber zu haben. Doch wie kann ein Mann hingebungsvoll einen Orgasmus genießen, wenn er im selben Moment seine Ejakulation im Griff behalten soll?

Der Zwang zur kontrollierten und beherrschten Ausscheidung spielt auch bei dem unseligen Thema des «zu frühen» Samenergusses eine nicht unwichtige Rolle. Neben dem Versagensgefühl, beim Koitus die Partnerin nicht befriedigt zu haben, kann ein als vorzeitig empfundener Samenerguß nämlich auch zu dem Selbstbild führen, wie ein gänzlich unmännliches Baby nicht einmal den Zeitpunkt der eigenen Ausscheidungen bestimmen zu können. Daß es bei der unbewußten Kombination dieser beiden Selbstvorwürfe zu allerlei Verwechslungen kommen kann, leuchtet direkt ein.

Wenn ein Mann über einen längeren Zeitraum überhaupt nicht «kommen» kann, vermittelt sich das unter Umständen auch über seine Einstellung zu seinem Sperma. Vielleicht hegt er starke Zweifel daran, ob er mit seinem Sperma überhaupt willkommen ist.

Ein weiterer im Zusammenhang mit unserem Thema nicht zu vernachlässigender Aspekt ist die Aggression. Als 1969 ein Student seine Notdurft in einem deutschen Gerichtssaal verrichtete, um gegen die seiner Meinung nach ungerechte Klassenjustiz zu protestieren, schien vorübergehend das kulturelle Erbe der Nation vom Untergang bedroht zu sein. Auch wenn bravere Bürger unter sich sind, «scheißen» sie auf alles, was ihnen nicht paßt: Auf die Regierung, das Finanzamt oder die Straßenverkehrsordnung. Ein Mann erzählte uns mit leuchtenden Augen, daß er einmal aus Wut auf seinen Arbeitgeber eine Woche lang das

Rechenzentrum einer großen Stadtverwaltung lahmgelegt hat: Mit einer Flasche Schweine-Urin.

Jemandem in die Schuhe pinkeln, ihn anspucken – es lassen sich viele Beispiele für die Verbindung von Körperausscheidung und Aggression finden. Allerdings muß man sich bei deren Schilderung mitunter der Fäkalsprache bedienen, die in unserer Gesellschaft zwar weitverbreitet, aber äußerst anrüchig ist. Insbesondere Jugendlichen wird die Fäkalsprache übelgenommen, und zwar weniger wegen der darin enthaltenen Begriffe, sondern wegen ihrer aggressiven und autoritätsbedrohenden Eigenart.

Jemanden öffentlich einer Körperausscheidung zu bezichtigen, bedeutet eine umwerfende Beleidigung und Herabsetzung: «Du Scheißer, du Pisser, du Wichser, du Rotznase, du Stinker.» Was einem nicht gefällt, wird mit einer Ausscheidung verglichen: Das neue Automodell der Firma xy ist «Scheiße». Der Sachstandsbericht vom Kollegen Müller ist «hingerotzt» oder «zusammengewichst». Die Rede des Ministers war pures «Gesabber». Aggressive Handlungen werden als beschmutzende Ausscheidung beschrieben: «Jemanden anscheißen, ihn anpissen, ihn zusammenwichsen».

Über Körperausscheidungen läßt sich aggressiv ein Revier sichern. In einer fremden Wohnung als erstes (oder zweites) das halbe Klo zu bepinkeln, ist eine Form der aggressiven Inbesitznahme. Wie ein Cowboy aus der Tiefe des Herzens und der Bronchien auf die Straße zu rotzen, markiert den Platz, den der Meister ohnehin und mindestens für sich beansprucht. Wenn Kurt ohne Helm und Gurt ins Jugendzentrum marschiert und zur Begrüßung gleich einmal die Sozialarbeiterin anrülpst, dann will er sich damit auch Respekt verschaffen und Abstand signalisieren. Der aggressive Umgang mit Körperausscheidungen kann auch eingesetzt werden, um andere Menschen zu erniedrigen und deutlich zu machen, daß man sich für mächtiger hält als sie. Nicht zuletzt kann eine aggressive Körperausscheidung Spaß machen, den sich vor allem Kinder gönnen. Was gibt es Schöneres als eine anal-sadistisch verfurzte Unterrichtsstunde bei einem strengen und ungeliebten Lehrer? Oder sich donnernd die Nase zu putzen, wenn einem die Mutter eine Gardinenpredigt halten will? Dem doofen Nachbarn in die Rosen zu pinkeln oder in einem ganz verrückten Moment Kacke an seine Klingel zu schmieren?

Alle hier genannten Impulse lassen sich auch im Zusammenhang mit der Ejakulation und dem Sperma vermuten. Ein Mann kann eine Ejakulation als eine Demonstration von Macht und Stärke phantasieren. Viele Schilderungen der Ejakulation in pornographischen Romanen können kaum anders, denn als Abbild dieser Phantasie interpretiert werden. Ejakulation läßt sich als peinliche oder lustvolle Beschmutzung der Partnerin erleben. Ebenso kann die Vorstellung damit verbunden sein, sie durch die Ejakulation in Besitz zu nehmen.

Um so größer ist in diesem Fall die Enttäuschung, wenn das Sperma nach dem Koitus aus der Vagina der Frau wieder herausläuft oder von vornherein in einem Kondom weggesperrt worden war. Eine Ejakulation läßt sich als Erniedrigung inszenieren, etwa wenn im Pornofilm das Sperma bei jedem zweiten Erguß im Gesicht der Gespielin landet. Seit der Verbreitung der Aids-Krankheit lassen sich mit Sperma darüber hinaus offen destruktive Impulse ausleben, etwa wenn ein Freier auf ungeschütztem Verkehr besteht und sich im tiefsten Inneren an der Phantasie labt, die Prostituierte mit seinem Sperma zu töten.

Inwieweit Sperma wie ein «böser Fluß», eine schlecht kontrollierbare Ausscheidung, ein Mittel der Aggression oder eher wie ein guter Ausdruck der eigenen Person erlebt wird, ist individuell natürlich sehr unterschiedlich. Untersuchungen über solche Empfindungen gibt es unseres Wissens leider nicht. Daß sich hinter der gschamerten Nichtbeachtung aber insgesamt ein eher problematisches Verhältnis der Männer zu ihrem Sperma verbirgt, zeigt unseres Erachtens ein weitverbreiteter umgangssprachlicher Ausdruck für die Ejakulation: Ein Mann «spritzt ab». Sonderlich fröhlich hört sich das jedenfalls nicht an.

Wie Frauen Sperma wohl finden? Für viele Männer spielt diese Frage eine wichtige Rolle, obwohl sie nicht darüber sprechen. Das Beispiel Oralverkehr zeigt, daß sie häufig von Frauen erwarten, auch mit ihrem Sperma angenommen zu werden – von dem sie selber allerdings nicht allzuviel halten.

Die meisten Männer mögen es, wenn eine Frau ihren Penis küßt und in den Mund nimmt. Weiche Lippen, die Wärme der Mundhöhle, schön flutschige Spucke und eine vom vielen Sprechen mal zarte, mal robuste Zunge können höchste Genüsse verschaffen. Fellatio kann zudem ein Liebesdienst sein, bei dem man sich wie ein König fühlt. Ganz oben auf den Wunschzetteln steht bei vielen Männern, im Mund einer Frau zu ejakulieren. Dieser Wunsch kann damit zusammenhängen, daß es sich gut anfühlt, wenn der Penis bei Ejakulation und Orgasmus von einem warmen Mund umschlossen ist. Aber da ist noch etwas anderes: Die Angelegenheit wird nämlich für den einen oder anderen Mann möglicherweise noch schöner, wenn die Frau das Sperma mit Freude herunterschluckt. Mit einer körperlichen Empfindung kann dieser Wunsch nicht zusammenhängen, sondern wohl eher mit einer Phantasie: «Sie soll mich so sehr wollen, daß sie sogar mein Sperma herunterschluckt – obwohl ich das selber ziemlich eklig fände.» Wir haben einmal herumgefragt, wer schon einmal sein Sperma probiert hat, vielleicht nur ein winziges Tröpfchen, das vom kleinen Finger auf die Zungenspitze gelangt ist. Von etwa vierzig Männern wußten ganze zwei, wie ihr Sperma schmeckt.

Neben der Überwindung einer Ekelschranke kann möglicherweise der unbewußte Wunsch eine Rolle spielen, die Frau solle die in Wirklichkeit wertvolle Substanz in sich aufnehmen, sie essen. Beim Koitus übrigens ist der für die Aufnahme des Spermas entscheidende Eingang in das Innere der Frau auch ein Mund: der Gebärmuttermund. Bevor eine Frau geboren hat, ein kleines Kußmündchen und nach einer Geburt ein richtiger Mund mit einer vorderen und hinteren Muttermundlippe.

Das bißchen Beischlaf

Die männliche Hälfte am Wunder des Lebens

«Männer kriegen keine Kinder,
Männer kriegen dünnes Haar.»

(Herbert Grönemeyer in dem Song: «Männer»)

Der Mißachtung des Spermas entspricht eine nur wenig ausgeprägte Phantasie über die männliche Fruchtbarkeit. Es fehlen Bilder und Mythen, in denen sich die Fruchtbarkeit des Mannes ausdrücken kann.

Sperma war nicht immer auf so seltsame Weise unbeachtet wie in unserer heutigen Gesellschaft. Im 19. Jahrhundert waren viele Mediziner der Ansicht, daß Masturbation Gehirnerweichung oder Gehirnschwund zur Folge habe: «Daß Masturbation das Gehirn ausdörre, so daß es im Kopf des Onanisten rasselt wie in einer trockenen Erbsenschote, wurde wiederholt berichtet. Deslandes erwähnt den Fall eines achtjährigen Jungen, dessen hintere Schädeldecke höchst seltsame Veränderungen gezeigt habe. Der Junge onanierte seit mehreren Jahren und hatte fast pausenlos Erektionen. Diese Gewohnheit verlängerte den anteroposterioren Durchmesser... des Kopfes derart, daß es der Mutter schwerfiel, einen passenden Hut für den Jungen zu finden» (Eduard Lea, zit. nach Volker Elis Pilgrim 1990, S. 50).

Onan, ein tragischer Mann aus dem Alten Testament, ist der Namensgeber der «Onanie». Er wurde vom lieben Gott mit dem Tode bestraft, weil er «die Samen zu Boden fallen ließ, wenn er zum Weibe seines Bruders ging». Onans Vergehen bestand nicht darin, daß er mit der Frau seines verstorbenen Bruders schlief. Dazu war er nach den damaligen Bräuchen sogar verpflichtet. Gott ärgerte sich wahrscheinlich über die Empfängnisverhütung, die bei den Hebräern durchaus geläufig war und mit dem Bild «innen dreschen und draußen abschütteln» beschrieben wurde und heute unter dem häßlichen Begriff «Koitus interruptus» bekannt ist (vgl. Eberhard Barth und Bernhard Strauß 1986 S. 16). Vielleicht wurde Gott aber auch von einem eher irrationalen Zorn auf den gottverdammten Verschwender Onan erfaßt, der den Samen einfach so zu Boden fallen ließ.

Bis in die Mitte dieses Jahrhunderts hielt sich die Vorstellung, daß es sich beim Sperma um pure Rückenmarksflüssigkeit handelt, deren haltlose Verschleuderung zwangsläufig in die Idiotie und den moralischen Verfall führen müsse. Eine andere, die «1000-Schuß-Theorie», besagt, daß ein Mann nur ein begrenztes Reservoir an Sperma zur Verfügung habe und sich seinen Spaß vernünftig einteilen müsse, um im reifen Alter nicht impotent oder unfruchtbar dazustehen. Inzwischen ist hinlänglich bekannt, daß alle diese Vorstellungen purer Unfug waren. Sie wurden von sexualfeindlichen Kreisen benutzt, um die Menschen zu unterdrücken. Sperma wird nicht im Kopf gemacht und nicht im Rückenmark. Man darf es zu Boden fallen lassen, ohne dafür in die Hölle zu kommen.

Andererseits kann man die hier skizzierten Phantasien auch als Versuche begreifen, dem Kostbaren, Wertvollen des männlichen Spermas Ausdruck zu geben. Auch im chinesischen «Tao der Liebe» werden die Männer dazu aufgefordert, mit ihrem «Yang» hauszuhalten. Viele Naturvölker schreiben dem Sperma nährende und formende Eigenschaften zu. Für die Txicao-Indianer darf es zum Beispiel einem Kind während der Schwangerschaft nicht an Sperma mangeln. Die Nambikwara-Indianer glauben, daß das Sperma in der Gebärmutter gerinnt und so das Kind geformt wird. Die Davinda sind davon überzeugt, daß Blut und Muskeln eines Kindes von der Mutter und alles andere vom Sperma des Vaters stamme. Viele traditionelle Gesellschaften begründen ein Post-partum-Tabu, also das Gebot sexueller Abstinenz während der Stillzeit, mit der angenommenen Unverträglichkeit von Sperma und Muttermilch. Bei den Gourmantche in Obervolta ist im Gegensatz dazu der erste Koitus nach dem Wiedereinsetzen der Regel von besonderer Bedeutung. Dadurch soll der Vater die Erschaffung des Kindes vollenden und mit seinem Samen dessen Augen symbolisch reinigen. Findet dieser Vaterschaftsritus des «markiagu» nicht statt, so muß in der Vorstellung der Gourmantche das Kind erblinden (vgl. Genevieve Delaisi de Parseval 1985, S. 28ff).

Über die Mythen fremder Kulturen und vergangener Zeiten kann man leicht mit dem Kopf schütteln. Gleichzeitig neigen die Menschen natürlich dazu, ihre jeweils aktuellen Irrtümer für völlig vernünftig, nahezu für die Wahrheit zu halten.

In unserer Kultur gibt es so gut wie keine Vorstellungen mehr, die den Wert des Spermas widerspiegeln. Wir überlassen diesen Saft vergangenen und aktuellen Masturbationsskrupeln und diffusen Sexualängsten. Er verschwindet in Tempotaschentüchern, in Kondomen und Kloschüsseln, ohne daß wir Worte, geschweige denn ein Gefühl dafür fänden, das diesem Substrat männlicher Existenz gerecht werden könnte.

Ein Mann, der seit vielen Jahren mit Kondomen verhütet, erzählte uns folgende Geschichte: «Ich komme gut mit den Dingern klar. Es stört mich auch nicht beim Liebemachen, ein Kondom überzuziehen. Nur hinterher bin ich jedesmal ein bißchen enttäuscht. Es ist einfach ein blödes Gefühl, ein gebrauchtes Kondom in den Mülleimer zu schmeißen. Nicht daß ich im Moment Kinder haben wollte. Aber ich finde es trotzdem seltsam, das einfach wegzuwerfen.»

Untersuchungen zur Kondomakzeptanz von Männern kommen regelmäßig zu dem Ergebnis, daß ein erheblicher Teil der Befragten zu spinnen scheint. Obwohl Kondome im Rahmen der Aids-Prophylaxe intensiv beworben werden, ist ihre Akzeptanz weitaus geringer, als es ihren Vorzügen nach zu erwarten wäre. Kondome schützen vor Geschlechtskrankheiten und ungewollter Zeugung. Als Verhütungsmittel sind sie leicht verfügbar, haben keine Nebenwirkungen und können im Gegensatz zu allen anderen sicheren Verhütungsmitteln von Männern benutzt und von beiden Geschlechtern kontrolliert werden. Mit etwas Übung ist ihr Gebrauch ziemlich narrensicher. Die meisten Verhütungspannen mit Kondomen können erkannt und mit Hilfe der «Pille danach» ausgebügelt werden. Kondome gibt es, lustig ist die Sache nämlich auch, in vielen bunten Farben, mit Erdbeergeschmack oder im Zombie-Kostüm. Man kann sie aufblasen oder Wasserbomben daraus basteln. In der Jackentasche eines/einer Jugendlichen haben sie eine hohe definitorische Bedeutung, man fühlt sich einfach erwachsener mit Kondom. Vor allen Dingen haben Kondome eine zentrale Funktion bei der Verhinderung einer weiteren Ausbreitung der tödlichen Aids-Krankheit. Aber aus unerfindlichen Gründen wollen nicht genug Leute die Vorzüge des Kondoms erkennen.

In einer Untersuchung der Bundeszentrale für gesundheitliche Aufklärung gaben 57 Prozent der Befragten an, Kondome seien «unpraktisch». Unter denjenigen, die mehrere Sexualpartner im letzten Jahr vor der Befragung hatten, waren sogar 74 Prozent dieser Ansicht. 20 Prozent hatten «eine körperliche Abneigung» gegen Kondome. 23 Prozent aller und 45 Prozent der Befragten mit mehreren Sexualpartnern fanden, daß Kondome «die Stimmung bei der Liebe zerstören» (FORSA-Untersuchung, 1990).

Andere Untersuchungen konstatieren immer wieder eine «Beeinträchtigung des sexuellen Erlebens» (z. B. Dieter Kleiber u. a. 1989). Eine Befragung von tausend Jugendlichen aus Niedersachsen ergab, daß 19 Prozent der Jungen und 24 Prozent der Mädchen Kondome «eklig» finden. Kondome «beeinträchtigen die Gefühle» (20 Prozent), machen «die Stimmung kaputt» (20 Prozent), sind «umständlich anzuwenden» (22 Prozent), «peinlich» (24 Prozent) und «unterbrechen den Ablauf der sexuellen Begegnung» (28 Prozent) (Angelika Sydow-Kröhn und Wolfgang Kröhn 1992, S. 26).

Die zuletzt genannte Untersuchung ist in einem sechzigseitigen Forschungsbericht zusammengefaßt, in dem die Worte Sperma, Samen oder Ejakulat nicht ein einziges Mal auftauchen. Auch in anderen Untersuchungen ist vom eigentlichen Zweck des Kondoms, nämlich das Sperma aufzufangen und seinen Eintritt in die Gebärmutter zu verhindern, nicht die Rede.

Insbesondere männliche Jugendliche, an die sich die Kondomwerbung in starkem Maße richtet, haben keinen ausgeprägten Zugang zu ihrer Fruchtbarkeit. Sie verhüten weniger Zeugung und Empfängnis, als Unfälle, Dramen oder eigentlich Unmögliches. In aller Regel haben sie genug damit zu tun, sich von ihren Eltern abzulösen, so daß eine konkrete eigene Elternschaft jenseits ihrer Vorstellungsmöglichkeiten liegt. Trotzdem sind wir der Ansicht, daß auch männliche Jugendliche eine Phantasie von ihrer Fruchtbarkeit haben, nicht nur als vielleicht grandiosen

Entwurf für ihr späteres Erwachsenenleben, sondern auch als Vorstellung einer aktuellen Potenz ihres Körpers, die ihren Ausdruck im Sperma findet. Solange das Verhältnis zum Sperma vor allem durch Nichtbeachtung und negative Besetzungen geprägt ist, wird sich unseres Erachtens jedoch auch an der geringen Akzeptanz von Kondomen wenig ändern. Kondome verhindern die Aufnahme des Spermas durch die Frau. Ein wichtiger und wenig beachteter Grund für die Ablehnung von Kondomen dürfte darin bestehen, daß sie die Ablehnung des Spermas symbolisieren.

Kondome können Männern das Gefühl geben, daß sie wenig wert sind. Sie stellen ein perfektes Entsorgungssystem für den eigenen Saft dar. Die Frau wird nicht beschmutzt, nicht befruchtet, nicht infiziert. Sie kommt gar nicht erst in Kontakt mit Sperma, weil es in einem Reservoir aufgefangen und anschließend weggeworfen wird. Robert Rohner und Andreas Böhm kamen 1988 bei einer Befragung von knapp 700 Studenten über deren Kondomgebrauch zu dem überraschenden Ergebnis, daß unter den Kondombenutzern auffallend viele Männer der Zukunft gegenüber eher pessimistisch eingestellt waren. Mit ihrer Partnerschaft waren sie unzufriedener als die Nicht-Kondombenutzer. «Überspitzt ausgedrückt, wir finden unter den Kondombenutzern häufig einen (selbst-)kritischen, hypochondrisch-ängstlichen Typus» (S. 13). Eine vorsichtige Interpretation dieses Ergebnisses muß in Betracht ziehen, daß die Kondombenutzer unter den Befragten Risiken möglicherweise weniger stark verdrängen und besser zu ihren Ängsten stehen können. Andererseits drängt sich die Überlegung auf, daß viele Kondombenutzer auch in ihrer Partnerschaft «hypochondrisch-ängstlich» leben könnten: Männer, die sich nicht heraustrauen, sich nicht zeigen und nicht ausdrücken, die ihren Schmutz, ihren Saft, ihre Vitalität für sich behalten, weil sie sich letzthin als Zumutung empfinden oder Angst vor Konflikten haben.

Ein ähnlicher Beziehungsaspekt der Kondombenutzung läßt sich auch im Zusammenhang mit einem gänzlich anderen Verhalten vermuten, dann nämlich, wenn Männer die Sau herauslassen. Die Berliner Sexualwissenschaftler Dieter Kleiber und Martin Wilke (1992) befragten in Thailand Sextouristen nach ihrem Safer-Sex-Verhalten. In knapp zwei Wochen hatten die befragten 152 Männer im Durchschnitt 18 sexuelle Kontakte mit im Schnitt drei Frauen. Nicht einmal dreißig Prozent der Befragten, so lautet das erschreckende Ergebnis, hatten konsequent Kondome benutzt.

Dieter Kleiber und Martin Wilke sprechen in ihrer Untersuchung vom «Risikofaktor Liebe». Die Freier zeigten um so weniger Bereitschaft, ein Kondom zu benutzen, je intensiver ein Gefühl von Verliebtheit und Zuneigung das Ausbeutungsverhältnis verschleierte. Vor allem wenn der Kontakt zu der Frau über mehrere Tage anhielt, verzichteten die Freier auf die Benutzung von Kondomen. Dieser Zusammenhang zwischen dem Gefühl einer emotionalen Beziehung und der Kondomverweigerung kann als Wunsch interpretiert werden, der Frau alles geben zu können und von ihr mit allem angenommen zu werden. Ein Freier, der darauf besteht, daß eine Prostituierte auf Safer-Sex verzichtet, kauft keine besonders geile sexuelle Dienstleistung, sondern er inszeniert sich sozusagen ein bißchen Liebe.

So sahen sich denn auch die Mehrzahl der in Thailand befragten Männer nicht als Sextouristen (S. 39ff). Daß das bißchen (verantwortungslose) Liebe beim Prostitutionstourismus auch mit Phantasien von Macht und Aggression verbunden ist, braucht sicher nicht eigens hervorgehoben zu werden. Mit dem «Bumsbomber» Sperma bis nach

Bangkok zu spritzen und die ganze Welt zu schwängern – was für eine Reichweite!

Kondome sind unverzichtbar, und es ist notwendig, weiterhin für ihren Gebrauch zu werben. Allerdings erscheint es sinnvoll, den «verrückten», unvernünftigen Aspekten mangelnder Kondomakzeptanz mehr Aufmerksamkeit zu widmen, anstatt Kondome in immer witzigeren Spots wie Sauerbier anzupreisen.

Im Zusammenhang mit dem Thema Fruchtbarkeit können Kondome generative Phantasien einschränken. «Gerade in neu beginnenden Partnerschaften, deren Zukunft völlig offen ist, kann das Kondom erotische und partnerschaftliche Phantasien beeinträchtigen, kann zum Beispiel Zeugungsphantasien – was nicht dasselbe ist wie Zeugungspläne! – beschneiden, erst recht, wenn die Perspektive auf einen lebenslangen Kondomgebrauch hinausläuft» (Stefan Becker und Ulrich Clement 1987, zit. nach Robert Rohner 1988, S. 14).

Durch das Kondom wird nicht nur eine im Unterbewußten wirksame Zeugungsphantasie «beschnitten». Bei jedem Kondomgebrauch wird darüber hinaus die männliche Zeugungsfähigkeit konkret und wahrnehmbar. Aus der Phantasie wird eine ebenso unglaubliche wie banale Realität: «Wenn du jetzt mein Sperma empfängst, kannst du schwanger werden.» So genau wollen das manche Männer (und Frauen) bei einer sexuellen Begegnung gar nicht wissen.

Männer steuern zur Entstehung neuen Lebens, man möchte fast sagen, lediglich eine Substanz bei: ein paar Tropfen milchig-weißer Flüssigkeit. Die Produktion der fruchtbaren Samenfäden in den Hoden des Mannes geschieht ständig und unmerklich. Im Alltag hat ein Mann mit seiner Fruchtbarkeit wenig Kontakt, im Gegensatz zur Frau, die einen regelmäßigen hormonellen Zyklus und ihre

Menstruation erlebt. Andererseits wird ein Mann bei jeder Ejakulation mit seiner Fruchtbarkeit konfrontiert. Von der Biologie her betrachtet, hängen Fruchtbarkeit und Sexualität beim Mann eigentlich viel offenkundiger zusammen als bei der Frau. Der Eisprung kümmert sich kaum um das Sexualleben der Frau. Ob sich Spermien auf den Weg zu einem befruchtungsfähigen Ei machen, entscheidet sich jedoch während einer sexuellen Begegnung.

Im Normalfall produzieren die Hoden eines Mannes unmerklich in jeder Sekunde etwa tausend fruchtbare Samenfäden. In jedem dieser Samenfäden ist die komplette Erbinformation des Mannes enthalten, und jeder ist im Prinzip in der Lage, mit einem weiblichen Ei zu neuem Leben zu verschmelzen. Die weibliche Fruchtbarkeit ist bis zur Geburt eines Kindes mit ihrem Körper verbunden. Der Mann trennt sich von der Substanz, die seine Fruchtbarkeit ausmacht. Ein einziges Samenfädchen kann die Möglichkeit der Fruchtbarkeit realisieren. Wenn ein Mann «kommt» und sich von einer Portion seiner Fruchtbarkeit trennt, macht «er» sich in millionenfacher Ausfertigung auf den Weg zur weiblichen «Hälfte» des neuen Lebens, die geduldig wartet, wer da auf sie zuschwänzelt. Die Befruchtung und das Wachstum des neuen Lebens, fast vom Nichts bis zum lebensfähigen Kind, geschieht jedoch im Körper der Frau. Im Gegensatz zur Frau hat ein Mann auch keine Sicherheit, ob aus seiner Fruchtbarkeit tatsächlich eine Frucht geworden ist. Ohne Hilfe der Medizin kann er nicht genau wissen, ob er tatsächlich der Vater des entstandenen Kindes ist.

Ebensowenig wie den Tod können die Menschen wirklich begreifen, daß aus ihnen neues Leben entstehen kann, selbst Frauen nicht, obwohl sie durch Schwangerschaft und Geburt körperlich auf das engste damit verbunden sind. Um wieviel schwerer wird es für Männer sein, das Wunder des Lebens psychisch mit ihrem Sperma in Verbindung zu bringen und die Kostbarkeit dieser Substanz wirklich anzunehmen und zu begreifen!

Gleichzeitig ist der unterschiedliche Zugang von Frauen und Männern zur Fruchtbarkeit auch ein erlerntes Verhalten. In unserer Kultur werden zwei Ereignisse für die entscheidenden geschlechtlichen Initiationen von Mädchen und Jungen gehalten: Die erste Menstruation und der erste Samenerguß. Danach dürfen sich die Mädchen im Prinzip zu den geschlechtsreifen «erwachsenen» Frauen und die Jungen zu den geschlechtsreifen «erwachsenen» Männern zählen. Wie diese Initiationen in der Schule beschrieben werden, wollen wir anhand eines weitverbreiteten Biologiebuches für zehn- bis dreizehnjährige Schülerinnen und Schüler zeigen («Biologie, 5./6. Schuljahr», Schroedel-Verlag 1992).

«Die Menstruation», so heißt es da, *«ist ein natürlicher Vorgang, der anzeigt, daß das Mädchen geschlechtsreif geworden ist und schwanger werden kann.»* Bei der entsprechenden Formulierung über die Jungen fehlt der Hinweis auf ihre Zeugungsfähigkeit: *«Die erste Pollution ist ein natürlicher Vorgang und ein sicherer Beweis dafür, daß der Junge geschlechtsreif geworden ist.»*

In einer zweiten Definition der Geschlechtsreife heißt es an anderer Stelle: *«Beim Jungen beginnt die Pubertät etwa mit dem zwölften Lebensjahr. Es dauert mehrere Jahre, bis der Junge zum Mann geworden ist. Er ist dann geschlechtsreif und kann Kinder zeugen.»*

Nach dieser Definition setzt die Zeugungsfähigkeit frühestens mit dem Ende der Pubertät ein. Diese Information ist so erkennbar falsch, daß man fragen muß, welcher Inhalt sich in Wirklichkeit dahinter verbirgt.

Den Jungen wird eine doppelte Botschaft über ihre Geschlechtsreife vermittelt. Für den pubertären Hausgebrauch gilt ein Junge als geschlechtsreif, wenn er masturbieren und ejakulieren kann. Seine Fruchtbarkeit soll er sich für später aufheben, wenn er zu einem *richtigen* Mann geworden ist. Seine Zeugungsfähigkeit wird nicht als körperliche Potenz und Teil seiner Mannwerdung beschrieben, sondern als soziales Konstrukt einer fernen erwachsenen Männlichkeit. Nach diesem Entwurf wird sich irgendwann einmal unverhofft ein Tor zu einer Männerwelt öffnen, in der es zu den leichtesten Übungen gehören wird, Vater zu werden und Vater zu sein.

Den unterschiedlichen Definitionen der Geschlechtsreife von Mädchen und Jungen entsprechen unterschiedliche Informationen über Sexualität. Über das Interesse der Jungen am Sex schreibt das Biologiebuch: «*In zunehmendem Maße werden sich die Jungen ihrer Geschlechtlichkeit bewußt. Immer mehr richtet sich ihre Aufmerksamkeit auf ihre eigenen Geschlechtsorgane. Der Geschlechtstrieb entwickelt sich und mit ihm das sexuelle Interesse.*»

Die entsprechende Formulierung über die Mädchen lautet: «*Die Mädchen nehmen die bei ihnen vorgehenden körperlichen Veränderungen wahr und interessieren sich zunehmend für geschlechtliche Fragen. Es entwickelt sich wie beim Jungen der Geschlechtstrieb.*»

Während sich also die Jungen «*ihrer Geschlechtlichkeit bewußt werden*», interessieren sich die Mädchen «*zunehmend für geschlechtliche Fragen*» – ein bedeutsamer Unterschied. So richtet sich die Aufmerksamkeit der Jungen denn auch «*auf die eigenen Geschlechtsorgane*», während die Mädchen offenbar genug damit zu tun haben, das rechte Wachstum ihrer Brüste zu verfolgen, die passende Tamponwahl zu treffen und die Ratgeberseite in der «Bravo» zu studieren. Immerhin gestehen die Autoren auch den Mädchen einen sich entwickelnden «*Geschlechtstrieb*» zu. Während sich aber bei den Jungen aus diesem Geschlechtstrieb «*sexuelles Interesse*» entwickelt, heißt der nächste Satz für die Mädchen: «*Besonders Mädchen sind in dieser Zeit durch sogenannte*

Verführer gefährdet, die sich im allgemeinen sehr kinderfreundlich zeigen.» Es folgt eine detaillierte Schilderung über «*kranke Triebtäter*», «*Vergewaltigung*», «*eingerissene Scheidenwände*» und «*Sexualmord*». Andere Möglichkeiten, was aus dem Sexualtrieb der Mädchen werden könnte, werden nicht vorgestellt. So gelingt es den Autoren nicht nur, den sexuellen Mißbrauch und die Vergewaltigung aus dem Sexualtrieb des Opfers herzuleiten. Darüber hinaus bekommen die Mädchen die eindeutige Botschaft, daß sie die Sexualität doch besser den Jungen überlassen sollten.

In einer schlichten, aber durchaus treffenden Gegenüberstellung ließe sich der unterschiedliche Charakter der jeweiligen Initiationen so beschreiben: Die Mädchen menstruieren, und die Jungen masturbieren. Die Mädchen werden in die Welt der Fruchtbarkeit, die Jungen in die Welt der sexuellen Lust initiiert.

Es verwundert nicht, daß in dem angesprochenen Biologiebuch, nach einem knappen Verweis auf die besonderen Umstände der Zeugung, vier Seiten über die Themen Schwangerschaft, Geburt und Neugeborene folgen. Dabei ist selbstredend ausschließlich von der Mutter die Rede. Was aus der hilflosen Brut werden wird, ist allein Frauensache: «*Die innige Gemeinschaft zwischen Mutter und Kind, die Mutter-Kind-Beziehung, ist für die Entwicklung des Säuglings zu einem gemeinschaftsfähigen Menschen von größter Bedeutung.*» Während sich der Vater wahrscheinlich im Billardsalon verlustiert, sorgt sich die Mutter um die seelische Gesundheit des Kindes: «*Die körperliche Berührung von Mutter und Kind, wie sie zum Beispiel beim Stillen an der Brust erfolgt, ist nach dem Verlust der monatelangen Geborgenheit im Mutterleib wichtig, soll sich das Kind nicht nur körperlich, sondern auch seelisch gesund entwickeln.*»

Ob wir zufällig das falsche Biologiebuch erwischt haben? Wir fürchten, daß wir allen Konzepten emanzipatorischer

Mädchenerziehung zum Trotz den durchaus üblichen Standard der Aufklärung und Geschlechtsrollenangebote in Schulen und Familien getroffen haben, zumindest den seit vielen Generationen gültigen Bodensatz der Auffassungen über die Rollen von Mann und Frau in bezug auf Sexualität und Elternschaft.

Fortpflanzung und Elternschaft werden ausschließlich weiblich definiert. Ob aus den geborenen Kindern seelisch verkümmerte, gemeinschaftsunfähige Menschen werden, liegt allein an den Müttern. Bei einer derart einseitig skizzierten hohen Verantwortlichkeit bleibt es nicht aus, daß sich hauptsächlich die Mädchen für einen vernünftigen Umgang mit «ihrer» Fruchtbarkeit in die Pflicht genommen fühlen. Vor allem darüber wird schließlich ihre Fraulichkeit definiert. Es gehört in unserer Kultur zu den unausgesprochenen Forderungen an das Leben der Frau, Mutterschaft gut zu realisieren. Ihr Anteil am soliden Aufwachsen der nächsten Generation wird deutlich höher angesiedelt als der des Mannes.

Daraus ergibt sich ein unterschiedliches Empfinden gegenüber Verhütungsfragen. Für ein Mädchen beinhaltet Empfängnisverhütung eher als für einen Jungen eine Vorwegnahme mütterlich-fraulicher Verantwortung. Sie hat schließlich dafür Sorge zu tragen, daß durch ihre Sexualität kein unerwünschtes Kind zur Welt kommt.

Den Jungen wird eine Auseinandersetzung mit diesem Thema viel zuwenig zugestanden, und sie werden zuwenig gefordert, sich mit ihrer generativen Potenz zu beschäftigen. Je mehr ihnen der Zugang zu ihrer Zeugungsfähigkeit verstellt ist, um so eher erscheint ihnen Verhütung von Zeugung und Empfängnis wie die Vermeidung eines Betriebsunfalles. Die zeitweilige Entkoppelung von Sexualität und Fruchtbarkeit wird zum technischen Vorgang: Power off/Power on.

«Ich habe immer erst mittendrin gefragt, ob's überhaupt geht», erinnert sich ein heute Zweiundvierzigjähriger an die ersten Jahre seiner Erfahrungen mit Empfängnisverhütung. «Wenn ich auf eine Frau traf, die auf eine sichere Verhütung verzichtete, überließ ich die Entscheidung ihr. Es hört sich ziemlich dumm an, aber ehrlich gesagt wußte ich damals auch nicht, was die Frauen überhaupt verhüteten. Daß es um die Frage ging, ob ich in einem knappen Jahr Vater werde oder nicht, lag für mich außerhalb meiner Vorstellung.»

Der unterschiedliche Zugang zur Fruchtbarkeit bedingt nicht zuletzt unterschiedliche Beziehungsmuster von Jungen und Mädchen. Mädchen müssen, um ihrer Geschlechtsrolle zu entsprechen, eine auf Familiengründung ausgerichtete Partnerwahl treffen.

Die «geschlechtlichen Fragen», mit denen sie sich laut Biologiebuch vom Beginn der Pubertät an befassen, drehen sich um Liebe, Zuneigung, Beziehungsarbeit, Verständnis und Dauer.

Die Aufgabe der Jungen besteht darin, in den diversen Feldern der Männerkonkurrenz zu einem ausgewachsenen Märchenprinzen und patenten Schwiegersohn heranzureifen. Bis dieses Ziel erreicht ist und sie von einer Frau als Vater ihrer Kinder ausgewählt werden können, wird männliche Fruchtbarkeit vor allem im Rahmen sexuellen Potenzerlebens wahrgenommen. Wer tolle Erektionen hat, gut vögeln kann und kräftig und viel ejakuliert, der wird wohl auch fruchtbar sein. Die sinnfällige Nähe der Zeugungsfähigkeit zum sexuellen Geschehen könnte zu einem stolzen und bewußten Umgang von Jungen und Männern mit ihrer Fruchtbarkeit beitragen. Unter den gegebenen Umständen führt sie jedoch dazu, Fruchtbarkeit zu verdrängen. Da es zuwenig Raum und Rollenangebote für die männliche Fruchtbarkeit gibt, bleibt vor allem jungen Männern oft kein anderer Weg, als diesen Teil ihrer Potenz zu sexualisieren.

Auch die viel analysierte Aufteilung von Frauen in die Kategorien «Hure» und «Heilige» läßt sich vor dem Hintergrund eines unterschiedlichen Zugangs zur Fruchtbarkeit diskutieren. Eine Jugendliche, die fröhlich und unbefangen sexuelle Erfahrungen sammelt, läuft auch heute noch Gefahr, schnell in den Ruf eines «Flittchens» zu geraten, einer «Nutte, die es mit jedem treibt». Solche Mädchen taugen nicht zum Verlieben. Sie werden gerade wegen ihrer sexuellen Aktivität abgewertet. Daß sie ihre Lust ohne großes Brimborium ausleben, verleiht ihnen eine seltsam ängstigende Autonomie und bringt sie gegenüber den auf sie wartenden wichtigeren Aufgaben in Mißkredit.

Zur Verliebtheit gehört die Illusion einer eigentlich schon immer bestehenden und ewig dauernden Verbindung. Dieser Traum wird in unzähligen Schlagern beschrieben. Er führt unmerklich in die allumfassende und bedingungslose Geborgenheit der frühen Kindheit und in eine konkrete, wenn auch nur hypothetische Zukunft: Dieses Mädchen, diese Frau ist mir so nahe und wertvoll, daß ich mit ihr ein Kind zeugen und mich so mein ganzes erwachsenes Leben mit ihr verbinden könnte.

So betrachtet hat die Verliebtheit einen regressiven und einen in die Zukunft gewandten Anteil. Von letzterem sind Männer aber auf vielfältige Weise abgetrennt. Nicht nur, aber auch aus diesem Grund fürchten sie sich vor der Abhängigkeit von der Frau. Um in ihr eine sexuelle Frau und gleichzeitig die potentielle Mutter ihrer Kinder zu sehen, müßten sie in der Lage sein, sich selber als sexuellen Mann und gleichzeitig als potentiellen Vater zu empfinden.

Um der Mütterlichkeit einer Frau mit gleicher Kraft gegenüberzustehen, braucht es Väterlichkeit. Ist dieses innere Potential zuwenig entfaltet, kommt ein Mann leicht in die

Situation, wie ein kleiner Bub zwischen ihren Riesenbrüsten zu versinken, gegen ihre Macht zu rebellieren oder sich zu distanzieren.

Die Desexualisierung der mütterlichen Frau wirkt diesem Dilemma ebenso entgegen wie die Überzeugung, daß eine sexuell aktive Frau keine gute Mutter sein kann. Der Zusammenhang ist schlicht und schon oft beschrieben worden: Wo kein Vater ist, wird die Liebe zum ödipalen Gemurkse oder die Sexualität zur lieblosen Vermeidung desselben.

Zum Bild der heiligen Mama gehört als eine zentrale Kategorie, daß sie ihre Kinder niemals verlassen wird. Sie muß bereit sein, im Zweifelsfall ihr sexuelles Begehren ihren Mutterpflichten unterzuordnen. Ein Mädchen zum Verlieben muß also letztlich in der Phantasie die absolute Sicherheit von Kindheit vorstellbar machen. Nur besteht in der Folgezeit möglicherweise das Problem, in dem vielleicht entstandenen Hort der Sicherheit keine erregende Sexualität mehr leben zu können.

Und das Bild vom guten Vater, der seine Kinder nicht verlassen wird und deshalb auf Abenteuer, auch auf sexuelle Abenteuer verzichtet? Auch heute noch haben Jungen und junge Männer sehr wenig Chancen, dieses Bild in sich wachsen zu lassen, teilt doch, wie gezeigt, das Biologiebuch schon den Zwölfjährigen mit, daß die guten Väter eines fernen Tages wie Sternschnuppen vom Männerhimmel fallen werden.

Die Initiation von Jungen und Mädchen in unterschiedliche Welten entspricht einer althergebrachten Arbeitsteilung der Geschlechter in bezug auf generative Aufgaben. Wir sind der Ansicht, daß diese Arbeitsteilung durchaus weitreichende Konsequenzen für die Sexualität hat. Zugespitzt könnte man eine dieser Konsequenzen so beschreiben: Solange den Mädchen der Zugang zu ihrer Lust und den Jungen der Zugang zu ihrer Fruchtbarkeit erschwert wird, so lange werden die Frauen eher um die Liebe und die Männer eher um die Sexualität kämpfen – mit einer bisweilen dürftig kleinen gemeinsamen Schnittmenge. Und dabei brauchen Männer und Frauen beides, die Liebe und die Sexualität, fast so wichtig wie die Luft zum Atmen.

Ein Vorschlag zur Güte: Die Jungen werden nicht nur in die Welt der Tempotaschentücher und die Mädchen nicht nur in die Welt der Tampons initiiert. Die Jungen feiern nicht nur ihre Ejakulationen, sondern ebenso ihre Zeugungsfähigkeit. Die Mädchen feiern nicht nur ihre Zugehörigkeit zu den erwachsenen Frauen, die sie durch ihre Menstruation erlangt haben. Sie feiern ebenso ihre Lust.

Unser Vorschlag ist ein wenig utopisch. Er paßt nicht zu den Strukturen unserer Gesellschaft. Trotzdem ist es notwendig, Jungen und Männern mehr Zugang zu ihrer Fruchtbarkeit zu verschaffen. Die Integration von Zeugungsfähigkeit und generativer Potenz in die gesamte Persönlichkeit ist eine langwierige Entwicklungsaufgabe und ein notwendiger Schritt, um ein erwachsener Mann zu werden. Daraus ergeben sich vielfältige Anforderungen und Chancen, von denen Zwölfjährige noch nichts wissen können, weil sie sich erst am Anfang eines langen Weges befinden:

- bewußter Umgang mit Verhütung
- Entwicklung sozialer Kompetenz und sorgenden Verhaltens
- Einübung von Beziehungsformen, die irgendwann einmal auf Dauer angelegt sein sollen
- Erwerb von Bindungsfähigkeit ohne eingezeichneten Fluchtweg
- Erprobung von Kooperation mit Frauen, nicht nur von Nähe und Distanz oder von Macht und Ohnmacht

- langsame und probeweise Auseinandersetzung mit eigenen Kinderwünschen
- Ablösung vom Elternhaus, nicht nur in der trotzigen Haltung, kein abhängiges Kind mehr sein zu wollen, sondern auch in der Vorstellung, als neue Generation irgendwann ebenfalls Verantwortung für Kinder zu übernehmen
- Abgrenzung und Wiederannäherung im Verhältnis zum eigenen Vater
- Vorstellungen über den eigenen Lebensentwurf jenseits jugendlicher Grandiosität
- Beschäftigung mit Geburt und Tod

Jeder Mann ist im Laufe seines Lebens mit diesen schwierigen Entwicklungsaufgaben konfrontiert – unabhängig davon, ob er einmal ein Kind zeugen wird oder nicht. Daß sie dennoch eng mit dem Thema der Fruchtbarkeit verbunden sind, wird Jungen und jungen Männern mehr oder weniger vorenthalten.

Möglicherweise ist unser Plädoyer für einen besseren männlichen Zugang zur Fruchtbarkeit nicht nur aus gesellschaftlichen Gründen, sondern auch in einem grundsätzlichen Sinn naiv. Viele neuere psychoanalytisch orientierte Autorinnen und Autoren sind der Ansicht, daß die Männer nur wenig mit dem Wunder des Lebens zu tun haben. Ihr Anteil an der Entstehung neuen Lebens sei so gering, daß sie auf die Gebärfähigkeit der Frau im tiefsten Inneren neidisch seien, ohne sich diesen Neid wirklich eingestehen zu können (vgl. z. B. Andreas Benz 1984; Emilio Medena 1986; Hans Bosse 1992; Marina Gambaroff 1990). Männlicher Gebärneid sei nicht nur Ausdruck einer individuellen Lebensgeschichte oder Teil einer aktuellen Paarkonstellation, sondern ein universell vorhandenes Problem der Männer. Andreas Benz geht soweit, den «für die patriarchalische Gesellschaft symptomatischen Phallozentrismus, den Männlichkeitswahn, als gigantische Abwehrorganisation» gegen das grundlegende Gefühl von Unterlegenheit gegenüber dem anderen Geschlecht zu begreifen (vgl. Thomas Kühler 1989, S. 138). Philosophische Denkgebäude, Kathedralen und selbst Atombomben erscheinen vor diesem theoretischen Hintergrund als männliche Versuche, die Welt ohne die Frauen und gegen sie zu erschaffen.

Der Kernphysiker Brian Easley (1986) hat bedrückende Belege zusammengetragen, die in diese Richtung weisen. In seinem Buch «Die Väter der Vernichtung» beschreibt er die Geschichte der Atomphysik, insbesondere die Entwicklung und den Einsatz der Hiroshimabombe, der am 6. August 1945 100000 Menschen zum Opfer fielen. Die Wissenschaftler hatten der Bombe den Namen «Little Boy» gegeben: «Der von Männern entworfene, hergestellte und zusammengesetzte ‹Little Boy› wurde aus dem Bauch eines mit ausschließlich männlicher Besatzung fliegenden Bombers abgeworfen» (S. 129). Drei Tage später wurde über Nagasaki eine weitere Atombombe gezündet. Der Reporter William Laurence war als offizieller Berichterstatter in einem Begleitflugzeug zugegen: «Vor Schrecken erstarrt sahen wir, wie sie wie ein Meteor aus der Erde statt aus dem Weltraum emporstieg und im Emporsteigen durch die weißen Wolken immer lebendiger wurde. Es war ein lebendes Ding, eine neue Art Lebewesen, das dort gerade vor unseren Augen geboren wurde» (ebd.).

Brian Easley hat viele solcher Zitate von Wissenschaftlern, Politikern und Journalisten gesammelt, in denen Männer ihre «Schöpfungen» immer wieder mit dem Vorgang der Geburt vergleichen, selbst wenn es sich um todbringende Schöpfungen handelt: «Die Beschreibung der Explosion von ‹Fat Man› über Nagasaki offenbart die gleiche Faszination an den Symbolen des Geborenwerdens, hier der Geburt eines lebenden Monstrums von fast unbeschreibbarer Zerstörungskraft. Ein ‹lebendiges Ding›! Die Physiker hatten, ohne direkte Mitwirkung einer Frau, ein *lebendes Wesen* geschaffen! Anscheinend kommt selbst in männlicher Gewalt und Zerstörung ein unterdrückter Gebärwunsch zum Ausdruck» (S. 131). Robert Oppenheimer, der damals in den Vereinigten Staaten als «Vater der Atombombe» gefeiert wurde, erhielt von der National Baby Institution die Auszeichnung als «Vater des Jahres» (vgl. S. 133).

Beispiele männlicher Gebärkünste finden sich in vielen Mythologien. Zeus zum Beispiel gebar Athene aus seinem Kopf und Dionysos aus seinem Schenkel. Christliche Männer können sich damit trösten, daß Eva aus der Rippe ihres Kumpanen Adam stammte und von einem männlichen Gott aus dieser Rippe geformt wurde (vgl. Thomas Kühler, S. 136).

Aktuelle Entwicklungen, die im Rahmen von Gebärneidtheorien interpretiert werden, finden sich im Rahmen der modernen Reproduktionsmedizin. Viele Autorinnen (vgl. z. B. Marina Gambaroff 1990) sehen darin einen Versuch der Männer, sich eines ureigenen weiblichen Bereiches mit Hilfe der modernen Technik zu bemächtigen – quasi die Fortsetzung der Hexenverbrennung mit anderen Mitteln. In Amerika ist bereits eine «männliche Schwangerschaft» in der Diskussion, für die Männer einen Uterus aus Polyäthylen mieten könnten (vgl. Rolf Pohl 1992, S. 9). Für eine Befruchtung außerhalb des Mutterleibes hat sich der Begriff «Reagenzglas-Befruchtung» durchgesetzt, obwohl hierfür gar keine Reagenzgläser verwendet werden. Reagenzgläser haben die Form eines durchsichtigen Phallus. Die Befruchtung soll also nicht mehr im dunklen Inneren der Frau, sondern in einem einsehbaren phallischen Gebär-Vater stattfinden.

Wir halten die Diskussion um den männlichen Gebärneid

für wichtig, auch wenn wir nicht der Meinung sind, daß sich die halbe Kultur und die gesamte Unkultur menschlicher Entwicklung in erster Linie aus der Abwehr dieses Gefühles erklären ließe. Aber es ist nicht zu übersehen, wieviel Schwierigkeiten es Männern bereiten kann, daß nach der Zeugung eines Kindes alles weitere im Körper und durch den Körper der Frau passiert.

Schon als sehr kleine Jungen mußten sie ihre ersten Schwangerschaftsphantasien, nämlich wie die Mama auch Kinder bekommen zu können, verdrängen. Auch die spätere ödipale Vorstellung, dann wenigstens an Papas Statt mit der Mama ein Kind machen zu können, mußten sie aufgeben (vgl. Thomas Kühler 1989, S. 106). Hinzu kommt, daß der männliche Anteil an der Schaffung neuen Lebens für ein Kind nicht erlebbar und nur schwer nachzuvollziehen ist.

Wenn sie später, diesmal als werdende Väter, wieder an den Anfang des Lebens gelangen, müssen sie damit zurechtkommen, daß der Anteil der Frau an der Entstehung des Kindes weitaus größer zu sein scheint als ihr eigener. Die Beziehung zwischen Mutter und Kind ist von Anfang an leiblich begründet. Das Kind wohnt in ihr und wird durch sie genährt. Während der Schwangerschaft ist das körperliche Wohlbefinden der Frau wichtig für das gesunde Wachstum des Kindes, das des Mannes eigentlich nicht.

Sie bringt es auf die Welt. Er kann noch so gut im Geburtsvorbereitungskurs aufgepaßt haben, er kann einfühlsam, nicht kontrollierend, stark und voll freudiger Erwartung sein – während der Geburt ist er eine Randfigur des Geschehens. Er muß sich auf die Kraft seiner Frau verlassen und kann die Situation in Wirklichkeit nur wenig beeinflussen. Die Ideologie, daß gerade die Geburt eines Kindes ein gemeinsames Erlebnis, ja eine gemeinsame Aufgabe von Mann und Frau sei, verklärt – zumindest für viele Männer –

die Tatsache, daß eine Geburt eine unvergleichlich weibliche Angelegenheit ist. Jedem angehenden Vater ist zu raten, sich auf diese weibliche Angelegenheit, wenn es irgend geht, so intensiv wie möglich einzulassen. Andererseits verkleistert die nahezu flächendeckende Kurzschulung werdender Väter zum Geburtshelfer in eigener Sache viele Konflikte und nährt in Männern die Illusion, ausgerechnet im mütterlichsten aller Momente könnten sie wesentliches über ihr Vatersein erfahren. Manche Männer verschwinden derart gründlich hinter ihrer Helferrolle, daß sie für längere Zeit kaum wiederzufinden sind. Soweit die häufig eher harmonisch erlebten Verhältnisse während Schwangerschaft und Geburt auch das Modell für das weitere Zusammenleben als Eltern und als Paar darstellen sollen, sind Konflikte vorprogrammiert: Die Rolle als Helfer der Mutter hält nämlich kein Mann lange durch, ohne dagegen zu rebellieren oder sich zu entziehen.

Auffallend viele Männer entdecken bald nach der Geburt ihres ersten Kindes die eigenen schöpferischen Potentiale, ihre Kreativität oder ihre gerade jetzt besonders hohen Anforderungen im Berufsleben. Dafür kann es verschiedene Gründe geben. Vielleicht wollen sie als frischgebackene Väter auch in der Außenwelt bestehen und in Erfüllung einer traditionellen Rolle den Bestand der Familie durch besondere berufliche Aktivitäten sichern, oder sie fliehen das irritierende Chaos aus Babygeschrei, Milchbrüsten und Mutterblicken. Vielleicht versuchen sie aber auch, der erlebten, nicht einholbaren weiblichen Kraft etwas originär Männliches entgegenzusetzen.

In einem Männerseminar über Vaterschaftserleben und generatives Verhalten von Männern entstand über Stunden ein ruhiges Gespräch über Gefühle im Zusammenhang mit Vaterschaft. Über die eigenen Väter, über schöne und prägende Erlebnisse, aber auch über erlebten Mangel an Väterlichkeit und über die Sehnsucht danach. Das Gespräch kam darauf, daß Männer sich Raum nehmen müssen, sich selber Platz einräumen müssen, um die Veränderungen durch eine eigene Vaterschaft bewältigen zu können. Die Gruppe einigte sich darauf, daß es dabei nicht in erster Linie um äußere Räume gehe, sondern um den «inneren Raum». Es käme darauf an, diesen «inneren Raum» auszufüllen, ihn mit Leben anzufüllen. Vier Männer stellten ihre Gefühle zu diesem Thema in einem anschließenden Rollenspiel so dar: Sie standen nach außen gewandt und laut gestikulierend an den vier Ecken eines Teppichs. Der «innere Raum» in der Mitte des Teppichs bestand aus einem Berg wahllos durcheinandergeworfener Stühle.

Gerade Erstkindväter nehmen sich wenig Raum, all die Veränderungen, Ängste und psychischen Umstrukturierungen zu bewältigen, die mit ihrer Vaterschaft verbunden sind. Häufig erleben sie Schwangerschaft, Geburt und die ersten Monate des neugeborenen Kindes nur durch ihre Frau und in Identifikation mit ihr. Daß die Vaterschaft auch in ihnen selber ein großes Durcheinander anrichtet, können sie oft nur schwer akzeptieren – nicht zuletzt, weil sie von dem Gefühl abgeschnitten sind, daß ihnen ein bestimmter innerer Raum fehlt, der Uterus nämlich, der sich für alle sichtbar und trotzdem ganz abenteuerlich mit Leben füllt.

Wenn ein Mann spürt, daß ihm diese weibliche Überlegenheit Staunen, Trauer, Wut, Neid und Respekt abnötigen kann, gelingt es ihm vielleicht besser, seinen eigenen männlichen Platz neben seiner Frau und als Vater des gemeinsamen Kindes zu finden.

Allerdings können Gebärneidtheorien auch dazu benutzt werden, Punkte im allgemeinen Geschlechterstreit zu machen. Theorien, die den Gebärneid der Männer zu einer zentralen Kategorie erheben, erklären den Kern der Geschlechtlichkeit aus einem Mangel heraus. Männliche Existenz erscheint in ihrer Gesamtheit als psychische Plombe. Ebenso wie Freuds Penisneidtheorie definiert die Gebärneidtheorie das eine Geschlecht aus dem anderen. Wäre die Hauptantriebskraft der Menschen tatsächlich der verdrängte und ausagierte Neid auf das jeweils andere Geschlecht, dann ergäbe sich wirklich eine paradoxe Welt: Die Männer bauten Kathedralen, weil sie keine Kinder bekommen können, die die Frauen bekämen, weil sie keinen Penis haben.

Gebärneidtheorien sprechen Männern jede Eigenständigkeit in bezug auf Fruchtbarkeit und Fortpflanzung ab. Neid ist ein Gefühl von Abhängigkeit. Jemand ist «nur neidisch». Alles was er tut, steht in einem engen Bezug zum Objekt des Neides. Der Neid kann einen Menschen so sehr von sich selber entfernen, daß man davon spricht, ein Mensch werde von Neid «zerfressen».

Für die Psychoanalytikerin Marina Gambaroff (1990, 160ff) ist der Gebärneid das zentrale «Geheimnis des Mannes». Während sie weiblichen Neid auf den aufregenden Besitz der Männer grundsätzlich für eine «sekundäre Bildung» hält, also für ein kulturell und lebensgeschichtlich entstandenes Gefühl, sieht sie im Gebärneid ein «archaisches Phänomen», das zur «männlichen conditio» gehöre. Das «Geheimnis der Männer» bestehe in ihrem Neid «auf die lebensspendenden Fähigkeiten der Frauen». Hervorzuheben ist die Formulierung «*lebensspendende Fähigkeiten*». Genau an dieser Stelle erweist sich die Theorie über den Gebärneid der Männer als weibliche Allmachtsphantasie.

Die weibliche Vorstellung, «lebensspendend» zu sein, halten wir für ähnlich abstrus wie den christlichen Mythos, Gott hätte die Eva dem Adam aus der Rippe geschnitten.

Einige Seiten weiter schildert Marina Gambaroff, was sie für das «Geheimnis der Frau» hält. Zuerst einmal verfüge die Frau über das ursprüngliche Wissen um Schwangerschaft und Niederkunft, «die Frau mit ihrem Geheimnis, gekoppelt an magisches Blutvergießen, das unheimlicherweise nicht zum Sterben, sondern zum Leben führt». Den Männern bleibe nur «die Hoffnung, an der schöpferischen Kraft des Blutes» irgendwie teilhaben zu können. Nur fragt sich: Welche schöpferische Kraft hat die Frau für sich alleine?

Die manchmal bis ins Esoterische reichende Überhöhung der weiblichen Fruchtbarkeit erweist eine seltsame Nähe zur Phantasie der weiblichen Selbstbefruchtung. So wie früher Männer die Vorstellung hatten, der weibliche Körper sei lediglich ein praktisches Gefäß, in dem die von ihnen geschaffenen Nachkommen heranreiften, so macht sich seit einigen Jahren unter frauenbewegten Autorinnen die Phantasie breit, sie alleine seien es, die das Leben schaffen.

Die Entwicklung der modernen Reproduktionsmedizin läßt sich zum Beispiel nicht nur als männlichen Bemächtigungsversuch beschreiben, sondern auch vor dem Hintergrund weiblicher Phantasien: Es ist dank moderner Medizintechnik möglich geworden, ein Kind zu empfangen, ohne sich mit einem Mann einlassen zu müssen, genauer formuliert, ohne ihn in sich einzulassen.

Marina Gambaroff verrät ihren Leserinnen auch das «zweite Geheimnis der Frauen». Einer ihrer Gewährsmänner ist der später erblindete griechische Seher Tiresias: «Er hatte kopulierende Schlangen beobachtet und dabei entdeckt, daß die weibliche Schlange neunmal soviel Lust empfand wie die männliche» (S. 166). Zwischenzeitlich ist dieses Geheimnis «offiziell in Vergessenheit geraten», inzwischen aber wieder neu entdeckt worden, etwa von der Amerikanerin Mary Jane Sherfey: Die Frau sei «unersättlich noch in ihrer Sattheit» (S. 167).

Es mehren sich die Anzeichen, daß die Diskussion über den Gebärneid der Männer *auch* den Zweck erfüllt, ihnen in der Praxis Beteiligung, Kompetenz und Mitsprache in bezug auf Fruchtbarkeit und Fortpflanzung abzusprechen und in der Phantasie ein weibliches Supergeschlecht zu kreieren: superbelastet, aber superunabhängig und superpotent. Den Frauen gehört dann das Leben und den Männern der Tod, den Frauen die Verbindung und den Männern die Trennung, den Frauen die Zärtlichkeit und den Männern die Gewalt.

Wir möchten im folgenden der Theorie vom Gebärneid der Männer einige auf den ersten Blick komplizierte, aber im Kern sehr einfache Gedanken gegenüberstellen, die sich knapp so zusammenfassen lassen: Es gehören immer zwei dazu.

Ein Lieblingsmotiv, das kleine Kinder beiderlei Geschlechts im zweiten Lebensjahr immer wieder malen, ist ein um sich selbst rotierendes rundes Knäuel von Strichen, etwa eine Spirale, die gegen Ende dieser Phase durch akkurat gezeichnete Fühler mit der Außenwelt verbunden ist. Fast wie ein kleiner Seeigel schwimmt das kindliche Ich in einem sicheren, konturlosen Ozean herum. So sehr sich dieser Ozean auch nach Mutter anfühlen mag, so androgyn ist er gleichzeitig.

Zur Empfindung der Geschlechtlichkeit gehört zwingend die Fähigkeit, sich selber deutlich getrennt von anderen erleben zu können. Im eigentlichen Sinn der Worte stellen Symbiose und Geschlecht einen unüberbrückbaren Widerspruch dar. Etwa ab dem dritten, vierten Lebensjahr werden sich Kinder dieser Tatsache schmerzlich bewußt. In jedem beliebigen Kindergarten sind Bilder zu bewundern, in denen dieses Thema bearbeitet wird. Das kindliche Ich sitzt in der Mitte des Bildes, beispielsweise als Haus, als Insel oder als kleiner See. Rechts und links von ihm sind das Männliche und das Weibliche, mag sein Vater und Mutter, angeordnet. Durch Brücken, Regenbogen oder Wege versucht das Kind die Trennung in Geschlechter und damit seine Trennung vom bergenden Ganzen aufzuheben (vgl. Norbert Bischof 1992).

Die Beschäftigung mit dieser Trennung, die dem Ich vorausgeht, findet sich überraschenderweise auch in den meisten Schöpfungsmythen über die Entstehung der Welt wieder. Dort wird beschrieben, daß vor der Schöpfung eine Totalität, ein vermengtes Ganzes bestand (vgl. Mircea Eliade 1991, S. 20). Die eigentliche Schöpfung geht mit einer Trennung des ursprünglichen Chaos einher, etwa in Himmel und Erde, Licht und Dunkel, Oben und Unten usw. «Als Himmel und Erde noch auf diese Weise vermischt waren, gab es noch nicht die beiden Prinzipien des Männlichen und Weiblichen» (S. 22). Die Wiedererlangung der anfänglichen Einheit, die Vereinigung der Gegensätze ist in vielen frühen Kulturen ein Symbol für Vollkommenheit.

Der tiefe Wunsch, wieder dies um sich selbst rotierende Knäuel zu werden, das nicht Männlein und nicht Weiblein, sondern nur die Geborgenheit in einem allumfassenden ozeanischen Ganzen kennt, dürfte auch heute noch in den meisten Menschen verborgen sein. «Die Tatsache, daß die Menschheit aus Frauen und Männern besteht», schreibt George Devereux (1976), «ist niemals als unabänderliches Faktum, das nun einmal gegeben ist, akzeptiert worden. Sie wurde vielmehr, soweit die menschlichen Zeugnisse – einschließlich der Mythen – zurückreichen, als Angstquelle erfahren. (zit. nach Margit Brückner 1988, S. 209).

Der Wunsch nach einer Aufhebung der Trennung findet sich auch in der griechischen Mythologie. Für Platon war Eros derjenige unter den Göttern, dem die meiste Ehre gebührte. Er war nämlich in der Lage, die zwei Hälften, in die Zeus den ursprünglich kugelrunden Menschen getrennt hatte, wieder zusammenzufügen. Für die Sozialwissenschaftlerin Margit Brückner (1988) ist die Macht des Gottes Eros durchaus aktuell: «Das Schmerzliche des Menschseins entspringt seiner Halbheit. Die Sehnsucht nach der anderen Hälfte macht die Menschen zu Getriebenen. Nicht nur zu Platons Zeiten, auch noch in unserer Zeit gelingt es den wenigsten, ihre verlorene Hälfte wiederzufinden, doch kaum jemand mag daran zweifeln, daß es diesen verlorenen Zwillingsgeliebten je gegeben hat oder geben kann... Die Hoffnung, daß die Sehnsucht nach dem vollkommenen immerwährenden Glück in der Verschmelzung mit einem anderen erfüllt werden kann, ist wahrscheinlich so alt wie die Menschheitsgeschichte und vielleicht eine der ‹menschlichsten› Hoffnungen, sofern ihre Nichterfüllung ertragen werden kann und nicht im Haß auf den anderen ausgelebt werden muß» (S. 215). Platons Traum, daß Eros die Menschen durch die Liebe «in die uralte Natur zurückversetzen und sie heil, selig und glücklich» machen könne, sollte nach Ansicht von Margit Brückner wenigstens als Phantasie erhalten bleiben: «Auch wenn es nur für einen kurzen orgastischen Augenblick ist» (ebd.).

Wie eng manche Tiefenschichten der Sexualität mit dem Thema der Fruchtbarkeit zusammenhängen, zeigt sich auch daran, daß den Menschen, abgesehen von der Verliebtheit und androgynen Allmachtsphantasien, nur noch ein anderer, letztlich ebenfalls vergeblicher Weg bleibt, um mit der sie ängstigenden Abgetrenntheit umzugehen: die Fortpflanzung.

Wenn der Begriff der Verschmelzung im Zusammenhang des Sprechens über die Geschlechter überhaupt einen Sinn macht, dann vor allem im Zusammenhang mit der Befruchtung. In diesem winzigen Moment werden Männliches und Weibliches auf eine Art und Weise verbunden, die unauflöslich ist. Ein gemeinsames Kind ist die stabilste bekannte Verbindung zwischen Mann und Frau. Weiblich und Männlich und zwei ganz konkrete, voneinander unabhängige Menschen sind nach einer Befruchtung nie mehr voneinander zu trennen. Kein Krach, keine Ehescheidung und kein Sorgerechtsentscheid wäre dazu in der Lage. Der neue Mensch hat ein eigenes Geschlecht, doch das bei der Befruchtung aus Mann und Frau Verschmolzene ist nicht einmal im Tod wieder voneinander zu trennen.

Das Motiv der Verschmelzung durch ein gemeinsames Kind dürfte bei einer Reihe von ungewollten Schwangerschaften eine Rolle spielen, die vor dem Hintergrund einer drohenden Trennung zustande kommen. Ein Kind stellt selbst dann eine absolut untrennbare Verbindung zwischen Mann und Frau her, wenn an eine real gelebte gemeinsame Elternschaft gar nicht gedacht wird. Bei einer Schwangerschaft geht es eben nicht nur um generative Wünsche zweier Menschen, nicht nur um die Erfüllung von Lebensplänen und die Freuden der Elternschaft, sondern auch um die *Verschmelzung* in einem neuen Leben.

Der Reiz eines vor Schwangerschaft ungeschützten Koitus besteht nicht unbedingt aus Thrill und gemeinsamer Risikobereitschaft. Die Chance von Zeugung und Empfängnis ermöglicht die Illusion der Ganzheit eben nicht «nur für einen orgastischen Augenblick», sondern für immer und ewig. Diese Phantasie von Verbindung und Ganzheit ist weit mehr als das katholische Eheversprechen «Bis daß der Tod uns scheidet.»

Wem gehört ein Kind? Diese Frage ist keinesfalls dumm oder unzulässig. Daß ein Kind nur sich selber gehören soll, obwohl es aus einem entstanden ist und jahrelange Versorgung benötigt, ist kaum zu verstehen. So wie in unserer Kultur die frühe Kindheit in aller Regel organisiert ist, scheint ein Kind in den ersten Lebensjahren vor allem der Mutter zu gehören, die es versorgt und sich darum kümmert. Aus Paaren, die sich vielleicht während der Schwangerschaft so eng verbandelt fühlten wie nie zuvor, werden nach der Geburt des Kindes zwei voneinander getrennte Einheiten: Mutter/Kind und Vater. Daß das Kind die beiden Eltern auf die engstmögliche Art, die überhaupt möglich ist, miteinander verbunden hat, verschwindet plötzlich im verschärften Alltag der jungen Familie. Paradoxerweise taucht neben der Verbindung unweigerlich auch wieder die Trennung auf, in Mann und Frau, Mutter und Vater, in Drinnen und Draußen, Familie und Beruf usw. Lediglich die Mutter kann eine Zeitlang die Illusion aufrechterhalten, durch die Mutter-Kind-Symbiose weiterhin in einer anstrengenden, aber traumhaften Verbundenheit zu leben, die lediglich durch die irritierende Anwesenheit eines plötzlich ganz fremd gewordenen Dritten gestört wird: den Vater «ihres» Kindes.

Ob es sich um einen Schöpfungsmythos, einen wahnsinnig schönen Orgasmus, um die allmähliche Geburt des Ichs in der frühen Kindheit oder um den Anfang einer Familie handelt: Ohne Trennung scheint es kein Leben und keine Entwicklung zu geben.

Rolle rückwärts in den flüchtigen Handstand

Sexualität nach der Geburt eines Kindes

> «Wer beruflich mit den Kümmernissen von Mann und Frau in der Privatsphäre befaßt ist, kommt zu dem Urteil, daß beide Geschlechter mehr Schonung benötigen.»
>
> (Wolfgang Schmidbauer, 1992)

Wir haben unser Buch über männliche Sexualität mit einigen Kapiteln über die Kindheit begonnen. Nun wollen wir uns im letzten Kapitel mit Elternschaft beschäftigen. So erwachsen wir alle uns auch fühlen mögen – irgendwie geht immer alles wieder von vorne los.

Viele Paare geraten nach der Geburt des ersten Kindes in eine völlig unerwartete Beziehungskrise, unter der vor allem die gemeinsame Sexualität zu leiden scheint. Die häufigste Konstellation sieht so aus, daß die Frau keine oder in den Augen ihres Mannes entschieden zuwenig Lust hat, nach der Geburt des Kindes den sexuellen Kontakt zu ihm wieder aufzunehmen. «Aus meinen zahlreichen Gesprächen mit Vätern habe ich den Eindruck gewonnen», schreibt Hermann Bullinger (1982), «daß die frühe und unkomplizierte Aufnahme einer sexuellen Beziehung nach der Geburt eher die Ausnahme darstellt. Die Probleme werden also den meisten Eltern nach der Geburt in einer mehr oder weniger dramatischen Form nicht erspart bleiben» (S. 193).

Je länger diese Zeit andauert, um so verfahrener wird die Situation. Mancher Mann hat seinem Eindruck nach vielleicht geduldig gewartet, bis ein bei der Geburt notwendiger Dammschnitt abgeheilt ist, um dann zu merken, daß seine Frau auch weiterhin keine oder kaum Lust signalisiert, mit ihm ins Bett zu gehen. In aller Regel dauert die Krise länger als erwartet. Oft so lange, wie die Frau das Kind stillt: «Da heute die Stillbereitschaft bei vielen Frauen wieder zugenommen hat und Stillzeiten von einem Jahr zwar nicht die Regel, aber durchaus keine Seltenheit mehr sind, läßt sich leicht erahnen, daß auch die Dauer der sexuellen Enthaltsamkeit für viele Männer länger geworden ist» (S. 193). Viele Paare erholen sich nicht mehr von der Krise, in die sie durch die Geburt ihres ersten Kindes geraten sind.

Für viele Männer scheint die erzwungene sexuelle Enthaltsamkeit nach der Geburt das zentrale und alles überschattende Problem zu sein. Das schlimmste ist: Mann kann nichts machen. Höchstens nörgeln, schimpfen, betteln und drohen. Oder auf Distanz gehen: fremdgehen, ins Bordell gehen, zur Arbeit gehen. Oder halt geduldig warten, ob diese Zeit irgendwann vorbeigeht, in der man sich wie ein geschlechtsloser Knuddelpapi oder wie ein sexuell ungewollter Ernährer und Beschützer von Mutti und Kind fühlt.

Männer reagieren auf die sexuelle Zurückweisung durch ihre Frauen häufig verzweifelt und zornig. Oft entsteht der ausweglos scheinende Kreislauf aus gescheiterten Annäherungsversuchen, Frust, Verunsicherung und Rachegelüsten.

Im folgenden wollen wir versuchen, einige Hintergründe des sexuellen Konfliktes nach der Geburt eines Kindes zu beschreiben. Daß dabei nur wenig von Sexualität die

Rede ist, ist nicht zu ändern. Bei dem oft erbittert geführten oder ängstlich vermiedenen Kampf um die Bett-Rechte geht es in der Hauptsache um ganz andere Probleme.

Michael Lukas Moeller (1990) beschreibt die klassische psychoanalytische Deutung des Konfliktes und formuliert dabei das Problem in einer Schärfe, die vielen Männern sogleich den Beckenboden zusammenzieht und heftige Verlustängste beschert: «Wird das erste Kind geboren, geht die Liebe oft unter. Warum? Die Frau wird Mutter. Unbewußt auch für den Mann. Das Inzestverbot fällt wie eine Guillotine in die Beziehung» (S. 189).

Bevor wir uns diesem für Männer sicherlich recht bedrohlichen Thema zuwenden, wollen wir den Konflikt einfacher beschreiben. Weil es in unserer Gesellschaft eine stille, aber äußerst wirksame Übereinkunft gibt, daß Eltern nach der Geburt ihres Kindes ganz, ganz glücklich sein müssen, haben wir uns entschieden, einige der zugrundeliegenden Probleme sehr sachlich zu beschreiben. Daß Elternschaft wunderschön sein kann, setzen wir als allgemein bekannt voraus. Vielleicht sollte man sich beim Lesen des Textes vorstellen, daß im Nebenraum gerade der kleine Jan versucht einzuschlafen, ein vier Monate alter Säugling, der gewöhnlich unter heftigen Koliken leidet.

Nach der Geburt des ersten Kindes hat ein Paar unvermittelt so viele Aufgaben zu bewältigen, daß sich beide Partner sehr aufeinander angewiesen fühlen. Es entsteht die Notwendigkeit und meistens auch eine starke Bereitschaft, diese Situaton gemeinsam und in möglichst hoher Übereinstimmung zu meistern. Dadurch wird oft übersehen, daß das Kind die beiden Erwachsenen unverzüglich in einen vertragslosen Zustand versetzt. Mag während der Schwangerschaft noch «alles drin» gewesen sein und beide in eine elektrisierende Spannung versetzt haben: Nun ist es heraus. Es brüllt und stellt alles in Frage. Während die Liebe und die gemeinsame Handlungsfähigkeit eines Paares in dieser Situation besonders gefordert sind, erweisen sich gleichzeitig die meisten Absprachen und unausgesprochenen Regelungen, die vorher den Alltag bestimmt haben, als hinfällig. Diese Vertragslosigkeit betrifft in starkem Maß auch die Sexualität.

Seit es kaum noch Anlaß gibt, bei der Partnerwahl auf materielle oder familiäre Notwendigkeiten Rücksicht zu nehmen, gilt in unserer Kultur das Prinzip der Liebesheirat. Soweit einem die eigene Entscheidung bewußt ist, nimmt man die, mit der man hofft, am allerglücklichsten zu werden. Zu diesem Glück gehört ohne Frage die Sexualität. Die wenigsten Männer würden sich wohl an eine Frau binden, die sich ihnen über einen längeren Zeitraum sexuell verweigert. Die beidseitige sexuelle Zufriedenheit stellt im gewissen Maß ein Essential einer modernen Zweierbeziehung und einen Gradmesser des erreichten und in Zukunft möglichen Glücks dar. Es gehört zu den unausgesprochenen Grundvoraussetzungen einer Beziehung, daß die gemeinsame Sexualität zumindest in einem gewissen Umfang frei verfügbar ist. Anders formuliert: Für kinderlose Paare, egal ob sie nun verheiratet sind oder nicht, gilt unausgesprochen die Norm zur Erfüllung der «ehelichen Pflichten». Diese Geschäftsgrundlage der meisten modernen Liebesbeziehungen wird wenig wahrgenommen, weil sie in der Tat sehr unromantisch ist. Sie entfällt mit der Geburt eines Kindes auf der Stelle. Vor der Ankunft des Kindes konnten beide ohne größere Schuldgefühle gehen, wenn sie sexuell unzufrieden waren. Nun erfüllt die Verbindung von Mann und Frau einen anderen, offenbar wichtigeren Zweck. Seine Frau und sein Kind zu verlassen, weil der Sex nicht so schnell wieder klappen will, erscheint absurd. Nach der Geburt eines Kindes wird einem Mann vor allem durch die sexuelle Verweigerung seiner Frau deutlich, daß er sich gebunden hat, ohne seine weitere Befriedigung und die seiner Frau oder irgend etwas anderes vertraglich geregelt zu haben.

Wir wissen, daß man nicht derart schnöde und belanglos über Zärtlichkeit, Begierde und Liebe sprechen soll. Andererseits wissen wir aber auch, daß die sexuelle «Normalität«, die betroffene Männer im Gespräch über dieses Thema oft heftig einfordern, die Normalität der vorher existierenden und nun nicht mehr möglich scheinenden sexuellen Tauschbeziehung zweier unabhängiger Anbieter meint. Es gibt nun einen gewichtigeren Grund zusammenzubleiben, der vieles andere in den Schatten stellt. Gerade weil der Mann Verantwortung für ein allein nicht lebensfähiges kleines Wurm übernommen hat, weil er sich sicher eingelassen und beschlossen hat, nicht leichtfertig wegzugehen, ist anderes, zum Beispiel die Sexualität, unsicherer geworden. Das gilt auch für die Frauen.

Die Erosion eingespielter Gewohnheitsrechte betrifft neben der Sexualität auch alle anderen Bereiche des gemeinsamen Lebens: das Geld, die Zeit, die Wohnung, die Arbeit und die Zukunft. Alles, was vorher über Nähe und Distanz, über Austausch und Intimität, über Freiräume des einzelnen und gemeinsame Aktivitäten gültig war, muß nun neu definiert und ausprobiert werden.

Geld

In der Regel verfügen beide Partner über eigene Finanzmittel. In welchem Maß sie ihr Geld für gemeinsame oder eigene Zwecke ausgeben, ist vor der Geburt des Kindes ihre freie Entscheidung. Durch das Kind wird aus den beiden unabhängigen Einkommen ein gemeinsames Familieneinkommen. Das Surfbrett steht gegen die neue Wickelkommode, die schicken Schuhe gegen den dringend erforderlichen Kindersitz. Eigenes Geld, so vermittelt es schon die Bankenwerbung für die Erstkunden, verleiht ein Gefühl von individueller Unabhängigkeit. Nach der Geburt eines Kindes hat ein Mann kein eigenes Geld mehr. Für welche Belange das gemeinsame Familieneinkommen ausgegeben wird, muß ausgehandelt werden. Es geht nicht mehr darum, jeweils eigene Geldmittel als Zeichen besonderer Zuneigung zusammenzulegen, sondern ein gemeinsames Einkommen sinnvoll und fair zu verteilen – wie früher, wenn die Mutter den Nachtisch nicht in genau abgemessenen Portionen, sondern in einer (hoffentlich) großen Schüssel auf den Tisch stellte.

Zeit

In einer ähnlichen Weise verändert die Geburt eines Kindes den Charakter der Zeit. Wenn vorher ein Mann mit seinem Freund Kaffee trinken ging, bestand die Auswirkung für seine Frau lediglich darin, daß sie währenddessen nicht mit ihm zusammensein konnte. Nach der Geburt erscheint dagegen die Zeit wie in einem System miteinander kommunizierender Röhren eingesperrt zu sein: Geht der eine Kaffee trinken, hat die andere Kinderdienst – und umgekehrt. So landet auch die plötzlich so knapp gewordene Ressource Zeit in einem gemeinsamen Topf, aus dem man ohne Auswirkungen auf ein anderes Familienmitglied nicht eine einzige Minute herausnehmen kann. Häufig brauchen Paare sehr lange, um einen für beide Partner akzeptablen Weg zu finden, mit «ihrer» Zeit umzugehen.

Zumal das Thema der durch Elternschaft gebundenen Zeit nicht nur harmlose Vergnügen wie einen schönen Nachmittag im Café verändert, sondern weitreichende Konsequenzen auf Arbeit, Lebensplanung und berufliche

Zukunft hat. Im Gegensatz zur Phase der Kinderlosigkeit besteht nun, ohne entsprechende Hilfe von außen, ein Zwang zur Arbeitsteilung. Was vorher vielleicht eine jederzeit veränderbare Angewohnheit war, wird nun zur Notwendigkeit. Selbst wenn vor der Geburt des Kindes alle Fragen klar und einvernehmlich abgesprochen zu sein scheinen: richtig spürbar werden die Folgen erst im konkreten Alltag.

Arbeit

Sie erfährt einen mehrfachen Bedeutungswandel. Sie dient, neben allen guten oder schlechten Zwecken, die sie sonst noch erfüllen mag, der Sicherung des eigenen Lebensunterhaltes und des eigenen Lebensstandards. Unmittelbar nach Entstehen der Familie wird aus der vormals vor allem egoistischen Tätigkeit gleichermaßen eine sorgende Tätigkeit. In jedem Moment beruflicher Arbeit werden, sofern ein Paar die Familienaufgaben alleine bewältigt, drei Menschen versorgt: der oder die Arbeitende selber, das Kind und der Partner oder die Partnerin. Berufstätigkeit hat nach der Geburt eines Kindes weniger mit Selbstverwirklichung zu tun und muß eher dem Reich der Notwendigkeit zugeordnet werden.

Darüber hinaus besteht insbesondere für Männer traditionell eine hohe moralische Verpflichtung, einer Arbeit nachzugehen, sobald ihr jene sorgende Funktion zugefallen ist. Die Familientherapeutin Rosemarie Welter-Enderlin (1992) beschreibt, daß vielen Männern nach der Geburt des ersten Kindes ein regelrechter «Ernährerschock» in die Knochen fährt, oft verbunden mit der Angst, dieser neuen Aufgabe nicht gewachsen zu sein (S. 119).

Das Bild des Ernährers, der für seine Familie sorgt, gehört für beide Geschlechter zum festen Repertoire der männlichen Geschlechtsrolle und ist nur mit erheblichem seelischen Aufwand zu verändern. Wenn ein Mann seiner Ernährerrolle in einem Maß gerecht werden kann, das ihn und seine Partnerin zufriedenstellt, erfährt seine Berufstätigkeit einen zusätzlichen, häufig sehr positiv erlebten Sinn. Ist ein Mann arbeitslos, noch in der Ausbildung oder geht einer Tätigkeit nach, die zwar ehrenvoll oder vielversprechend ist, aber wenig einbringt, müssen er und seine Partnerin diese Abweichung von der Norm seelisch erst einmal bewältigen. Die Überzeugung, daß ein Mann seine Familie (möglichst alleine und ohne jede Hilfe) ernähren muß, läßt sich nicht einfach wie ein alter Hut ablegen. Selbst grandiose ideologische Denkgebäude über «neue Väterlichkeit» und «geteilte Elternschaft» sind kaum und vor allem nicht innerhalb kurzer Zeit in der Lage, das Gefühl von Versagen und Schwäche vollständig abzuwehren, das mit der Nichterfüllung der Ernährerrolle einhergeht.

Kompliziert wird die Angelegenheit zusätzlich durch die Tatsache, daß die Arbeit nach der Geburt eines Kindes noch eine Funktion erhält: Sie ist der beneidenswerte Weg nach draußen, weg vom engen und anstrengenden Heiti-Teiti der Säuglingsbetreuung. Wer zur Arbeit geht, läßt den anderen oder die andere mit dem Kind allein. Viele Paare streiten erbittert, anhaltend und meist ergebnislos über den Charakter vor allem der männlichen Arbeit: ob sie nun ein Privileg oder eine anstrengende sorgende Tätigkeit für die ganze Familie ist. Leider führt dieser Streit nicht immer zu konkreten Regelungen, die beide gutheißen können. Oft genug endet er in gegenseitigen Schuldzuweisungen, so daß sich schließlich eine hysterische, undankbare Frau und ein gefühlloser, egoistischer Mann gegenübersitzen, die vor allem anderen an eines denken: an Rache.

Let's talk about sex

Hat noch jemand Lust auf Sex? Also gut. Damit ein Paar nach der Geburt eines Kindes möglichst schnell wieder zu einer lustvollen und aufregenden Sexualität zurückfindet, ist es notwendig, daß – auweia! Entschuldigung, aber so funktioniert das nicht.

Berufliche Zukunft

Diffusion ergibt sich auch in bezug auf berufliche Zukunftspläne und Karriereabsichten. Waren sie bisher lediglich Teil individueller Lebensplanung, so ist nun die ganze Familie betroffen. Die berufliche Karriere in der Regel des Mannes sichert und verbessert die finanziellen Möglichkeiten und den Sozialstatus der Familie. Gleichzeitig werden durch den dafür notwendigen erhöhten Einsatz die Entwicklungsmöglichkeiten der Frau beschnitten. Ein beruflich stark engagierter Vater kann sich zudem wenig um sein Kind kümmern. Dafür wird er ihm vielleicht irgendwann, ohne groß rechnen zu müssen, für einen Tausender ein Mountain Bike kaufen können – oder für ein paar Mark mehr seiner Frau ein schickes rotes Stadtauto.

Fast ist es so, als hätte ein Paar durch die Geburt eines Kindes seine Zukunft zusammengelegt, als lande sie ebenfalls in dem großen Familientopf, in dem schon das Geld, die Zeit und die Arbeit stecken. Die Frage, wie sich die jeweiligen individuellen Zukunftspläne und die Pläne über die Zukunft der Familie miteinander verbinden lassen, ist sehr weitreichend und von existentieller Bedeutung. Im ersten Jahr nach der Geburt eines Kindes spielt sie unterschwellig in vielen alltäglichen Konflikten eine besondere Rolle. Darüber hinaus werden in dieser Zeit oft langfristig wirksame Weichenstellungen getroffen, die meistens auf eine traditionelle Arbeitsteilung zwischen den Geschlechtern hinauslaufen.

Wie wir in vielen Diskussionen immer wieder feststellen konnten, beklagen sich Frauen oft über diese Arbeitsteilung. Ihr Mann und die Männer überhaupt seien einfach nicht bereit, ihre beruflichen Ambitionen einzuschränken und sich ausreichend um ihre Kinder zu kümmern. Wir sind davon überzeugt, daß es sich bei dieser moralischen Argumentation, die sich auch in vielen feministischen Publikationen zum Thema findet, um einen folgenreichen Selbstbetrug handelt.

Die Geschlechterverhältnisse haben sich zumindest insoweit geändert, als nicht mehr der Herr allein entscheidet und die Frau untertänig nickt. In aller Regel beschließt ein Paar gemeinsam, welcher der Partner Erziehungsurlaub nimmt und wie mittelfristig die jeweiligen Rollen und Aufgabenbereiche verteilt werden sollen. Häufig bilden die Verhältnisse auf dem Arbeitsmarkt und unterschiedliche Einkommensmöglichkeiten von Mann und Frau einen wichtigen Hintergrund dieser Entscheidung. Trotz dieser notwendigen Einschränkung haben wir den Eindruck, daß viele Frauen die negativen Aspekte einer gemeinsam verantworteten Entwicklung letztlich dem Partner in die Schuhe schieben: Er war leider nicht bereit, diese und jene Pflicht zu übernehmen! Diese Klage läßt sich jahrelang oder bücherdick variieren. Nur fragt sich: Aus welchen Gründen heraus ist *sie* eigentlich bereit dazu? Sich in einer für den eigenen Lebensweg überaus wichtigen Frage als unschuldiges Opfer zu definieren, das leider über keine eigenen Gestaltungsmöglichkeiten verfüge, ist fatal. Wenn eine Frau, was nicht selten vorkommt, nach zehn, fünfzehn Jahren Familienphase feststellt, daß sie nun nur noch als unterbezahlter Problemfall Zugang zum Arbeitsmarkt findet: Was nützt ihr die Idee, daß sie daran unschuldig sei?

Bilder

Die Zukunft nicht mehr nur als Selbstentwurf, sondern gleichermaßen als Paarproblem wahrzunehmen, erfordert einen schwierigen Gewöhnungsprozeß, zumal es nicht nur um einen Verteilungskampf zwischen Mann und Frau geht, sondern auch um das Bild, das die Familie im gesamten abgibt. Die Familie wird für beide zu einem Teil der eigenen Identität, und es kann durchaus lange dauern, bis ein Paar wieder merkt, daß die Familie aus mehreren, eigenständigen Personen besteht.

Wie geht die Frau einkaufen? Mit dem Kinderwagen im Supermarkt an der Ecke, wo einen alle kennen? Trägt sie einen knallengen Rock, hat sie die Lippen üppig geschminkt? Oder geht sie im Norwegerpullover? Oder, sagen wir, im schicken Norwegerpullover und mit etwas Lidschatten?

Soll kein Mann sagen, daß ihn solche Fragen nicht interessieren. Sie sollten ihn nicht sonderlich interessieren, aber das ist etwas ganz anderes! Als Mutter seines Kindes geht sie nicht nur für sich einkaufen, sondern sie repräsentiert die Familie und damit auch ihn. Wenn wir spekulieren dürfen, welche Garderobewünsche Männer für ihre Frauen im Supermarkt haben, vermuten wir mal, daß sich die meisten, auch die Mehrzahl der Männer, die heftig unter der erzwungenen Abstinenz leiden, für den schicken Norwegerpullover und etwas Lidschatten entscheiden würden.

Was hat ein Mann überhaupt für eine Frau? Welchen Eindruck macht sie? Ist sie eine Rabenmutter? Eine Glucke? Eine, die ihren Mann die ganze Arbeit machen läßt und sich wer weiß wo vergnügt? Ein Muttertier, das mächtig aus dem Leim gegangen ist? Hat sie Haare auf den Zähnen? Ist sie eine Schlampe? Aus welchem Stall kommt sie, daß sie ihrem Kind nicht einmal den Mund sauber wischt?

Die arme Frau! Den ganzen Tag alleine.

Die ist patent. Die weiß, was sie will. Die läßt sich nicht so leicht die Butter vom Brot nehmen.

Der Gebrauch klischeehafter Geschlechtsrollenbilder stellt keine ausschließliche Eigenart älterer böser Damen aus der Nachbarschaft dar. Solche und andere Bilder treiben die Betroffenen ebenfalls um, auch wenn sie nicht darüber sprechen. Identitätsbedrohende Irritationen und Rollenunsicherheiten gehören in dieser Zeit dazu. Es sei denn, es gelingt, innerhalb kurzer Zeit zusammen mit dem Kind eine Bilderbuchfamilie zu bilden. Allerdings stellen solche Paare oft einige Kinder und Bausparverträge später fest, daß die zu schnell entstandene Idylle trügerisch gewesen war.

Zwischenbericht Jan

Seltsam, Jan schläft immer noch. Normalerweise ist er um diese Zeit längst schon wieder wach. Diese Ruhe, einfach wunderbar!

In Wirklichkeit ist die Ruhe längst vorbei. Wenn Jan jetzt schläft, wird er in der Nacht brüllen. Jans Mutter wird das Gefühl haben, mit ihren Brüsten fast alleine für das überdrehte und leidende Kind zuständig zu sein. Jans Vater wird mit seinem Sohn einige Male singend und in dem Gefühl durch die dunkle Wohnung laufen, ihn sowieso nicht beruhigen zu können. Wem gehört die Nacht? Diese Frage wirft schon jetzt, am frühen Nachmittag, ihre langen Schatten voraus. Seine Eltern haben noch kein für beide akzeptables Gleichgewicht gefunden, um mit den Belastungen durch ein neugeborenes Kind umzugehen.

Und wenn sie trotzdem mal eben schnell miteinander ins Bett gingen? Vielleicht wäre das eine gute Idee.

Aber es gibt ein Problem: Dürfen junge Eltern miteinander schlafen, wenn der Windeleimer so voll ist, daß der Deckel nicht mehr zugeht?

Vielleicht ist für Jans Eltern die gute Idee, mal eben schnell miteinander ins Bett zu gehen, noch aus anderen Gründen mit gewissen Schwierigkeiten verbunden. Die neue Lebenssituation macht Unterschiede und Probleme im Umgang mit Sexualität deutlich, die vorher gar nicht aufgefallen sind.

Mal eben auf die schnelle und in einer Situation miteinander zu schlafen, in der man jeden Moment gestört werden kann, symbolisiert möglicherweise für Jans Mutter oder für Jans Vater eine sehr unanständige, geile Variante des sexuellen Verlangens. Vielleicht haben sich die beiden vor Jans Ankunft immer viel Zeit lassen können, so daß Unterschiede in dieser Hinsicht gar nicht auffielen. Womöglich hätte er es auch schon früher «auf die schnelle» toll gefunden, diesen Aspekt seiner Sexualität aber sorgsam vor sich selber und vor ihr verborgen.

Wenn er während Jans kurzem Schlaf sexuelles Interesse zeigte: Vielleicht käme er sich vor wie ein geiler alter Bock? Oder wie der Junge, der auf der Bank hinterm Pfarrheim seine Hand in die viel zu enge Jeans eines Mädchens zwängt?

Ein probates Mittel gegen derlei Anfechtungen des Selbstbildes ist übrigens wahlweise eine böse, lieblose oder verklemmte Partnerin, der die Verantwortung dafür übertragen werden kann, daß es zu keinerlei Veränderungen des vorherigen sexuellen Arrangements kommt.

In der Krise nach der Geburt eines Kindes drängt sich leicht die retrospektive Beurteilung auf, vorher sei die Sexualität wirklich frei gewesen. In Wirklichkeit bestanden nur bessere Gelegenheiten, sich gemeinsam mit den jeweiligen Beschränkungen der sexuellen Möglichkeiten zu arrangieren. Wolfgang Schmidbauer (1991) spricht davon, daß jedes Paar mit der Zeit so etwas wie eine gemeinsame Libido entwickele, einen Raum sozusagen, in dem man sich trifft (S. 78).

Zur Ausstattung dieses Raumes gehören auch unausgesprochene Vereinbarungen, in welchen Situationen, unter welchen emotionalen Voraussetzungen man sich sexuell begegnet. Möglicherweise wären Jans Eltern auch früher nicht miteinander ins Bett gegangen, wenn sie eine vergleichbare konfliktträchtige Belastung wie die nun auf sie wartende Nacht mit einem brüllenden Kind vor sich gehabt hätten.

Und noch etwas spielt eine wichtige Rolle. Mal angenommen, Jans Vater hätte aus eigenem Antrieb oder in vorauseilendem Gehorsam den Windeleimer hinuntergetragen, oder seine Frau oder eine bezahlte Hilfe. Dann stellte sich die Frage nach der Berechtigung der Sexualität noch allgemeiner: Dürfen Eltern überhaupt miteinander ins Bett gehen? Aus der Kinderperspektive betrachtet läßt sich diese Frage nur mit einem strikten Nein beantworten.

Bevor wir uns diesem komplizierten Thema zuwenden, wollen wir Jans erschöpften Schlaf nutzen, um einige weitere Irritationen und Veränderungen anzusprechen, die mit der Geburt eines Kindes verbunden sind.

Wohnraum

Selbst wenn ein Paar schon lange in einer gemeinsamen Wohnung gelebt hat, verändert sich der unmittelbare Lebensraum durch ein Kind völlig. Die Mobilität eines Erwachsenen wird in einem vorher nicht geahnten Ausmaß reduziert. Mindestens einer der Partner wird soviel mehr Zeit in der Wohnung verbringen, daß er oft das Gefühl hat, darin eingesperrt zu sein. Auch die gemeinsam verbrachte Zeit wird zum Großteil nach innen verlagert. Die gemeinschaftlich genutzten Räume bekommen einen größeren Stellenwert allein durch die Tatsache, daß viel Platz gebraucht wird, um das Kind zu versorgen und mit ihm zusammen sein zu können. Modell für diese Umnutzung ist unbewußt häufig jene Wohnung, in der man als Kind groß geworden ist. Rückzugsräume («Mein Zimmer») bekommen eine zusätzliche Funktion. Sie dienen nicht mehr nur der Rekreation, der Individualität usw., sondern auch dem Rückzug vor der gemeinsamen Belastung.

Die meisten Männer achten wenig darauf, wie sich nach der Geburt des Kindes ihre Wohnung verändert. Möglicherweise haben sie in Erfüllung einer traditionellen Männerrolle während der Schwangerschaft ihrer Frau mehr oder weniger fleißig Nestbau betrieben, Möbel gekauft, geschreinert und gestrichen. Welche Atmosphäre in diesem Nest nach der Geburt des Kindes herrscht, überlassen sie jedoch weitgehend ihrer Frau. Sie hat die Richtlinienkompetenz, wie die komplizierte Logistik aus Wäschebergen, Badezusätzen und Beruhigungstees gestaltet werden soll. Sie hat konkretere Vorstellungen als ihr Partner, wie die Wohnung einer Familie aussehen soll. Wenn die Schwiegereltern kommen, wird sie für die heimelige Atmosphäre, die gute Organisation und das sauber gewischte Bad gelobt. Ihrem Mann werden anerkennende Worte zuteil, weil die neuerworbene Schrankwand nicht «Kiefer furniert», sondern aus massivem Holz gefertigt ist. Was das mit Sex zu tun hat? Eine ganze Menge!

Unmerklich werden die gemeinsamen Räume immer weiblicher. Nur scheinbar bestimmt das Kind alleine die Zeitabläufe. In Wirklichkeit dominiert der Rhythmus der Frau, ihre Eigenart, die Aufgaben zu bewältigen. Ihr «Mutterinstinkt» ist in der Regel so differenziert ausgebildet, daß sie exakt weiß, wann der Windeleimer geleert, das Kind gebadet und das Klo geputzt werden muß.

Selbst wenn ein Mann die Familienarbeit abwertet und auf seine «ungleich wichtigere» außerhäusliche Tätigkeit verweist, wird er sich, wenn zu Hause alles immer weiblicher wird, bald wie ein Fremdling fühlen. Häufig soll dann wenigstens im gemeinsamen Schlafzimmer das männliche Element etwas zählen. Die Sexualität wird zum Männerreservat und zum Teil eines Machtkampfes.

Nach der Geburt eines Kindes hat ein Paar so viele Bereiche seines Lebens neu zu ordnen, daß sich auch die Frage der Dominanz in einer Beziehung neu und deutlich vielleicht zum ersten Mal stellt. Wir haben schon in anderen Kapiteln darauf hingewiesen, daß sich in der Sexualität in aller Regel die Verhältnisse wiederfinden lassen, die sich im Alltag herausbilden. Die Vorstellung jedenfalls, daß in einem weiblich dominierten Alltag das Männliche wenigstens in der Sexualität etwas zähle, würde sich, in die Praxis umgesetzt, bald als Illusion erweisen. Insofern kann in diesem Fall die sexuelle Verweigerung der Frau unbeabsichtigt auch die männliche Potenz schützen.

Es gibt viele Hintergründe für sexuelle Machtkämpfe, nicht nur den hier geschilderten Streit um die Frage, wer in dem neu zu strukturierenden Alltag die Hosen anhaben wird. In der Regel sind beide Partner an einem solchen Machtkampf beteiligt. Eine der gängigsten Spielregeln besagt, daß sich die Frau verweigert und der Mann ihr nachstellt. Diese Anordnung entspricht der Aufteilung in passive Frauen und aktive Männer.

Besondere Brisanz bekommt ein so ausgetragener sexueller Machtkampf nach der Geburt eines Kindes, weil nun die alltäglichen Verhältnisse diesen sexuellen Rollen häufig heftig widersprechen. Die Frau erlangt die alltägliche Dominanz in der Regel durch ein erhöhtes Maß an Aktivität. Der Mann gerät ins Hintertreffen, weil er im Vergleich zu ihr passiver ist. Diese Schieflage durch Sexualität ausgleichen zu wollen, ähnelt dann in der Tat einer Rolle rückwärts in den flüchtigen Handstand.

Haushalt

Auch ohne größere Dominanzprobleme ist die Kooperationsfähigkeit eines Paares in der Phase der Familiengründung in einem Maß gefordert, das vorher nicht abzusehen war. Frühere Streitereien um Hausarbeit drehten sich in der Regel um Abgrenzungen: warum die Haare in der Dusche und die Socken im Wohnzimmer liegen. Nun ist plötzlich ein riesiger Berg an *gemeinsamer* Hausarbeit entstanden. Selbst der Dreck fängt an, sich zu vermischen! So wie das Kind zu beiden gehört, so gehören auch die Wäscheberge zu beiden, egal, wer sie abtragen soll und abtragen muß.

Herkunftsfamilie

Weder Frauen noch Männer haben aktuelle Modelle, wie sie mit den in starkem Maß angestiegenen alltäglichen Anforderungen fertig werden könnten.

Es ist nicht notwendig, in die fast unergründlichen Tiefen ödipaler Verstrickungen hinabzusteigen, um sich vorstellen zu können, daß beide in erster Linie auf das Vorbild ihrer eigenen Eltern zurückgreifen müssen, um mit der veränderten Situation zurechtzukommen. Im folgenden schildern wir vor allem Probleme, die sich daraus für Männer ergeben können. Frauen, die Freude am «Hornberger Schießen» haben, mögen sich hier neu munitionieren.

Mit der erneuten Orientierung an der eigenen Herkunftsfamilie werden alte Erfahrungen aus der Kindheit und Jugend wiedererlebt. Man beschäftigt sich unbewußt oder beiläufig erneut mit seinen Eltern. Es kann zu unerwarteten Wiederannäherungen und zu symbolischen oder handfesten Konflikten kommen. Das in der Pubertät erlebte, aber längst vergessene Abgrenzungsspiel setzt wieder ein: Ich bin wie meine Mutter, ich bin nicht wie meine Mutter! Ich bin wie mein Vater, ich bin nicht wie mein Vater! Bei dieser Neuauflage handelt es sich nicht mehr um nach Autonomie und eigener Identität strebende Jugendliche, sondern um eine richtige neue Familie – deren Vorlage man nur aus der Kinderperspektive kennt.

Es kann zu heftigen Verwechslungen und Verwirrungen kommen: Sie ist wie meine Mutter, sie ist nicht wie meine Mutter! Er ist wie mein Vater, er ist nicht wie mein Vater! Sie soll wie meine Mutter sein! Sie soll wie meine Wunschmutter sein! Er soll wie mein Vater sein! Er soll wie mein Wunschvater sein!

Da die menschliche Psyche nicht viel von Logik, Zeitabfolgen und exakten Fakten hält, sind auch geschlechtsübergreifende regressive Wünsche und Befürchtungen möglich: Er soll wie meine Mutter sein usw.

Es läßt sich gar nicht umgehen, daß Elternschaft einen mit der eigenen Kindheit konfrontiert. Die Aufzucht von kleinen Kindern ergab auch vor einer Generation keine völlig andere Atmosphäre als heute. Mehr oder weniger unbemerkt wird Jans Vater im weiteren Verlauf auch wieder mit in den Kindergarten gehen, stolz oder verloren seine Schultüte tragen, entscheidende Tore schießen und von Blödmännern verhauen werden.

Die Wiederbelebung der eigenen Geschichte führt zu einer paradoxen Situation. Möglicherweise fühlt sich ein Mann nach der Geburt eines Kindes so erwachsen und verantwortlich wie nie zuvor. Gleichzeitig erlebt er den eigenen Reifungsprozeß zu einem nicht unerheblichen Teil aus der Perspektive eines Kindes. Dieser Zusammenhang muß nicht schrecken. Es kann von unschätzbarem Vorteil sein, sich als Erwachsener in die Perspektive eines Kindes einfühlen zu können.

Die Herausbildung einer als sicher erlebten eigenen Elternperspektive konfrontiert bewußt oder unbewußt ebenfalls mit den jeweiligen Eltern, insbesondere mit dem gleichgeschlechtlichen Elternteil. Dabei stellt sich heraus, daß die jugendlichen Muster der Abgrenzung plötzlich versagen. Ein junger Mann kann guten Mutes beschließen, alles anders und besser zu machen als sein Vater. Bis zur Geburt eines eigenen Kindes wird ihm dieses Vorhaben sogar recht gut gelingen. Kein Vater zu sein und Vater zu sein, ist schließlich ein ziemlich großer Unterschied. Und sein Vater war, so weit er zurückdenken kann, immer nur Vater gewesen. Nach der Geburt des ersten Kindes dämmert dem jüngeren der beiden Väter ganz allmählich, daß er nun in derselben Situation steckt, über die er früher bloß mit dem Kopf geschüttelt hat. Das vor vielen Jahren verlassene Elternhaus war zu eng. Deswegen ging er weg. Nun sitzt er wieder in einem Elternhaus. Warum hier Platz sein sollte, wenn es dort eng war, ist nicht unmittelbar einzusehen.

Die Biographien der eigenen Eltern werden plötzlich konkreter und rücken näher heran: Wie hat mein Vater gelebt? Ist er sexuell zufrieden gewesen? Hat er meine Mutter begehrt? Hat sie ihn begehrt? Hat sich meine Mutter über ihn beklagt? Wer hatte daheim die Hosen an? Zu welchen Zeiten, zu welchen Anlässen habe ich meine Eltern glücklich und ausgelassen erlebt? Hat sich mein Vater oft allein gefühlt? Hat er seine Aufgaben als Familienvater geschafft, oder hat die Familie ihn geschafft?

Der Vergleich mit dem eigenen Vater bekommt allmählich eine egalitärere, realistischere Grundlage. In welcher

Hinsicht bin ich wie mein Vater? Was möchte ich versuchen, genauso, was möchte ich anders machen? Im guten Fall führt diese sehr langwierige innere Auseinandersetzung zu einer versöhnlicheren Haltung gegenüber dem Vater. Auf sonderbare Weise hilft sie dabei, mit sich selber ebenfalls weniger streng und verständnislos umzugehen.

Im schlechten und nach unserer Ansicht häufigeren Fall gestaltet sich die Auseinandersetzung mit dem Vater äußerst schwierig. Die meisten Männer haben in ihrem Leben zu wenig Väterlichkeit erlebt, an der sie sich orientieren könnten. Der Vater war der, der nach draußen ging, und die Kinder blieben drinnen bei der Mutter.

Was das nun wieder mit Sex zu tun hat? Verdammt viel!

Schon Schiller, den wir an dieser Stelle durchaus nicht zur Erheiterung zitieren wollen, schilderte die Kehrseite einer Väterlichkeit, die sich nur draußen im feindlichen Leben finden läßt: «Und drinnen waltet die züchtige Hausfrau, die Mutter der Kinder!»

Gerade in der Enge der Belastungssituation, die im ersten Jahr nach der Geburt eines Kindes entsteht, kommt es zwangsläufig zu einer inneren Wiederbelebung elterlicher Stimmen. Wenn ein Mann dann keinen Vater hören kann, dann hört er schlicht und ergreifend nur seine Mutter. Ihr gegenüber, durch sie und gegen sie muß er versuchen, seinen Platz und seinen Weg als Vater zu finden. Er kann dann nicht fragen: Wie will ich als Vater leben? Er fragt: Wie will ich gegenüber der Mutter leben?

Die in dieser Zeit unausweichlichen Konflikte mit der Frau haben dann nicht in erster Linie zum Inhalt, dem inneren Bild eigener Väterlichkeit zu folgen, das sich allmählich mit Leben erfüllt. Vielmehr geht es darum, die Mutter zu begrenzen, die sich so lange schon immer breiter macht. Ohne zu wissen, welchen Platz er eigentlich verteidigt, geht es dann gegen ihren dicken Busen, ihren Organisationseifer, ihr Engagement. Ein Mann kann noch so zetern oder mauern, noch so vernünftig oder abgeklärt wirken: In dieser Konstellation befindet er sich in einer heillosen Defensive.

Wenn er sich bemüht, den Anforderungen der Mutterfrau brav zu genügen, verzichtet er großherzig auf eine Stärke, die er noch gar nicht besitzt. Rebelliert er dagegen, kämpft er ohne eigene Ziele verkniffen gegen Bevormundung, Herabsetzung, Isolation und Kontrolle an. Er kommt erst aus der Defensive heraus, wenn er langsam ein eigenes Bild seiner Väterlichkeit entwickelt; Vorstellungen und Gefühle also, um die es sich lohnt zu streiten. Dazu gehören auch eigene Vorstellungen über die Gestaltung des unmittelbaren Lebensraumes und der Zeitabläufe sowie über die Art des Umgangs und der Versorgung des Kindes.

Der intensive Kontakt mit seinem Kind, häufig besonders der von der Frau ungestörte Kontakt, unterstützt den Prozeß der Herausbildung väterlicher Identität. Jedes noch so anstrengende Wochenende allein mit dem Kind hilft einem Erstkindvater, sich männlicher zu fühlen.

Zwischenbericht Jan

Wir haben Jan in dieser Geschichte, anders als es in der Realität möglich ist, mit Bedacht lange schlafen lassen, um ein wenig Zeit für die Probleme der Erwachsenen zu haben. Jan hat, als er schließlich aufwacht, die Hosen voll und quiekt fröhlich vor sich hin. Seine Augen sind so wach und sein Hunger ist so bedingungslos, daß sich jede weitere Diskussion über die libidinösen Umstrukturierungen in der Psyche seiner Eltern oder über ihre sexuellen Bedürfnisse erst einmal erübrigt.

Nicht nur seine Hilflosigkeit und die Energie, mit der er seine Bedürfnisse zur Geltung bringt, machen ihn zum Mittelpunkt, sondern auch sein Charme, seine erotische Ausstrahlung und seine Liebenswürdigkeit.

Auch dies eine mächtige Änderung nach der Geburt eines Kindes: Die Probleme der Erwachsenen nehmen nicht nur zu, sie werden auch an den Rand gedrängt.

Der alternative Machbarkeitswahn

Daß sich in unserer Gesellschaft Eltern nach der Geburt des ersten Kindes so schwer als Mann und Frau wiederfinden, hat nach unserer Ansicht auch mit der herrschenden Ideologie zu tun, nach der alle die Probleme, die wir hier geschildert haben, eigentlich nicht sein dürfen. Fast immer vergleichen sich Paare «mit anderen glücklichen Eltern, deren Kinder angeblich von der ersten Nacht an durchschlafen, sich mühelos stillen lassen und überhaupt ihre Väter und Mütter so weiterleben lassen, als ob nichts geschehen wäre. Dieser Mythos ist, wie ich es sehe, um so verbreiteter, je aufgeklärter die Eltern sind» (Rosemarie Welter-Enderlin 1992, S. 108).

Das traditionelle Eheversprechen, in guten wie in schlechten Zeiten zueinanderzustehen, klingt dagegen wie eine seltsame Reminiszenz an längst vergangene Tage, in denen schon die materielle Not Paare dazu zwang, selbst bei einem so fröhlichen Ereignis wie der eigenen Hochzeit Absprachen über eine möglicherweise bittere gemeinsame Zukunft zu treffen.

Inzwischen hat sich ein anderes Beziehungs- und Liebesideal entwickelt. Schlechte Zeiten sind nicht mehr vorgesehen. Es gibt nur noch gute Zeiten. Abweichungen von dieser Norm sind ausschließlich als Versagen, Schuld, Schwäche oder Dummheit möglich. Wenn ein Paar nach der Geburt eines Kindes in eine Krise gerät, muß es also jemanden geben, der etwas falsch gemacht hat.

Meistens gibt es in einer Partnerschaft auf die Frage, warum sich das erhoffte Glück nicht einstellen mag, zwei gleichlautende, aber einander entgegengesetze Antworten: «Du bist schuld!» Deshalb erfordert die Klärung der Verantwortung für das nachgeburtliche Dilemma einen längeren intensiven Diskurs. Manche Paare halten nach der Geburt eines Kindes das «Schwarzer-Peter-Spiel» so lange durch, bis der eigene Nachwuchs groß genug ist, um nahtlos in die muntere Spielrunde einsteigen zu können.

Am Beispiel der Geburt läßt sich zeigen, welche Schwierigkeiten sich aus wohlmeinenden Ideologien vom perfekten Elternglück ergeben können.

Nach einer Zeit, in der der Geburtsvorgang von der Medizintechnik dominiert war, hat sich nun die Vorstellung der «natürlichen Geburt» immer mehr verbreitet. Beide Konzepte sind insofern ähnlich, als sie die Illusion vermitteln, dieses Ereignis ideal durchleben zu können. Längst können alle Männer Blut sehen. Wir sind doch nicht von gestern! Wenn nicht eine Versagerin oder ein Versager am Werk sind, gestaltet sich jede Geburt zu einem mann-fraulichen Gemeinschaftserlebnis ganz besonderer Güte. Wem die Innigkeit nicht gelingen mag, hat etwas falsch gemacht.

Geburtsangst? Wohl nicht fleißig genug hecheln geübt! Schlechte Geburtserlebnisse müssen schnell verdrängt werden. In einem Klima, das im Prinzip nur wunderschöne Geburten zuläßt, können gegenteilige Erfahrungen nur schwer aufgearbeitet werden.

Eine direkte Auswirkung der Natürlichkeitsideologie auf die Sexualität besteht darin, daß aus dem Genital der Frau nach einer Geburt auch schnell wieder eine normale Muschi werden muß. Ganz natürlich sozusagen.

Eine weitere Auswirkung kann darin bestehen, daß für eine Frau eine Geburt so schwierig war, daß sie die «anflutenden Ängste nur noch durch eine Symptombildung, z. B. durch eine Sexualstörung – in der Regel durch Vermeidung des Geschlechtsverkehrs – beherrschen kann» (Barbara Fervers-Schorre, 1983, S. 234).

Da in der Ideologie sowohl die Sexualität als auch die Geburt ganz natürliche, sozusagen leichte Übungen sind, wird eine solche Frau doppelte Schwierigkeiten haben, ihre Situation zu verstehen und zu verändern. Die Traumatisierung ihres Geburtserlebnisses ist kulturell erwünscht, ihr Symptom gilt als ihre eigene Schuld.

Auch Männer, die eine Geburt miterleben, können schwierige Erfahrungen machen, die es wert wären, besprochen zu werden, Erfahrungen zum Beispiel mit dem weiblichen Körper. Einer Frau, die man sexuell begehrt, beim Gebären beizustehen, mag ordentlich natürlich sein, ist aber deshalb noch lange nicht folgenlos. Die Standardinformation von Männern, die ihre Frauen bei der Geburt begleitet haben, lautet in etwa: «Das war waaahnsinnig schön. Ich bin soo dankbar.»

Insgesamt läßt sich feststellen, daß die «natürliche» Einstellung zur Geburt die Gefahr in sich birgt, die Macht dieses Ereignisses zu unterschätzen. Dies gilt besonders für Männer, weil sie nicht selber gebären. Wir erkennen zwar mit leuchtenden Augen an, daß es sich bei der Geburt um ein Mysterium handelt, doch längst kursieren überall Handzettel, auf denen haarklein beschrieben steht, wie dieses Mysterium *funktioniert*.

Ein Geburtserlebnis kann die Sexualität auch dann für längere Zeit beeinflussen, wenn sich Frau und Mann vor allem mit Freude daran erinnern. Die Geburt des Kindes hat die Sexualität nicht nur in der Phantasie, sondern sehr konkret um den Aspekt der Fruchtbarkeit bereichert. In den

Belastungen der ersten Zeit kann ein Paar kaum herausfinden, wie es in der nahen Zukunft mit seiner Fruchtbarkeit umgehen will. Möglicherweise plagt die Frau sich mit dem Problem, ob sie erneut gebären oder nie mehr gebären will. Zwar läßt sich leicht wieder die Empfängnisverhätung aufnehmen, dennoch lassen sich Sexualität und Fruchtbarkeit nicht so ohne weiteres wieder entflechten, als sei in Wirklichkeit nichts geschehen.

Auch die körperlichen Folgen der Geburt werden häufig unterschätzt: Mütter haben zwei Wochen nach der Geburt wieder in ihre alten Jeans zu passen, und Schwangerschaftsstreifen sind pure Nachlässigkeit. Solche Normen machen es Frauen ausgesprochen schwer, nach einer Geburt ihren Körper wiederzufinden. Von diesen Schwierigkeiten wissen Männer oft nichts, weil ihre Frauen nicht darüber sprechen. Möglicherweise fühlen sie sich sexuell zurückgewiesen und haben keine Ahnung, daß ihre Frauen nicht mit ihnen, sondern mit sich selber Schwierigkeiten haben.

Manchmal forcieren Männer diese Schwierigkeiten ungewollt, indem sie die Mütterlichkeit ihrer Frauen und die Folgen der Geburt einfach ignorieren. Nach all der langen Zeit, in der der weibliche Körper durch ständige Veränderungen und seine besonderen Aufgaben im Mittelpunkt stand, soll nun der männliche Körper endlich wieder etwas zählen! Aus dem weiblichen Gebärleib soll endlich wieder ein Sexualleib werden, mit dem Mann ganz normal unter fairen Bedingungen verkehren kann, so wie vorher auch!

Frauen fühlen sich häufig nach der Geburt eines Kindes von ihren Männern «gar nicht richtig gesehen». Das Gespräch über das Thema, *was* die Männer nicht richtig sehen, ist schwierig und lohnenswert.

Auch nach der Geburt machen es hohe Leistungsideale Paaren schwer, mit ihren realen Problemen umzugehen. So fordert die Ideologie insbesondere von Frauen eine im Prinzip uneinlösbare doppelte Identität. Die Vereinbarkeit von Familie und Beruf wird längst nicht mehr als gesellschaftspolitisches Problem, sondern als Charakterfrage gehandelt. Obwohl die frühe Kindheit in unserer Gesellschaft weitgehend im Rahmen mütterlicher Einzelhaft organisiert wird, sollen moderne Mütter unabhängig, emanzipiert und mobil sein. Sie sollen sich regressiv auf die Symbiose mit ihrem Kind einlassen und gleichzeitig ihre Autonomie behalten. Sie sollen ganz tiefe, ganz natürliche Muttergefühle entfalten und sich gleichzeitig als erotische, erwachsene Frauen fühlen.

Der Vater soll im Beruf seinen Mann stehen und gleichzeitig ein liebevoller, zärtlicher Papi und Mitstreiter bei der Bewältigung der Hausarbeit sein. Er soll sich fürsorglich um seine Familie kümmern und gleichzeitig große Unabhängigkeit ausstrahlen. Er soll sich auf die Unwägbarkeiten und Abhängigkeiten des Alltags mit einem Kind einlassen und gleichzeitig männlich-souverän wirken.

Die Rollenbilder, wie moderne Eltern sein sollen, sind zu streng und zu idealistisch. Letzlich sind sie ein Teil einer kinder- und familienfeindlichen Gesellschaft. Paaren wird vorgegaukelt, daß Elternschaft eine einzige Bereicherung sei, wenn sie es denn nur richtig anstellten.

In einer Zeit, in der das Leben von Arrangements, Verteilung und dem mühsamen Aufbau eines neuen Gleichgewichtes geprägt ist, versuchen viele Paare der Norm zu entsprechen, alles sei gleichzeitig möglich. Weil das nicht funktioniert, wird aus dem «Ich bin so fertig, nimm mich mal in den Arm!» ganz leicht ein «Ich bin so fertig, weil du mich nie in den Arm nimmst!»

Alle entstehenden Probleme fallen auf die Betroffenen zurück, die schließlich in der Küche ihrer zu kleinen Wohnung sitzen und gegen den Straßenlärm anstreiten, wer von ihnen beiden schuld hat.

Geometrie

Nach der Geburt besteht ein Paar nicht nur aus Mann und Frau. Die beiden sind nun auch Vater und Mutter. Hinzu kommen zwei weitere, ebenfalls sehr enge Beziehungen zwischen Mutter und Kind und zwischen Vater und Kind. Die Beteiligten bilden ein Dreieck. Die Sexualität der Erwachsenen wird nicht mehr allein durch die Lust der beiden aufeinander, sondern gleichermaßen durch dieses Dreieck bestimmt. Die Sexualität verliert ihre Unabhängigkeit. Daß sie in dem neu entstandenen Beziehungsgefüge so häufig untergeht, zeigt nach unserer Ansicht, wie windschief in unserer Gesellschaft Familiengründung und frühe Kindheit organisiert werden.

Als zentrale Beziehung wird die Mutter-Kind-Beziehung angesehen. Der Symbiose zwischen Mutter und Kind werden beinahe magische Eigenschaften zugeschrieben. Andererseits kann einem kaum jemand erklären, was diese seltsame Symbiose eigentlich sein soll. Ob damit gemeint ist, daß die Frauen zu den Kindern gehören?

Die Krise der Sexualität nach der Geburt eines Kindes wird häufig so erklärt, daß die Mütter ihre ganze Liebe dem Kind schenkten und für den Mann deshalb wenig übrigbleibe. Bedingungslose Hingabe und teilweise Regression der Mutter seien sogar notwendig, um sich in das Kind einfühlen zu können. Da bleibe für Sexualität, die auch mit Hingabe und Regression zu tun habe, wenig Platz. Wir halten diese Theorie für eine korrekte Beschreibung eines schiefen Dreiecks.

Die moderne Idealisierung der Mutter-Kind-Beziehung macht Mutterschaft wieder zum Schicksal, dem alle, auch der Mann, hilflos ausgeliefert zu sein scheinen.

Nüchtern betrachtet ist die so selbstlos erscheinende Symbiose mit dem Kind für viele Frauen ein Fluchtort vor den vielen ungelösten Problemen an den anderen Seiten des Dreiecks. Die komplementäre Flucht des Mannes führt ihn nach draußen, und in kürzester Zeit findet sich das Paar in einem traditionellen Geschlechterarrangement wieder, das es der Frau um so schwerer macht, aus der kindgerechten Symbiose wieder aufzutauchen. Zurückgeworfen auf die ausschließliche Mutterrolle, ist es schwierig, sich als erwachsene Frau zu fühlen, die noch anderes will als bedingungslos ihrer Brut zur Verfügung zu stehen.

Es klingt paradox, aber die sexuelle Verweigerung der Frau stabilisiert in vielen Fällen die Beziehung. Zur sexuellen Lust gehören Unabhängigkeit, Bewegungsfreiheit und Abgegrenztheit. Würde eine Frau ihre Lust wiederhaben wollen, so müßte auf den Tisch kommen, was ihr dazu fehlt. Die Klärung ist für manche Paare ein viel gefährlicherer Sprengstoff als der Zank um Sex. Ihr Verzicht auf Sexualität dient in diesem Fall einem höheren Zweck: der Aufrechterhaltung der Harmonie in unharmonischen Verhältnissen. Daß sich diese Konstellation im sexuellen Bereich ändern ließe, ist nicht zu erwarten.

Eine Frau, die sich in ihrer Mutterrolle eingesperrt fühlt, kommt jedenfalls nur in den seltensten Fällen auf die Idee, Topflappen aufzuribbeln und heiße Dessous daraus zu häkeln.

Die Mutter-Kind-Ideologie stellt im weiteren den Hintergrund für die Furcht vieler Frauen dar, sich von ihrem Kind abzugrenzen. Sie ertragen lieber das Gefühl, von ihrer Mutterschaft aufgefressen zu werden, als ihrem Kind vernünftige Beschränkungen zuzumuten. Viele Mütter leben heute in dem Wahn, sie müßten in den ersten Jahren ihrem Kind das Paradies bereiten, damit später einmal ein halbwegs glücklicher Mensch aus ihm werden könnte. Die mangelnde Abgegrenztheit und die Eigenständigkeit gegenüber dem Kind kann leicht dazu führen, daß Frauen sich in der

Sexualität davor schützen, als eigene Person vollends unterzugehen. Der Mann hört dann das «Nein», das eigentlich dem Kind gilt.

Im schlechten Fall wird dieses «Nein» über eine Projektion formuliert. Aus der Erklärung «Ich habe mich heute den ganzen Tag für mein Kind geöffnet. Ich bin so ausgelutscht und zerfleddert, daß ich mich dir gegenüber nicht mehr öffnen kann» wird dann der Satz «Du bist wie ein Kind». Gegen diese Infantilisierung ihrer Sexualität kämpfen Männer mit ganz besonderem Zorn. Weil der Frau zunehmend das Gefühl abhanden kommt, ein erwachsener Mensch zu sein, erklärt sie ihren Mann zum zusätzlichen Kind.

Möglicherweise stellen Männer aber auch selbst irritiert fest, daß sie mit ihren Bedürfnissen und Wünschen auch ohne böse Zuschreibung durch ihre Frau in einer realen Konkurrenz zu einem kleinen Kind stecken. Möglicherweise unterscheidet sich das sexuelle Begehren eines Erwachsenen so fundamental von den Wünschen eines Säuglings nun auch wieder nicht. (Am sinnfälligsten wird diese Situation im Zusammenhang mit der weiblichen Brust. Wenn die Frau stillt, hat der Mann doppeltes Pech: Ihm fehlt diese Brust, die dem Kind offenbar viel Befriedigung bringt, und er kommt nicht so recht heran – weder als Mann, noch als «Kind»!)

Daß Veränderungen der sexuellen Situation eines Paares mit vielen anderen Veränderungen in dem Beziehungsdreieck zusammenhängen, zeigt sich auch am Beispiel der mangelnden Abgegrenztheit.

Vielleicht würde es der Frau helfen, wenn sie sehen und akzeptieren könnte, daß ihr Mann zunehmend selbstbewußt mit dem gemeinsamen Kind in einer anderen Weise umgeht als sie selber? Vielleicht täte ihr eine häufigere räumliche Trennung von ihrem Kind ganz gut? Vielleicht würde es ihr weiterhelfen, trotz ihres angeblich so sicheren

Mutterinstinktes einmal von ihrem Mann auf faire Weise kritisiert zu werden?

Ihre mangelnde Abgegrenztheit hängt also auch damit zusammen, welche Beziehung *er* zum Kind hat und wie die Kompetenzen und Pflichten auf der Elternebene verteilt sind. Der Mann dümpelt sexuell also nicht allein wegen der bösen Mutter-Kind-Beziehung vor sich hin.

Ein weiteres Problem der modernen Mutterrolle ist eine damit verbundene Allmachtvorstellung, das Bild der Supermutter. Für viele Männer ist es beruhigend, in der irritierenden Situation erstmaliger Elternschaft eine Supermutter zur Frau zu haben. Aber es zahlt sich keinesfalls aus, nicht zuletzt wegen der damit verbundenen Verwechslungsgefahren: Als Bub hat man einfach keine Chancen im Bett einer Frau!

Für die Frau führt die Phantasie, alles besonders gut machen zu müssen und alles, was das Kind betrifft, am besten zu wissen, zu einem Gefühl von Einsamkeit. Sie kann sich nur schwer eingestehen, daß sie selber bedürftig ist und oft nicht recht weiter weiß.

Weil das Bild der Supermutter keine Schwächen zuläßt, müssen die Probleme nach außen verlagert werden. Wenn nur ihr Mann ein anderer wäre! Dann könnte die Supermutter all ihren überzogenen Leistungsansprüchen locker genügen: den weiblichen Traditionen der eigenen Mütter und Großmütter, bei denen es sich zumindest der Überlieferung nach allemal vom Fußboden essen ließ; den professionellen Handlungsanleitungen moderner Erziehungsratgeber; der Machtvorstellung, ihr Kind lebe nicht von sich aus ganz gerne in dieser Welt, sondern in Wirklichkeit nur durch sie; der Idee, in einer Zeit großer Abhängigkeit eine völlig unabhängige Frau zu sein.

Die Auswirkungen dieses gnadenlosen Mutterbildes auf die Sexualität sind leicht vorstellbar. Einsam hinter uneinlösbaren Anforderungen hinterherzuhecheln und lustvolle Sexualität zu leben, paßt einfach nicht gut zusammen.

Frauen brauchen in dem belastenden ersten Jahr nach der Geburt eines Kindes oft genug einen Knuddelpapi, jemanden, der sie, ohne etwas zu fordern, lieb und zärtlich in den Arm nimmt, sie tröstet und auf sie aufpaßt. Aber solche, wie wir finden, sehr erwachsenen «regressiven» Bedürfnisse kann sich eine Supermutter nicht eingestehen. Wie ein kleines Mädchen darf sie sich als Mutter niemals fühlen! Gerade für sie wird die Familienidylle seltsamerweise vor allem durch eines gestört: durch den Penis ihres Mannes.

Eine andere Seite des Dreiecks, die Vater-Kind-Beziehung, wird in ihrer Bedeutung für die Entwicklung des Kindes seit einigen Jahren immer häufiger beschworen. Wir wollen sie hier kurz in ihrer Auswirkung auf den Mann und auf die Sexualität beleuchten.

Daß Mutter und Kind sich lieben und der Vater derweil dumm aus der Wäsche guckt, setzt voraus, daß die libidinösen Energien, die sich auf das Kind richten, ausschließlich von der Mutter ausgehen. Aber auch ein Vater kann sich in sein Kind verlieben! Er ist nur dann der unglückliche Dritte, wenn seine eigene Beziehung zu seinem Kind eher schwach bleibt.

Die Schieflage im Ehebett spiegelt häufig auch die unterschiedliche Beziehungsintensität zum gemeinsamen Kind wider. Wie wieder alles mit allem zusammenhängt, läßt sich ein wenig böse auf einer praktischen Ebene beschreiben: Wenn ein Mann nachts oft aufsteht, um das Kind zu beruhigen, ist er am nächsten Tag müde. Seine Frau ist ausgeschlafen. Auch auf diesem Weg läßt sich dem Problem der unterschiedlichen sexuellen Appetenz etwas die Schärfe nehmen!

Männer tun sich manchmal schwer, zu kleinen Kindern intensive emotionale Beziehungen aufzubauen, und oft genug lassen sie es zu, daß ihre Frauen diese Beziehung behindern. Die Intensität und Unabhängigkeit väterlicher Liebe können einem Mann sehr viel geben. In jedem Fall ist es ausgemachter Blödsinn, unbedingt mit einer Frau schlafen zu wollen, weil man im tiefen Inneren befürchtet, von seinem Kind nicht geliebt zu werden.

Abschlußbericht Jan und Ausblick

Wir haben viele Konflikte geschildert, die ein Paar nach der Geburt eines Kindes bewältigen muß. Wir haben uns diesem Thema ausführlich gewidmet, weil wir beispielhaft deutlich machen wollen, daß die Sexualität eines Paares in vielfacher Weise mit anderen Bereichen des Lebens verbunden ist.

Nach der forcierten Problemsicht ein versöhnlicher Schluß: Jan schläft jetzt wieder. Inzwischen schläft er sogar manchmal eine ganze Nacht durch. Seine Eltern merken immer deutlicher, daß es ihnen langsam zu eng wird in ihrer Dreiecksgeschichte. Ganz praktisch gesehen auch im Ehebett, in das sich Jan bisher immer erfolgreich vorgekämpft hat. Sie fangen an, sich kinderfreie Zeiten zu erkämpfen. Einmal in der Woche gehen sie zusammen weg. Gar nicht besonders überraschend fangen sie langsam an, sich wieder riechen zu können, seit sie sich öfter außerhalb der eigenen Wohnung begegnen. Allein das Fehlen des alles dominierenden Duftes von Penatencreme hilft der Erotik wieder mit auf die Sprünge.

Sie merken auch, daß sie in den letzten Monaten als Paar zu eng aufeinandergehockt haben. Bei eigenen Außenkontakten erlangen sie langsam wieder ein Gefühl dafür, auch ohne Jan und ohne Partner handlungsfähig zu sein.

Jans Vater trifft sich regelmäßig mit anderen Männern,

die in seiner Situation sind. Ihm wird ein eigener Standpunkt immer wichtiger.

Was aus ihm und seiner Frau und ihrer gemeinsamen Sexualität werden wird, ist offen – vielleicht viel offener als vor der Geburt ihres Kindes. Ganz genauso wie früher wird es sicher nicht mehr werden. Aber es gibt hoffentlich allen Grund, neu-gierig zu sein.

Nachwort

Ein Mann will unbedingt wissen, wie sein Wecker funktioniert. Deshalb fragt er in einem Uhrmachergeschäft nach. Der Uhrmacher lächelt wissend, nimmt seinen Schraubenzieher und zerlegt den Wecker in genau hundertsiebenundachtzig einzelne Teile.

«Da, sehen Sie», sagt er.

Der Mann bedankt sich und geht wieder.

Literatur

Amendt, Gerhard: Sexuelle Befreiung zwischen Wunsch und Wirklichkeit. Vortrag, gehalten auf der Fachtagung «Sexualität und Gesellschaft», 10. Juni 1992 in Köln

Barth, Eberhard / Strauß, Bernhard: Männer und Verhütung. Braunschweig 1986

Barbach, Lonnie / Levine, Linda: Fühlst du mich? – Männerfantasien. Frankfurt, Berlin 1990

Bartholomäus, Wolfgang: Masturbation im Jugendalter: Krankmachendes Laster oder schwere Sünde – Übergangserscheinung oder eigenwertige Erfahrung? Tendenzen in der Vergangenheit und Gegenwart. Vortrag 1989 in Landau

Baur, Eva Gesine: Dirty Sex. In: Elle 9 / 1992

Bellow, Saul: Mehr noch sterben an gebrochenem Herzen. München 1989

Benz, Andreas: Zum Gebärneid der Männer. In: Psyche 4 / 1984

Berger, Manfred: Sexualerziehung im Kindergarten. Frankfurt / M. 1992

Bergman, Ingmar: Mein Leben. Reinbek 1992

Bieler, Manfred: Still wie die Nacht. Memoiren eines Kindes. Hamburg 1989

Bischof, Norbert / Preuschoft, Holger (Hg.): Geschlechtsunterschiede. Entstehung und Entwicklung. Mann und Frau aus biologischer Sicht. München 1980

Bischof, Norbert: Unveröffentlichter Eröffnungsvortrag des Jahreskongresses der DAF, Köln 1992

Blos, Peter: Sohn und Vater. Diesseits und jenseits des Ödipuskomplexes. Stuttgart 1990

Bosse, Hans: Das Fremde am Mann. In: Zeitschrift für Sexualforschung 2 / 1992

Bravo. München 16 / 1992

Bräutigam, Walter / Clement, Ulrich: Sexualmedizin im Grundriß: Eine Einführung in Klinik, Theorie und Therapie der sexuellen Konflikte und Störungen. Stuttgart 1989

Bro-Rasmussen, Frede: Die Anatomie des männlichen Orgasmus. In: Tor Nørretranders: Hingabe. Reinbek 1982

Brückner, Margit: Die Sehnsucht nach dem Kugelmenschen oder: Vom Wunsch nach Aufhebung der Geschlechtertrennung. In: Hagemann-

White, Carol / Rettich, Maria S. (Hg.): FrauenMännerBilder. Männer und Männlichkeit in der feministischen Diskussion. Bielefeld 1988
Buddeberg, Claus: Sexualberatung – eine Einführung für Ärzte, Psychotherapeuten und Familienberater. Stuttgart 1987
Bullinger, Hermann: Wenn Männer Väter werden. Schwangerschaft, Geburt und die Zeit danach im Erleben von Männern. Reinbek 1982
Clement, Ulrich: Sexualität im Wandel. Stuttgart 1986
Clement, Ulrich / Starke, Kurt: Sexualverhalten und Einstellungen zur Sexualität bei Studenten in der BRD und in der DDR. In: Zeitschrift für Sexualforschung. Stuttgart 1 / 1988
Cohn, Ruth: Von der Psychoanalyse zur Themenzentrierten Interaktion. Stuttgart 1975
Delaisi de Parseval, Genevieve: Was wird aus den Vätern? Künstliche Befruchtung und das Erlebnis der Vaterschaft. Weinheim, Basel 1985
Döhring, Bärbel / Kreß, Brigitta: Zeugungsangst und Zeugungslust. Gespräche mit Männern über Fruchtbarkeit und Vaterschaft. Darmstadt, Neuwied 1986
Easley, Brian: Väter der Vernichtung. Männlichkeit, Naturwissenschaftler und der nukleare Rüstungswettlauf. Reinbek 1986
Eliade, Mircea: Gefüge und Funktion der Schöpfungsmythen. In: Die Schöpfungsmythen. Neuauflage, Zürich 1991
Ertel, Henner: Erotika und Pornographie. Repräsentative Befragung und psychologische Langzeitstudie zu Konsum und Wirkung. München 1990
Fervers-Schorre, Barbara: Postpartale Sexualstörungen. In: Sexualmedizin 6 / 1983
Fine, Eugen: Der vergessene Mann. Männliche Psyche und Sexualität aus psychoanalytischer Sicht. München 1990
Frings, Mathias: Liebesdinge. Anmerkungen zur Sexualität des Mannes. Reinbek 1984
Fromm, Erich: Die Kunst des Liebens. Frankfurt 1956
Gambaroff, Marina: Sag mir, wie sehr du mich liebst. Frauen über Männer. Reinbek 1990
Giese, Hans: Wörterbuch der Sexualwissenschaften. Bonn 1952
Goscinny, Rene / Sempé: Der kleine Nick und die Mädchen. Zürich 1974
Grimm, Brüder: Die schönsten Kinder- und Hausmärchen. Rastatt 1989
Harris, Thomas: Roter Drache. München 1991
Härtling, Peter: Ben liebt Anna. Weinheim 1979
Hemingway, Ernest: Wem die Stunde schlägt. Gütersloh 1955
Hülsemann, Irmgard: Berührungen. Gespräche über Sexualität und Lebensgeschichte. Darmstadt, Neuwied 1984
Kaplan, Louise J.: Die zweite Geburt. Die ersten Lebensjahre des Kindes. München 1981
Kaplan, Louise J.: Abschied von der Kindheit. Eine Studie über die Adoleszenz. Stuttgart 1988

Kentler, Helmut: Eltern lernen Sexualerziehung. Reinbek 1981
Kentler, Helmut: Taschenlexikon Sexualität. Düsseldorf 1982
Kerber, Irene: (Mit) Jungen im Kindergarten. In: Winter, Reinhard / Willems, Horst (Hg.): Was fehlt, sind Männer. Ansätze praktischer Jungen- und Männerarbeit. Schwäbisch Gmünd, Tübingen 1991
King, Stephen: In einer kleinen Stadt. Hamburg 1991
Kinsey, Alfred C.: Das sexuelle Verhalten des Mannes. Berlin, Frankfurt 1955
Klees, Renata / Marburger, Helga / Schumacher, Michaela: Mädchenarbeit. Weinheim 1989
Klein, Marty: Über Sex reden. Reinbek 1991
Kleiber, Dieter u. a.: Jugendsexualität und Kondomgebrauch. Ansatzpunkte für eine handlungsorientierte Aids-Prävention. 1989 (Hg.: SPI, Sozialpädagogisches Institut Berlin)
Kleiber, Dieter / Wilke, Martin: Im Urlaub alles vergessen? In: D. A. H. Aktuell. November 1992 (Hg.: Bundesverband Deutsche Aids-Hilfe e. V., Berlin)
Kohlhagen, Norgard: Tabubrecher. Von Frauen und Männern, die unsere Sexualität erforschten. Hamburg, Zürich 1992
Kraushaar, Elmar: Die Fontänen von Versailles. In: Mathias Frings: Liebesdinge. Reinbek 1984
Kreidt, Bärbel: Wie Männer lernen, Erregung zu genießen. In: Sexualmedizin 12 / 1987
Kröhn, Wolfgang / Sydow-Kröhn, Angelika: Der Latex-Handgriff. Eine Untersuchung zur Kondomakzeptanz bei Jugendlichen. Herausgegeben von der Aktion Jugendschutz. Kiel 1991
Kühler, Thomas: Die Psychologie des männlichen Kinderwunsches. Ein kritischer Literaturbericht. Weinheim 1989 (Thomas Kühler verdanken wir u. a. die Idee, ein Zitat aus Herbert Grönemeyers Lied «Männer» im Zusammenhang mit männlicher Fruchtbarkeit zu verwenden.)
Kuntz-Brunner, Ruth / Nordhoff, Inge: Heute bitte nicht. Keine Lust auf Sex – ein alltägliches Gefühl. Reinbek 1992
Lowen, Alexander: Liebe und Orgasmus. Persönlichkeitsentwicklung durch sexuelle Erfüllung. 7. Auflage. München 1990
Mary, Michael: Schluß mit dem Beziehungskrampf. Stuttgart 1991
Masters, William H. / Johnson, Virginia E.: Die sexuelle Reaktion. Frankfurt / M. 1967
Medena, Emilio: Der Gebärneid des Mannes. In: Psychologie heute 2 / 1986
Mertens, Wolfgang: Entwicklung der Psychosexualität und der Geschlechtsidentität. Band 1: Geburt bis 4. Lebensjahr. Stuttgart 1992
Moeller, Michael Lukas: Die Liebe ist das Kind der Freiheit. Reinbek 1990
Monick, Eugene: Die Wurzeln der Männlichkeit. München 1990
Neubauer, Georg: Jugendphase und Sexualität. Eine empirische Überprüfung eines sozialisationstheoretischen Modells. Stuttgart 1990

Nissen, G.: Konflikte und Krisen in der Pubertät und Adoleszenz. In: Harbauer, H. / Lempp, R. / Nissen, G. / Strunk, P.: Lehrbuch der speziellen Kinder- und Jugendpsychiatrie. Berlin, Heidelberg, New York 1980

Nitzschke, Bernd: Sexualität und Männlichkeit. Zwischen Symbiosewunsch und Gewalt. Reinbek 1988

Nitzschke, Bernd: Sexuelle Machtphantasien bei Männern. Mit einem Exkurs zur (Anti-) Pornographiedebatte vor und nach der 68er-Liberalisierung. In: (ders.): Die Liebe als Duell. Reinbek 1991

Nørretranders, Tor: Hingabe. Über den Orgasmus des Mannes. Reinbek 1983

Oswald, Hans / Krappmann, Lothar / Salisch, Maria von u. a.: Grenzen und Brücken. Interaktion zwischen Mädchen und Jungen im Grundschulalter. In: Kölner Zeitschrift für Soziologie und Sozialpsychologie 3 / 1986

Oswald, Hans / Krappmann, Lothar / Salisch, Maria von, u. a.: Zurück zur Mädchenschule? In: Beiträge zur Koedukation. Pfaffenweiler 1988

Otto, Herbert A.: Neues vom Orgasmus. In: Sexualmedizin 8 / 1988

Pilgrim, Volker Elis: Der selbstbefriedigte Mensch. Reinbek 1990

Preuss-Lausitz, Ulf: Mädchen an den Rand gedrängt? Soziale Beziehungen in Grundschulklassen. In: Zeitschrift für Sozialisationsforschung und Erziehungssoziologie. Weinheim 1 / 1992

Reich, Wilhelm: Die Funktion des Orgasmus. Fischer-Taschenbuchausgabe 1972

Riemann, Fritz: Grundformen der Angst: München 1990

Rimbaud, Jean Arthur: Sämtliche Dichtungen. München 1963

Rohner, Robert / Böhm, Andreas: Der Gebrauch des Kondoms. Zum Umgang mit einem notwendigen Übel. Berlin 1988 (Hg.: TU Berlin, Institut für Psychologie, Forschungsbericht Nr. 89–6)

Rohner, Robert: Die Angst vor dem «Überzieher». In: Sexualmedizin 2 / 1993

Scheib, Asta: Der Höhepunkt der Lust. Frauen und Männer reden über ein Tabu. Frankfurt / M. 1992

Schnack, Dieter / Neutzling, Rainer: Kleine Helden in Not. Jungen auf der Suche nach Männlichkeit. Reinbek 1990

Schmauch, Ulrike: «So anders und so lebendig...» Über Mütter und Söhne. In: Hagemann-White, Carol / Rettich, Maria S. (Hg.): FrauenMännerBilder. Männer und Männlichkeit in der feministischen Diskussion. Bielefeld 1988

Schmid-Tannwald, I. / Urdze, A.: Sexualität und Kontrazeption aus der Sicht der Jugendlichen und ihrer Eltern. In: Schriftenreihe des Bundesministers für Jugend, Familie und Gesundheit. Band 132, Stuttgart 1983

Schmidt, Gunter: Kurze Entgegnung auf Volkmar Siguschs «Lob des Triebes». In: Dannecker, Martin / Sigusch, Volkmar: Sexualtheorie und Sexualpolitik. Stuttgart 1884

Schmidt, Gunter: Das große DerDieDas. Über das Sexuelle. Herbstein 1986

Schmidt, Gunter/Klusmann, Dietrich/Zeitschel, Uta: Veränderungen der Jugendsexualität zwischen 1970 und 1990. In: Zeitschrift für Sexualforschung. Stuttgart 3/1992
Schmidbauer, Wolfgang: Du verstehst mich nicht. Die Semantik der Geschlechter. Reinbek 1991
Schmidt-Sibeth, Maria: Schon als Kinder lernen wir lieben. In: Sexualmedizin. Wiesbaden 12/1991
Schofield, Janet W.: Complementary and conflicting identities: Images and interaction in an interracial school (vgl. Maria von Salisch, 1988)
Selbmann, Michael: Zärtlichkeiten, Geschlechtsverkehr und Kontrazeption. Studie bei Jugendlichen in der ehemaligen DDR. In: Sexualmedizin. Wiesbaden 3/1991
Sielert, Uwe: Jungenarbeit. Weinheim 1989
Sielert, Uwe: Liebe in Kauf nehmen, um Sexualität zu bekommen? Jungensexualität: Annäherungen an ein widersprüchliches Thema. In: Jugend und Gesellschaft, 2/3/1991
Siewert, Horst H./Siewert, Renate: So lieben Männer. Einiges, was Sie schon immer über die Sexualität des Mannes wissen wollten. München 1992
Sigusch, Volkmar (Hg.): Therapie sexueller Störungen. Stuttgart 1980
Sigusch, Volkmar: Lob des Triebes. In: Dannecker, Martin/Sigusch, Volkmar: Sexualtheorie und Sexualpolitik. Stuttgart 1984
Singer-Kaplan, Helen: Sexualtherapie – ein neuer Weg für die Praxis. Stuttgart 1979
Springer, Alfred: Der schwere Weg zur Reife. In: Sexualmedizin. Wiesbaden 6/1984
Theweleit, Klaus: Männerphantasien. Reinbek 1980
Trukenmüller, Michael: Die sexuellen Fantasien der Geschlechter. In: Sexualmedizin. Wiesbaden 3/1982
Trysoe, Willy: Die Intensität des männlichen Orgasmus. In: Tor Nørretranders (Hg.): Hingabe. Reinbek 1983
Villon, François: Die lasterhaften Balladen des François Villon. München 1962
van den Boom, Volker: Störungen der männlichen Sexualität. Ein männerspezifischer Beratungsansatz. In: Karatepe, Haydar/Stahl, Christian (Hg.): Männersexualität. Reinbek 1993
Vogt-Heyder, Barbara: Jugendlichentherapie. In: Kindler's Psychologie des 20. Jahrhunderts. Bd. 2, Weinheim 1983
Wallrath, Bertram (Hg.): Mein Liederbuch. Die schönsten Volkslieder im Jahreslauf. München 1988
Watzlawick, Paul: Anleitung zum Unglücklichsein. München 1983
Welter-Enderlin, Rosemarie: Paare, Leidenschaft und lange Weile. Männer und Frauen in Zeiten des Übergangs. München, Zürich 1992. (Das abschließende Bild des Schlußkapitels von der Neu-Gier, die vielleicht

viel spannender ist als die alte Gier, verdanken wir, ebenso wie einen Teil des Aufbaus dieses Kapitels, der Familientherapeutin Rosemarie Welter-Enderlin, S. 99 ff.)
Zappa, Frank: Plastik People. Songbuch. Frankfurt/M. 1977
Zilbergeld, Bernie: Männliche Sexualität. Tübingen 1983

Danksagung

Bei der Arbeit an diesem Buch haben uns viele Menschen geholfen. Dafür bedanken wir uns von Herzen. Insbesondere danken wir Dirk Achterwinter, Otto Bösenecker, Hermann Bullinger, Hans Christ, Inge Emmerich, Hilde Jürgens, Margarethe Jungert, Achim Koch, Georg Neubauer, Ansgar Schlütz, Heidrun Wendel, Jürgen Weißbrodt und allen Männern und Frauen, die uns Auskunft über sich gegeben haben.

Ganz besonders bedanken wir uns bei Jürgen Volbeding.

Wer uns schreiben möchte:

Rainer Neutzling, Dieter Schnack
Sachsenring 2–4
50677 Köln

Dieter Schnack und Rainer Neutzling

Kleine Helden in Not

Jungen auf der Suche nach Männlichkeit
rororo «mann» 8257

«Schnack und Neutzling machen sich – und damit sind sie Pioniere für das Thema ‹Emanzipatorische Jungenerziehung› – zu engagierten Anwälten der männlichen Kinder auf ihrer Suche nach Identität. Trotz aller Kompetenz ist das Buch nicht trocken, sondern ein großer Lesespaß.» *E. W. K.* BRIGITTE 10/90

«Spannend ist das Buch in einem doppelten Sinn. Zum einen räumt es auf mit der Verklärung der vermeintlich unbeschwerten Jungenzeit. Zum anderen führt es mit Witz vor Augen, daß ein kleiner Held nicht immer vier oder vierzehn Jahre zählen muß, sondern schon mal vierzig an der Zahl.»
Rolf Bauerdick in FRANKFURTER RUNDSCHAU 3.8.91

«Ihr Standpunkt ist parteilich, ohne parteiisch zu sein.»
Walter Hollstein in BASELER ZEITUNG 7.9.91

«Die Autoren helfen einem, viele Auffälligkeiten heutiger Jungen – vom Schulversagen bis zu Gewalttätigkeiten – besser zu verstehen. Ihr Buch ist ein dringender Appell an die Väter, ihre Söhne nicht länger im Stich zu lassen.
Helmut Kentler in SPIELEN UND LERNEN 3/01

«Treffender, entlarvender und dennoch mit so warmherzigem Augenzwinkern sind Eltern selten beschrieben worden. Elterntypen werden stilisiert, und doch meint man den halben Bekanntenkreis wiederzuerkennen.»
Wolfgang Oelsner in KIND UND UMWELT 11/90

«Eine Pflichtlektüre für alle Väter, Mütter, Erzieher und Menschen, die mehr über das Phänomen Mann erfahren wollen.
Christian Luksch in VOLKSSTIMME – Wien 17.9.90